诺曼底的六支军队

D日到巴黎解放
（1944年6月6日—8月25日）

SIX ARMIES IN NORMANDY
FROM D–DAY TO THE LIBERATION OF PARIS
JUNE 6 – AUG. 25, 1944

〔英〕约翰·基根（JOHN KEEGAN） 著

小小冰人 译

吉林文史出版社
JILINWENSHICHUBANSHE

图书在版编目（CIP）数据

诺曼底的六支军队：D日到巴黎解放：1944年6月6日—8月25日 /（英）约翰·基根著；小小冰人译. ——长春：吉林文史出版社，2018.10
ISBN 978-7-5472-5546-9

Ⅰ. ①诺… Ⅱ. ①约… ②小… Ⅲ. ①美英联军诺曼底登陆作战(1944) - 史料 Ⅳ. ①E195.2

中国版本图书馆CIP数据核字(2018)第237113号

SIX ARMIES IN NORMANDY: FROM D-DAY TO THE LIBERATION OF PARIS; JUNE 6 - AUG. 25, 1944; REVISED By JOHN KEEGAN
Copyright: ©The Estate of John Keegan, 1982, 1994

This edition arranged with AITKEN ALEXANDER ASSOCIATES through BIG APPLE AGENCY, INC., LABUAN, MALAYSIA.
Simplified Chinese edition copyright:
2015 ChongQing Foresight Information Inc.
All rights reserved.

中文简体字版权专有权属吉林文史出版社所有
吉林省版权局著作权登记图字：07-2018-0035

NUOMANDI DE LIUZHI JUNDUI：
DRI DAO BALI JIEFANG（1944NIAN6YUE6RI — 8YUE25RI）

诺曼底的六支军队：
D日到巴黎解放（1944年6月6日—8月25日）

著 /〔英〕约翰·基根（JOHN KEEGAN）　　　译 / 小小冰人

责任编辑 / 吴枫　特约编辑 / 王菁

装帧设计 / 山竹设计

策划制作 / 指文图书　出版发行 / 吉林文史出版社

地址 / 长春市人民大街 4646 号　邮编 / 130021

电话 / 0431-86037503　传真 / 0431-86037589

印刷 / 重庆长虹印务有限公司

版次 / 2019 年 1 月第 1 版　2019 年 1 月第 1 次印刷

开本 / 787mm×1092mm　1/16

印张 / 24　字数 / 316 千

书号 / ISBN 978-7-5472-5546-9

定价 / 109.80 元

FOREWORD

前言

5年前，在一本被我称作《战斗的面貌》的书中，我开始探寻个体在战场上的处境。尽管是一名军事历史学家，学术生涯中的同僚也不乏职业军人，但我并不了解一名战士与敌人遭遇时面临的风险、用于平息内心恐惧的办法或是在"最危险时"控制自己的手段。可是，趋近真相的发现令我深感震惊。我了解到恐惧的普遍性，知道了威逼利诱在战斗中相当常见，最关键的是，我获知了男性荣誉在维持士兵决心上的重要性，身边的战友会对他是否具备这种荣誉作出判断。

不过，尽管我将注意力集中在个体和小群体上，但对大群体独特性质的认知同样吸引了我，这二者都属于军队。军队是各个国家都有的机构，每支军队的宗旨和职权非常相似。但各个军队也是其所在社会及其价值观的一个镜像：在某些地方和某些时刻，它代表着民族自豪感，或是抵御国家恐惧的一道壁垒，甚至是一个国家最后的象征；而在其他地方和其他方面，国家力量的这种工具被弃用、被忽视、被视为一种最后的手段。在我看来，值得找出一些事件来证实国家军队的各种不同状态。我相信自己在1944年的诺曼底战役中发现了要找的东西。我对那片战场非常熟悉。完全不同的动机激励着在那里投入战斗的各支军队，这一点一直深深地吸引着我。而且，多年来我已对这场战役的整体历史和个人回忆了如指掌，因此，接下来的另一种尝试是从不同的视角去了解战争及其机构在社会生活中扮演的角色。

ACKNOWLEDGEMENTS

鸣谢

我曾有幸数次参观诺曼底战场，第一次是在1953年，那时的我还是一名学童，1944年发生的事情在诺曼底人的脑海中印象深刻，至今仍挥之不去；第二次是在1965年；最后一次是在1977年准备写作本书之际。我要感谢所有对我谈及D日及其后续行动的人，特别是那些曾在那片土地上战斗过并将其经历告诉我的人。他们是：上将约翰·莫格爵士、中将纳皮尔·克鲁肯登爵士、少将詹姆斯·达维多尔-戈德斯米德爵士、G.P.B.罗伯茨少将、D.M.斯泰尔曼准将、P.扬准将、R.M.维利尔斯准将、M.E.佩皮亚特准将、P.G.C.狄更斯上尉、H.冯·卢克上校、上校R.冯·罗森男爵、R.H.黑斯廷斯中校、W.麦克尔威中校、A.J.M.帕里中校、E.J.沃伦中校、W.H.克洛斯少校、D.F.坎利夫少校、J.霍华德少校、G.拉姆齐少校、J.A.N.西姆少校、J.N.泰勒少校、A.R.杰斐逊上尉、C.W.亚当斯先生、R.考克斯博士、T.D.米勒先生、P.沃尔特先生和D.伍德克拉夫特先生。我还要感谢以下人士，他们为我获得相关文件和手稿资料提供了帮助：伦敦西科尔斯基研究所的L.米莱夫斯基上尉、华盛顿军史处处长办公室的C.P.冯·吕蒂肖先生、伦敦帝国战争博物馆档案保管员R.苏达比博士、弗赖堡联邦德国武装力量军事历史研究所和万森讷陆军历史档案处的工作人员。M.阿尔贝·格兰迪是一位诺曼底的历史学家，也是《卡尔瓦多斯之战》一书的作者，他在当地资料方面为我提供了特别有用的帮助，另外，我在奥东河畔布雷特维尔的两位好友让-克洛德和玛丽-伊莲娜·奎罗，热情地为我提供了住处。

桑德赫斯特皇家军事学院的同僚们一如既往地为我提供了大量帮助，与他们一同工作实在是件令人愉快的事，他们是：大卫·钱德勒、埃里克·莫里斯、理查德·赫尔姆斯、奈杰尔·德·李、克里斯托弗·达菲、伊恩·贝克特、帕迪·格里菲斯、鲍勃·戈弗雷、大卫·约翰逊、约翰·平洛特、巴克·瑞安、基斯·辛普森、迈克尔·奥尔、托尼·托马斯、弗朗西斯·托斯、内德·威尔莫特、汤姆·梅利和保罗·托马斯。我们的图书管理员约翰·亨特像以往那样慷慨地任由我使用中央图书馆的资源，我对他和他的工作人员深表感谢，特别是金小姐和斯蒂文斯夫人，另外还要感谢为我提供馆际图书互借帮助的乔治·帕克先生。军事学院的图书管理员肯尼斯·怀特是一名参加过诺曼底战役的老兵，不仅再次允许我从他的书架上随意借阅书籍，还把他所知道的这场战役对我做了详细的介绍。我还要感谢约翰·乔利夫、德里克·安延、布莱恩·米奇森、迈克尔·霍华德教授和理查德·科布教授为我提供的帮助，另外还有牛津大学圣安东尼学院的马尔科姆·迪斯。这本书的写作过程中，我任教的军事学院成了我从打字机中抽身的快乐避风港。我打出的文稿均由莫妮卡·亚历山大小姐加以整理，她曾是学院院长的首席秘书，也是打字员里的一位公主。我要感谢"乔纳森·凯普"出版社的利兹·卡尔德、汤姆·马希勒和格雷厄姆·格林，"乔纳森·凯普"出版社的前雇员大卫·梅钦，维京出版社的艾伦·威廉斯，"安东尼·谢尔"联合出版社的安东尼·谢尔、吉尔·柯勒律治和保罗·马什始终如一的支持和鼓励，我希望我没有让他们失望。

最后，我要感谢玛丽和莫里斯·基恩、克莱尔和克里斯托弗·道、弗朗西斯和茉莉亚·基根、莫利·基根、马丁和苏珊·埃弗雷特、查尔斯和温妮莎·埃弗雷特通过书信给我的无私支持和大力帮助；最后的最后，我要向我的孩子露西、托马斯、罗丝和马修表达我的爱意，当然还有我的爱妻苏珊娜。

约翰·基根
桑德赫斯特皇家军事学院
1980年3月29日

CONTENTS

目录

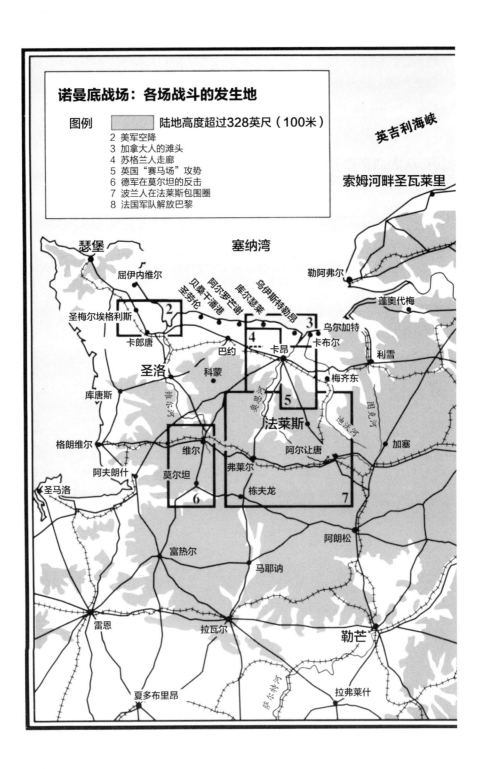

诺曼底战场：各场战斗的发生地

图例 ▢ 陆地高度超过328英尺（100米）
2 美军空降
3 加拿大人的滩头
4 苏格兰人走廊
5 英国"赛马场"攻势
6 德军在莫尔坦的反击
7 波兰人在法莱斯包围圈
8 法国军队解放巴黎

英吉利海峡

索姆河畔圣瓦莱里

塞纳湾

瑟堡
屈伊内维尔
勒阿弗尔
蓬奥代梅
阿尔罗芒什
贝桑干潘港
圣梅尔埃格利斯
乌伊斯特勒昂
圣劳伦
库尔瑟莱
2
3 乌尔加特
卡郎唐
巴约 4 卡布尔
利雪
圣洛
科蒙
卡昂
梅齐东
库唐斯
5
法莱斯
格朗维尔
维尔
加塞
阿夫朗什
莫尔坦
阿尔让唐
圣马洛
弗莱尔
栋夫龙
6 7
富热尔
阿朗松
马耶讷
雷恩
拉瓦尔
勒芒
夏多布里昂
拉弗莱什

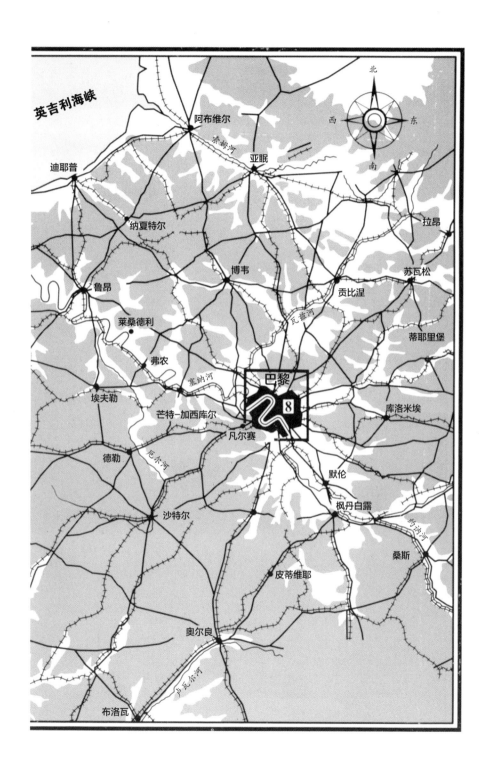

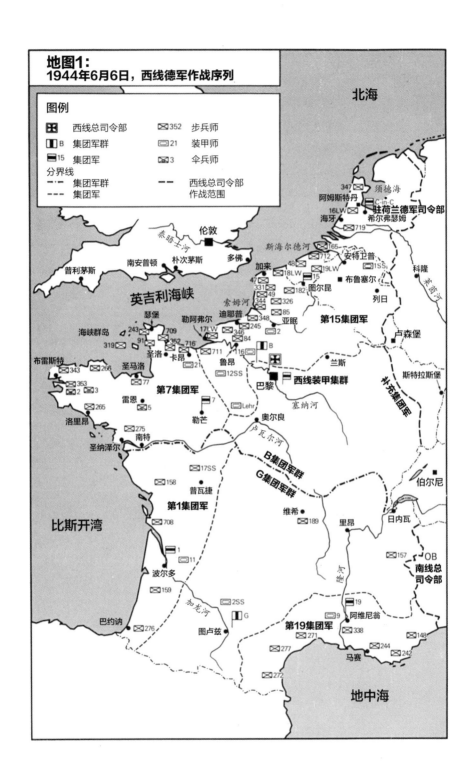

地图1:
1944年6月6日,西线德军作战序列

图例

⊞	西线总司令部	⊠352	步兵师
▯B	集团军群	⊟21	装甲师
▭15	集团军	⊠3	伞兵师

分界线
- · — · 集团军群
- — — 集团军
- - - - 西线总司令部
  作战范围

北海

须德海

347
阿姆斯特丹　C-in-C
16LW　驻荷兰德军司令部
海牙　希尔弗瑟姆
719

斯海尔德河
165
712　安特卫普
48　1SS
19LW
18LW　15　布鲁塞尔
47　331　182　图尔昆
49
344　326　列日
85
第15集团军

科隆
莱茵河

伦敦
泰晤士河

加来

索姆河
245
348　亚眠
2

多佛
朴次茅斯
南安普顿

英吉利海峡

瑟堡
海峡群岛
243
319　91　709　352　716
711
17LW　迪耶普
346　84
116　B
12SS
鲁昂
巴黎　西线装甲集群

卢森堡
兰斯
斯特拉斯堡
补充集团军

普利茅斯

勒阿弗尔
卡昂
圣洛

布雷斯特　266
343　第7集团军
353　2
圣马洛
7
雷恩　5
勒芒　Lehr
265
奥尔良
塞纳河

275
南特
圣纳泽尔

卢瓦尔河

伯尔尼
日内瓦

17SS
158　普瓦捷
第1集团军

维希　189
里昂
157　OB

南线总
司令部

比斯开湾

708

1
11
波尔多
159

隆河

加龙河
2SS
G
图卢兹
19
9　阿维尼翁
第19集团军
271　338
276
巴约讷

244　242
马赛
148
277

272

地中海

G集团军群
B集团军群

PREFACE

序章：在入侵区

　　我经历过一场正义的战争。这句话从未被写下，过去的30年里，从伦敦周围各郡的一端到另一端的酒吧中，伴随着自满，呼吸着友好的烟雾，这句话也很少被说出。但对我来说，其真切感从未被冲淡：那场正义之战说的并非某个阳光明媚的战区中一位幸免于难的战士，而是存在于一个小男孩在战争警报刚刚响起时便从伦敦逃至英格兰西部一个郁郁葱葱而又偏远的角落，并在那里待到1945年8月，直到最后的枪炮声被淹没在这个世界之后才长长地松了口气所发出的叹息声中。

　　与1939年9月被灾难席卷的许多孩子不同，我不是个被疏散者。相反（正是这一点为我这场正义之战贡献良多），我跟随着家人从一个安全处移居到另一个安全地，除了旅途和新环境带来的兴奋，没有其他任何变化。尽管如此，疏散计划还是把我送至英国西南部各郡，因为我父亲的战时工作是帮助管理疏散计划。战争爆发前的几年里，作为一名督学，他在伦敦南部一个人口最为稠密的地区负责督导教学，慕尼黑危机后，政府认为那里是最有可能遭到德国人空袭的地区之一。因此，该地区的学校率先接到指示，将小学生们疏散到乡村，战争爆发的第一周，他在帕丁顿火车站的各个站台上，穿梭于贴着马尼拉纸标签的孩子、教师、破裂的手提箱和遗失的防毒面具中，并看着他们一路向西驶往他们的宿营地。他疲惫至极，甚至无法被这些特殊难民的痛苦遭遇所感动。这些工作完成后，我父亲挤上最后一列塞得满满当当的火车，赶去跟妻子及家人会合，后者已在一个县城的郊区布置起临时的家，而父亲即将在这座县城里工作。当年秋季剩下的时间里，我们很少见到他，他忙着将众多学校安置到从宽托克斯到曼迪普斯的教堂和村落里，并设法哄那些孩子和老师回到正常的教学计划中。在此期间，我的母亲对安排给我们的华而不实、路途遥远的别墅失去了耐心，她在镇外的田野里找了座漂亮的白色小屋，将3个孩子和他们的保姆（她是个中年妇女，抱有狂热的宗教热情，但却与人无害）安置在这里过冬。圣诞节前，父亲的日常工作放缓下来，跟上了我们的节奏，在这里，在接下来的5年里，我们与战争似乎彻底没有了关系。

汽油配给制给我们花园围墙外的公路带来了宁静，打破这种寂静的只有偶尔出现的郊区公交车发出的嗡嗡声，一种罕见的拖拉机从一块田地走到另一处的轰鸣声，以及马匹们试图避开农妇们的凶狠抽打时发出的马蹄声，她们的战争早已被丢入结满蜘蛛网的马车内，并已被遗忘。我的父亲被列为"必要用户"，因而得以保留他的汽车，每天早上都要动身，就像战争爆发前他在伦敦无数日子里所做的那样，去拜访各位男女校长，监督8岁儿童的阅读水平，大致了解实习教师的情况，与他们的上司讨论毕业证书的问题，通常秉承着严格但又令人振奋的义务教育理想，这是自100年前马修·阿诺德被任命为首位教学督导后，所有督学都曾展示过的特点。我经常和他一同出行，因为我所在的私立学校，假期与我父亲督导的那些学校的学期相重叠，但当时六七岁的我对这种异常从未多想过。于是，我开始探索英国乡村的秘密世界，在1940年，这种秘密绝对名副其实，法国沦陷后，为防止敌人发起入侵而下达的一连串慌乱指令中，有一道命令是将所有的乡村路标拔除。无论这种措施是不是让四处溜达的德国伞兵迷了路，却实实在在地让我们父子俩在每一个岔路口走错了方向。要纠正这些错误，只能敲响偏远农舍的房门，居住在屋里的通常是老太婆，在她们看来，所有陌生人都是外国人，所以她们要么拒绝告知详情，要么提供的是最具误导性的信息，有时候，我们也会隔着一段距离，朝跟在马匹后进行耕作的农民喊叫，向他们问路，农田泥泞不堪，无法靠近过去。在斯塔普勒费兹帕内、柯里赖弗尔、柯里马利特、艾尔阿博茨、艾尔博尔斯、哈奇比彻姆、索恩福尔肯、巴克兰圣玛丽、库姆圣尼古拉斯，父亲的汽车穿过与铁路到来前同样寂静、同样空旷的乡村，从一个隐秘处到另一个隐秘处，缓慢而又曲折地寻找着路径。

等我长大些，学会了骑自行车，这种探险就成了我个人的经历，毫无疑问，路程短了些，但在记忆中，其范围相当广阔，充满兴奋和神秘。战争带走了那些在农场干活的年轻人，这使他们的雇主们不得不集中精力于必须要干的事情上，绿篱和行道树不受限制地从一个春季生长到下一个春季，将每一条车道变为夏季的绿色隧道，路边遍布着齐腰深的剪秋罗和欧芹，收获季节，黄色的玉米秸秆在头顶上交叉成格子状，刮擦着将谷物送往脱谷机处的大车的顶部。一些隧道通向农场，从而使大批鸡蛋和奶油，有时候还有一只没拔毛的鸡，无视定量配给的规定，被送上邻居的餐桌，当然也包括我们的饭桌。农场里有可供攀爬的干草垛、可以戳弄的猪、可供追逐的老鼠，还能跟着猫咪在高耸、炎热、满是灰尘的干草棚里找到一窝小猫，棚屋里还摆放着废弃的农用机器，摆弄它们时，生锈的操控杆和卡滞已久的齿轮会发出刺耳的尖叫。

隧道一路通向陌生的地方，例如杂草丛生的树林中的秘密湖泊，湖泊中，天鹅在它们的窝里拍打着翅膀发出叫声，当时，我们这些孩子坚信，它们扇动翅膀的力量足以将人的胳膊击断；隧道通向一些小小的瀑布，在一条橡树悬垂的道路转弯处，桥梁下幽暗洞窟前的这些瀑布叮咚作响、熠熠生辉；隧道也通向短绒羊所在的高地，我们经常在那里的轮式拱顶小屋内举行简单的野餐，而牧羊人在这些小屋里为他们的母羊接生。隧道也通向十字路口处一座孤零零的铁匠铺，即便在盛夏时节，这座铁匠铺也黑洞洞的，炽热的烙铁烫在马蹄上，发出刺鼻的味道——尽管我不了解延续千年的骡马耕作，但却见到了它最后的日子。夏季时，驭手们牵着马匹来到我们屋后的田地里，而我们坐在与邻近的棚屋里发现的那些破烂看上去没什么区别的机器上，等待着转动刀片，将大片割下的秸秆像破碎的波浪那样撒在身后残茬地上的命令；我们用干草叉将割下的秸秆翻身，晒过一两天太阳后，就把草叉装在马拉搂草机后，将秸秆归拢起来，看着它们被抛上大车，最终被送至干草垛，用于铺设屋顶，以抵御冬季的风暴。

但我对战时的冬季没有印象。德国第6集团军被冻结在斯大林格勒坚硬如铁的散兵坑中；而我在圣诞夜期盼着下雪，可第二天并未看见雪花，这让我有一种受骗感。PQ运输船队溜过俄国北部浮冰区的边缘，在海上行驶的每一英里都有可能被德国空军这只蛇怪之眼发现；而我在树篱的底部摸索着一条结了冰的沟渠，回家时袜子已湿透。1944年的饥饿之冬使荷兰的家庭在北部的农田里翻寻着被疏漏的土豆；而我则在11月的阳光下，跟着父亲午后散步时嚼着榛子，回家后又用炉火加热蜜糖烙饼。被战火笼罩的欧洲，也许还有其他地方的孩子和我们一样过着衣食不愁、无忧无虑的日子。但我想知道有谁像我这样，6年的记忆中始终充满了明媚的阳光，弥漫着深深的幸福感，完全没有遭受危险的威胁？今天，良知对我毫无负疚感的独善其身做出指责，但在当时，这一切很自然，仿佛战争根本就不存在。

出于某种偶然，我没有亲属参军入伍，住在附近的家庭显然也没有人踏上战场。邻居中与军事有关联的是印度山地炮兵团一名退役已久的上校，他将1903年离开他在亚丁所指挥的炮台时获赠的一支野外绘图笔作为礼物送给了我，这令我对他深感崇敬。他跟我们一样，对当前的军事现实完全缺乏了解。地方政府向我们保证，住处30英里的范围内不会落下一颗炸弹；某个晚上，响起了惊心动魄的警报（这是一次不可避免的假警报），我们穿着睡衣，躲进道路对面一所大宅子的地窖里，还有一次，晚上9点的新闻播报结束后，我的父母在花园里站了1个小时，凝望着地平线上布里斯托尔燃起的火焰。但无论在夜间还是其他什么时候，我们从未听到过偏离航线的德军轰炸机所发出的引擎轰鸣声。父母的保护使我们对那些令人不安的传言或事实一无所知。1917—1918年，父亲曾在西线有过两年可怕的经历（我现在对那种恐怖的程度有所了解），我和妹妹缠着父亲讲述他在"一战"期间的故事；但他为我们编造的军旅生涯中充满了友谊、马匹以及战壕里温暖而又安全的住处，每当夜色降临到卧室，我们便催促他沿着他那令人着迷、避实就虚的记忆列车行进下去。农村的独立性和自给自足使我们无法得到任何真正想要的东西；在乡村耕作的自耕农佃户，与战时农业委员会打交道时，就像跟他们的地主商谈交易时那样精明，因此，总有十分之一的农作物逃脱官方的征收，通过以货易货、实物支付或实实在在的现金这些流通方式，从教区内的一个食品贮存柜转移到另一个食品贮存柜。所以，我唯一缺乏的精神生活，在很大程度上是靠阅读来弥补的。我特别向往亚瑟·兰塞姆《"燕子"号和"鹦鹉"号》一书中罗杰、苏珊、南希以及其他孩子组成的小团队，他们的湖区生活是那么令人羡慕，跟我们过的日子截然不同，但我现在知道，除了没有一条小船和一片通航水域外，我跟他们的生活方式非常相似。

但是，在这片平静之地，战争彻底吸引了我。每天早上我步行去上学时（我再次回忆起，这段路途上永远播撒着斑驳的阳光，阳光下的我们按照奇怪的规定戴着灰色法兰绒帽子，显然是受到E.H.谢泼德所画的克里斯托弗·罗宾的影响），会愉快地期盼着数学课与拉丁语课之间，在足球场后面举行的半小时"突击队奇袭"，或是就"布伦海姆"轰炸机和"飓风"战斗机模型的交易所进行的讨价还价，或是讨论"李–恩菲尔德"步枪的技术性能以及它与"毛瑟"和"曼力克–卡尔加诺"步枪相比所获得的可笑的优势，我有一本用亚麻布包裹着的轻武器手册，因此知道"曼力克–卡尔加诺"步枪是意大利军队的拙劣装备。我还有一本旧版的《简氏战舰大全》，阅读它的频率甚至比《"燕子"号和"鹦鹉"号》还要高，另外还有信息部发行的关于战时所作努力的一整套小册子（这套丛书包括盟军的联合作战、轰炸机司令部等，现在成了收藏家的目标，依然是明智的宣传可实现些什么的一个成功范例），除此之外，我还有一些从《图画邮报》杂志上剪下的军事文章，其中有一篇对苏联红军的详细报道。这篇文章激怒了我的父亲，并对之发出轻蔑的哼声，他始终抱有这样一种观点：我们为支持波兰而宣战，决不能原谅与希特勒一同瓜分波兰的斯大林。

这些军事书籍和文章带来的结果是，时至今日，我仍能像背诵乘法表那样轻而易举地说出英军战争初期装备的大多数武器的技术特点：MARK Ⅱ型"喷火"战机，最高时速达365英里，实用升限35000英尺，配备8挺点303

口径勃朗宁机枪；"诺福克"号巡洋舰，6门8英寸口径火炮，排水量10000吨，航速33节。无须闭上双眼，这些武器装备的身影便会在我的脑中重现。我能牢牢记住的只有这些早期的武器型号，至于后期和改进型，例如"台风"战斗轰炸机或"黛朵"级巡洋舰，尽管我同样很有兴趣，但却无法将其性能数据背诵出来。也许这是因为它们源于两次世界大战之间的外观设计缺乏一种醒目的美感，美观的要求被放在了武器纯粹的杀伤力之上，但我在思考后得出了结论，主要原因是我刚刚意识到这些问题，便产生了坚定的信心（因此这使得武器装备的改进变得无关紧要），英国将会赢得这场战争。但这种说法不足以强烈地表达出我所持信念的力量。带着一种不可动摇的士气和智力上的确定性，我知道英国绝不会打输。这种感觉如此强烈，以至于我对希特勒（这个人频频出现在报端，被各个媒体描述为一个怪物和麻风病人的混合物）的看法是，他的行径是一种有恃无恐的肆意妄为。我曾设想过，要是能跟他当面交谈一次该有多好，把事实摊开，他就会明白继续他的做法毫无意义，最好是立即放弃并请求得到宽恕。对当时的我来说，沉默感和未能实现与元首的恳谈所产生的平行效应，破坏并降低了政府鼓励那些在战争期间遭受着苦难、焦虑而又茫然的英国人的一切努力。国民储蓄委员会的一幅海报令我尤为不满，这幅海报月复一月地张贴在我所在的预科学校娱乐室的乒乓球桌上方，以"1943年精神"为标题，一头狮子向远处怒吼着，展现出一种夸张的好斗性。我认为这种无聊的夸大是民族精神的一种表达，我确信，设计海报的艺术家如果做过正确的研究，就会和我一样对最终的胜利抱以坚定的信心。

现在分析起来，我的信念源自两个方面。首先是我觉得身处一个巨大的帝国的中心。不仅因为我们学校的地图册将其标为红色（"希特勒看不到吗……"），也不仅因为澳大利亚人、加拿大人、新西兰人、南非人、印度人回到这里，就像他们在第一次世界大战期间所做的那样，站在我们这一方，而且，在我这个8岁学童的班级里，帝国的生活实际上无处不在。一个同学的父亲是一位拥有从英国至澳大利亚远距离飞行记录的中队长，另一个同学的父亲是西非的地区专员，而我同桌的那个男孩，他的父亲是一名军人，在印度西北边境指挥着一个旅，那里现在是巴基斯坦，但这个国家当时还没有出现，另外还有阿富汗，当时完全被人忽视，现在却大不相同了。没人能预见到，5年内，印度这颗帝国皇冠上的宝石会脱离，20年里，其他一些最小的珍珠也将紧随其后。在我们看来，帝国的规模是其巍然屹立的一种保证。

大英帝国的能力是我对战争结局满怀信心的第二个原因。皇权的稳定性和可靠性显然令人感到放心，这也使那些不幸居住在其边境外的人们加入到我们当中来。如果你数数他们，中国人、苏联人、挪威人、荷兰人、自由法国人和他们当中一些人所拥有的帝国（当然无法与我们的帝国相提并论），你就会发现，每个人都在反对希特勒（"他看不到吗……"）。

另外，这些共同交战国没有像娱乐室里那头夸张的狮子那样进行虚假的宣传。他们的代表穿着英军制服，所不同的是，肩章上标有"荷兰"、"自由法国"或"比利时"的字样，他们在英国，跟我们在一起，偶尔能看见他们走在县城的街道上。宗教的原因使我很少能遇到这些人，我们是个天主教家庭，当地的天主教教堂在这个新教盛行的国度就是一座极其孤独的信仰灯塔，对那些背井离乡、只身孑影的教友来说，这是个天然避风港。每逢周日赶来的教友也会给我们带来些古怪和错误。我父亲对社区内那些基于宗教原因拒服兵役者、留着胡须的男人和穿着凉鞋的女人（他们大多穿着未经过鞣制的羊皮袄）抱有一种莫名的好感，他曾请求我们那位严肃、正统的教区牧师（这位牧师能从地面爬上一辆几近直立的自行车车座，以这种类似于悬浮的动作来支付教区的电话费，我对他深感敬畏）"接收"这些人。此后的许多个下午便在这些人的居住地度过，那座漂亮的乔治时代豪宅因为他们的占据多少受到些破坏，在那里的茶桌上，父亲跟他们进行着高尚的会谈，我则尽量避开粗花生酱制成的大批食品，这种花生酱似乎是我们社区的主要食物。被接收进教堂的人中，还有一名意大利战俘，他被假释后成了当地的一名农夫。这个意大利人肤色黝黑，身材矮小，我猜他可能是西西里或卡拉布里亚农民的儿子，领袖要求意大利士兵舍生忘死的号召对他来说毫无吸引力。事实上，这种号召对一口南方方言的他来说毫无意义。这个意大利人仍在学习英语，第一次来访时（也是最后一次），他对我父母做了一番冗长的讲述，最终让他们获悉，他曾在西部沙漠中独自一人杀光了澳大利亚人的一个排。这个完全令人难以置信的故事变成了一场令人深感厌恶的白刃战哑剧，我的父亲不耐烦地蜷缩在一张扶手椅中打盹，而我的母亲带着冰冷冷的礼貌坐在那里，等着这个虚构的故事到达其令人恶心的结局。基督教慈善机构没有给予他第二次邀请。

另外一些军人则受到更为热烈的欢迎，特别是俄国军人。直到今天我还能记得，某个雨天，一名搭车的捷克士兵在我们的汽车里留下一股类似于马厩的味道，当时我还对此有些不快，但我现在知道，这只是一名士兵的味道，是无法经常洗澡与粗劣的卡其军装的混合产物。这种气味一点儿也没令我的父亲产生反感，他肯定想起了当年在战壕中度过的岁月。他和他的搭车者愉快地行驶了20英里，友好地诅咒着艰难的军旅生涯。但他对捷克人（他把他们与张伯伦的绥靖政策不合逻辑地联系在一起）的关照，与他对波兰人的情感相比，只能屈居次位。波兰人非常优秀：天主教徒、意气风发、不列颠之战的英雄、勇敢的流亡者，他们在各个方面都符合他对勇士的严格定义，只要能找到，他总是尽力寻找着他们的连队。"帮助一个波兰人真令人愉快"，他为他们指明道路后总会这样说上一句，面对那些结结巴巴提出的问题时，他回答得支支吾吾，就连我都能感觉到他那份情感对那些听众没起到什么作用（尽管是出于善意）。

一个波兰飞行中队驻扎在附近的机场后，使他的"亲俄"作风得以扩展到更大的范围，他在那里养成了邀请波兰人上车，来一场从一个难民学校到另一个难民学校的环岛之旅的习惯，汽车停在机场食堂外，他在里面受到热情的款待，快活地聆听着不太靠谱的空战故事。而我那位意志坚定的母亲不太容易受到波兰人魅力的影响。对和平时期的那些朋友来说，这是个亮相的机会，卡其军装和野外军旅生涯使他们变成了拥有古铜色皮肤的英勇骑士，这使她萌生出少女般的神态，不由自主地想到应该从空空如也的橱柜中端出一杯杯奶茶和一瓶瓶雪莉酒，她毫不厌烦地聆听着他们夹杂着战时英语简称（"Gib""Alex""Med"等等）的交谈，我能感觉到，她似乎体会到一个突如其来、自命不凡、残暴的男性化世界。

我也被这些外来者深深地吸引，因为我们的访客带来了"真正的"军队气息，与驻扎在我们这片死气沉沉的地方的那些寥寥无几的、单调的、静态的部队完全不同。诚然，我们这个县城是一个老牌野战团的驻地，城堡形状的维多利亚式门楼的楣梁上深深地篆刻着吉卜林风格的"西北边境人"名称；但门前的卫兵却是些老弱病残。偶尔能看见一些伤愈者穿着不合身的亮蓝色法兰绒病服，从当地的医院来到县城公园的长椅上。另外，尽管县城的一座大宅中驻扎着皇家炮兵的一个单位，但他们仅配备着探照灯。我知道其他地方的军事场面肯定更加迷人，因为我有一本小册子，里面描述了军队各个团的徽章，每个团都配有一张彩色船形帽的图片：绿色加黄色代表着恩尼斯基林龙骑兵禁卫团；樱桃红是第11轻骑兵团；猩红色是第12枪骑兵团；紫色加深蓝色是埃塞克斯团；黑色加灰色是莱斯特人团；栗色加黑色是东约克郡人团；黄色、蓝色再加橄榄绿则代表舍伍德森林人团。我搜寻着这些杰出的军帽，但却徒劳无益：我所见到的士兵从头到脚都是卡其色，这种卡其军装极不合身，式样土气难看，对身穿这种军装的士兵，我无法产生任何敬佩之情。"作战服"是对这种军装的官方描述，但据我所知，惠灵顿的步兵们在滑铁卢展开队形，抵挡拿破仑胸甲骑兵的冲击时并没有穿这种军装。

　　当然，"真正的"军队在其他地方，如果宣传照片的内容是真的，那么他们在西部沙漠俘获了意大利人。一群又一群高年级学生离开学校加入到这些军队中（参加海军或空军的人较少），他们服役的消息偶尔会传回到我们这里，获得晋升、得到勋章或是在战斗中牺牲等等。我不太了解他们，因而对这些消息没太多的触动。唯一令我受到触动的是一个愚蠢又快乐的中学六年级学生的死讯。当初，校长对他能否通过考试而深感绝望，已经允许他学习操作风笛和猎枪，以度过最后一个学期。携带这些装备的他，已成了堆砌在板球场下方的假山旁边的一个熟悉的场景。看起来他似乎刚刚离校参军，便传回了他在西西里登陆时阵亡的消息，他还不到18岁。就像我现在知道的那样，当时，军队已离开北非，开始入侵西西里。但没有任何迹象表明这些士兵会安排我跟希特勒来一场面对面的会谈，他们将把这场战争进行到底。军队存在的迹象也出现在我们这里。一个配备着25磅火炮的炮兵连来到我们学校进行一场炮火示范，我在一棵胡桃树上占据了有利的观看位置，结果，他们的第一轮齐射差点让我从树上跌下来，幸亏我死死抱住一根树杈，这才没摔断脖子，成熟的坚果纷纷坠下，以沉闷的噼啪声回应着远处草地上传来的轰鸣。另一个下午，一队魁梧的年轻突击队员进行了英勇的两栖作战训练，他们翻过我家的花园围墙以躲避"敌人"，并隐蔽在果树和蔬菜间。他们沉重的呼吸和沉默无言传递出这样一种希望：我不该紧盯着他们的藏身处，应该去其他地方玩耍。他们穿过邻近的一片林地离开很久后，留在身后的痕迹仍令我感到刺激、激动。但对德国人形成真正的威胁所带来的刺激和激动却少之又少，如果我不是对英国获得最终胜利抱有坚定无比的信心的话，可能会在1942年和1943年产生一丝质疑：如何能赢得这场战争呢？

然后，美国人突然出现了。他们的到来其实早有征兆，特别是美国战时新闻处的一本小册子（这是我在县城一个书摊上抢购的）上出现了美国第8航空队的身影，小册子上有许多修建机场的照片，该航空队将从这些机场起飞，执行轰炸欧洲的任务，另外还有一幅"空中堡垒"的剖面图，我数了数这种飞机上配备的机枪数量，迅速得出结论，它跟"喷火"式战机一样，是一款强大无比的轰炸机。美军先遣人员也来到这里，是一些身穿橄榄绿夹克和米色长裤这种陌生军装的人（后来我曾听一些老兵恋旧地描述道，"淡褐色和绿色"），我曾看见他们伴随着温暖的落日走回他们设在郊外的兵营。我的唐突和公然违反家规令我自己也深感震惊，我试着跟他们中的一个搭话，我知道这是在各处都通用的方式，"伙计，有口香糖吗？"对方尴尬地停顿了一下（我自己觉得更加尴尬），在口袋里摸索一番后，送给我一包薄荷口香糖。当时我并不喜欢嚼口香糖，但美国的东西比英国的产品更具优势，特别是精美的包装和亮丽简洁的设计，一下子深深地征服了我。当晚的大多数时间里（通常我会阅读书籍，并把卧室窗帘非法地拉开一些），我一直在研究这包口香糖，以一种越来越入神的状态设法从其标志上找出设计师试图传递的信息。就这样，我与记号学首次相遇，也见识到美国经济深不见底的财富。

他们的超级富裕很快会得到证明。4年来，我们这片死气沉沉的地区上驻扎的英军士兵一直寥寥无几，但到1943年年底，美军士兵几乎在一夜间挤满了这里。他们看上去跟我们那些"旧货拍卖会得主"完全不同，漂亮的卡其军装裁剪精细，材质堪比英国军官的军装，我们这些学生曾在学校里交流过，据说一个美国兵的军饷与英军上尉、少校、上校拿得一样多。另外，他们还配备着闪亮的现代化自动武器，汤普森冲锋枪、温彻斯特卡宾枪、加兰德自动装填步枪等等。但更令人注目的是他们配备的汽车数量众多、体积庞大、外观漂亮，这些汽车排成威武的车队从乡村驶过。英国军队的运输靠的是临时拼凑的一堆破烂货，那些动力不足的车辆，简陋的车身上暗褐色的油漆都已剥落。而美国兵搭乘的是威风、漂亮、橄榄绿色、压制钢的四驱卡车，车上还配有英国汽车销售员从未见过的选装件——胎纹很深的备胎、绞盘、牵引钢缆、灭火器。这些车辆中包括高大的GMC 6×6卡车，紧凑、马力强大的"道奇"4×4卡车，它们成群结队，或是像30年后的那个时代出现的沙滩车那样，独自、灵活地驶过车道，另外还有体型微小但却令人着迷的吉普车，车上装着鞭状天线和简单的帆布篷，行驶起来带有一种牛仔策马穿过草原时，鞍袋随之上下起伏的节奏。有一天，我从自行车上下来，站在路边让这样一支车队驶过，每辆汽车驶过时，都有一阵"弹雨"朝我袭来，"子弹"噼里啪啦地掉进我身边的路沟里，就像那次观看炮火示范时树上落下的坚果那样。可我拨开枯叶后才发现，落下的不是胡桃，而是一些宝贵的"好时"巧克力条、"切尔西"糖果和"霜神"方糖，这些美国人在几秒钟内就把一个星期，也许是一个月的甜食配给随随便便地抛给了我。就这样，我一边将这些好东西塞满口袋，一边思忖着，在英格兰西部发生的某些事情，希特勒的确应该为之担心。

就这件事来看，也许只是美国人偶尔表现出的慷慨，但我们这个镇子很快开始被整齐、不怕风雨侵蚀的木屋构成的营地所环绕，与英国军队用瓦楞铁建成的稀稀拉拉的营房相比，美国人再次展示出他们更加优越的质量；他们还建起一座大型现代化医院，这座医院一直使用到战后，并成为镇上的第二个医疗中心。渐渐地，私人间的交往开始出现，这种情况首先出现在我们漂亮、一头黑色鬈发的威尔士保姆安妮身上。一天晚上，某个喝醉了的英国伞兵袭击了她极为敬业的前任的卧室窗户，没过多久，安妮就出现了。她从一个女修道院来到我们家，但她在修道院曾强调过，并不打算加入妇女宗教团体。我母亲对此不太相信，因为下午放假时，安妮一步三摇地走向镇中心美国人所在的地盘，她那双雪白、丰满、摇曳生姿的大腿已为这番出游涂抹上被称为"液体丝袜"的棕色药水，这是一种战时用品，以替代真正的丝袜；她跟另一名妇女宗教团体成员调情，暗示出一种挥之不去的渴望，后者大概是女修道院派来拯救她的。不过，尽管丝袜的出现取代了"液体丝袜"，就像好时巧克力和薄荷口香糖的供应令我那些宝贝迅速贬值那样，但安妮显然没有要求回报些什么，或者她要求了，但没能得到。母亲的戒备消退了。

我的父母很快便形成了他们自己的美国朋友圈。其中的一个是美军工兵少校，他成了他们的终身好友，1945年，一个小妹妹诞生了，这是我们家在战争时期出生的第二个孩子，少校先生当上了教父。另外一些美国人也是父母在教堂门前结识的，取代了过去被邀请来喝周日下午茶的外籍流亡人士。他们中的大多数人似乎只是想去英国人家中看看，以此作为他们简朴但却迷人的军旅生涯中的一种慰藉。也有些性情温和的美国人对此颇为依赖，来访得更频繁些。其中的一个名叫桑塔格（我对他的其他情况一无所知），是个身材瘦削、一头黑发、有一双温柔的眼睛的年轻人，他看上去饱受折磨，也许是因为想家，也许是出于对等待着他的命运的恐惧。他像松鼠那样在屋子的角落处堆放了一些没什么价值的私人财物，不时打电话来关心一下这些东西的安全，有一天，他请我父母代为保管这些物品，之后他再也没来过。几个月后，吃午饭时，我听见他们低声说"桑塔格不会回来了"，这激起了我一种内疚而又渴望探索的好奇心，那天下午，我查看了他存放的那些物品，找到一只美军军用手电筒、一条帆布腰带和一本"袖珍本"出版社的《布鲁克林有棵树》，他留在这片乡村的物品似乎少得可怜。

但那时（应该是1944年冬季），暂留在这里的美国人非常少。到了春季，他们的人数急剧增加，很快，在这个地区，美国人看上去似乎比本地人还要多（很可能的确如此）。美军的运输霸占了道路，美军军装变得像战争倒数第二年里其他制服那样司空见惯，带有垫肩的大衣、坡跟靴和头上裹着的头巾在他们的装备中经常能见到。许多人喜欢美国口音，并对其加以模仿（尽管模仿得很拙劣），它不仅替代了本地方言，还传递出美国式礼仪的某种轻松、冷淡和慷慨，这种外来礼仪渗透并弱化了本地礼节。西方的封建传统再也不会保持原样了，一件美好的东西被带给许多人，尤其是年轻人。我们这些预科学校的学生，坚定不移的爱国情怀中带有大英帝国至上的理念，我们知道这与美国代表的原则在某些方面是对立的，长期以来，这种理念坚持与美国的吸引力相抗衡。我特别不愿意承认的是，美国海军已令英国皇家海军在全球舰队中屈居第二，即便在事实告诉我的确如此之后。但在当时，我们这些学生也被美国的魅力所吸引。特别是吉普车，驾驶这种汽车时，甚至可以将一条穿着靴子的腿伸到驾驶室外，就连我这个最具爱国心、10岁大的孩子也对此心动不已。

　　1944年的夏季到来时，美国军事力量尚未以更加出色的表现吸引我们的注意力。我们所知道的美国兵都是工兵、施工人员和卡车司机，他们一直忙着为仍在源源不断赶来的作战部队修建营地。这些作战部队已来到我们身边，还携带着各种新式装备，半履带侦察车、两栖车辆和庞大的运输车，车上搭载着坦克和推土机（这种设备过去在英国从未见过），这些车辆占据了主干道，经常能看见它们排成车队向南驶去，赶往汉普郡和多塞特郡的港口，那些港口就位于法国对面的海岸上。美国飞机也大批出现，"解放者"、"达科塔"以及偶尔出现但却引人注目的P-38"闪电"式双尾桁战斗机，看着它掠过天空，就会想到未来战机的发展方向。最为常见的是"达科塔"运输机，那年春季，我曾有过一段最有趣的经历。一场已被遗忘的旅程意外地将我带到一个机场，机场上空有一大群飞机，盘旋着，俯冲着。但与我过去见过的任何队形都不一样，这些飞机通过细细的缆绳两两相连。突然，那些缆绳依次松开，每一对飞机中的第二架开始下降，朝跑道飞去。最奇怪的是，这些飞机既没有螺旋桨，也没有引擎，降落时悄然无声，触及地面时，滑行了几码远便停顿下来。飞机里的人涌了出来，迅速列队，随即，队伍里射出绚丽的红色和绿色信号弹，划着弧线飞向转身离去的"达科塔"拖机。我第一次见到了做梦也没想到的新式打法：使用滑翔机对敌军后方发起突袭。

但这并非最后一次见到这种情形。几周后的一个晚上，我们家上空传来飞机的轰鸣，声音越来越响，直到整个黑夜被彻底充斥。最初的震颤已让我父母冲入花园里，随着轰鸣声的加剧，我也跑了出去，站在他们之间，敬畏地凝望着星罗棋布的红、绿、黄色灯光，这些亮光占据了整个天空，庞大的机群向南面的大海飞去。眼前的情形就像全世界所有飞机都在空中，一个波次接着一个波次，毫无间断，此刻，月亮尚未升起，黑云中的一个个小黑点隐约可见。这些飞机掠过天空时发出的噪音演变为固体，堵住了我们的双耳，涌入我们的肺部，像汹涌的海浪那样震颤着我们脚下的地面。过了很久，最后一批飞机消失在视野中，轰鸣声渐渐消散于夜晚的沉寂，我们的意识这才得以恢复到周围熟悉、永恒的东西上，榆树、树篱、屋顶、云层和星星，但我们仍呆若木鸡、一言不发地站立在原地，猜测着这样一场强大、威严、吓人的飞行究竟预示着什么。

第二天我们就知道了。美国人已经离去。他们建造的营地在一夜间已人去屋空。道路上也变得空空荡荡。无疑，要是我们一直保持留意的话，就会发现驻扎在这里的美国人正逐渐离开。但他们的伪装一直保持到最后一刻，然后发动了突如其来的出击。BBC新闻广播告诉了我们原因。"今天清晨，盟军部队开始在法国海岸登陆。"1944年6月6日早上播出的新闻，令听众们在每次公告播出前焦急地凑到他们的收音机前，希望从新闻检查员审核过的平淡无奇的语句中听到些令人鼓舞的变化。我对新闻的不确定性深感无奈。我父亲办公室的门卫是个壮汉，而且在我看来他还是个重要人物，因为，作为一名退休的警察，他被允许在办公桌的抽屉里保留一支手枪，以击退任何一个试图夺取县教育委员会文件的第五纵队分子，但此刻，他不仅把头凑到收音机前，还大惊小怪地调节着音量，忙得不可开交，以至于无法像平时那样向我展示他的手枪（这令我深感刺激）。他说他只想知道情况究竟如何。刺激变成了嘲笑。知道情况如何又有什么用呢？发起一场跨海峡进攻并不会像我想象的那样打赢这场战争。我对盟军与德国人实施决战的手段毫无概念。如果说有的话，我曾想象过双方的飞机展开一场规模庞大、至关重要的决战，在这场决战中，多不胜数的"喷火"式战机会将德国人打垮，先是在空中，然后是在陆地上。但如果发起一场跨海峡进攻，这一切就将不存在。盟军已决定采用一种与我的想象完全不同的打击方式。但结局不会有什么不同。他们将赢得胜利，德国人会输掉这场战争。新闻报道会使其更加生动、有趣，我们在等待时应该享受这份快乐，但结局是毫无疑问的。*Allons, enfants de la patrie; le jour de gloire est arrivé*（前进，祖国的儿女们；荣耀之日已来临）。

　　就这样，战争以一种意想不到的方式将我从其掌握中放开。我被属于更加遥远的过去、充满想象的另一个世界所占据，那里留下了令我心醉的乡村蛰居生活，那是我居住的世界。周围伫立着许多中世纪时期的教堂，点缀着乔治王朝时代的工匠以娴熟的手艺建成的村落和城镇。通过旅行，我对这些建筑有了很多认识，学会了区分诺曼式风格和垂直式风格，以及这二者与维多利亚哥特式风格的区别，并对18世纪的比例原则、多利安式的温和变化以及科林斯式默契的市场前门赞赏有加。在我看来，居住在里面的人非常符合这些建筑的风格；教堂里那些来自牛津和剑桥的人用他们咏唱的素歌点缀着粗野的打猎和英式橄榄球；对于房屋来说，居住者是高雅、仁慈、礼貌、有教养的简·奥斯汀家庭，还是目前居住其中的退役上校，唯一的不同是系鞋带还是扣鞋扣。我发现这两种人物都能将我深深地吸引，我会用合适的演员饰演配角，以此来包围他们——尽责但却不太富裕的佃农、手艺出色而又沉默寡言，身上沾着白色石屑或锯末的同业公会会员、打听驮马价格的牲畜贩子、碾磨工、商人、马车夫、驳船船员、对查普曼的《荷马史诗》竖起拇指的乡村教师、打量着带有飞檐的建筑，财力雄厚的小镇知名人士、身穿红色军装，在织布的女佣身旁适度地啜着麦芽酒的掷弹兵。这两个世界在想象中轻松、自然地汇聚，就像在一幅漂亮的城市风光中两种建筑立刻形成了一种昔日的景象，天主教和新教、金雀花王朝和汉诺威王朝、封建制度和地方自治、田园生活和经商贸易，以及随处可见的友善、舒适和平静。

　　时间、学习和阅读会告诉我，这一切不过是最完美的无稽之谈；昔日的世界不是一个荟萃其古雅元素的混合物，而是和今天一样，是个赚钱和消费的世界，赚钱越来越难，消费越来越萎缩；当时普遍的气氛不是和谐，而是冲突，用于解决矛盾的通常是一个人低劣的素质，而非宽容或理性；令我为之激动的抒情诗情感，将所有不同的阶级、利益、时期和地点融为一团充满诗意的阴霾，成为把握其激情、希望和需求的一个积极障碍。我竭力抗拒着浪漫的死亡和我那和平国度的消失。难道一个建造过格拉斯顿伯里大修道院的时代不比建造棉纺厂的时代更加亲切吗？难道在一个使用手动工具的世界里工作不比一个充满机器的世界更令人满意吗？难道骑马旅行不比使用蒸汽或燃油的旅行更加有趣吗？谁会拒绝居住茅草屋而选择石板房，不吃石磨的食物而购买商店里的面包，不穿自纺的棉布而代以人造纤维呢？我承认疾病是一种危险，它折磨着我想象中的那些居民，会以一种我们无一幸免的频率和严重程度令整个英国消亡。另外，他们在大多数时候还遭受到季节性饥饿、冬季的严寒、持续性贫困、繁重却回报寥寥的劳动、法律不公、无知、愚昧以及骚乱频发的折磨，这种观点令我步步退却，但仍抱有一种挥之不去的信念：教堂和市场十字柱被阳光晒热的石头不会真的倒下。

当然，它们并未彻底坍塌。但我开始明白如何和为何要花上大量的时间去忘记他们在一开始曾告诉过我的，关于美丽与和平的神话。在此过程中，我了解到中世纪晚期和近代初期的英国以外的许多地区和时代，以及社会和文化史之外的许多学科。我学到了足够的帝国史，从而了解到它的两面性；我学到了足够的政治史，知道权力的重要以及各党派的目的；我学到了足够的思想史，以弄清楚辩论和异议；我也学到了足够的经济史，知道工作是为了生意而不是快乐；我还学到了足够的军事史，得以掌握力量的基数性、勇气的可疑性以及正义事业的边缘性。作为一名战时的孩子，军事史深深地吸引了我。我及时了解到，自己曾经历过一些重大事件，而我曾给它们施加过的宿命论（胜利必然到来、对敌人轻蔑不已、屈尊俯就地接受盟友）仅仅是严重限制我个人观点的一份清单。我了解到，英国的力量并不强大，而是很虚弱。她迟迟没有与德国人展开决战，并未将之视为必要的选择。我曾认为苏联人对打赢这场战争的贡献毫不重要，但我后来发现，他们打的是最为庞大的地面战。我曾以为大英帝国庞大的规模是盟军力量的主要来源，但我后来发现，她甚至无法武装自己。我曾认为，欧洲的各个盟国，仅凭其数量就足够重要，但我后来了解到，她们的状况比难民好不到哪里去。日本人，我从未把他们当回事，可后来却发现，他们几乎将整个太平洋控制在手中。而美国人……

我对美国人在这场战争中的立场产生的误解，很难加以纠正。他们一直吸引着我，但我对他们会遭遇些什么已不再好奇。英国遭受孤立的那段时间里，我曾认为他们作为善良的旁观者，显然会站到我们这一方，因为他们也说英语，但当澳大利亚、加拿大和南非站到我们这一边后，他们却不想或认为没必要成为我们的盟友，我猜我这个观点也正是他们的看法。不过，他们最终出现在英国时，我估计是因为他们失去了耐心，与我曾经的感觉相类似，他们也认为希特勒注定会输掉这场战争。另外，我非常肯定地预测，他们来到英国，就算不把自己置于英军的指挥下，至少也会接受英国的部署。毕竟我们已在这场战争中建立起拥有权，后来者必须对此予以尊重。

对此，抛开幼稚的看法，我可以说句不那么离谱的话。尽管英国民众对作为个体的美国人表现出充分的热情，但经历了多年的"热血、辛劳、眼泪和汗水""接受""少数派""独自屹立"后，他们根本无法接受美国与英国在战时所做努力上的平等性，更别说让英国屈从于美国的权威了。进攻欧洲的作战行动应该由一位英国军人来指挥，他就是蒙哥马利将军，应该以英联邦军队为主导冲上滩头，这才符合这一方面的民族情感。如果在1944年6月对民意进行一番调查的话，可能会得出这样一种结论，尽管美国为即将到来的欧洲解放战役提供了更多的兵力，当然还有绝大多数的武器装备，但作战方针还是应该由英国人的思想来决定，作战行动也应由英军将领指挥，哪怕出于外交原因，艾森豪威尔将军必须被任命为名义上的盟军最高统帅。这种职责划分的理由是，进攻欧洲大陆本来就是英国人的一个概念，这个行动承诺已久，丘吉尔对他的国家保证过，英国人也对他们自己许诺过，这将是个清算历史的行动，英国在4年前被逐出欧洲大陆，随后又遭受到那么多苦难，现在，我们将得到5倍、10倍乃至20倍的回报。

这个问题被隐瞒起来，除了决策圈最核心的少数人外，大多数人对此一无所知，制定战略依据的就是这种愚蠢、墨守成规的观点，但这种观点很快被证明与实际情况完全不符。战争结束后，这个秘密仍被隐瞒了很久。直到50年代初期它才渐渐显露出来，发起一场跨海峡进攻很明显是打败希特勒的一种基本手段，但在盟军阵营中却未能获得一致同意。这个秘密逐步透露出，尽管英国人在口头上对这个概念表示赞同，但他们的做法与他们对美国人的承诺完全不同：他们不仅在盟军力量处于劣势的那段时期里提出对进攻欧洲大陆的反对意见，而且在敌我实力发生逆转后，仍积极提出其他避免直接冲向希特勒腹地的替代方案，这不能不使美国人怀疑其盟友缺乏决心。关于"第二战线"的争论变得渐渐清晰起来，这是战争期间英国与美国产生误解最重要的症结所在。

第一章

第二战线的由来

发现盟军中暗藏的不和，这对一个20世纪50年代的孩子（他不仅生活在英美合作的政治氛围中，也生活在这种合作的实质内容下）来说，其震撼力之大令人难以置信。热情曾使我们欣然接受了英国"光荣孤立"的寂寞，但随着这种热情的转变，我的信念发生了改变，我发现英国和美国的利益根本没有区别，事实上，两个社会之间的特性也几乎相同。在我看来，英国和美国就是一个整体，英国人和美国人几乎一模一样；但他们的领导者并不这样认为，他们追求着不同的军事目的，在这个过程中，双方产生了怨恨，出现了怀疑、耍花招、支吾搪塞、言行虚伪、虚与委蛇、故意拖延这些令我无法相信的伎俩。我的怀疑是正确的。因为，在战时结盟的历史上，重要的是突出两个大国团结的诚信，他们之间意见的分歧和目标的差异似乎是次要和微不足道的。但我们也应将目光投向团结一致的外表以外的东西。现实世界中，我所在的英国是一个已然衰败的强国，美国做好了替代她的准备，信心和财富将使美国能够做到这一点。但美国这个国家一直避免发展军力或参与欧洲政治事务，他们的武装力量主要在海军，而他们的外交纠葛在很大程度上位于太平洋。但美国的决定是，一旦战争强加于她身上，她的主要力量还是应该保持在欧洲，因此，即便现在回想起来，这仍是个值得注意的决定。美国依照她所选择的路径踏上了欧洲，并让其主要盟友同意了她的选择——这场入侵被我们称为"D日"——这同样是个紧迫的利益。她选择的这些路径被下述这些职业军人充分理解，他们将领导人胜利的意愿转变为现实。

七名军人和一名非军人代表了战略的原则和困境，创立第二战线的那几年里，他们的国家凭借这些战略努力实现着胜利或避免着失败：史迪威，他的职业生涯体现出美国军队在两次世界大战之间的虚弱和落后，他的国家所采取的战略是以亚洲为主，而非欧洲；魏德迈，军事技术专家，他在欧洲的受训经历帮助美国以一支大军对那片大陆发起了进攻；艾森豪威尔，他的智慧、灵活性和政治才能为美国的战略找到了一个明确的方向；莫洛托夫，他不停提醒着英国和美国，苏联所遭受的痛苦；马歇尔，罗斯福的战略良知；布鲁克，英国日益衰减的战略资产的记账员，也是丘吉尔任性的天赋的编辑；蒙哥马利，他拥有出色的战场执行力；隆美尔，他将希特勒愚蠢的野心转换为军事意义。

第二战线的故事开始于史迪威，当时，日本偷袭了夏威夷珍珠港的美国太平洋舰队，结束了一年多的争论和优柔寡断，无可挽回地让她自己和她的盟友德国投身于对美国的战争中。

史 迪 威

日本对珍珠港的偷袭将美国军方一名最不可能的军官从蒙特利火速调往华盛顿。约瑟夫·沃伦·史迪威——他的家人称他为"沃伦"，深知他言语犀利的上级和下属称他为"醋性子乔"，1941年12月7日，他正在指挥第3军。直到最近，该军的规定编制（50000名士兵，并配有大炮、运输和通信设备）仅仅停留在书面形式上，甚至到1941年秋末，经过为期两年的军备重整后，第3军的真实实力仍与规定编制存在着令人尴尬的差距。但史迪威成长于旧军队小而散乱的单位中，他曾扎紧钢盔带，疲惫地追逐着菲律宾叛军，也曾吃过中国平原上夏季的灰尘，还在莱文沃思和本宁堡军官宿舍的白色隔板后装出过着体面生活的样子。尽管第3军名不副实，其编制也没有完成，但能出任军长，是他这位世纪初西点毕业生几乎不敢梦想的，作为一名参加过一战的老兵，在大萧条时期早已放弃了这种希望。看着第3军在垂死的美国军队中重新焕发出生命的迹象，并被授予该军的指挥权，这种感觉不啻为自己的职业生涯获得了最高的荣誉。

被召至华盛顿不仅意味着与家人分离，也代表着要向他们所喜爱的蒙特利半岛的卡梅尔镇道别，第一次世界大战前，他和他的妻子定居于此，后来这里也成为第3军军部所在地。那里，漆黑的柏树园、歌剧风格的峭壁、充满斯坦贝克式魅力的海滨以及居住在那里的大群下层百姓——制造沙丁鱼罐头的波兰人、驾驶渔船的意大利人、开杂货铺的中国人、来自"廉价宫殿"的流浪汉以及要塞驻军团里每天赚1美元的列兵——这一切使得这里似乎不太可能成为一个军事指挥部。也许是因为在战争爆发的第一周里，史迪威对日本人即将对这片令人陶醉的海岸发动袭击的消息做出异乎寻常的反应的缘故。"日本舰队位于蒙特利南面20英里、西面10英里处，"他在日记中写道，"我认为这愚蠢至极……海岸上有两个（美军）营，另外两个充当预备队的营位于175英里外……6辆坦克从奥德堡赶来。（其他坦克无法开动）……如果日本人知道这一点，他们就会在海岸的任何一处登陆，等我们有限的弹药耗尽后，他们可以像打死关在猪圈里的猪那样把我们全杀掉。"12月22日，华盛顿的电话到来时，他已经恢复了自己的理智，先前的慌乱源于整个国家的准备不足，这种状况继续令他"深感不安"。但离开太平洋（他的职业生涯都在这里度过）和萨利纳斯谷（他心系于此），需要在意志上付出极大的努力。出发的速度使得这种离开变得更加容易些。他与他的家人过了一晚，随后，12月23日，他搭乘飞机向东飞去。

1941年的跨大陆飞行，搭乘无处不在、时速170英里的DC-3客机进行分阶段飞行仍要持续一整天。但对史迪威这样一个将之升华为浪漫的人来说，从旧金山到盐湖城，再到堪萨斯城和辛辛那提这番漫长的旅程是可以忍受的，因为这段路线构成了跨越昔日"旧陆军"中心地带的一场朝圣之旅。它开始于亚利桑那州的北部沙漠，美国骑兵中的黑人团（印第安人称他们是"水牛士兵"）在那里忍受着美国国内的"撒哈拉夏季"，向南是苏族人的猎场，卡斯特就阵亡于发生在那里的大小角战役中，然后跨过北美大平原无尽的草原，那里点缀着拓居地筑有栅栏的前哨，科尔尼堡、奈厄布拉勒堡、奥马哈堡、悉尼堡、道奇堡、埃尔斯沃斯堡、霍克堡、海斯堡和华莱士堡，这些地方荒凉落后，人烟稀少，大多无人据守，并已被遗忘，美国军队曾用这些堡垒护送向西的迁居。在堪萨斯城，他飞离了军队情感地理中最为神圣的场所之一，那里甚至比西点军校的战役纪念碑或阿灵顿国家公墓中永恒的火焰更加神圣，在莱文沃思，密苏里河上方，被废弃的俄勒冈—圣达菲贸易通道弄得弹痕累累的峭壁上，伫立着一座小小的纪念教堂，是为19世纪60年代和70年代在边境与印第安人作战的几个团所建。这里沉浸于低矮屋檐下的忧郁，在构成伸向屋顶的立柱的炮管间，在一块块纪念击败敌人的大理石中，美国军官想起了自己"真正当兵"的那些日子；那些日子里，他们汗流浃背，腰酸背痛，咽着吐沫，甚至以他们的靴子为晚餐，整日跨在吱吱作响的"麦克莱恩骑兵鞍"上，伴随着熄灯号入睡——"灯光悄然熄灭/白日已逝/夜晚将至/闪烁的星星引领所有人安然入睡"——庆祝自己回到筑有栅栏的营地的安全处，往往是通过用黑麦酿成的烈酒以及一名士兵所能吞咽下的所有淡水。这里就是那些抗击印第安人的士兵们的圣地，弗雷德里克·雷明顿通过油画使他们得以永生，他们在草原上的日子为山姆大叔军队中的共济会成员留下了一个完美人生的愿景。

对史迪威这种长期服役的军人来说，这种深埋于想象力中的愿景甚至远远超过构成血腥南方战场的荣耀和悲剧的全景图——亚特兰大、查塔努加、斯波特瑟尔韦尼亚以及维尔德内斯——他从圣路易斯起飞，赶往辛辛那提时，这些旧战场就在地平线的尽头。关注印第安战争的人都是同一种类型，"高高的个子，身材瘦削，方下巴，双目清澈，胡子拉碴的士兵，他们专注于自己的任务，从不畏惧，也不会缺乏自信，"斯托基公司[①]中的美国人与世界上其他地方的居民一样沉默寡言。南北战

---

① "斯托基公司"是吉卜林一部小说的名字。

争是一场全民战争，五花八门的武器，粗制滥造的军装，心不甘情不愿的应征兵和腐败的军官，队伍参差不齐，训练拙劣，面对敌人时不够可靠，有时会惊慌失措。这些人组成的军队令19世纪40年代的西点毕业生们绝望不已，而他们的西点后辈觉得这些人在战友情谊上还比不上1812年被英国人逐出华盛顿的那些冷漠的新兵。

但是，正如史迪威12月24日降落在波多马克河沿岸改造的沼泽地时想到的那样，这又是一场全民战争，一场他已开始组织的战争。军队中漆成白色的军官宿舍（就像是为卡森·麦卡勒斯的小说搭建的舞台）排列在战争学院前方的草坪上，完全没有为一场世界性战争做好准备，就像1861年各州间爆发战争时的温菲尔德·斯科特。诚然，这支部队的排名已不再像1939年9月那样，"位于世界第19位，居葡萄牙之后"或"入伍人员比例位于全球第45位"。在27个月的时间里，美国的军事力量翻了8倍，从19万人增加至150万，原先的93个步兵营和14个骑兵团融入一支新组建的庞大军队中——30个步兵师、2个骑兵师和5个配备着坦克的新式装甲师（两次世界大战之间的那些岁月里，美军总参谋部对于坦克的热情甚至比英国人还低）。但坦克尚未从匆匆动员起来的生产厂陆续运抵，就如同配备给新组建的40个航空大队的飞机，这些生产出来的坦克或飞机都被指定运往英国或苏联。美国的工业，就像一个身穿锈迹斑斑的铠甲的武士，呻吟着发挥出自己的力量；与此同时，轻型装备运抵了各个师，这些部队在遍布于美国东南部和西部仓促修建起的营地里进行着训练。800万美国人应征入伍，但负责指挥他们的军官对自己的职责知之甚少，他们此刻仍在大学里参加每天下午的后备军官培训课程。

不过，这种状况并不特别紧要，因为这支大军从训练营结业，获得充分的装备并做好迎战敌人的准备后，该如何部署他们，此刻还缺乏一个完善的计划。不是说没有计划。实际上是有太多令人尴尬的计划，其数量反映出战略方向的分散，直到前天，战争部才将这一战略方向确定下来，但对协调各种战略决策的元素（经济、后勤、外交和军事）的组织工作尚不完善，一场对外战争不期而至，使得这个国家对此毫无准备。美国战争部在其历史上只进行过两次改革，第一次是伊莱休·鲁特在1903年进行的，第二次是在1921年，由潘兴将军进行的。第一次改革结束了军队的军事指挥官与军队内部各部门的头头之间历时一个世纪的明争暗斗；第二次改革提出，以一位军事指挥官（自1903年起被称为参谋长）率领一个参谋部专门组织策划和从事战争。尽管这个新组建的参谋部具体负责指挥中的关键问题（确定战略目标，选定在何处、用何种方式、由谁来执行），但在其最初的4个部门中依然存有分歧，这4个部门被称作G-1、G-2、G-3、G-4，分别负责人事、情报、训练和补给，另外还有一个新部门——战争计划处（WPD）。在一个试图简化战略规划的错误尝试中，新上任的参谋长马歇尔于1940年7月设立了第三个机构，陆军总司令部。这个部门接管了战争计划处的潜在职责——战时指挥，同时负责对当年9月应征入伍的数十万士兵加以训练。但训练工作是由G-3处直接负责，陆军总司令部的确对此没有明确的职责，显然，这令其他部门大为不快，尤其是G-3，其远在郊区的战争学院，通过他们设在华盛顿市中心的办公室，更容易激起这些争执。

1941年12月，身处首都每一个少校军衔以上的军人对于该如何打赢这场战争都有自己的看法，这一点不足为奇。30年代众所周知的"颜色"计划——绿色指的是对墨西哥的战争，黑色对德国，橙色对日本，红色对英国，橙色和红色针对的是英国和日本的联合——依然通用，尽管这些计划源于"纯粹的参谋思维"，并不涉及实际外交形势。可是，自1939年5月以来，他们已将陆海军联合委员会（参谋长联席会议的前身）制订的5个"彩虹"计划的重点叠加起来，就行动的共同计划达成一致。计划得以增加，但策划部门并未就此结束。1941年1月，英美参谋长在华盛顿举行秘密会议，双方签署了一个基本符合"彩虹5号"的计划

（ABC-1），另外还有两个协商机构，一个是驻华盛顿的英国军事代表团，另一个是美国驻伦敦军事代表团。尽管前者是高度集权的白厅机构的一部分，确实只起到协商作用，但后者却"有权协调制订军事和政治计划"。未来的皇家空军元帅约翰·斯莱塞爵士参加了在华盛顿举行的参谋长会议，他对美国政府的立场感到怀疑，回到英国后，他汇报道："对任何一个一直与我们帝国防务委员会和战时内阁制度保持密切联系的人来说，看着就连最具能力的美国人也竭力回避将政府机构正规化或合法化的一切尝试，这一点非常有趣。"

未能做到正规化或合法化，主要是因为罗斯福总统的故意疏漏。他的性格是反对官僚主义作风，通过一个非官方的朋友和顾问圈（整个战争期间，这个圈子里最重要的人物当属喜欢恶作剧、态度无礼的哈里·L.霍普金斯）来"保持渠道畅通、打破惯例、反对形成制度化"。他以他在哈德逊河谷海德花园的轻松方式驾驭着白宫，经常会连续归隐几天甚至几周，他需要呼吸乡村的新鲜空气，听听家长里短，以此来克服自己对阴谋、投票交易、妥协、高尚的说教、讥讽地给予奉承以及不停挑逗媒体的无尽热情，这一切构成了这位最伟大的从业者展示出的总统制政体的艺术。但他拒绝将做出战略决策的方式形式化，还有另外一个原因。一个单一、强大、跨军种的参谋部，有权决定优先顺序，有权协调地面、海上和空中的作战行动，必然会在无意间使美国沦为一个独裁国家。

1941年12月7日前，罗斯福本人并未做出任何最终决定。他将国家重整军备的伟大计划委托给美国的纳税人。他承诺，美国的外交政策是为英国提供"战时短缺物资的一切援助"，并对苏联和中国供应"大批援助"。但"战时短缺物资"是他的症结所在。这并不是说他像一年前的希特勒或两代人以前的施利芬那样，正设法避免东西两线同时作战的危险。相反，他设法避免的是这两场战争，希望通过"展示他动员、使用美国庞大战争潜力的决心……也许能挽救英国，阻止日本，从而避免战争"。但从事这种威慑和劝阻的游戏，他需要一天天地在敌人、朋友和中立者之间玩弄一种自主、尽可能多一些情感的政治策略，他无法指望高级将领们站在他身边，随时提醒他今天的外交让步损害了昨天的战略决策，或是明天的承诺会影响下一周具有约束力的承诺。1940年年底，他曾告诉海军部部长诺克斯，"这是一段不稳定的时期，我不想为1941年7月1日后会发生些什么而做出授权。"但在远远超过这个日期后，他还是保留了一切授权，尽管1941年12月前他已获得第3次连任，而英国的严重困境也因为希特勒入侵苏联而大大缓解。

一系列战略建议被提出——海军上将斯塔克于1940年11月制订了D计划，该计划提出"大西洋优先"，并预想了"彩虹5号"，"彩虹5号"计划本身及其盟军内部版本"ABC-1"——他所做的不过是让自己熟悉其内容，同时隐瞒了赞同和反对意见。最敏锐的一瞥（仅仅是一瞥）便让他产生了战略倾向（仅仅是某种倾向），并于1941年1月16日在白宫的"战争委员会"会议上提了出来，这是由国务卿兼战争部部长（陆军部部长的前身）、海军部部长及其参谋人员组织的一次非正式会议。然后，他预测发生"最糟糕的情况"（德国和日本采取一致行动）的可能性为"五分之一"，但他透露，如果这种情况发生，他会坚持在太平洋先采取防御，而在大西洋仅为船队提供护航，但会继续为英国提供援助。至于陆军的任务，在彻底做好准备前不应发起任何进攻。他建议，在此期间，也许应该"为友好的拉美国家提供适当的支持，以对付纳粹授意的第五纵队"。

马歇尔将军可能已经意识到，第二次世界大战无法在巴拉圭的丛林中赢得。尽管这种想法掠过他的脑海，但他没有说出来，并继续为1941年整个春季和夏季缺乏战略方向烦恼不已。最后，在当年6月，他下定了决心，总统保留了对"彩虹5号"/"ABC-1"的"不赞成"，如果不批准这些计划，最起码应该允许将这些含糊的计划加以详细化。可是，由于战争计划处、陆军总司令部和G处（尤其是G-4）之间的误解和猜忌，这些必要的工作进展得极为缓慢，珍珠港事件爆发时，几乎没有落实任何准备工作。1941年12月7日时，战争计划处只有39个人，他们中的大多数人把时间消耗在日常琐事上。但眼前的危机需要对此采取行动。美国已被卷入到战争中，最要命的是美国陷入了困境，估计不会对此做出笨拙、缓慢展开的战略应对，而是会在敌人最强处实施"战斗至最后一人"和"坚持到最后一刻"的防御，同时，立即对敌人最薄弱处发起猛烈的打击。所以，菲律宾、关岛和威克岛应该不惜一切代价坚守，并立刻让每一个能扛枪的人对X、Y、Z点发起打击。

可X、Y、Z点在哪里？敌人的薄弱处在哪里？不是总统在春季幻想的拉丁美洲，也不是当年7月根据他"次于战争"政策派兵驻守的冰岛。当然也不是战火纷飞、刺刀林立的欧洲。那么究竟是哪里呢？突然间，多年来"纯参谋人员思考"的成果，在指挥与参谋学院受训时以学术精神认真制订的一切理论计划变得珍贵起来，战争计划处的老兵和大批被招入现役的预备役军人竭力创造出一些成绩，并接受严格的军事分析——状况、敌军、友军、设想、任务、执行、行政与后勤、指挥。这正是史迪威抵达华盛顿后需要面对的。他私下里在他的日记中写道："我发现这里根本不存在基本战略研究。例如，我们现在是否应该投入工作，认真准备战争……还是应该试着发起进攻？做点事情的压力非常大。英国佬希望我们彻底投身其中。所以答案是，我们现在必须以我们仓促制订的计划、缺乏训练和装备的部队做点事情。接下来的问题很自然，如果我们发起攻势，应该在哪里？因为我们的实力还没有强大到足以在大西洋和太平洋同时展开行动……"

他拜访了军方的一些部门，那里给他留下的印象甚至有些可笑。

"我对华盛顿的印象是，文职人员进进出出，忙碌不堪，双开门总是在转动，拿着文件的人匆匆跟在其他手持文件者身后，一群群人各自聚在角落处窃窃私语，你刚开始说话，每个人都跳起身来，蜂鸣器嗡嗡作响，电话铃声此起彼伏，挤在屋内的文员们都在打字机上敲打着。'这份文件立刻给我打10份'、'把那份秘密文件从保险柜里拿出来'、'黄色计划（或蓝色、绿色、橙色计划等等）究竟在哪里？'每个人都在拼命吸烟，每个人都把你交给另一个人。这时真该有个大嗓门的家伙瞪着眼，拿着根大木棒出现，并喊道，'停下，你们这帮混蛋，安静！你们就像一群蚂蚁。现在，一半人滚出城去，另一半人坐下，1个小时内不许动弹。'然后，他们会烧掉所有文件，再重新开始。"

史迪威在华盛顿所受的刺激不会持续太长时间。这个月内他将飞赴中国，那里才是他的心之所属，那里才能让他尽情发挥，他将在那里率领一支中国军队，以一场奇特而又可怕的远征穿越缅甸北部的山区。因此，他来到华盛顿并非徒劳无益，那些无头苍蝇般的官僚令他产生的不耐，甚至对他将这些情况转告的人产生了有益的影响。但他误解了战争部，或至少没能对其做出如实描述，也许他将之视为一只完全没有感觉的动物，或是一个中枢神经系统。这群忙乱的参谋人员翻寻着解决眼前危机的文件，这场危机的规模，到目前为止他们只能凭空猜测，但在这些人当中，至少有一个人预见到即将发生的事情，并已采取措施，准备以一项计划将美国军队带回到正轨上。这个人最近被晋升为战争计划处的中校，他就是阿尔伯特·C.魏德迈。他的计划将在很大程度上决定美国军队在哪里、如何打这场世界大战。

魏　德　迈

史迪威对魏德迈并不陌生——两次世界大战期间，他在史迪威的老部队，第15步兵团中服役，驻扎于中国的天津——他们的职业生涯没什么不同。但史迪威面容沧桑、粗野、态度生硬，而魏德迈却英俊、优雅、性情温和（史迪威对他们之间明显的差异评论道，"那个年轻人对自己感觉良好"），在一些事先确定的问题上，他们之间将发生争论，使魏德迈获得胜利的正是他的这些个人特点，而非辩论中的口舌之利。魏德迈的理智使他被推荐给马歇尔，身处特殊的环境中，他的思想得到了进一步完善。在一支盎格鲁-撒克逊军队中，魏德迈是个罕见的异类，他是德国参谋学院的毕业生（1936年8月那个班）。德国军校教会了他将战争视为一场殊死搏杀。他还被灌输了一种哲学：对外围作战深恶痛绝。他怀疑英国人比较喜欢这种打法。通过豪斯霍费尔的讲座，他熟悉了英国地理学家麦金德的学说，麦金德认为，一个国家对世界的影响力源于她在地图上的位置。过去，像英国和荷兰这些海洋国家，他们的影响力之大，与其人口完全不成比例，因为围绕欧、亚、非大陆这些"世界岛"边缘所进行的海上运输，运送人员、武器以及他们赢得的财富要比在陆地内运输来得更快。但20世纪的技术（铁路、汽车和飞机）已开始扭转这种形势，这使得"一个大陆军事强国能够包围海洋国家"，"通俗地说，这会使美国处于不利的境地。"由于美国至少在两个方面满足了豪斯霍费尔学说中实现伟大战略的条件——"自给自足"（经济上自给自足）和一片被控制的"地域"（北美和南美）——她的战略地位并非不可恢复。但要利用这些优势，她需要一场世界大战，尽快在"世界岛"上夺取一个立足点，而且，这个立足点应尽量靠近中心地带。

　　大体说来，这个"中心地带"就是苏联的欧洲部分，德国军队的坦克正在那里深入到征服的通道中。德国既无法做到"自给自足"，也没有控制一片"地域"，所以，对付纳粹德国的唯一办法是在飞机和坦克的制造数量上超过他，将这些武器以最短的路径运过大洋，在距离德国边境最近处登陆。尽管部队的集结和准备工作应该积极进行——清剿大西洋里的U艇、获得压倒性的空中优势、鼓励纳粹占领区内的破坏行动、在严格的限制下发起牵制性进攻——但真正的任务是组建一支德国人无法击败的大军。1941年7月，魏德迈按照总统的要求，在一份题为"如何击败我们潜在之敌的战略构想"的报告中，计算了从各个行业抽调多少人力才能达到获得胜利所需要的优势比例（三倍原则），最终的结论是，这支军队需要880万人，必须在1943年7月1日前准备完毕。但不管怎样，这支大军都无法在这个规定日期内被送往海外，因为这种运输需要额外的一千万吨船舶，但这些船只目前尚未建成。

但是，比规模更为重要的是军队的结构。美军拥有61个装甲师，约占部队总数的三分之一，这个比例远远高于目前德国、英国和苏联的军队。魏德迈已将德国军事学院中的大规模装甲战术理念引入，与所有职业军人一样，他对1940年德军成功运用的闪电战惊叹不已；他下定决心，时机到来时，美国应该具备击败德军闪电战的手段。因此，与英国军队不同（英国组建和训练了许多小规模专业部队，以此来实施袭击和牵制），按照魏德迈的计划，美国陆军的构成只有3种形式：装甲师、以闪电战模式采取行动的数个空降师，以及用于巩固坦克所获成果的大批步兵师。简而言之，这支军队只适合一种作战模式：欧洲大陆上大规模的坦克—步兵战。在开头的说明中，魏德迈明确地透露了这个意图以及他个人的作战理念："我们必须认真对待，做好与德国开战的准备，击败他的地面部队，彻底摧毁其战斗意志……空中和海上力量将做出重要的贡献，但必须提供有效、适当的地面力量，将敌人封闭、摧毁在他们的城堡中。"

尽管美国是世界上最具生产力的国家，尽管经历了12年的大萧条后，美国在工业加速方面展示出惊人的爆发力，但魏德迈意识到，美国尚未强大到足以忽略战略中最基本的原则，这个原则就是：该如何选择。腓特烈大帝曾告诫他的将领们："想守住一切的人，最终什么都守不住。"魏德迈也许会附和道："想四处出击的人，最终会一无所获。"尽管美国的人口两倍于德国，却无法在组织一支庞大的军队对日本展开大规模攻势的同时，对欧洲沿岸实施外围作战并进攻德国腹地，另外还要维持工厂的生产，使之成为民主国家的军火库。由于各个战场都依赖于美国的输出，因此某些地方必须节约。日本人不能被忽视，德国佬必须被打击，所以，对外围作战必须采取节俭措施。但这一点也可以通过正确的早期决策来实现：德国将被打瘫痪，而日本人仍在抵抗。太平洋战争必须采取两栖战，需要组建昂贵的两栖特遣部队。

"对欧洲发起大规模入侵的后勤保障……成本较低。即便需要发起一场两栖进攻来进入欧洲，这也仅仅是整个事业中的一小部分。一旦夺取一个滩头阵地，整个入侵大军将纷至沓来……入侵大军的运输问题将因此而变成一个庞大的摆渡行动，使用的是普通船只，而非两栖舰船。大规模部队的大批量组建，意味着低廉的单位成本……后勤计划可以尽早得到确定。从本质上说，特遣队实施行动的后勤任务是零售，而大规模入侵的后勤任务则是批发。从经济性角度看，后者更为有利。"美国官方历史学家的这种回顾性判断也许是概括了魏德迈的观点。而且，由于一开始就持有，并被纳入到美国战争计划的基础中，它理所当然地决定了节俭的观点将占据上风。

还有另外一些人，一个对太平洋痴迷不已的"东方人"，一个秉承米切尔"空中力量可打赢战争"梦想的飞行员，一个在圣西尔军校获得地中海观点的军官，一个真正的"美国第一"者，获得提名以指引总统穿过战略选择的迷宫，完全不同的观点可能从一开始便主导了战争部，这种观点用了几个月时间才从决策机制中被逐出。事实上，德国军校的观点带着一丝莫大的讽刺，在不知不觉中植根于政府机构的控制中心，从那里学到战争哲学的人以此弥补了自己的思想，一位地面战军事家没有想过这将使德国军队面对其自身的镜像，也不关心如何实现这种技巧。因此，这就决定了德国与美国之间即将到来的战争必然是一场大规模地面战，两支军队将在西欧的土地上展开厮杀。颇具先见之明的"魏德迈计划"于1941年9月21日冠以"胜利计划"的标题被呈交给罗斯福。它的概念和交付将是第二次世界大战中最具决定性的行为之一。

艾 森 豪 威 尔

低级参谋军官对重大军事事件产生决定性影响（或好或坏）具有令人惊讶的悠久历史，1914年9月，亨奇中校在结束施利芬计划中发挥的作用最为著名。但魏德迈的级别太低，时机也太晚，无法巩固机会带给他的影响力。战争爆发后，战争部改组，他被调至海空力量联合计划处，另一个西点、莱文沃思和菲律宾稍稍高级些的产物被调入战争计划处，这就是德怀特·D.艾森豪威尔。

与史迪威一样，身处加利福尼亚的艾森豪威尔突然间接到了电话。比德尔·史密斯说，"参谋长让你马上搭飞机去他那里。"与史迪威不同的是，艾森豪威尔只见过马歇尔两次。因此，他获得推荐的原因并非熟人关系，而是他在军界的声誉，他在莱文沃思学习时是班级中的第一名，是潘兴的门徒，麦克阿瑟的私人助理，还在1941年路易斯安那州的军事演习中担任一支参演部队的参谋长，这场演习对许多军人的职业生涯来说，不是墓地就是温床。他在菲律宾的经历引起了马歇尔的特别关注，当年12月，那些岛屿的防御前途未卜，该如何加强那里的力量，利用那些岛屿，美国在遥远的太平洋还能保留多少军力，在这些问题上，马歇尔急需些建议。

两个月内，作为马歇尔长期致力于改组战争部的结果，艾森豪威尔将出任战争计划处的负责人。与此同时，他用了几个星期时间解决日常问题，并将自己的决定告知马歇尔。他们关心的完全是太平洋，艾森豪威尔认为，太平洋的重要性是重中之重。被调至战争计划处两周后的1

月1日，艾森豪威尔在一份私人备忘录中写道："我一直坚持认为，远东是个中心问题，不应在其他地方采取行动，除非空中和地面力量能达到令人满意的状态。但相反，我们正在实施'磁铁'（将美国军队派往英国）和'体操家'（进攻北非，这是1941年12月的华盛顿会议上丘吉尔提出的）等行动。"两周后，他的态度更加坚决："整个远东的局势至关重要。我个人的计划是放弃其他一切计划——'磁铁'、'体操家'、增兵爱尔兰并让英国人退出利比亚。然后，将所有力量积蓄起来，投入到荷属东印度和缅甸。我们绝不能失去荷属东印度、新加坡和缅甸。"写完这番话的一个星期后，他的观点发生了彻底转变。他已获知麦克阿瑟撤退到巴丹半岛这道最后的防线，来自马来亚的消息清楚表明，那些地方很快将落入日本人手中。他对此的反应是："努力确保各方接受战略目标的一个共同理念，这把我累得够呛。每个人都过多地投入到他自己的小事情中，或是以较大政治活动的某个模糊想法来了解我们正在做什么或没在做什么。我们必须去欧洲作战，我们必须停止在世界各地浪费资源，更重要的是，我们不能再浪费时间。如果我们要拯救苏联，拯救中东、印度和缅甸，我们就必须动用空中力量对西欧发起打击，然后尽快发起地面进攻。"

5天后，在另一份写给自己的笔记中，他进一步强调指出，目前的关键问题是美国应该在哪里战斗。"汤姆·哈迪（他的助手）和我坚持我们的想法：我们必须在欧洲获胜。乔·麦克纳尼（他的同事）不仅赞同，还第一个指出，可以对法国沿岸发起一场成功的进攻。"

1942年1月，艾森豪威尔展现出他在树林中感知战略"树木"的能力，这与他精心伪装的冷酷无情有很大关系，但他在军队受过的训练和背景也起到了很大的作用。德国军事学院嘲笑美国军事力量依赖于工业生产（兴登堡称之为"无情的工业"），但了解工业动员的美国军官寥寥无几。艾森豪威尔就是其中的一个。他知道魏德迈的"胜利计划"，并已掌握了计划中的关键理念——"进攻行动在一个战区（欧洲中部）展开，与此同时，在其他一切地区实施防御作战。"（2月20日备忘录）——并添加进他对苏联即将崩溃的担心（我们必须确保，扼住德国的命脉后，苏联仍在抵抗），还确定了支持这一主张的盟友（3月9日，"见到了在英国指挥加拿大军队的麦克诺顿，他也认为应该对欧洲发起进攻。感谢上帝"）。2月底，他开始将"胜利计划"的要点修改为一个作战计划。

3月25日，他将这个计划提交给马歇尔，当天上午，这位陆军参谋长带着他和他的计划来到白宫。午饭后，艾森豪威尔向总统阐述了计划中的要点。罗斯福刚刚向他的客人们介绍了自己的战略概述，其中，在全球各个战场付诸行动或作出反应的一项计划令他经验丰富的战争部部长史汀生震惊不已，他认为这是在"分散实力"。马歇尔随即做了个"异常出色的报告"，简单、明了、旨在获得胜利，这才使会议重新回到正轨上。沮丧的罗斯福第一次谨慎地提出，艾森豪威尔的计划应该送交联合参谋长委员会（华盛顿会议上确立的英美战略委员会），听听他们的意见。但哈里·霍普金斯的提醒使他打消了这个想法，霍普金斯说，联合参谋长委员会里的一帮年轻参谋军官会轻而易举地将这份计划说得一钱不值，他认为"应该派人将这份计划直接呈交给丘吉尔、庞德、波特尔和布鲁克……直接听取他们的意见"。

艾森豪威尔计划的原稿，对于呈交给其他盟友来说，似乎说服力还不太够，因此，接下来的3天里，他对计划进行了修改。这份修改后的计划提出两个不同的行动：1943年4月1日对欧洲大陆发起一场全面入侵，30个美国师和18个英国师（大约150万人）将在勒阿弗尔与布伦之间的法国海岸登陆，并向安特卫普推进。这些士兵将由7000艘登陆艇送上海滩，不过这些船只尚未被生产出来，尽管计划中没有透露这一点，在美国海军的造船计划中，它们的优先级排在第十位。这个行动的代号是"围捕"。第二个行动只会在苏联似乎即将崩溃，或者德国的军事地位突然被"严重削弱"时才会发起，5个英国和美国师会实施一场紧急登陆，时间不迟于1942年秋季。这个行动的代号是"大锤"。艾森豪威尔的计划被称为"马歇尔备忘录"。马歇尔对这份计划赞赏不已，也开始对其制订者刮目相看，他决定亲自带上这份计划赶赴伦敦。

工作组（马歇尔、霍普金斯、魏德迈、照料虚弱的霍普金斯的一位医生、一名副官）于4月3日登上一架波音314水上飞机，它将以分阶段飞行的方式，途经百慕大和阿尔斯特，用5天时间将工作组送抵伦敦，他们将立即召开一系列会晤。这些与会者以前几乎没怎么见过面。尽管这些军人见多识广，但过去的征程大多是将他们带往不同的方向：英国人向东赶往埃及和印度，美国人则到西面的菲律宾和中国去。

夸张的礼仪和过度的融洽在这初级阶段达到了顶峰，促进着突如其来的友谊，其中最令人惊讶的是冷漠的马歇尔与性格外向的蒙巴顿之间形成的良好关系。但布鲁克和马歇尔相处得也很好〔他们在日记中保留了没有向对方袒露的看法，马歇尔写道："（布鲁克）缺乏迪尔①的头脑，"而布鲁克则写道："（马歇尔）令人愉快，容易相处，但不是个伟大的人"〕，按照布鲁克的指示，英国总参谋部的工作人员带着极大的热情研究了马歇尔的备忘录。4月10日和13日召开了两场会谈，商讨马歇尔的备忘录，召开第二次会谈前，他们与丘吉尔进行了一次会晤，丘吉尔指示"解决回复马歇尔的最终细节问题"。第二天，双方达成了协议。会晤中出现了许多争执，还有些批评意见。蒙巴顿，尽管对美国人表现出自己的友谊，但还是以他的专业知识指出，两个国家都严重缺乏普通船只和专用登陆艇，没有这些船，什么行动也别想完成。布鲁克则以麦克阿瑟和金为例提醒大家，日本人在太平洋的胜利也许会迫使盟国将手上的一切都投入对印度和中东的防御上；他还对"大锤"提出质

---

① 这里的迪尔指的是布鲁克的前任，约翰·格瑞尔·迪尔。

疑，如果1942年只派9个师在法国登陆，德国人完全能轻而易举地消灭他们。但当天深夜，英国人撤回了他们的反对意见。首相向马歇尔保证，两国将"以一种崇高的兄弟情谊"携手共进。较为谨慎的布鲁克在日记中写道，"这是一次重要的会议，我们接受了他们对欧洲发起进攻的建议，也许在1942年，最迟到1943年。"3天后，丘吉尔在发给罗斯福的一封简短的电报中清楚地表达了这一点："我们一致赞同该计划是欧洲大陆上行动的高潮"。这封电报刚刚到达华盛顿，马歇尔一行也回来了，归国途中，他们受到一支调往北爱尔兰的美国先头部队的欢呼，到达国内后，他们满怀信心地认为，他们和各个训练营里的数百万美军士兵很快会在法国与德国人展开交锋。魏德迈方案的"导演"艾森豪威尔满意地写道："马歇尔将军从伦敦返回……他看上去气色不错。经历了战争计划处几个月的忙碌后，我希望我们已在作战思想上下定了决心。"

马 歇 尔

马歇尔在他的地盘上一直坚守着自己的立场。当年4月和5月，他对海军上将金和麦克阿瑟将军不断努力、试图动摇"德国第一"的战略深感不安。3月29日，海军上将金发来一封电报警告马歇尔，尽管他承认太平洋的需求"可能小于欧洲"，但他认为"在时间上更为紧迫"。5月4日，他给参谋长联席会议写了封信，正式提出自己的看法，并要求他们做出决定。他在信中写道："'波莱罗'行动（美国屯兵于英国）也许很重要，太平洋的问题同样如此，而且肯定更加紧迫，现在必须面对这个问题，我们绝不能允许将我们的力量分散至任何一个战区的任何一个行动计划中，进而导致无法履行我们在太平洋的义务……"

他们之间的问题无法解决（参谋长委员会当年2月刚刚设立，马歇尔和金代表着委员会中三分之二的投票力量），于是，马歇尔将这个问题提交给罗斯福总统。但与此同时，他还承受着来自麦克阿瑟的压力，后者巧妙地利用了罗斯福希望苏联能继续作战的心理，以此来实现自己的战略目的。他于5月8日呼吁道，"第二战线应该在太平洋战区发起。其他任何地方都不会大获成功，也无法为苏联人提供太大的帮助。"对于这个问题，在早些时候写给麦克阿瑟的一封信中，罗斯福曾坦率地表明，他本人的策略是让所有盟友"深感满意"，并避免发生"一切争执"。另外，尽管罗斯福显然正忙于实施"波莱罗"、"大锤"和"围捕"行动，但他对太平洋战区司令的抚慰令马歇尔在整个5月提心吊胆。5月6日，马歇尔从总统那里得到了"不想让'波莱罗'行动放缓"的保证。但5月24日，他又接到海军上将金增派陆航队战机的要求——"尽快，其优先权甚至要高于'波莱罗'。"

罗斯福总统在飞机的问题上态度偏软，实际上，早在5月6日他就大致答应了金的要求。挽救"德国第一"战略的是6月4日美军在中途岛获得的伟大胜利。中途岛战役后，没有哪个海军上将，没有哪个太平洋战区的将领，甚至包括巧舌如簧的麦克阿瑟，还能够振振有词地说日本海军（他们在一夜之间沦为与美国太平洋舰队实力相当的地步）仍掌握着主动权。这场战役向罗斯福政府和日本天皇清楚地表明了太平洋战争的最远线到此为止，接下来的战斗将在6月4日的战线处，或是更靠近日本本岛的地方展开。

从内部争执中得以脱身，这令马歇尔深感高兴，因为整个春季，他的大部分精力耗费在改组战争部的陈旧结构和行事方式时所发生的内部冲突上。1941年12月，61名军官能直接见到马歇尔，到1942年3月份，这个数字减少为6人。被裁撤者对改组百般阻挠。他们被击败完全是因为马歇尔这位参谋长已在机构内竖立起绝对的个人权威。马歇尔很少发脾气，也不会提高自己的嗓门，但他令人望而生畏。马歇尔身材高大、瘦削，英俊的面孔毫无表情，除了对这个世界未能匹配他的思想和行为中极具尊严的品质的失望，升至军队最高层后，他故意与老朋友们保持着距离，现在，他已经到达了最高峰，即便没有友谊，他似乎也能生存下去。

但他并不是一个纯粹的技术官僚。迪安·艾奇逊写道，"每个人回忆起马歇尔将军，最为突出的是……他高尚、无瑕的品格。"马歇尔显然不是个政治家，但他拥有让这个世界变得更加美好的愿景，战后担任国务卿期间，他将为此付出与20世纪内致力于此的任何人同样多的努力。而在1942年，他说服自己，实现这一愿景最快的办法是开辟第二战线。因此，他支持艾森豪威尔，而他自己则致力于改组战争部，因此，他于当年春季亲任特使，带着"马歇尔备忘录"赶赴伦敦，因此，听闻中途岛的捷报后，他长长地松了口气。也正因为如此，听说英国不打算在1942年遵守他们的承诺时，他产生了一种遭到背叛的感觉，这令他做出了激烈的反应。

这个消息以一种迂回的方式传入他的耳中。蒙巴顿即将到来，罗斯福曾以此来说服莫洛托夫，西方盟国正在筹措"大锤"行动，但实际上，蒙巴顿被派至华盛顿是为了提醒美国，英国方面认为这个行动不可行。正如丘吉尔在给莫洛托夫的公报中对此提出的警告那样（当然，这部分内容不会公布），"如果为了采取行动而不惜任何代价，我们的某种行动就会遭受灾难性后果……不仅对俄国的事业，而且，对盟国的整个事业都没有好处。因此，我们无法对此做出任何承诺。"蒙巴顿以实力悬殊和缺乏运输船只为借口，他的解释明显口是心非，却很有说服力。他指出，到9月份时，美国充其量只能在英国派驻3个师，而英国的本土部队，适合作战的只有13个师，目前所拥有的登陆艇一次只能将4000名士兵（约为三分之一个师）送上滩头。而德国人，190个师身处俄国，15个师在斯堪的纳维亚半岛，5个师在巴尔干地区，3个师在西部沙漠，在法国派驻了27个师。他们随时可以抽调1500架战机迎战由1200架英国飞机和不到100架美国战机组成的盟国空军。

蒙巴顿介绍的情况带来的冲击"完全无法接受"。毫无疑问，史迪威会指出，"英国不会投入战斗。"马歇尔没有那么刻薄，但罗斯福没有给他太多的时间来动摇蒙巴顿在6月10日植入他脑海中的疑虑。因为6月19日，又一次28小时跨越大西洋飞行的风险和疲劳都未能阻止丘吉尔带着一份完全不同的1942年战略构想赶至华盛顿。丘吉尔说服总统之际，他那些巧舌如簧的军事顾问也在劝说美国的参谋长们。6月21日，全体人员在白宫举行会晤时，马歇尔发现，没人支持自己的观点。外表镇定的丘吉尔于当天带来了托布鲁克守军在西部沙漠屈辱投降的消息，这使得罗斯福和他商讨起反对立即开辟第二战场的事宜。丘吉尔和他的顾问们离开时，罗斯福请马歇尔留下，随后告诉他，美国应该制订计划，将其辛苦积攒起来的远征军派至中东。

此刻的马歇尔几乎失去了自控，他拒绝讨论这个问题，并转身离去。但战略必要性禁止他默许总统的屈服。"欺骗日"的后果使他失去了立即发起一场反攻的借口，尽管从伦敦（艾森豪威尔已于6月23日动身赶去那里，出任欧洲战区美军总司令）发来的报道加剧了他的怀疑：英国人正设法从"第二战线"中摆脱出来。7月8日，丘吉尔在电报中承认，现在必须以"体操家"代替"大锤"，作为盟军在1942年的主要进攻计划，对此，马歇尔决定采用些政治手段。与金（对于马歇尔后来承认的这个透明的策略，他也许看穿了，也许没看穿）一同起草了一份备忘录，这份备忘录建议总统，因为没有"有力、坚定地执行波莱罗计划"，两位参谋长都认为，"除空中行动外，美国应该对德国实施防御作战，并将一切可用手段用于太平洋。"

罗斯福对此深感震惊。他拒绝接受这份备忘录，但他很清楚，如果他的两位参谋长不能与英国人就下一步联合行动取得一致，他就无法维持一个有效的联盟，他命令马歇尔、金和霍普金斯立即飞赴伦敦，就1942年的战略问题达成一份最终协议。这位政治家暗自祈祷，这份最终协议能在国会选举日（11月3日）前带来一次大胆而又成功的行动；这位政治家还意识到，在一个大联盟中，内阁制政府采用的规则是，达成协议并不比协议本身的事实更加重要。马歇尔在内心深处同样接受了这一点，但他决心试上一试，设法让英国人在某种尽早跨越海峡的行动中采取合作态度。咨询了艾森豪威尔及其参谋人员（他们的指挥部设在伦敦格罗夫纳广场）后，马歇尔突然想到了"大锤"行动的精确目标——狭窄的科唐坦半岛，它径直伸向英国的西部港口。他的理由是，科唐坦半岛的尺寸（大约25英里长，20英里宽）是一个可以被夺取的登陆场，更为重要的是，守住这片登陆场所需要的部队也许到今年秋季才能够拥有；另外，如果在冬季守住这片区域，它可以为来年春季发起"围捕"行动提供一个出发地。他在私下里的想法是，他必须让英国人于1942年在欧洲大陆获得一个立足点，否则，罗斯福就会在当年将美国远征军调至地中海，浪费在某些对德国人无法造成太大伤害的行动上。

7月20—22日（周一到周三），一连三天，美国特使们与英国三军参谋长们逐一剖析着行动建议。美国人的意见被一一否决。最后，依然坚信"我们要去欧洲，在那里作战"的艾森豪威尔建议马歇尔，他们可以为英国第8集团军提供一个美国装甲师，以便在西部沙漠中抵御隆美尔，这样一来，"波莱罗"行动中的其他部队就可以留在英国，用于来年的"围捕"行动。但马歇尔想到英国人在1918年让潘兴军队充当炮灰的企图，便坚决反对这个建议。与美国缺乏一个战略计划相比，他更加强烈地希望美国军队作为一个不可分割的整体投入到打击希特勒的决定性战斗中。因此，他令人遗憾地拒绝了这个较早开辟一条第二战线的机会，一个寂静的清晨，在克拉里奇酒店的套房内，他撰写了一份"危害最小"的分兵计划。意识到"我们无法实施'大锤'行动，'围捕'行动也不能立即发起……我开始撰写一份远征北非的提案……包括其行动、限制及自然条件等问题。" 他写完后，海军上将金走了进来，令马歇尔惊讶的是，金表示自己会支持这份计划。

当然，英国人立即对这份计划表示支持，因为这正是他们乐于见到的。他们中的一些人挑剔着马歇尔的提议，也许是正确地意识到某个新策略可能会使"体操家"和"大锤"行动最终被取消，并于1943年重新恢复"围捕"行动，"体操家"行动（这个行动代号很快被更名为"火炬"，"体操家"这个名字最终成为历史往事）最终决定推迟到9月15日。艾伦·布鲁克将军见到这份计划时，意识到胜利的到来，他说服了他们，协调内阁和三军参谋长达成一致，并在美国人离开前将这一结果交给了他们。这些美国人灰心丧气。马歇尔现在认为，除非突然发起"大锤"行动，否则，这场北非登陆很可能会使1943年的"围捕"行动被取消，并使盟军"处于防御状态，绕着欧洲大陆战区兜圈子"。令他更加沮丧的是，他返回华盛顿不久后，丘吉尔便通过霍普金斯说服罗斯福，将"火炬"行动的发起日期推延到10月30日。

结果，10月30日又变成了11月8日。"火炬"行动经历了与维希政府派驻北非的代表进行的一番复杂交涉，一个以自由法国军队中更加顺从的将领取代难对付的戴高乐的秘密而又笨拙的尝试，一场针对实力衰减的非洲军的战役，这场战役中的许多场面并不那么波澜壮阔。但马歇尔没有利用任何一个进行自我辩解的机会，也没有指责总统跟随着英国人走向了错误的战略转折。现在的事实证明，每个人都清楚（罗斯福肯定是知道的，丘吉尔也许也明白），一场跨越海峡的进攻不会永远等待安全和谨慎的计算。

布 鲁 克

没人怀疑过丘吉尔的作战意志，就连马歇尔在最为悲观的时候也没有怀疑过。尽管美国的专业人士们对推迟"大锤"以支持"火炬"行动的决定感到失望，但他们知道，丘吉尔对北非战役的主张源于对1942年战胜德国的渴望，并坚信在那里一定能获得胜利，而对法国发起的任何入侵都将以灾难告终。不过，他们对英国在下一个决策阶段做出正确战略选择的承诺并未报以太多的信心，因为马歇尔已发现，指引丘吉尔经历整场战争的并非他自己冲向战场的难以抑制的欲望，而是来自他的参谋长艾伦·布鲁克将军发出的谨慎、算计的口号。根据布鲁克对于这场战争的态度，马歇尔已确定他对他不喜欢，也不相信的跨海峡进攻态度冷淡。

布鲁克的谨慎态度并不令人惊讶。可能是他的背景和经历教会了他以这种方式看待问题。作为一名炮兵，布鲁克在第一次世界大战期间改编了法国军队的火炮技术供英军使用，这使他在军队里名声大噪。特别是他将"徐进弹幕射击"技术传授给英军炮手们。这种技术的基础，部分是数学上的，是弹道学的一种应用，但另一部分是精神上的，要求对人类如何应对极度、显然毫无人性的威胁作出判断。单纯"向前搜索"并不能保证徐进弹幕射击的效果，因为步兵会匍匐在地，让弹幕从他们的头上掠过；"向后搜索"同样至关重要，它可以逮住那些以为危险已经过去，贸贸然从掩体中现身的士兵。因此，对人类自我防护的出色判断能让一个出色人才从一场冷漠的炮击计划中脱颖而出。布鲁克就拥有这种判断力，但其逻辑与生机勃勃的闪电战和突破的逻辑截然相反。布鲁克的经历使他知道，以经验不足的士兵发起行动，其结果是多么不确定，这一点加剧了他的谨慎态度。1915—1918年，英国军队在法国从事的战役主要是由年轻的基奇纳志愿者以及数百万未经过训练的应征兵担任，这些应征兵投入战场时，自愿从军的冲动早已消失。没有哪个英国人，尤其是布鲁克，不对他们的勇气或他们对其职业的最终掌握而深感自豪。但他们是在一个强大的伙伴身旁学会了这一点，这个伙伴就是抵御敌人突然进攻的安全掩体，在法国的大多数战役中，他们都会选择实施防御作战。1918年春季，德国人终于发起进攻时，布鲁克目睹了一支明显尚具战斗力的部队是如何迅速崩溃的，1918年3月，高夫的第5集团军被一支更胜一筹的军队彻底击溃。敦刻尔克战役强化了这一印象。

"毫无疑问，他们是最优秀的士兵，"1940年5月23日，他这样描写了那些德国人，整个二战期间，这种看法一直萦绕在他心中。

更令他感到怀疑的是，将德国人出了名的优点和特长与羽翼未丰的美国军队进行比较，过早地对据守在欧洲壁垒内的德军发起进攻很难说是一种明智的做法。1942年6月，他曾在南卡罗来纳州的杰克逊兵营见识过训练中的美国军队，尽管那些年轻的士兵给他留下了深刻的印象，但他也发现，对方的演习令他"深感失望"，离开时，他带着"他们尚未达到训练所需要的标准"的想法。他的不安并不仅仅局限于对下级军官和士兵的看法，美军高层指挥官和他们的工作方式也令他担心不已。马歇尔对战争部实施合理化改革的成就令人钦佩，但最近完成的这个任务尚未使工作人员的常规工作变得流畅而又迅速，而布鲁克在英国国内早已习惯了这一点。第一次世界大战前，英国的政客、文职人员和军人便已在一个共同组织内展开协调一致的工作，这个组织就是帝国防务委员会。英国的力量尽管有限，而且因为战争的消耗损坏了她的财政和工业基础而严重缩水，但仍能确保按照计划和惯例迅速、有效地投入部署。

布鲁克发现，美国的制度耗费时间、效率低下。马歇尔与罗斯福总统的关系令他羡慕不已，罗斯福"不懂军事……他对这一点心知肚明，因而依靠马歇尔，并聆听他的建议"，更加重要的是，"马歇尔继承了伟大的祖先马尔堡的全部军事才华，而罗斯福对此从未有过丝毫怀疑"。而要让丘吉尔放弃他"最为疯狂、最为危险的想法"则需要耗费大量时间，这令布鲁克感叹不已。但美国陆军参谋长所要处理的能量转移，是一个更加"缓慢而又烦琐"的过程，"所有事情必须认真、缓慢地加以解释和重新解释，以便总统能对此加以吸收"。

1943年1月，在卡萨布兰卡与美国人进行的第二次会晤中，为重新定位他们的欧洲战略，布鲁克不得不对具体事宜一再做出解释，这令他抱怨不已。马歇尔下定决心，打算强行通过在当年发起跨海峡进攻行动的决议。为实现这一目标，他准备取消地中海地区的一切地面作战行动，一待德国和意大利军队在北非被击败，便将所有多余的部队调回英国。该地区的其他资源，他打算调至太平洋，因为正如海军上将金强调指出的那样，盟军在太平洋地区用以对抗日本人的力量只有15%。布鲁克带着另一套说辞赶至卡萨布兰卡，他准备在地中海战区实施一种不同的战略。他认为盟军的首要任务是打破德国的U艇战；不仅仅因为这种战术令英国人挨饿（英国每年需要进口3000万吨货物，但现在只获得2500万吨），还因为德国人的潜艇积极阻止了美国军队运送至英国，还使造船厂将生产重点从登陆艇转至护卫舰，从而使得跨海峡进攻被逐月推延。不过，陆地上的态势开始有利于盟军。由于资源短缺，德国人已不再发起进攻，转而实施防御。因此，布鲁克提出，与其给德国人一个轻松获胜的机会（实际上，驻扎在法国海岸线上的德国军队多达40个师，面对22个盟军师的进攻，他们确实可以轻松获胜），还不如继续拉伸已"过度延伸"的敌人。击败意大利，使其退出战争，这是让德军"过度延伸"最有效的手段，发起空中和海上攻势可以实现这一点，对西西里岛和撒丁岛的两栖进攻也许能为此提供补充。其结果将迫使德国人用他们自己的部队来替代意大利军队，不仅仅在意大利半岛，还包括巴尔干地区和希腊诸岛，在这些地区，意大利为轴心国提供了大批兵力。在这一策略的鼓励下，土耳其可能会参战，从而提供一条较短的补给通道进入苏联，而苏军近期的地面攻势重创了德国军队，这为对被占领的巴尔干地区发起进一步行动打下了基础。

自1942年7月战胜马歇尔后，经过几个月的艰难争论，布鲁克终于说服他的英国同僚们接受这个策略；在卡萨布兰卡整整五天紧张、焦躁的谈判中，他们死死坚持着这个方针。但要说服美国人，布鲁克面对着更大的困难。他的重要观点是，欧洲南部恶劣的公路和铁路交通会使德国人的集结艰难而又缓慢，而盟军利用海上和空中的自由运动，可以将部队迅速部署至任何一个他们选中的地方。马歇尔将这种"自由运动"解释为"分流"，并警告说，"每一个分流或脱离主计划的枝节问题都可被视为一个抽吸泵"。在他看来，"主计划"包括对日作战，他对英国人的解释提出质疑，如果对方不急于在1943年发起跨海峡作战，那么，由于他们的犹豫不决，未能从地中海重新部署至太平洋的兵力和装备就会变得多余。

一群参谋人员组成的联合策划组为美国的参谋长委员会准备了文件，后者最终达成了一项妥协。对于战略核心问题，他们在1月17日提出一份文件，将"摧毁敌人的一切经济和军事力量，其速度应超过其获得补充的速度"作为主要目标。实现这一目标的手段是被德国专业人士所轻视的"无情工业"原则。这相当于一个消耗论，而这正是布鲁克的出发点。与1914—1918年所有的英国老兵一样，布鲁克在西线发起消耗战的办法面前退缩了，因此，他确实不愿意冒上消耗战的风险，发起跨海峡进攻。他的建议是在地中海实施"过度延伸"战略，消耗德国人有限的部队、装备和燃料，既能达到帕斯尚尔战役的效果，又无须付出血淋淋的代价。通过反复宣传这一主张，对美国人在太平洋的需求做出让步，并坚决保证，一旦击败德国，英国会立即将其军队调至太平洋地区，布鲁克最终获得了马歇尔的支持。马歇尔长期关注的问题中，一个重要的让步是同意任命一名盟军最高统帅部参谋长，一旦获得任命，这位参谋长就将为盟军统帅制订跨海峡进攻的计划，因此，尽管行动日期尚未确定，但准备工作也许会先行展开。

回国时，马歇尔并未像预想中的那般沮丧。在1943年发起跨海峡入侵的希望并未彻底破灭，他没有高估英国人的意志，也没有过高预计盟军的资源。他相信他已设置了一个限制，如果不是时间限制的话，那也是目标的限制，这将在一个次要战场上引起更多的纷争。在下一次盟国会议上结束争执的前景似乎是明确无误的。卡萨布兰卡会议上没有确定任何一个日期，但4月份突尼斯战役的结局促使英国首相提出在5月份再次召开会议。罗斯福总统接受了这个提议，5月11日，搭乘"玛丽王后"号经过6天航行后，英国人到达了纽约。第二天，双方在白宫召开会议，他们之间的分歧立即暴露出来，和过去完全一样。但有一点不同：地中海战区获得的胜利，而不是其他地方遭受的败绩，使英国人理直气壮地要求在该战区进一步推进。轴心国军队在突尼斯彻底崩溃，这在任何一个战区中都是第一次发生，兴高采烈的英国人不愿放弃重复这一胜利的机会，他们打算进攻西西里岛。布鲁克叙述着已被大家熟悉的理由，马歇尔也重复着他曾提出过的警告，唯一的变化是比喻，现在从"抽吸泵"变为了"真空"。"越来越多的部队卷入到突尼斯战役中……入侵西西里将在地中海地区形成一个真空，这会妨碍……一场成功的跨海峡进攻，单靠空中轰炸……德国不会崩溃。"他预见到一场旷日持久的欧洲战事，而太平洋战场也会受到灾难性影响，除非将该战区一切可用的部队尽早投入到法国。马歇尔对英国人相信德国即将崩溃的抨击（尽管他没有批评他们以"封锁和颠覆"的力量中迅速贬值的信用来实现这一点）激怒了布鲁克，他对此做出了进一步的反应。布鲁克坚信，欧洲的胜利不管怎样都会拖延到1945年或1946年，"因为我们必须记住，在以往的战争中，总是有大约80个法国师站在我们这一方"。

马歇尔反驳道，"这是不是意味着英国的三军参谋长们将地中海的行动视为成功结束欧洲战争的关键？"这让布鲁克陷入孤立无援的境地，他没有做出正面回答。双方退到一旁，重新考虑他们之间的分歧。马歇尔和金准备再次打出太平洋战区这张牌，但出于对这个问题的敏感，英国人在接下来的会晤中率先做出坚定的声明，承诺尽快发起"围捕"行动——或称之为"霸王"行动,跨海峡进攻的行动代号已做出修改。因此,他们同意继续寻求一个中期战略,直到"霸王"行动发起为止。

美国人最终证明愿意商讨地中海作战事宜,以换取英国对"霸王"行动的具体日期做出承诺,最好是在1944年4月。布鲁克"机智地反驳"说,只有在意大利被逐出战争,德国人被迫将其部队调至那里的前提下,1944年4月这个日期才有可能,否则,盟军将在法国滩头遭遇到这些德国军队。根据这些观点,双方达成了一项妥协。英国人最终接受的具体日期为5月1日,在这个日期前,英国将把7个师从地中海调回英国;美国人则同意"将进攻西西里岛的'爱斯基摩人'行动视为消灭意大利的最佳办法"。

在这一年的时间里仍需要做点什么。7月10日发起入侵后,西西里的防御迅速崩溃,突然而又完整,意大利要求获得和平解决的机会,这个提议引发了巨大的吸引力,这一次,美国人和英国人发现,在赞同扩大西西里战役的问题上毫无困难。马歇尔表明自己的态度与丘吉尔同样积极,他支持对意大利本土发起一场全面进攻,并要求尽可能深入到意大利半岛,哪怕这场攻势需要投入地中海地区的全部英美部队,还需要将承诺给"霸王"行动的所有登陆艇留在那里也在所不惜。因此,8月份召开的魁北克会议比先前的华盛顿和卡萨布兰卡会议顺利得多。尽管双方的脾气仍有些冲突,但美国人与英国人之间的分歧小了许多。布鲁克再次感到有责任向美国人说明地中海消耗战与跨海峡进攻之间的内在联系,"他们从未彻底意识到这个问题,"这番争论使海军上将金"使用了很不得体的语言",但主要的争论集中在投入法国的部队规模上,他们达成了一个可行方案。这个方案中包括一个附属条款:发起跨海峡进攻的同时,以法国军队和目前在意大利作战的大部分美国军队对法国南部发起入侵。

不过，共同目标的外表下，传来了地基发生转移的咯咯声，随着秋季的来临，这种声音会越来越大。因为，对英国人而言，地中海战役屈从于"霸王"行动的前景越来越充满焦虑和失望。焦虑是因为，随着盟军统帅部的详细计划接近完成，他们即将对做好防御准备的德军发起残酷的直接攻击。丘吉尔后来描绘了他这段时间的心境，"对索姆河、帕斯尚尔战役和许多对德军发起正面进攻的较小型战役的记忆，很难被时间或反思所抹去。"布鲁克也对此深感困扰，在他看来，跨海峡进攻成了个"大问题"。另外，他还受到一种失望感的折磨。尽管1943年的战役已经实现了他一直承诺的许多东西——击败意大利，消耗德国的兵力（300个德军师中的50个被牵制在意大利和巴尔干地区），自由使用内海实施洲际运输，夺取靠近德国南部工业基地的机场——但他所想的只是，如果时间和资源允许，更多的目标也许已经实现，以及盟军能力范围内尚未实现的目标。

对美国人来说，他们觉察到盟友的优柔寡断，原因似乎是英国根深蒂固的资本主义，其重点位于地中海东部。这种观点并不准确，英国对地中海的迷恋不是源自物质，而是一种深深的心理性迷恋。地中海不仅仅是英国与东方之间的一座海上桥梁，也是一座圆形剧场，200年来，他们在这里上演过大战略，实际上，这比他们在印度演绎过的历史更长久，许多人参与其中。英国的许多家庭来自地中海，他们的祖父出生于马耳他或爱奥尼亚群岛，高曾祖父出生于直布罗陀，他们对黎凡特的港口及其腹地政治活动的了解，就像英国派驻印度的统治者对边境要塞和阴谋叛乱的熟悉程度。布鲁克既不属于"地中海"圈，也不属于"印度"圈，他的根位于阿尔斯特古老的守军。但作为英国战略（地中海是其核心之一）的制定者，他努力协调着那里的战事，不愿交出承诺过的奖赏。"看着地中海，"他在11月1日的日记中透露，"我清楚地意识到自己失败到了怎样的程度。"他带着专业性继续努力，软化着"马歇尔策略"。其结果是11月11日签署的一份三军参谋长文件，这份文件被证明是最后一次反马歇尔的提案。

"我们绝不能将'霸王'行动的固定日期视为我们整个战略的中心点……明年春季，德国人在法国的力量很可能异常强大……从而导致'霸王'行动不复可能，而'兰金'行动不仅可行而且至关重要……德国人目前已陷入困境，赢得战争最可靠的办法就是在每一个可以优势兵力发起进攻的地区……不断地攻击他们，因此，我们的政策很明确……对于地中海战区，我们提交了以下建议……在意大利的攻势应该获得加强和维持，直到我们确保比萨—里米尼一线……我们应该让土耳其参战……我们也许能在达尔马西亚或阿尔巴尼亚海岸上形成一个有限的桥头堡。"

经过重新考虑后，他们删除了最后一句话。但提及"兰金"行动本身就足以激起美国人的不信任感。因为"兰金"行动这个策划已久的计划是在德国崩溃的情况下占领法国，根本不需要战斗。作为替代"霸王"行动的一个计划，它暗示着英国人再次在刀锋前退缩了。布鲁克辩称，他只是设法减少德国人部署到"霸王"作战前线上的部队而已；在11月下旬的德黑兰会议上，他成功地说服了美国人，推进至意大利北部的比萨—里米尼一线能够积极促成这一目标。但他在德黑兰发现，他将他的盟友推到了症结点，尽管所讨论的问题实际上是苏联人，而不是美国人引起的。第一次三巨头会议使斯大林的专业军事人员获得了机会，他们当着美国人的面让英国人确定一些基本问题：伏罗希洛夫元帅问艾伦·布鲁克爵士，他能否更准确地说说是否将"霸王"视为最重要的行动，按照他本人的理解，美国人是这么认为的。布鲁克竭力摆脱着这个圈套，他再次提醒大家德军的实力，并指出需要以次要行动将驻扎在法国的德国军队引开。但苏联人坚持追问这个问题，布鲁克在日记中写道，"他没有坚持对法国南部发起的行动"（"铁砧"行动，布鲁克不喜欢这个行动，因为它与盟军在意大利的推进相对立），"而是……坚持要求按照已经确定的方式和日期对法国北部发起进攻"。

就在伏罗希洛夫对布鲁克含糊其辞的揭露令马歇尔深感欣慰之际，罗斯福将丘吉尔丢给斯大林，让他对前者做出严厉的质问。随着会议的进行，斯大林施加了更大的压力："英国是否真的对'霸王'行动充满信心，还是只是说说而已，以此来安抚苏联？"他要求得到一个具体日期，他希望将在意大利的作战行动视为入侵法国南部的分流，他希望尽快确定"霸王"行动的指挥官，如果此次会议无法决定的话，那也应该在会议结束的一周内确定。被罗斯福抛弃后，丘吉尔发现，面对这些问题，他已没有回旋的余地。布鲁克遭遇到马歇尔和伏罗希洛夫的双重压力，已动弹不得。11月30日，三巨头一致同意了联合参谋长委员会的建议，"我们将在5月份发起'霸王'行动，与对法国南部发起入侵的支援行动相结合，行动规模将以当时可用的登陆艇最大数量为准。"

蒙 哥 马 利

现在剩下的唯一问题是挑选一位盟国远征军最高统帅。马歇尔和布鲁克都希望获得提名，尽管后者疑虑重重；事实上，这两人都已得到获得这一任命的保证，但布鲁克在8月份便已获知，最高统帅将由美国人担任。马歇尔是个显而易见的人选，他非常希望离开华盛顿，亲身担任自己从未担任过的战地指挥官职务，他相信罗斯福会放他离开。但在12月5日（这是斯大林所规定的期限，德黑兰会议结束的一周后），罗斯福鼓起勇气告诉自己这位参谋长，"如果让你离开华盛顿，我无法安心入睡"。因此，艾森豪威尔将从地中海调至伦敦。但在初期阶段，他并未指挥地面部队，因为空中和海上行动需要他投入太多的关注。指挥地面部队的任务可以交付给一名下属，人选很容易确定，应该是个英国人。丘吉尔倾向于亚历山大，并称他为军人的典范，而亚历山大也是艾森豪威尔心目中的人选，他们之间的关系早已密切到相互使用昵称的程度。但布鲁克坚信蒙哥马利才是更好的人选，并设法使后者获得了这一任命。1944年1月2日，这位第8集团军司令从北非飞抵伦敦，投入到盟军最高统帅部的"霸王"行动计划中。

其实他已了解到这个计划的大致情况，并将他的看法反馈给丘吉尔，"我的初步印象是，目前这个计划行不通"。这并非因为盟军最高统帅部所选择的登陆地，尽管他可能会对此做出挑剔。对于这个选择（科唐坦半岛与奥恩河之间的塞纳湾），没有别的替代办法。战斗机有效作战范围内，法国海岸的其他地区背靠着高耸的峭壁，而那些最靠近英国港口的地段，尽管距离通向德国的道路更近些，但那里的守军也更多。也不是因为海空力量的部署问题。突击部队和后续部队的跨海峡运输、护航、抢滩、入港以及舰炮火力覆盖登陆场的概念都无可指责。1000多艘军舰、1000艘商船和3000艘登陆艇已集结，并将在计划中的D日起航。大规模空中轰炸也做好了部署，他们将中断对德国的战略轰炸，全力支援登陆行动。对进出诺曼底前线的公路和铁路交通实施空中封锁的承诺已被做出，实际上，空袭规模将非常庞大，甚至有些过度集中于登陆场外的目标，以至于最高统帅部的工作人员现在将这些目标称为"洛曼底"，如此庞大的助攻会确保登陆行动取得成功。他也没有挑剔行动的欺骗计划，这个计划将精心安排数十个程序和设备，在时间和地点上欺骗、误导德国人——其中的一些技术性较强，例如投掷金属箔条以冒充一支入侵舰队在海峡内的行动，同时干扰其他地方的德军雷达，另外一些手法纯属奇思妙想，例如派一位据说长得有点像蒙哥马利的下级军官，待在蒙哥马利位于地中海的住处冒充他。

引发蒙哥马利置疑的是他对计划组成部分的判断，关于登陆部队的规模和部署，盟军最高统帅部最终决定派出3个师发起进攻，另外12个师紧随其后登上海滩。他在1月1日写给丘吉尔的意见书中写道，"这将导致滩头上最可怕的混乱，地面战斗即便能展开，其顺利进行也会遇到严重的困难……最初的登陆必须以最大的宽度展开"这个宽度应该是50英里，而不是25英里，1个美军集团军和1个英军集团军并肩登陆，各自投入2个军，可能的话，投入3个军。另外，还应该派出1个空降师发起突袭，而不是1个旅，在东西两翼展开，确保他们能挡住德国人最初的反击。

最令他担心的是德国人会立即发起反击，其次担心的是"敌人的预备队也许会成功地将我们压制在浅滩处，而我们的滩头遭遇到敌人持续的火力压制"。他所关注的已不仅仅是登陆的技术难题，而是如何以多年来的研究和所获得的经验来解决它，以及这场入侵战役本身。他不会忘记从一开始就将在多个不利条件下作战。从理论上说，他的5个步兵师（尽管会获得一些两栖坦克和船载坦克的支援）要面对的是德军的50个师，其中的10个是装甲师。尽管德国人只有8个步兵师和3个装甲师靠近盟军登陆场，但其兵力和火炮数量都将超过他第一波次送上滩头的部队。因此，有必要在进攻发起的当天沿一条尽可能宽大的正面向前推进，以便尽可能快地为后续部队（英国驻有30个师）腾出空间，从而扭转态势。

在1月21日的第一次例行会议上，蒙哥马利说服艾森豪威尔必须扩大登陆的正面，他们的权威迅速发挥了作用，因为颇具奉献精神的摩根将军的技术性提案没能从联合参谋长委员会那里赢得所需要的额外资源。英国的造船计划耗资庞大，海军上将金的太平洋战役损失甚微，"铁砧"行动被推延至D日后，再加上D日也被推延了一个月，于是，又有1000艘登陆艇加入到盟军已准备妥当的3000艘登陆艇中；新增加的这些登陆艇将把额外的两个师送上滩头，现在，盟军抢占的滩头将是5个，而不是3个，从西向东，其代号分别为奥马哈（美军）、犹他（美军）、金滩（英军）、朱诺（加拿大军）和剑滩（英军）。海军上将金也不太情愿地提供了充足的炮击舰艇，以确保每一码海滩和通向这些海滩的路径都被来自海上的炮火所覆盖。将美军第82和第101空降师运至西侧，将英军第6空降师运至东侧，这需要额外的飞机，另外还需要战斗机和轰炸机为庞大的登陆场提供掩护，这些飞机都毫无困难地得到了；艾森豪威尔还以坚定的话语否决了他负责空军事务的副手利-马洛里对实施空降行动的反对意见。这位空军中将的悲观判断是，空降行动将损失75%的人员和飞机。蒙哥马利本人已与他的下属迅速建立起良好的工作关系：英国第2集团军司令登普西、美国第1集团军司令布莱德雷和加拿大第1集团军司令克里勒。

他以自己生硬、自负的个性赢得了他们的信任，他通过沟通、交流和均分手上的任务成功地做到了这一点。蒙哥马利不是另一个布鲁克。尽管他非常钦佩帝国总参谋长，但他没有复杂或敏锐的战略观。他的个人军事经历中布满斑斑血迹，1914年参加第一次战役时他身负重伤，几乎送命，但面对战争的终极真理，他从未退缩过，这个真理就是：无论战争输赢，都伴随着大量人类的生命。与布鲁克一样，他从他在第一次世界大战的经历中得出一个信念，即浪费生命是军事上的头等大罪；他特意采用的指挥风格确保了他对自己指挥下的生命耗费的严密监督。但他并未设法避战。布鲁克曾希望地中海战略这只章鱼能用其触须勒死德国人，盟军最高统帅部的参谋人员考虑的是将一支入侵大军送上法国海岸的运输困难，而蒙哥马利最为关注的是登陆后的战斗。从传统意义上说，安排这场战役靠的是正确的部署和权衡，这正是他所擅长的。5月15日，他在设于圣保罗中学的指挥部里告诉手下的高级将领们，"我们必须强行登陆，并在敌人调集起充足的预备队将我们赶下大海前占据一片良好的立足地……我们必须迅速获得空间，并向内陆推进……这样我们就将获得滩头占领区并加以扩大。"

为做到这一点，他计划在英军东部防区的卡昂附近打一场庞大、残酷的装甲战，这样一来，西面的美国人就能将其实力逐渐增强到20个师，达成突破后进入到开阔地段，将德国人的侧翼推至塞纳河。但他提醒道，这些行动在任何一个阶段都不会是轻而易举的。盟军为此部署了12000架飞机，与德国空军相比，优势为20比1，但可以预料的是，德国军队仍会找到办法将其预备队调至诺曼底。驻守在那里的德军非常强大。指挥这些军队的是隆美尔。对于隆美尔，蒙哥马利所下的结论是："他是个干劲十足、坚定不移的指挥官；自从他接手以来，他便打造了一个不同的世界……他会尽其所能再给我们来个'敦刻尔克'——不是在他自己选择的地方打一场装甲战，而是要让他的坦克向前疾进来彻底避免这一点……现在很清楚，他的意图是阻止我们的任何突破，将'霸王'行动击败在海滩上。"

隆 美 尔

蒙哥马利对他那位沙漠老对手的意图的洞察力准确得犹如心灵感应，奇怪的是，鼓吹必须了解敌人的恰恰是隆美尔，而不是他蒙哥马利。诚然，蒙哥马利将敌指挥官的照片张贴在他的指挥帐内，研究着他们的容貌，以获得对方下一步行动的线索。隆美尔，出于一种对"城堡指挥"类似的厌恶（第一次世界大战期间，他和蒙哥马利都深受其害），在沙漠作战时也住在一顶帐篷内，但他将这里作为一个基地，以便与敌人的意图和手段建立起更为直接的联系，他认为这些东西在前线能得到最好的发现。眼下，海峡介入到他与蒙哥马利之间，他的直觉暂时停止了运作。他对盟军发动入侵的时间毫无预感，并倾向于怀疑加来海峡将是对方的登陆区。但正如蒙哥马利已猜到的那样，隆美尔对盟军入侵舰队的意图是毫不含糊的，一旦它们出现，他将在低水位线处阻止这些船只和船上的人员。

1943年12月，他抵达法国时，这些低水位线几乎没有任何防御。当然，自迪耶普突袭发生后，他那400英里海岸线上的港口已修筑了大量混凝土工事和炮台。一些据点令人印象深刻，例如在格里内角，一座巨大的炮台定期用其双联装火炮轰击海峡对面的多佛，这里还布设了不连贯的铁丝网和雷区，掩护着海滩。但自1941年以来，德国人只布设了170万颗地雷，散布得极为稀疏，隆美尔责备了他的属下，并提醒他们，他在北非对英军展开攻势的关键阶段，英国人在两个月的时间里埋设了100万颗地雷。经过调查，隆美尔发现，储存在法国的炸药足够制造1100万颗杀伤性地雷，另外他还要求每个月从德国运来200万颗各种类型的地雷。他打算用这些地雷沿着整个海岸设置一个纵深达100米的不可逾越的区域，并埋设2000万颗地雷。最终，这片区域的纵深将扩展至1公里，布有2亿颗地雷。他到达法国的几周内，布雷工作已从每个月4万颗增加到100万颗，截至5月中旬，已有400万颗地雷被埋在海滩上。他还大大加快了障碍物的设置速度，截至5月11日，海岸前沿以及后方可能的滑翔机和空降着陆区竖立起50万个障碍物。

但他并未单纯依靠被动的防御来阻止敌人。与蒙哥马利一样，他预料到有一场硬仗要打，他花了很多时间巡视那些受到威胁的地区，努力提高面对入侵压力的指挥官和士兵们的战斗意志。德军的兵力正在增加。去年11月，希特勒签署第51号元首令，发出了西线有可能遭到入侵的警报，他们不再将驻守在法国的军队调至日趋严重的东线战场。第51号元首令指出："过去两年半同苏联进行的艰苦卓绝、损失严重的战斗耗去了我们最大的精力……但整个形势已发生变化……一个更大的危险出现在西线：盎格鲁-撒克逊人的登陆！在东线，尽管在万不得已时有可能丧失较多的土地，但由于空间辽阔，不会对德国构成致命的威胁。西线则不同！如果敌人沿一个宽大的正面突破我们的防御，那么在短时间内后果就会不堪设想。各种迹象表明，敌人会发起一场进攻……最迟在春季，也有可能提前。因此，我不能为了增援其他战场而继续削弱西线。我决定加强西线的防御力量，特别是我们即将对英国发起远距离炮击（无人机和火箭武器）的那些地点。"

因此，1943年11月至1944年6月间，驻扎在法国的德军部队从46个师增加到55个。这些部队的整体素质也有所提高。长期以来，在东线遭到严重消耗的德军师一直将法国作为休整地，1942—1943年，西线总司令伦德施泰德曾感叹道，这些只剩下空架子的部队由"5个面包师和1个医生"组成。最近，法国成为一个训练中心，一个个由未成年者和不适合服役的人组成的师在这里渐渐具备了战斗价值；1944年6月6日时，法国驻有6个这样的师，另外还有2个空军野战师，这是由于戈林的空军日益萎缩而多余下来的地勤人员组成的部队。为了应对这场即将到来的战斗，德国人还组建了一些只适合于据守战壕和掩体的师，这些部队被派至沿岸阵地中，他们将在那里坚守到获得救援或被消灭为止。这些师被冠以"700系列"的番号，士兵的平均年龄为37岁；另外，还有些附属单位由东线战场上被俘苏军士兵中的志愿者组成，这些战俘自愿为德国人效力，伦德施泰德指挥的85万大军中，这些志愿者占了6万。这种"静态"师的数量是5个，就连西线总司令部也将他们的战斗力评定为低级。

但是，就算从总兵力中将这些作战能力可疑的部队减去，德军在法国仍有近30个素质可靠的步兵师准备应对盟军的登陆。有些部队据守在错误的地方。6个德军师守卫着地中海海岸，以防备从意大利发起一场附属入侵的可能性。另一个师几乎是孤零零地据守在比利牛斯山脉上。7个德军师，其中包括两个优秀的伞兵师，驻守在布列塔尼半岛，远离更有可能遭到入侵的海滩，还有一个师驻扎在海峡的岛屿上，因而被有效地隔绝开。但尽管如此，仍有12个第一流的步兵师排列在海岸上。与盟军师相比，这些德军师的规模稍小，也没有太多的机械化运输工具，1944年时，90%的德军部队仍依靠马匹和火车运送，因为德国的汽车工业缺乏制造必要军用车辆的能力，对此，德国的石油工业（天然或合成）在任何情况下都无法起到刺激作用。但这些部队的火力很强大，经验也很丰富。与大多数未经历过实战的盟军部队不同，德国军队里经验丰富的军官和军士所占的比例相当高，他们遭遇过敌人，学会了战场上的诡计，并将他们的技能传授给没太多经验的新兵们。

德军步兵师身后伫立着充当预备队的装甲师，他们的战斗力毋庸置疑。截至1944年6月，这些装甲师的数量是11个，另外还有2个派往东线的临时性装甲支队。这些装甲部队中的一个是党卫军第17师，这是个装甲掷弹兵师，所以只编有一个装甲营，他们配备的是突击炮，而不是坦克。另外两个装甲师是新组建的第116师和第21师，后者取代了在突尼斯战役中损失掉的第21装甲师。这些师，再加上第2、第9和第11装甲师，他们的坦克数量都不多，每个师不到100辆，只有盟军装备量的一半，但他们的装备很不错。另外几个装甲师，例如装甲教导师、党卫军第1、第2和第12装甲师，不仅坦克数量达到编制，人员的素质和积极性也超出常人。另外一些驻扎在法国的德国军队可能会满足于享受愉快的驻军生活，这些部队的数量还不少。工业城市外的当地居民对德国人并没有不友好。而当地的抵抗运动，对任何一个在南斯拉夫待过的德国士兵来说，似乎根本算不上什么。农村出产的食物远远多于当地居民们的消耗，他们甚至愿意以法郎兑马克严重不利的汇率出售多余的食物。由于没有了出口市场，美酒甚至比和平时期更多。至于海峡沿岸的气候，即便在冬季也很温和。精锐的德军装甲师准备好好享受一番，但他们并未被这些诱惑所软化。这些部队为作战进行了组建和训练，他们习惯于胜利，哪怕面对巨大困难时也是如此。这些部队的军官和士兵们信心十足，相信自己能像对付苏联人那样击败美国人和英国人。

但战斗的结果并不仅仅取决于士气，还取决于部署和指挥链。隆美尔努力克服着他无法以指令或训词解决的困难。但他无法全盘做主。他的上司，西线总司令伦德施泰德元帅，控制着他的B集团军群和卢瓦尔河南部布拉斯科维茨将军的G集团军群。B集团军群掌握着大多数步兵师，但这些师分属两个独立的集团军——第15集团军和第7集团军，分别位于塞纳河的东面和西面。没有伦德施泰德的明确许可并最终获得元首的批准，两个集团军不能相互提供支援。更糟糕的是，隆美尔在当年3月试图将装甲部队的战术控制权掌握到自己手中，结果却造成指挥权的进一步破碎。伦德施泰德这位传统战术家从未有过机动部队被盟国空军打得止步不前的经历，1943年11月，他组建了一个装甲指挥部，西线装甲集群，该集群控制着6个装甲师，在法国北部充当预备队。他的打算是，一旦确定了敌军的规模和中心，便对登陆的敌军主力发起一场大规模传统反击。这与隆美尔的计划截然相反，按照隆美尔的推论，要么尽快取得胜利，要么彻底失败，因而建议将装甲部队部署在前方，并在海滩上展开战斗。希特勒将3个装甲师交给隆美尔控制，另外3个师由希特勒通过国防军统帅部的工作人员亲自加以掌握。在决策速度至关重要时，这种安排只会起到延误作用。

德国人无法猜到盟军会在何时发起入侵。天气预报提供了最好的线索，因为盟军需要几天风平浪静、天色晴朗的气候以发起这场冒险，但他们对大西洋的控制权使得隆美尔的气象学家们很难获得他们所需要的气候预报数据，就像德国人不了解盟军在英国境内的部署情况一样。德军飞机很少能穿越英国的领空（D日的6周前，只有129个架次的德军飞机做了这一点），皇家空军对这些德军飞机看管得非常严，德军飞行员所能看到的只是允许他们看到的东西。这些目击报告确认了精心编造的虚假无线电通信、根本就不存在的美国第1集团军群就位于加来海峡对面，这种糟糕的情报证实了隆美尔，而不是希特勒目前坚决持有的信念：加来海峡附近肯定是盟军的登陆地。

不过，无论盟军的主攻点落在何处，希特勒和隆美尔都没有在即将到来的战役面前退缩。截止到1944年5月，军队和民众经历了被俄国土地和盟军空袭历时两年的无情折磨后，希特勒欢迎再来一场豪赌。曾几何时，皇家空军对德国领土的空袭，损失的机组人员比他们炸死的平民还要多，但这种日子已一去不复返。自1943年6月起，"直瞄射击"战役便定期在白天送来一千架美军轰炸机，在夜间送来一千架英军轰炸机，对德国城市展开狂轰滥炸。截至1944年4月，43个遭到最猛烈空袭的城市，面积为26000英亩的市中心已被夷为平地；受害最严重的汉堡，市内人口减少了30%。尽管轰炸摧毁德国战时经济的宣传有些夸大（德国人在某些工程领域奇怪地得到了蓬勃发展），但在交通和合成燃油方面，德国受到长期损害的事实无法掩饰。前线的损失同样令人触目惊心。1942年11月到1943年10月这一年时间里，东线德军损失了168.6万人（阵亡、负伤或失踪），获得的补充兵只有126万人。激烈的战斗，例如1943年10月和11月在第聂伯河河曲部，每三天便将一个师的兵力消耗殆尽；大规模攻势，例如当年7月在库尔斯克，一周的战斗耗尽了数个集团军的实力。这些战役（幸运的是，1943年没有再发生一场库尔斯克战役）也使得坦克损失的速度超过了工厂的生产速度。1943年1月至12月，德国坦克的存量从5700辆下降至5200辆。

德国还输掉了潜艇战，在当年秋季完成潜艇通气管的改进前，他们的U艇已经没有重返大西洋的希望。但它们的表现就像"秘密武器"那样充满了不确定性，这些"秘密武器"指的是V-1飞弹和V-2火箭，希特勒对此寄托了越来越强烈的"绝望的乐观"，希望以此在战略空战领域扭转工业和心理上的颓势。除了地面、空中和海上战场的正面冲突，德国的实力在其他领域同样发生了转移和下滑。不光意大利政府及其半数领土投入到盟军阵营中，就连其他一些盟友，例如国土狭小但却异常勇猛的芬兰，随着苏军渐渐逼近他们的边境，也变得对轴心国的事务越来越不热心——5月份前，苏联红军重新回到芬兰湾，他们开始攀登罗马尼亚的喀尔巴阡山，并在200英里外威胁着保加利亚。来自匈牙利和斯洛伐克傀儡政府的情报表明，他们的军队（过去曾与德国人一同在东线作战）准备向苏联红军敞开大门。南面，被占领的南斯拉夫出现了大批英勇的游击队，这使得本可以用于其他饱受重压的前线的12个德军师被牵制在那里。

这就难怪一场针对船运敌军的战斗，哪怕对方已经掌握了两栖坦克登陆的诀窍，似乎也给希特勒提供了打破连续遭受的损失和重新获得主动权的唯一机会。3月18日，他将西线将领们召集到贝希特斯加登，向他们解释道："一旦遭到失败，敌人再也不会尝试再度发起入侵。更何况他们遭受的沉重损失需要几个月的时间才能组织起新的尝试。入侵的失败也会对英国和美国的士气造成毁灭性打击……然后，我们就把（西线的部队）调至东线，彻底改变那里的形势……因此，战争的结局取决于西线每个将士的奋战，这也将决定帝国的命运。"

隆美尔也满怀信心地期待着这场战役。5月5日，他告诉他的副官，"我比以往任何时候都更具信心。要是英国人多给我们两个星期时间，那我就不会对此再有任何疑问了。"但希特勒越来越怀疑，诺曼底，而不是加来海峡，才是真正受到威胁的地区，这使得隆美尔在当月剩下的时间里对该地区的防御焦虑万分。可在6月4日，潮汐和即将到来的恶劣气候使他相信盟军不可能在6月20日前发起入侵，于是他决定将几乎已经完成的准备工作交给参谋人员去监督，自己返回德国休假。当天晚上，艾森豪威尔在朴茨茅斯的前进指挥部内读到了气候预报，这使他确信必须推迟已下达的次日清晨出发的命令。凌晨时刻，新的信息表明阴云会出人意料地消散，这使他改变了主意。随着6月5日黄昏的到来，他麾下数以千计的舰艇和飞机跨过英国南部，准备从它们的基地出发。军舰离开港口，飞机驶离跑道时，艾森豪威尔为自己起草了一份登陆遭遇失败的认责书："我们在瑟堡—勒阿弗尔地区的登陆未能获得令人满意的立足点，我已将部队撤回。我做出在这个时间和这个地点发起进攻的决定是基于所获得的最佳情报。陆海空士兵们的表现英勇而又忠于职守。如果这次行动存在过失和错误，其责任全在于我。"

这些话语出自一个伟大的人，一个伟大的军人；作为一名军人，艾森豪威尔的伟大确实没有被完全描述出来。但是，作为一名军人，他知道他所策划的一切，其结果现在并不取决于他，而是取决于那些即将冲上法国滩头的士兵，取决于尾随先头部队登陆，将在海岸上大战一场的后续部队，也取决于那些实施抵抗的敌人。从远处望去，盟军士兵和敌军士兵一样，很容易消失为杂乱、毫无特征的一大群原野灰或卡其色的平民。但战争不是靠平民来打的。军队看上去很庞大，但其有效部分，也就是作战单位，规模却很小。例如，美国陆军地面、空中和勤务部队拥有1100万人，但地面力量90个作战师所辖的兵力还不到200万人，在这200万人中，坦克组员和步兵的人数不到70万。但军队的全部努力是通过选拔、训练和支援，将这70万人变为一群群士兵，他们的技能和忠诚将压倒另一方同样拥有技能和忠诚的士兵。

以下便是对这样几个群体的研究：在法国领土上度过最初几个小时混乱的美军伞兵营；冒着德军滩头防御火力冲出登陆艇的加拿大步兵营；冲出桥头堡，打开第一条通道的高地和低地步兵；7月份在卡昂周围率先突破德军包围圈的英国和苏格兰人装甲骑兵团；8月份被希特勒派来赢取诺曼底战役的德军装甲营；牺牲自己以阻止德军逃回国内的波兰龙骑兵和步兵；胜利归来并解放巴黎的勒克莱尔第2装甲师，他们的经历共同构成了诺曼底战役的故事。

第二章

"全美国人"与"啸鹰"

伞兵很晚才出现在盟军部队中。战争爆发前，英国和法国派出观察员观摩苏军1936年的军演，他们的报告以及苏联红军后来发布的晃动但却令人不安的宣传影片才使西方国家了解到伞兵空降这个概念。透过飞机湍急的尾流，摄影机镜头拍摄下一队饱受狂风折磨的伞兵机械地走到一架巨大的图波列夫运输机的舱门处，他们紧紧抓住机身的扶手，面对着巨大机翼的翼弦，随后，伴随一声指令，他们松开手，跃出机舱，就像冬季第一场暴风雪中被卷起的一根松针。这些怪异的画面充满了警告和神秘的力量，仿佛是爱森斯坦执导了《飞往里约》的一个苏联版本，它的发布只是一个简单的先期试验，影片中展现的"空中体操"也许仅仅是官方的授意。当时看过这部纪录片的人认为，这种魔术般的空降使人们对它在作战行动中的实用性产生了怀疑。

四年后，德国人在荷兰的上空令人信服地证实了伞兵空降的实用性，在这段时间里，德国人组建并训练了一个伞兵师，然后，他们运用这些伞兵，只用了一天便让荷兰的要塞防御悉数失效。但巫术的光环依然笼罩在伞兵们头上。一支庞大的伞兵部队从天而降，准备像传统步兵那样从事地面作战，尽管这种想法深具想象力，但并未被军方接受，他们更愿意让伞兵们保持超人或魔法师的形象。敦刻尔克大撤退的几个月后，甚至到德国人的入侵威胁已然消退的第二年，"穿着军靴的修女"一直作为半漫画、半恐怖的传闻流传于英国，一位受人尊敬的英国出版商还赞助出版了一本书，书中提醒英国民众，德国伞兵有可能伪装成"骑着折叠自行车，挎着邮包"的邮递员，"尖顶帽下藏有小型手榴弹"的警察，"肉篮子放着手榴弹，并覆以白布"的屠夫送货员，或是"斗篷下藏着机关枪"的牧师——他们很可能装扮成英国国教教徒，因此极度危险。

但即便在这时，戴着"拉娜·特纳"式吸水海绵橡皮头巾的英国士兵正在曼彻斯特城外的机场上空，钻过"惠特尼"轰炸机机舱地板上割

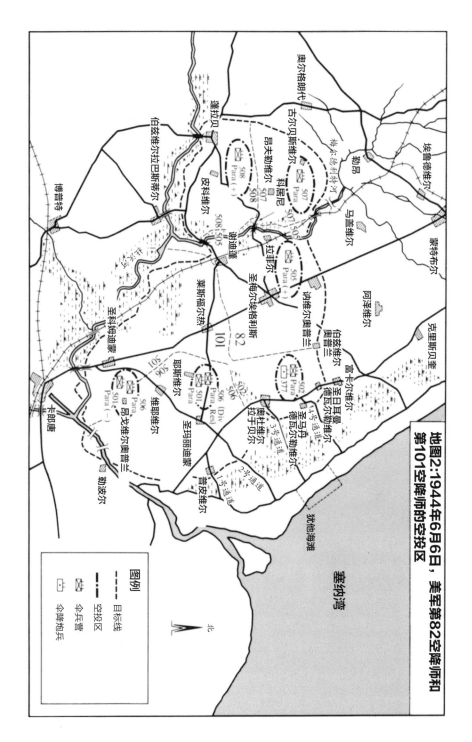

地图2: 1944年6月6日, 美军第82空降师和第101空降师的空投区

图例

---- 目标线

—— 空投区

⊠ 伞兵营

⊡ 全降炮兵

北

塞纳湾

出的一个洞练习着跳伞，而在遥远的佐治亚州本宁堡的松林中，身穿超人连体服的美国兵正从250英尺高的塔上通过钢索下降到南方滚热的沙土上。德国伞兵的数量和信心不断增加，1941年4月，他们从一支虚弱的皇家海军部队的头顶上降落，进攻并夺取了克里特岛，而此刻，盟军中第一批实验性伞兵部队开始初具规模。1942年，英国和美国伞兵在突尼斯采取了实验性行动，1943年7月，他们又在西西里实施了大规模空降，面对敌人的抵抗，这些伞兵从天而降，直接加入到战斗中。许多伞兵因为意外事故或落入大海而丧生，还有些人被风吹到距离着陆区数英里远的地方。但幸存者对这种战术的有效性深具信心，伞兵部队的实力在战争中期继续得到增加。尽管德国伞兵被视为国防军中的精锐，但他们已失去了飞机的使用权，并发现自己越来越多地被用于地面作战，但在另一方，飞行员、飞机、专用装备（可空降的车辆、榴弹炮甚至包括坦克）、人员和资金源源不断地涌入到盟军的空降师中。

截至1944年春季，共有4个伞兵师已在英国做好战斗准备：美军第82师（全美国人）和第101师（啸鹰），英军第6和第1空降师。根据入侵计划，这些伞兵师中的3个将在夜间飞越海峡，在登陆场的东端和西端实施空投，夺取界定登陆场侧翼的河流。河上的桥梁将被炸毁，接近河流的道路会被埋设上地雷，他们将据守河岸，挡住试图渡河的一切敌军。这些措施可以让舰艇运送的海滩突击部队获得一些保障，减少了他们刚刚踏上海滩便遭到敌人猛烈反击的可能性。

伞兵们将从散布在英国中部和南部的兵营开始他们"与命运的约会"，这句著名的话被第101空降师的历史学家们用作该师师史的标题，完全符合伞兵先头部队浪漫而又夸张的精神，第82空降师从林肯郡的平原出发，第101师从德文郡、汉普郡和伯克郡启程，他们的营地与英国第6空降师的驻地近得甚至有些危险。1944年春季，在伯克郡各个小镇的周末娱乐活动中，盟军士兵为结识当地姑娘而大打出手的现象非常普遍。但更为常见的是在那些小村落里喝啤酒的情形，30年后，一些老兵会愉快地回忆起那些村庄的名称，奥格本圣乔治（Ogbourne St George）、贝里克圣詹姆斯（Berwick St James）、下斯劳特村（Lower Slaughter）和米德沃鲁普（Middle Wallop），当时，他们小心翼翼地发展着与当地居民的友谊，战争结束后，一些美国兵带着他们的战时新娘跨过大西洋返回到美国。

可是在5月30日，这些伞兵与外界的联系突然间中断了。他们被限制在遍布于索尔兹伯里平原的英军永久性兵营中，待在布福德（Bulford）的维多利亚式红砖营房里，待在蒂德沃思（Tidworth）修建于第一次世界大战期间的临时兵营内。散居在平民家中的士兵被召集起来，登上巴士赶往集结区匆匆搭设起的帐篷营地，他们被隔离在那里，直到飞机起飞。第101空降师的一名中尉回忆起自己毫无说服力地试图告诉奥尔德本（Aldbourne）的村民，这次的离开不过是又一次演习而已，"那些英国人知道我们要走了……他们哭了起来，我也流下了眼泪。" 其他伞兵的情绪也受到了影响，但这种心情很快便被驱散。据S.L.A.马歇尔回忆，这些小伙子都是志愿兵，主要来自贫民区，马歇尔也加入到这场冒险中，并在伞兵训练的9英里跑、25次俯卧撑和不停地"Hubba-hubbas"（"快、快"，一些教官莫名其妙地认为这是一句希伯来语）呼喊中生还下来，还在白天和黑夜进行了十余次跳伞练习，现在，他准备参加真正的实战。他们被关在临时"牢房"里，吃着高蛋白质食物，不停地进行着高风险的赌博，以此来消除心中的挫败感。

对指挥官和下级军官来说，还有更重要的准备工作要做，他们最终会将其成果交给他们的部下。他们在地图、航拍照片和模型上研究着科唐坦半岛的地形，到目前为止他们所知道的德国守军的驻地，以及他们这些空降师必须夺取的目标。这些目标位于一片肾形地区，东西向长约10英里，南北向约为5英里。这片地区的东面靠着大海，东南和西南面都以杜沃河（Douve）为界。空降区的西面和北面穿过杜沃河及其支流梅尔德利特河（Merderet）附近平坦、没有树木的开阔地，然后紧靠着山坡上的灌木树篱，山坡则渐渐升入科唐坦半岛内部。河谷已被德国人放水淹没，由于河谷非常浅，被水淹没的区域很宽，有些地段宽达一英里。梅尔德利特河河谷中的洪水是个特别恼人的障碍，因为这条小河道将西面的第三个空降区与主登陆场和东面的空降区分隔开，河上的桥梁被称为"长堤"，因而是一个"重要的初始目标"。

另一个重要的初始目标是圣梅尔埃格利斯镇（Ste Mère-Eglise），13号国道穿过这个小镇，这条国道从瑟堡通往英军防区的巴约（Bayeux），是德国人在科唐坦半岛上唯一一条可用于提供增援的一级公路。其他所有目标都位于周边。最为重要的是代号为"犹他"的海滩上的4条通道，美国第4步兵师从他们的登陆滩头进入内陆需要这些通道。由于海岸低矮而又湿软，这些通道距离高水位线大约1英里，分别位于普皮维尔（Pouppeville，1号通道）、埃贝尔（Hébert，2号通道）、奥杜维尔拉于贝尔（Audouville-la-Hubert，3号通道）和圣马丹德瓦尔勒维尔（St Martin-de-Varreville，4号通道）。从普皮维尔起，沿着杜沃河河口，目标是河对岸的一连串水闸，伞兵们必须将其夺取并加以控制，待犹他滩头和东面的奥马哈滩头的突击部队合兵一处，在两个滩头之间向前推进时，这些水闸可能会派上用场。杜沃河上的一系列渡口也是伞兵们的目标，其中的一部分将被摧毁，以免被德国人加以利用，另一些将被坚守，要么为伞兵们立即加以利用，要么在稍晚些时候为滩头登陆的步兵和装甲部队发起突破时使用。从东向西，最为重要的渡口位于圣科姆迪蒙（St Cöme-du-Mont）、谢迪蓬（Chef-du-Pont）和蓬拉贝（Pont-l'Abbe）。其后的一连串目标，从蓬拉贝到4号通道，穿过开阔的乡村地，这些目标一旦被夺下，必须以勇气和希望加以守卫。

盟军认为这个敞开的侧翼会遭到两个德军师的威胁，他们早已驻扎在科唐坦半岛上，分别是位于海岸东面的德军第709师和位于西面的第243师，另外还有最近刚刚到达的第91师，糟糕的是，第91师的驻地刚好横跨空降区。另外，虽然第709师和第243师属于"静态"师（这是对这些部队完全缺乏机械化运输能力，士兵体能低下的委婉说法），但第91师都是由年轻小伙组成，并接受过反空降训练。尽管如此，德国人投入战场的兵力不超过24个营，而美军实施空降的部队达到了18个营。这种前景提高了胜算，美国人估计，大部分敌守军会待在他们的固定阵地中，因而第一天的战斗多少会取得些进展。他们认为，最糟糕的情况是德国人能够拼凑起5个营，对伞兵们发起一场反击，而集结起来的盟军士兵要到第三天才能获得坦克的增援。预测的情况不太乐观。德国人在该地区还有一个临时拼凑起来的装甲营，第100营，配备着老式法制坦克和临时改装成的突击炮，另外还有第6伞兵团，该团辖有3个训练有素的伞兵营，士兵们的平均年龄为17.5岁（第709师士兵的平均年龄为36岁）。尽管这些额外的德军部队在质量上与美军相当，但美国人并不认为这场行动太过冒险而无法尝试（就像空军中将利-马洛里曾经认为的那样）。这就意味着美国人必须发挥出每一丝印第安红番的英勇，他们在最后一刻将头发剃成阿帕切族人的鸡冠头，脸上涂抹了红白色战斗迷彩，各个营里的大批年轻人争相效仿，认为这也许能让他们取得胜利。

出发时刻即将到来，这引发了其他一些仪式，进攻行动从6月5日推迟到6月6日对已绷紧的神经的折磨也许使这些仪式显得更为必要。一些下定决心准备出发的士兵因为受到轻微的刺激而失去了自控力，结果，一连串斗殴爆发开来。师里的工作人员匆匆召回各个团里的乐队（最近一段时间里，这些乐队使兵营内充满了音乐声），通过公共广播系统反复播放当下的流行金曲，并找来新电影播放。据"啸鹰"师第377伞降炮兵营的一名军官回忆，重新下达的出发令传来时，他发现自己的部下们正在观看特德·刘易斯的电影《每个人都快乐吗？》，他登上舞台传达命令，打断了电影的播放，观众们以"只会发生在好莱坞的方式"做出了反应。随之而来的握手和交换地址也颇具好莱坞特色，战友情谊的表白已趋极致，他们向朋友们承诺，如果对方无法平安归来，自己会去看望他的亲属。沃尔弗顿中校（他在次日的战斗中阵亡）的临行演说同样是好莱坞式的，他告诉第506伞兵团第3营的部下们，"尽管我不是个虔诚的宗教徒，但我要求你们和我一同跪下祈祷，不要低着头往下看，而要抬起头来，这样，你就能看见上帝，并请他为我们要做的事情提供庇护和帮助。" 第501伞兵团团长霍华德·约翰逊上校最后一次言辞激烈的任务简报甚至更具好莱坞特色，作最后总结时，他突然掏出自己的弹簧刀，在头顶上挥舞着叫道，"我向你们发誓，这把刀子会在明晚前插入诺曼底最坏的德国佬的后背。" 他的部下们欢呼着做出了回应。但更多的人按照各自的宗教信仰静静地寻求着慰藉，许多来自北部和东部大型工业城市的应征兵信奉的是天主教，他们作了忏悔，或是进行着个人的祈祷。"全美国人"师师长马修·B.李奇微是祈祷得最为热切的人之一，他的冷静、英俊和军人风度隐藏了一种最深刻的浪漫主义。6月6日将是他第一次参加实战跳伞的日子。前一天晚上，与其他等待严峻考验的夜晚一样，他躺在黑暗中，倾听着上帝对约书亚的承诺，"我不会撇下你，也不会丢弃你"以及"以所有的谦卑，不以任何方式寻求他的努力与我之对比"。

飞　行

　　6月6日前几天，各个集结营地附近的机场已聚集了数百架用来投放1万3千名伞兵的飞机。首批空投需要822架C-47，这是双引擎DC-3客机的军用版本，战前，道格拉斯公司革命性地推出了这款用于美国国内航线的飞机。现在，这些飞机被涂成卡其色，每个机翼上画着3道宽宽的白色条纹，这是盟军内部为D日及日后作战行动制订的识别标志，除了驾驶员、副驾驶、领航员和机工长，每架C-47还可以搭载18名全副武装的伞兵。这些飞机上的机组人员属于陆军航空队，尽管执行的任务极其危险，但他们并未获得太高的荣誉。官方将他们定为"非战斗人员"，因为C-47没有配备武器，也没有携带炸弹，而大多数机组人员"宁愿投掷炸弹或开枪射击而不愿在一架'卡车'或'拖车'上"，从理论上说，最不够格的人才会被分配到空运司令部，而不是轰炸机或战斗机联队。这些丑小鸭们的不满情绪因为他们所了解的情况而有所加剧：空投伞兵既需要技术，操作起来又很危险，因为这需要驾驶员们在600～700英尺高度以每小时120英里的低速排成密集飞行编队，这使他们成了敌战斗机和高射炮火轻而易举的目标。第52运输机联队的机组人员自西西里岛登陆以来便与"全美国人"师合作，与该师发展起一种密切而又相互信任的关系，这种关系建立在早些时候一些伞兵被投入地中海被淹死后直言不讳的批评上。可是，该联队里的一个大队缺乏经验，另一个大队在D日发起的一年前被调去执行运输任务，这种情况在所有"非作战"单位中非常普遍。第9空运司令部麾下的其他联队肯定也是如此，这就导致训练严重不足，尤其是夜间飞行。而两个师的空投任务都将在夜间展开。

但英国的6月，黑夜来得很晚，卡车在白天带着伞兵们来到机场跑道，把他们卸载在飞机旁。每架飞机可搭载18个人，和他们一同被卸下的还有大批背包，这些背包看上去很难让人相信竟然可以由人体来背负。他们相互提供着帮助，然后又由机组人员帮忙，就这样开始了行动。第101空降师第506伞兵团的列兵唐纳德·伯吉特回忆着他的负载："我在跳伞服下穿着一套草绿色军装——这是下达给所有人的命令——钢盔、靴子、手套、主伞、备用伞、'梅惠斯'救生衣、步枪、点45口径自动手枪、堑壕刀、伞兵刀、猎刀、砍刀、一条子弹带、两个备用弹匣、两盒点30口径机枪子弹共计676发、66发点45口径子弹、一颗能炸断坦克履带的'霍金斯'地雷、四块TNT炸药、一把铲头处贴着两枚雷管的工兵铲、三个急救包、两针剂吗啡、一个防毒面具、一个水壶、三天的K级口粮、两天的D级口粮、六枚杀伤性手雷、一枚'加蒙'手榴弹、一枚橙色烟幕弹、一枚红色烟幕弹、一块橙色面板、一条毛毯、一件雨衣、一双替换袜子、一套内衣裤、两条香烟。"

伯吉特携带多把刀具并不是因为他特别嗜杀，而是出于每个美国伞兵都有的一种担心，他们担心自己着陆后能否轻松脱开降落伞背带，英国人的降落伞上有一个快速释放搭扣，与其不同的是，美国伞兵的伞具上有5个带扣。尽管从理论上说这些带扣很容易被打开，但实际上拇指和食指经常对它们无能为力，因为降落伞背带支撑的不仅仅是套在背带中的伞兵，还要确保巨大的装备袋紧贴在其身体上，因此，伞兵们被这一沉重的负荷紧紧地拽着，着陆时如果不想被拖住，就必须割断背带。伯吉特当晚的负荷沉重无比，居然无法让自己背负上装备，甚至无法像以往那样躺下，收缩腹部以便扣紧最后一个带扣。

"我试图躺下，却发现腰部无法弯曲，于是，我不得不采用卧姿，用双手来解决问题。两个陆航队的伙计走了过来，问我是否需要帮助。我让其中一人站在我背后，另一个人帮我扎紧腹部的带扣，完成这些后，我发现就连膝盖都无法弯曲了。那两人将我抬了起来，吆喝着把我塞入机舱，我沿着机舱的地板向前挪动，在机工长的帮助下，我在一张凹背折叠座椅上坐下。"后来他发现最轻松的办法是跪在地板上（一名跟他们一同飞行的记者后来写道，他们跪下来祈祷），"让装备袋和降落伞的重量落在座椅上。"

这些沉重的负荷使伞兵们的体重加倍，并需要接受类似于一名身披铠甲的骑士从他的随从那里接受的某种帮助，这一性质向我们讲述了空降行动的本质。尽管一场大规模空投的直接心理优势也许深具戏剧性，但对发起空投的一方来说，长期存在的困难非常大。一个空降师，其作用的本质就是与敌人的前线部队交手，或是在短时间内将对方吸引至空投区。在战斗中，一个传统步兵师或装甲师部署其火炮和支援性武器的原则是在力度和质量方面压倒敌军火力，另外还要通过一个明确的道路和存储体系，直接从后方为前线提供弹药再补给。如果遭到失败，那么仅仅是出于军事原因。一个空降师的困境是不同的。他们的大炮更多的是一种象征性意义，1944年的空降师辖有一个小型炮兵营，配备着12门75毫米可拆卸式榴弹炮，炮组人员觉得这种武器就像是一种精致的玩具，设计精确，可以很容易分解为9块可由降落伞携带的部件，但正如一名老兵沮丧的回忆，这种大炮组装后"毫无杀伤力"。因此，空降师无法指望在火力上压倒敌人。他们在其他方面同样无法与敌人抗衡，除了其士兵的勇气和技能。他们无法指望从后方获得增援和再补给。获得增援和再补给，要么通过飞机（必须夺取着陆场或在空投区内构建一个着陆场），要么通过更多的空投。即便如此，在地面部队达成突破并与伞兵们会合前，空降部队所获得的装备和物资也不会与他们最初携带的东西有什么不同。他们获得补给的可能性极不确定。

因此，对伞兵们来说，就像朝山顶冲刺的登山者那样，做到自给自足非常必要，他们不仅要带上与敌步兵抗衡的装备，还要拥有防御和打击敌坦克和火炮的手段。这就是伯吉特带着TNT炸药块、"霍金斯"地雷和"加蒙"手榴弹（一团塑胶炸药塞入一个松紧织物的袋子里）的原因。如果将"加蒙"手榴弹准确地投出，它会黏在坦克外壁上，炸穿坦克装甲板的内壁，破坏其作战舱，炸死车内乘员。每个步兵班还装备了一具巴祖卡火箭筒，这种武器能取得与"加蒙"手榴弹同样的效果，但对操作者来说，巴祖卡火箭筒的风险较小，因为它的射程比手榴弹投掷距离远得多。另外还有60毫米口径迫击炮，这种迫击炮装在一个"腿袋"里，伞兵跃出机舱时，这个腿袋系在一根20英尺长的绳子上，这种迫击炮以发出噪音的形式提供了一种表面上的炮火支援，直到更为重型的武器通过"空投包"（这些装在空投包里的重型武器，例如81毫米迫击炮，太过沉重，无法由伞兵携带着实施空投），通过滑翔机（最为重要的是伞兵反坦克连的57毫米火炮）或通过陆地运输（在任何情况下，这都意味着伞兵们获得了接替）运抵为止。

这种接替存在于大有问题的将来。艾森豪威尔将军知道，为他这场伟大事业充当先锋的伞兵所得到的武器微不足道，他们能构成的防御极其脆弱，于是他决定跟"啸鹰"师共度D日前一天的傍晚时刻。他未经宣布便来到韦尔福德（Welford），出现在等待的队列、紧张地坐在机翼下的伞兵们当中，苍茫的暮色营造出一种柔和的感觉。他的脸上流露出"决策和责任的可怕负担"以及努力与他那些年轻的士兵进行交流的诚意，这一切都令克米特·拉塔下士感到震惊。艾森豪威尔停下脚步与一群士兵交谈，我们可以看到他在这种交流中体现出灵活的个人魅力，这一特点将使他成为战后美国最受欢迎的总统：

"士兵，你的工作是什么？"

"长官，我是一名供弹手。"

"你的家在哪里？"

"宾夕法尼亚州，长官。"

"你在煤矿上也干过这种肩挑背扛的工作吧？"

"是的，长官。"

"士兵，祝你今晚好运。"

他在士兵们当中穿行之际，许多队列已开始登机，他们挣扎着钻入舱门，在机舱内寻找着自己的位置。对这些没能跟他说上话的士兵，一份刊登着临别赠言的油印传单在他们当中传递。按照师军医官的嘱咐，所有人都获得了第二份晕机药片，这种药片会产生明显的副作用，诱发一种令人愉快的睡意。许多士兵对此感激不已，他们坐立不安地为自己在飞行途中寻找着舒适些的位置，零星地加入到最清醒者带头唱起的歌曲中，并试图将关于即将发生的事情的想法逐出自己的脑海。

时间是晚上10点15分，在韦尔福德、梅姆伯里（Membury）、拉姆斯伯里（Ramsbury）、格林汉康芒（Greenham Common）、奥尔德玛斯顿（Aldermaston）以及德文郡的麦瑞费尔德（Merryfield）和阿波特里（Upottery）机场上，6月5—6日夜晚的黑暗已开始吞没C-47长长的队列。在林肯郡，富尔贝克（Fulbeck）、巴克斯顿希斯（Barkston Heath）、索尔特比（Saltby）、北威瑟姆（North Witham）、福金厄姆（Folkingham）、科茨莫尔（Cottesmore）和斯潘霍（Spanhoe）这些第82空降师的机场上，引擎开始转动，准备起飞，一群群飞机将飞往海峡上方一个个虚构出来的地方，那些地名对美国人的耳朵来说更为熟悉些：弗拉特布什（Flatbush）、霍博肯（Hoboken）、里诺（Reno）和斯波坎（Spokane）。快到11点时，第101空降师的士兵们听到了同样的声音，"起动机上紧时发出的嘎嘎声，引擎点火时发出的几声沙哑的咳嗽，最后传出全速运转的轰鸣声。"长机驾驶员启动了引擎，"然后将飞机慢慢地滑入跑道，进入到一个迎风的位置。其他飞机排成单路纵队，跟随着为首的飞机，就像一群集结的士兵。"在韦尔福德，艾森豪威尔将军向每一架经过的飞机举手敬礼。科斯基马基下士写道："22点45分，我们的飞机开始滑入跑道，迅速集结后轻盈地飞离了混凝土跑道。我们这群飞机共有45架，其他飞机每隔7秒起飞一架，直到整个机群升入空中。一架架飞机继续在空中盘旋……直到45架飞机悉数升空并排列好队形。我们这架飞机担当长机。每9架飞机组成一个V形队列。每个九机编队最前方的三架飞机中，位于中央位置的那架飞机担任领航。机翼的指示灯亮着，透过敞开的舱门，能看见一幅美丽的景象。"

这也是人们最后一两次见到这种情形。就像1910—1920年的无畏舰队，她们以密集编队在北海狭窄水域巡弋的景象使每一个目击者产生了迷恋、敬畏感，犹如不小心踏入到一片大象墓地的游客，庞大空降机群的构想几乎在刚刚出现时便被证明业已过时。面对敌人的攻击，装甲厚重的军舰几乎是坚不可摧，可在短短几年里，随着脆弱但却致命的舰载机的出现，军舰的生存已变得岌岌可危。大规模集结的运输机，其寿命甚至更加短暂。在此刻尚未策划的"市场花园"行动中，飞行员们会发现他们径直飞入密集的防空炮火中，之所以得以生还只是因为在许多情况下，伞兵们直接落在敌人的炮兵阵地上，并将对方打垮。在来年春季横渡莱茵河的"大学"行动中，飞行员们会发现他们的生存概率锐减；1590架运输机中，440架遭到重创或被击落，一名在密集的高射炮火中生存下来的伞兵回忆起自己眼睁睁地看着一架运输机被炮火击中时的恐怖景象，这架飞机刚刚在极低的高度将他们这些伞兵投下，"机组人员们来到燃烧的舱门处，随即意识到此刻的高度已无法让他们打开降落伞，于是转身走入机舱内，等待着坠机时刻的到来。"短短的几年时间，地面和空中发射的导弹添加到打击运输机的手段中，再也没有哪位将领会考虑派遣大规模机群对既设阵地发起空降打击，伞兵的作用将缩小为秘密潜入者。

但在1944年6月的这个夜晚，伞降正处于这种战术的发展巅峰，庞大的C-47机群跨过月光明媚、万里无云的夜空，他们满怀信心，像杰利科和比蒂的舰队那样向南而去，赶往与公海舰队会合的集结地。眼前的景象"非凡""惊人""雄伟"，据李奇微回忆，"V形编队中的飞机翼尖贴着翼尖，之间只相隔150英尺，除了你几乎看不见的淡紫色灯光，没有任何灯光指引他们，各个V形编队之间相距1000英尺，500架飞机沿着同一轨迹飞行，很容易撞上前方的飞机。" 实际上，控制飞行编队的方式与舰队完全相同，每45架飞机组成的一个大编队，通过长机有机玻璃领航舱发出的灯光来控制。雷达或视觉信号从地面或海上返回后，根据长机的信号，所有飞机转向预先确定的标志点，稍后便打开机内的红灯，宣布接近空投区，最后亮起的是绿灯，以此来下达跳伞的命令。

6月6日凌晨1点15分至2点间，经历了半个小时500英尺的低空飞行以避开德军雷达和短暂的1500英尺高度飞行以确定空降场后，运输机下降至700英尺进行接近飞行。有些伞兵在晕机药片的作用下睡了一路，另一些伞兵整个旅程中都在抽烟，"昏暗的红色灯光下，他们的烟蒂泛着白光。"还有些伞兵既睡了觉，也抽了烟。第101空降师的休·普里查德一路上昏昏欲睡，醒来后，他掏出一根香烟。"我向旁边一个伙计要根火柴，他回答说，'别抽了，我们正在靠近法国海岸。'我想，'哦，伙计，我可是远离家乡啊。'"数千名伞兵的脑中闪过同样的念头，充满了对家人的回忆（奇怪的是，在老兵们后来的回忆中，频繁出现的是他们最喜爱的姐妹们的身影），并小心抑制着对即将到来的跳伞的恐惧。第506伞兵团第2营的理查德·温特斯中尉发现自己在起飞后不久就"做了最后一次祈祷，这是个漫长、艰难而又真诚的祈祷，它并未真正地结束，整个航程中，我继续思索着、祈祷着。"李奇微将军看着他那架C-47上的部下们（这就是跳伞精神的核心所在，将军与普通士兵们一同跳），但从他们的脸上看不出太多的端倪。"他们静静地坐着，深深地沉浸在各自的思绪中。他们不时开着玩笑，爆发出下流的笑声。紧张和不安，再加上透过敞开的舱门吹入的寒风，影响到我们所有人。"

他看见"海峡岛屿上德军高射炮爆发出黄色的火焰……奇妙无比，但对此并不感到恐惧，就像一只在高处飞行的野鸭看见了猎人那样，我们知道我们飞得很高、很远，他们的炮火够不到我们。"其他士兵掀开覆盖在舷窗上的黑色小窗帘朝外观看，但他的目光却"扫过机舱过道，透过没有门的舱门向外望去"。突然，他看到了陆地。

"没有任何灯光……但在苍白的月光下，我能清楚地看见下方每一片农场和田地。这片土地看上去是多么安宁啊，每座房屋，每片绿篱，每条小径和溪流都沐浴在银色的月光下。我觉得，如果不是因为引擎的轰鸣，我们甚至能听见农场里狗的吠叫和谷仓前公鸡的午夜啼鸣声。"

然后，这幅景象被浓厚、汹涌的云层遮蔽了？

"我一直盯着舱门外，带着一种强烈的满意感看着目力所及之处，广袤的苍穹中布满了编队密集的飞机。这一切突然被云层所遮盖。再也看不见机翼处闪烁的灯光。飞机开始偏离航向，急剧下降，在我的脑海中，我可以看见那些飞行员正努力控制着航向，他们知道此刻的碰撞危险是多么大。"

这片云堤突如其来，就连气象学家们也无从预测，它横跨在第82和第101空降师的飞行路线上。搭载着两个师的机群径直飞入其中。他们遭遇到同样的影响。飞行员们本能地操纵着飞机朝水平方向或垂直方向躲开云层，密集的V形编队散开了，"几个小时后（实际上只有几秒钟或几分钟），我们钻出了云堤，"第326空降工兵营的哈罗德·扬中尉回忆道，"我们孤身孑影。我记得我愣住了，其他那些C-47到哪儿去了？"李奇微的那架飞机也在突然间成了孤家寡人，而且，机舱内的红色指示灯随即亮起，提醒他们距离空投区还有四分钟。李奇微和机上的伞兵站起身，将他们的强制开伞拉绳挂到钢索上。但在另一架飞机上，驾驶员遇到云堤实施机动时，一些已站起身的伞兵东倒西歪，人仰马翻。其他一些飞机从云层中钻出时发现自己并非孤身一人，但与另一些飞机贴得非常近，而且正处在德国人轻型和中型高射炮炮火的打击下。列兵唐纳德·威尔逊回忆道，"我们的飞机飞得很低，忽然又急剧拉升，以避开另一群突然出现在我们前方的飞机。我们已经站起身，挂好了挂钩，飞机的这个动作确实引起了一阵骚动，我们要求驾驶员飞回原先的高度，以便让我们跳下去。"许多飞机被击中，一些伞兵在机舱内负伤，飞机采取规避动作时，许多伞兵要求立即跳伞，否则他们就将错过规定的空投地点。情况稍稍好转时，泰勒将军机上的科斯基马基下士对随后发生的事情做出了如下描述：

"跳伞长劳伦斯·莱热尔……叫道：'做好准备'，士兵们的身体变得僵硬起来，大家等待着下一道指令。'起立'，我们带着沉重的装备挣扎着站起身来。每个人都急于离开逼仄的机舱。下一道指令是'挂钩'，机舱内传来一阵开伞拉绳挂钩卡入钢索的'咔嗒'声。钢索位于我们的头顶上，顺着机舱中央延伸，每个人都两次确认自己的强制开伞拉绳已挂到钢索上。接下来的命令是'检查你们的装备'，每个人立即对自己前方的战友进行检查，以确保所有的装备在开伞发生震荡时仍能保持安全并处在原位。透过引擎的轰鸣可以听见喊出的命令，'装备检查依次报数'，最后方传来了汇报：'16号，就绪'、'15号，就绪'、'14号，就绪'，一直到泰勒将军，他跟着喊道：'2号，就绪'。跳伞长的命令随即传来，'站到舱门口'，他蹲在敞开的舱门处，寻找着地标。其他士兵紧紧地挤在他身后。此刻的活动受到限制，没有谁有更多的时间做出反应。"

跳伞的命令下达后，全体成员以运动员的速度跃出机舱，不到10秒钟，机舱内便已空无一人。

如果事情出了岔子，这个流畅的顺序就会发生严重脱节。跳伞确实出现了许多问题，但泰勒将军都没有看见。第506伞兵团第1营的路易斯·E.特鲁阿克斯中士描述了他的跳伞情况："前面的人正跃出机舱。第一批的12个人贴得非常近。我沿着过道跑向舱门。突然，飞机的左翼被高射炮弹击中，机翼向上升起。我的左肩撞上了一扇舷窗。除了弹药，我还携带着一支1903式斯普林菲尔德步枪、12发榴弹、2罐血浆、2罐蒸馏水、防毒面具、钢盔、K级口粮，我的负重大约为225～250磅，这已经除去我130磅体重。令我惊异的是，舷窗竟然没有被撞破。驾驶员操纵着飞机向右飞去。他将飞机稳定下来后，我震惊地看清了眼前的情形——我是唯一一个站立着的人。四名战友蜷缩着倒在机舱地板上，我意识到，由于他们身上的负重，已无法让他们站立起来。我知道，必须保持一个绝对的顺序，否则，我们就会变成一串人肉汉堡，以每小时150英里的速度挂在舱门外晃荡。一名战友头朝下跃出舱门。我从两名士兵身上跨过。最靠近舱门处的一个士兵爬出了机舱。我抓住下一名士兵的子弹带，一把把他推出舱门。接下来的一个士兵靠自己的力气爬了出去。我伸手拽下投放开关，将挂在飞机下部炸弹架上的机枪和迫击炮投了下去。然后，我跳出了机舱。"

另一些飞机也遭遇到麻烦。其中的一架搭载着第506伞兵团E连连部人员，机上的一包高爆炸药被敌人的高射炮弹引爆，整架飞机，连同机组人员和机上的伞兵，在编队中央发生爆炸，冲击波将旁边一架飞机上等待跳伞的士兵们震得东倒西歪。另一些飞机的舱门被体积过大的装备包所阻，有一架C-47的舱门甚至被一辆弹药车堵住。一名或数名伞兵被弹片击中时，跳伞的队列便被打断，这时，必须将伤者的挂钩解开，让他们留在机舱内，或是将他们推到舱门处，让他们跳伞，设法到地面上找到医护人员救治。令人难以置信的是，在这种高度紧张的气氛中，尽管坚定地站立在拥挤的舱门处纯属体能困难，但还是有些人"拒绝"了——也就是说，他们宣布自己不愿跳下去。第505伞兵团有4人拒绝跳伞，第507团有1人，第508团有2人，他们留在飞机上，宁愿面对无情的纪律惩处和整个社会的鄙视，也不愿跳入诺曼底漆黑的夜空中。但另外13000名伞兵，无论是否在他们的空投区上方，无论他们的下方是陆地还是杜沃河或梅尔德利特河的河谷，无论是在科唐坦上方还是已经越过了波浪汹涌的海岸，他们鼓起勇气，跟随着他们的指挥官跳入到飞机尾流卷起的风暴中。

下　降

美式T-5降落伞的强制开伞拉绳长15英尺，一端挂在机舱内的固定钢索上，另一端系在降落伞伞衣的顶部。伞兵从C-47的机舱内走出时，他会用双手扶住舱门的边缘，朝外跳向飞机的左翼，气流（这是螺旋桨转动产生的尾流和飞机向前飞行造成的风力的一种组合）将他吹向强制开伞拉绳的末端。由此产生的拉力扯掉了伞包的外套，降落伞伞衣暴露出来，伞衣顶端一根细细的绳索开始将降落伞拉开。与此同时，在重力的作用下，跳伞者的身体开始离开气流，向地面坠去。而在英国X型降落伞（英军第6空降师的士兵刚刚用这种降落伞降落在登陆场的另一端）的开伞顺序中，跳伞者和伞衣的这种分离以相对较低的速度发生，因为连接吊索和伞衣的强制开伞拉绳有22英尺长，这就使伞兵在开伞时与伞衣保持着一种相对的静止。但T-5降落伞，跳伞者与伞衣的分离是动态的，伞衣通过外罩拉动固定钢索，造成瞬间的减速，由于伞衣和下坠的伞兵通过固定钢索相互抗衡，这种瞬间的减速可能会非常严重。这被称作"开伞冲击"，每个人都对此心惊胆寒，它对人体产生高达5个G的过载，如果伞兵身上的背带没有加以正确的调整，很可能会造成人身伤害。到达最高点后，它会打破强制开伞拉绳顶端的连接，让伞兵和伞衣一同向地面落去。

这个顺序需要3秒钟，而从700英尺高度降落则需要大约40秒。在圣马丹德瓦尔勒维尔北面着陆的伯吉特，生动地描述了他的经历："弯着腰，紧紧地攥着备用降落伞，我能感觉到风力的冲击，能听到伞衣展开时发出的'噼啪'声，伴随着固定钢索的'嘶嘶'声，然后，连接线从我钢盔后方呼啸着掠过。我全身的肌肉绷紧了，等待着开伞冲击，伞衣'砰'的一声打开时，几乎令我的关节脱臼。我拉开引导伞检查伞衣，发现曳光弹在降落伞上钻了几个孔；就在这时，我重重地落到地面上，这一刻我被惊呆了……天空被照得犹如7月4日。我在原地躺了一会儿，凝望着眼前的景象，这一幕令人肃然起敬。但与此同时，我不禁想知道，我是先受到了开伞冲击呢，还是先触到了地面，又或者这二者是同时发生的？"

范德沃特中校被一名对高射炮火异常谨慎的飞行员以远高于跳伞所

规定的速度投下，他描述说，"开伞冲击令你眼冒金星，扯走了野战背包、望远镜和一切没有牢牢扎紧的东西。"第502伞兵团第1营的埃尔默·布兰登贝格尔中尉在跳伞时将步枪抱在怀中。"开伞冲击从我怀中扯走了那支步枪。我仍能记得当时闪过我脑海的念头，这支步枪会砸中某个该死的德国佬的脑袋。"第506伞兵团第1营的列兵舍伍德·特洛特因为开伞冲击失去了一挺点30口径机枪，第377伞降炮兵营的罗伯特·马修斯中尉被开伞冲击震得晕了过去，"遭到开伞冲击剧烈的震荡时，我的下巴撞上了望远镜盒，我顿时晕了过去，刚刚落在地上我便被击中，再次晕了过去。"

一些伞兵在空中受了重伤，但他们当中很少有人沦为瞄准射击的受害者。尽管当晚有月光，但下降的降落伞在天空的映衬下看不太清楚，只在两个地方，一处是昂戈维尔奥普兰（Angoville-au-Plain），德国人在这里故意点燃了一座房屋，另一处是圣梅尔埃格利斯，这里的一座建筑被盟军的初期轰炸引燃，地面上的德军能看清楚眼前发生的事情，并将落单的伞兵逐一干掉。沃尔弗顿中校就是阵亡者之一。但满是伞兵的空中，来自地面的火力纵横交错，还是有一些伞兵在空中被打死。列兵戈登·沃尔索尔"看见曳光弹射穿了位于我下方的一名战友，踏上地面前，我真的被自己中弹的可能性吓出了一身汗"，但他毫发无损。第377伞降炮兵营的军医费利克斯·亚当斯上尉被一块高射炮弹弹片击中了钢盔（一项出色的旧钢盔），在昏迷中落到了地面，另一名军医，第506团第2营的休·科马丹上尉，被击中两次，"一次是在鼻子上——我担心回家时我的妻子会认为我已没有了鼻子——随后又被击中腿部。"他靠他那条未负伤的腿降落在圣马丹德瓦尔勒维尔附近的一片田地中，德国人的数挺机枪排列在那里，"猛烈的曳光弹构成了交叉火力，从我头上几英尺处扫过……另一些落入同一片田地中的伞兵被子弹击中。"用急救包里的吗啡为自己注射后，他不顾伤势，爬到一片树篱后，在那里设立起他的急救站。

着　陆

　　医药对伞兵们最为恐惧的负伤方式无能为力，这就是带着发生故障的降落伞着陆。由于美国伞兵带着备用降落伞（当时的英国伞兵没有配备），配有强制开伞拉绳的降落伞很少出现故障，令跳伞者送命的情况更加少见。第82空降师和第101空降师都没有提交过在6月6日发生致命故障的报告，尽管在靠近空投区时，一名倒霉的士兵在C-47机舱内打开了他的备用伞，翻腾的丝绸降落伞塞满了机舱，这使他的同伴们经历了一场无与伦比的旅程，就连本宁堡的训练中士也从未体验过。但相当多的报告指出，空投高度太低，以至于他们根本没时间调整自己的降落伞，也来不及看看其他人的降落伞是否正确地打开了。在圣马丹德瓦尔勒维尔，伯吉特看见一架C-47从低空飞来，倾斜着穿过一片田地（他刚刚在那里奋力解开了自己的降落伞背带），吐出一串模糊、朦胧的身影……他们的降落伞从伞包中被拉出，伞衣刚刚展开，他们便落在地上。17名伞兵在降落伞打开前落地，发出一种类似于硕大、成熟的南瓜砸在地上的声音。

　　一些伞兵落地后送了命，这是因为他们的飞行员在飞机越过科唐坦东海岸后才打开绿灯，但至少有一架飞机上的伞兵在距离海滩很近的地方着陆，他们挣扎着爬上海滩，沿一条小径穿过雷区和德国人的据点，最终踏上了陆地——他们以一种艰难的方式对欧洲发起了入侵。许多降落在科唐坦半岛上的士兵仍被淹死，因为航拍照片上并未发现杜沃河和梅尔德利特河的洪水，从飞行路线上也看不到，淹水草甸中满是芦苇和杂草，水深两三英尺。着陆时，伞兵们在水下完成规定的侧滚动作，如果无法凭着一口气解开束缚自己的背带就会被水呛死。"全美国人"师的列兵詹姆斯·布卢就在这种状况下险险地逃过一劫。这个来自北卡罗来纳州的农家孩子，体格强健、身材匀称，而且运气很好，他在水下找到一块坚实的地面，挣扎着站立起来。"还没等他站稳，降落伞便将他向后拖去，他再次跌入水中，沉重的装备将他压垮，他摸索着背带上的搭扣等他脱身时已被折腾得半死，吞下的河水令他深感不适，恐惧让他不由自主地颤抖起来。"

沿着两条小河的河谷，另一些伞兵与不期而遇的敌人发生了小规模交火。第377炮兵营C连的弗朗西斯·查普曼下士"落在大约5英尺深的河水中，游动一番后设法站起身来。我弯下腰，从靴筒里掏出弹簧刀，割断了背带，在这个过程中，我刺穿了身上的跳伞服。然后，我趟着水朝浅岸处走去"。第506团的天主教神父弗朗西斯·桑普森着陆时落入水中，河水淹没了他的头顶，他割断身上的装备，随后被降落伞拖至一片浅滩。他花了10分钟时间解开身上的降落伞背带，疲惫地爬回到最初的落地处，经过五六次潜水，找回了大部分装备。就在他这样做时，这位神父先是看见一架，随后又看见两架飞机拖着火焰坠毁在附近，他不禁为机上的乘员进行祈祷，愿他们的灵魂得以安息。休·普里查德是一名无线电报务员，他的腿袋里放着一部电台，重达140磅的装备紧紧地缚在他身上，他的后背因为"开伞冲击"而受伤，就这样落入到水中，他挣扎着割断背带，试图浮上水面，在这个过程中不慎把刀子弄丢了，就在他奄奄一息之际，降落伞发生破裂，终于使他摆脱了困境。他在1967年回忆道，"当晚的恐怖直到今天依然栩栩如生，有时候，我会一身冷汗地从梦中惊醒，几乎要跳下床来。"

集 结

另一些伞兵落在树上，落在灌木丛中，落在遍布于平坦地带的反滑翔机木桩上，这种装置被德国守军称为"隆美尔竹笋"，还有一个伞兵（他后来因为电影《最长的一天》中的一个场景而出名）落在圣梅尔埃格利斯镇教堂的尖塔上。但无论落在何处，他们都有理由为自己没有落入水中而心存感激，尽管他们中的许多人遭受冲击时受了伤。第501伞兵团的一名作训参谋聚集起100名士兵，其中的四分之一人扭伤了关节或摔断了骨头。有些人的伤势太重，已无法动弹。颇具讽刺意味的是，马克斯韦尔·泰勒将军小组中的医护兵罗伯特·巴杰，在下降过程中摆动降落伞以避开曳光弹，结果伞衣破裂，重重地跌了下来，导致他盆骨骨折、髋关节破裂、肋骨断裂、胳膊折断、肩膀脱臼。还有些人在匆匆摆脱降落伞背带的束缚时使自己受了伤，割掉了手指或是穿透衣服刺伤了肌肉。落在圣梅尔埃格利斯镇的列兵欧内斯特·布兰查德摆脱了降落伞背带后才意识到，在这个过程中，他割掉了大拇指的顶端。

但无论是伤者还是毫发无损者，高级军官或是普通士兵，最折磨他们的是强烈、令人不安的孤寂感。几乎每个人都能看见或听见战斗的声响和情景，近在咫尺或遥不可及。只有少数人认真研究过他们的地图，并凭着好运气降落在正确的地点，因而能说出他们所处的位置（第507团第2营营长蒂姆斯中校就是其中之一）。许多人迷失了方向，孤独而又恐惧。科唐坦南部的空中布满云堤，打破了运输机小心翼翼地靠近飞行，使它们远离了探路者们标示出的空投区的信标，许多驾驶员在远比正常跳伞快得多的飞行速度下开启了示意跳伞的绿灯，这是伞兵的散布范围远远大于空降行动策划者所担心的"最糟糕的情况"的原因。6个伞兵团中，只有2个（一个是第505伞兵团，值得注意的是，自一年前在西西里实施首次空投行动以来，该团与负责搭载他们的第316运输机大队进行过多次演练；另一个是第506伞兵团）实现了"出色的"空降，这两个团里的大多数人员在正确的时间被投送至正确的地点（"O"着陆区和"C"着陆区）。另外两个团，第508和第507团，空投情况非常糟糕，前者的糟糕是因为该团的士兵在整个半岛上散落得到处都是，后者则是因为该团的大多数士兵尽管紧紧地聚在一起，也很靠近他们的指定区域

（"N"着陆区），但却落入到梅尔德利特河的洪水中。最后两个团，第501伞兵团和第502伞兵团，每个团都有一个营空投得不错，但另外两个营却散落得到处都是，他们不得不耗费数小时甚至数天实施集结。

这种集结是空降行动真正的开始，从理论上说很简单。在训练中，它被称为"队列集结"，要求先行跳伞的士兵一着陆就留意机群的飞行方向，并向那里移动，最后跳伞的士兵朝相反的方向前进，队伍中间的士兵守在原地，直到前后两端与他们会合。但在这个晚上，分散的飞机使得伞兵们无从观察"机群"的方向。由于许多"探路者"被投到错误的地点，或是遭到德国守军的攻击，供部队主力实施集结的导航信标寥寥无几。各个营负责实施集结的小组发现自己落在错误的地点，或是丢失了将部队召集起来的装备：第506伞兵团第2营，他们依靠一个绿色手提灯和一个大铜钟，但这两样东西都在沼泽地里丢失了。因此，集结靠的是运气、领导以及成千上万名孤独的士兵在黑暗中勇敢地寻找对方的意愿。有些人（我们永远不知道这些人的数量有多少）没有这样做，或是很快便放弃了。第377炮兵营的克米特·拉塔下士承认，他没能找到其他战友，"在黑暗中游荡了一个小时，从一潭死水中舀了口水喝，我发现一条深深的沟壑，覆盖着茂密的灌木丛，于是，我在那里睡着了。"

第501伞兵团第3营的迫击炮排副排长约翰·乌尔班克"在黑暗中绕了一个小时，没有找到任何一个战友。我累得要命，于是，作为一个农村孩子，我找到一片麦地，麦地已有人走过，这样我就不必再开辟一条道路，我踏踏实实地躺下，一觉睡到天亮。"就算一名孤单的伞兵与其他人取得了联系，他仍可能会躺下睡上一觉。第506团第1营的机枪手舍伍德·特洛特孤身一人着陆后，用配发的响板（第101空降师的每个士兵都配备了这种能发出"咔嗒"声的儿童玩具）找到了一名战友，随后，他们又找到了另外9~10名伙计。

"我们朝着听上去像是在发生真正的战斗的大致方向走去。天亮后，我们与遭遇到的第一批德国人发生了一场小规模战斗。他们隐蔽在一片树篱后，我们跨过田野，隐蔽到另一片树篱后。很快，德国人便停止了战斗并消失了。我们放松下来，接下来知道的事情是，两个美国兵站在树篱上方，低头看着我们。我们都睡着了，一睡就是两个小时。"

就连被军官（任何一名军官摆脱了降落伞背带后的第一个想法就是将部下们集结起来，并判断出自己所在的位置，尽管更多的情况是无法判断自己所处的准确位置）收容起来的士兵也会流露出想睡觉的意愿。第501团第2营营长巴拉德降落在正确的地点，并判断出自己所在的位置，因此，他迅速集结起麾下三个连的250名士兵，这是当天最成功的集结行动之一。他本人，由于职责所在以及荨麻刺的刺痛，发现保持清醒毫无困难。但他对大多数部下昏昏沉沉的状态深感忧虑。

"只有那些降落在沼泽中的士兵似乎比较警觉，因为他们浑身湿透，冻得瑟瑟发抖，不得不继续前进以保持身体的温暖。那些降落在干地上的士兵则不同，巴拉德跟他们说话时，有些人站着睡着了，然后一头栽倒在地。队伍离开集结区时短暂地停顿了一会儿，巴拉德看见有些士兵闭着双眼倒在地上。"

这种现象很可能是缺乏睡眠加剧了神经的紧张以及服用晕机药（它有一种镇静剂的副作用）的结果。但这些临床推测对泰勒将军、李奇微将军或他们的团长和营长们不会起到任何安慰作用，他们急需组织起十来个突击组，在拂晓前赶往他们的目标。黎明前，十来个小组已被集结起来，但完全不同于规定的突击实力，而且，他们中的大多数处在错误的地点。每个师都有三千多名士兵不是迷了路（尽管当时尚未意识到这一点）就是送了命。只有第505伞兵团第2营的空投既密集又位于准确的地点。另外，因为大多数电台由参加空投的报务员随身携带，现在已无从寻觅，这就导致大多数指挥官无法向指挥链的上方或下方传达自己孤立而又虚弱的情况。此外，许多人彻底迷了路，无论地图、航拍照片还是无意间发现的路标，都无法让他们确定自己所处的位置。

明智的做法是找当地人打听方向。但在这片密布守军的乡村地区，很少有法国人愿意冒上落入盖世太保诡计的风险，另外，为这些"夜间飞入"指路，很可能会招致德国人的报复。吉略特中尉的先祖可以追溯到这片他所入侵的土地，但他在皮科维尔（Picauville）附近敲响一所农舍的房门时，却吃了个闭门羹。住在圣玛丽迪蒙（Ste Marie-du-Mont）附近的一对法国老夫妻做出的回答是，他们很肯定美国人会杀掉他们。第506伞兵团的辛克上校在圣科姆迪蒙附近的一座小屋里向一名当地的农民保证，"进攻已经开始，"这个农夫被吓得体似筛糠，几乎无法用手指在辛克的地图上指出正确的位置。后来，由于空投伞兵的数量给法国人留下了深刻的印象，这些村民克服了他们的紧张情绪，开始自愿为盟军提供德国人在何处以及洪水区隐蔽的渡口的情报，他们还为这些解放者提供了牛奶和苹果酒，并帮着医护兵将伤员抬入他们的住处。随着战斗的继续，一些法国人不可避免地被卷入其中：第506团第3营的医护兵比尔·基德在二十年后回忆起一位法国父亲对他表达的感激之情，他6岁的女儿头部受了重伤，基德为她做了包扎，这位父亲将自己的金怀表送给基德以示感谢，"这肯定是他所拥有的最贵重的东西。"

但在拂晓前，大多数法国人睡在床上，或是躲在他们的地窖里，任由美国人在黑暗中跌跌撞撞地寻找着战友和集结地。幸运的是，天亮前，科唐坦半岛上的德国人和当地居民一样，并不太愿意离开他们安全的驻地。因此，从着陆到天亮这段宝贵的间隙，6个美军伞兵组获得了时间，他们集结起来，收集起武器装备，赶去执行后来被证明是行动中至关重要的任务。

行　动

1.第505团第3营在圣梅尔埃格利斯

圣梅尔埃格利斯是一座用大石块建成的村子，横跨13号国道，盟军发起入侵的当晚，德国人和美国人在这个村子展开了第一场激烈的交火。第505伞兵团的两组士兵在村子上方实施空投，这些伞兵到来前，村内的一座建筑已被盟军的空袭引燃，志愿消防队救火时，实施宵禁的德国人看守着他们，许多伞兵在半空中被这些德军士兵打死。两名携带着迫击炮弹的伞兵落入起火燃烧的房屋内，两人悉数身亡，要么是被火烧死，要么是被他们所携带的迫击炮弹炸死。还有些伞兵挂在房顶或树梢上，还没来得及解开降落伞背带便被德国人打得满身窟窿。随着另一些毫发无损落到地面上的伞兵被俘或逃脱后，枪声渐渐平息下来，德国人回去睡觉了。

在6月6日所发生的整个事件中，准备就绪的诺曼底德国守军仍遵循着日常的军队生活，是这个不平常的日子里的奇特现象之一。士兵们的贪睡无可救药；沿诺曼底海滩实施的空袭已变得司空见惯，但伞降行动是件新鲜事，这就使德国人遵守其内部惯例显得令人费解。不管怎样，圣梅尔埃格利斯的守军回去睡觉了。第505团第3营营长爱德华·克劳斯中校在村子西面一英里处着陆，这里恰恰是被他选为集结区的地方，他给队里的其他人发出信号，查看了四周的情况，原以为会遇到的抵抗已消失不见。他这群伞兵被分成4组，分别派往不同的方向，以收容其他走失的战友，各个小组约定45分钟内返回。这番搜索又召集起另外90名美国伞兵，还有一个喝醉了酒在宵禁后外出的法国人，据他透露，一周前村内驻扎着一个德军步兵营，但他们现在已转移到村外驻防，村内只剩下一个运输补给连。克劳斯迅速给两个连队重新下达了命令，以树篱为隐蔽向村子而去。他下令（这道命令没有什么充分的理由，除了"听上去比较酷”）天亮前不得开枪，"只使用手榴弹、匕首和刺刀"。拂晓到来，村内建筑物的轮廓渐渐显现出来时，他已派出6支巡逻队，在通往村外的各条道路上设置起路障，只留下一条供自己使用。判断出自己所处的位置后，克劳斯离开了他这支部队，悄悄进入到村中心，他发现了承担着从瑟堡而来所有德军通信任务的电缆线，随即将其割断。"这是他后来觉得很值得夸耀的举动之一。"最后，他召集起他的主力，派他们对埃格利斯广场附近的房屋进行搜索。30名德军士兵在床上或床旁边被俘，11名逃跑的德国兵被打死，这使伞兵们更加深入到乡村中。清晨5点，克劳斯派出一名传令兵去找团长威廉·埃克曼上校，将"我在圣梅尔埃格利斯镇"的消息带给他，一个小时后，他又派人送出内皮尔式的消息，"我已拿下圣梅尔埃格利斯镇。"但传令兵迷了路。

当天早上有太多的消息未能送达，或由于缺乏传输手段而没有发送出去，克劳斯的传令兵迷了路完全不值一提。但说他彻底迷了路也不是事实，因为他把消息交给了李奇微将军。不过，这位传令兵没有告诉李奇微这个消息原本是要交给谁的，李奇微手上也没有可以联系埃克曼的电台，此刻，埃克曼上校就在不到1000码外，但他没能通过其他渠道获悉这个消息。另外，李奇微此刻最为关注的是争夺梅尔德利特河上桥梁的战斗。结果，埃克曼上校直到当天上午仍以为圣梅尔埃格利斯镇还在德国人手中，从而打乱了他麾下3个营的部署。

埃克曼的第2营由范德沃特中校指挥，该营是当晚伞降行动中最紧凑、着陆点最准确的部队之一，天亮前，参加跳伞的630名士兵已集结起575人。范德沃特因为着陆的冲击跌断了一条腿，与许多高级军官一样，稍大的年龄使他的骨头更容易受到冲击震动的损伤，而这种冲击对普通士兵很可能不会造成任何伤害，但范德沃特征用了一辆农用小推车，就像一位神奇般拥有一颗"狮心"的18世纪西班牙将领那样，他命令部下们推着他上战场。他的任务是确保圣梅尔埃格利斯镇北面的接近地，他将在讷维尔奥普兰（Neuville-au-Plain）设立大量路障，挡住13号国道，预计中德国人的反击会沿这条道路而来。清晨6点15分，范德沃特与埃克曼建立起无线电联络，埃克曼上校让范德沃特"留在原地"。接下来的1小时45分钟，他没有收到任何消息，直到上午8点，他才收到众多混乱命令中的一条，这些相互矛盾的命令充分体现出当时作战行动的特点。埃克曼先是发来电报，"没有收到第3营的任何消息"；8点10分，"转身，夺取圣梅尔埃格利斯镇"；8点16分，"继续赶往讷维尔，我认为第3营在圣梅尔埃格利斯镇"；8点17分，"取消前一道命令，赶往圣梅尔埃格利斯镇。" 面对这一连串矛盾的指令，范德沃特做出的应对极为明智，特别是鉴于他此刻正忍受着伤痛。他立即让他的部队转身返回，但在此之前，他派出41名伞兵组成的一个排，由特纳·特恩布尔中尉带领，赶至讷维尔组织起防御。

特恩布尔是半个彻罗基人，在营里被称为"酋长"，他的军人气质广受众人的尊敬，这种气质即将得到充分的展示。他带着部下们一路小跑，没用几分钟便赶到了讷维尔。讷维尔只是个小村庄，其东西轴线短得足以让一个排据守整个村庄。村子西面是一个被田野环绕的果园，右侧是一片诺曼底田地体系中高耸的树篱，也许能追溯至威廉离开诺曼底赶去征服英格兰的时期，这片树篱与道路构成一个直角。特恩布尔安排10名伞兵组成的一个班，带上一挺被他重新找回的机枪，据守在果园旁，其左翼倚靠着一个硕大的粪肥堆，排里的其他士兵隐蔽在树篱后，一个三人小组携带着一具巴祖卡（这是一种2.36英寸口径的火箭发射器，使用这种武器，再加上运气和勇气，一名步兵有可能击毁一辆坦克）隐蔽在13号国道上的一座建筑内，等待着敌人的到来。他们没有等太久。

20分钟后，隐蔽在树篱后的伞兵们看见一长列德军步兵沿着道路走来。他们是德军第91步兵师第1058掷弹兵团的一个连，约有190人，他们唱着歌而来——这再次表现出德国守军在当天早上对盟军空降行动漫不经心的态度。守在果园旁的伞兵班，他们的位置稍稍靠前，也已发现这些敌人，但他们等待着对方的靠近。德军队列进入射程中时，伞兵们的机枪开火了，未被击中的德国人消失进沟渠中。一些德国兵开始还击，指挥伞兵班的艾萨克·迈克尔曼中尉负了伤。

就在这时，范德沃特中校再次出现。此刻的他已经找到一辆吉普车，这是发起空投行动的3个小时后，搭载着师里重装备的滑翔机运来的。这辆吉普车拖着一门57毫米反坦克炮，摆脱困难从着陆场赶来。范德沃特听见交火声，看见德国人躲入灌木丛中，便向埋伏在路障处的一个巴祖卡小组询问出了什么事。他们向他保证，德国人已被俘虏，正由一些伞兵押往后方，范德沃特放下心来，他在"原野灰"中看见了一些美军士兵的橙色识别板。另外，一个骑着自行车的法国人迅速逃之夭夭，这似乎也证实了上述说法。但激烈的交火声戳穿了这个不实之言。特恩布尔隐蔽在树篱后的部下们发现德国人离开道路进入到田野中，朝自己的侧翼而来。伞兵们立即携带着2挺点30机枪、2支勃朗宁自动步枪和15支步枪投入行动。激战声令范德沃特中校倍感鼓舞，但他无法看清究竟发生了怎样的情况，于是他派出一名传令兵，找到特恩布尔询问："你那里情况如何？是否需要增援？"很快，他得到了这样的回复："一切尽在掌握中，不必为我担心。"

范德沃特相信"酋长"的保证，他解下那门57毫米反坦克炮，以加强巴祖卡小组，随后便乘坐吉普车赶往圣梅尔埃格利斯镇。可是，就在他离开后，迫击炮弹开始沿着树篱线落下，没过多久，一辆自行火炮出现在500码外通向瑟堡的道路上。这辆自行火炮射出的第二发炮弹炸死了位于路障处的巴祖卡射手，第五发炮弹将那门反坦克炮旁的炮手们驱散。这些炮手隐蔽进房屋内，但很快又鼓起了勇气，他们回到反坦克炮旁，连发两炮击毁了那辆自行火炮。这些炮手们看见后面还有一辆坦克，他们判断那是一辆四号坦克，这种判断可能是错的，因为科唐坦半岛上几乎没有部署这种重型坦克，不管怎样，他们继续开炮，将这辆坦克也击毁了。

战斗很快变成了一场步兵与步兵的对决，美国人处于劣势，因为他们寡不敌众，也没有重武器的支援。他们隐蔽在右侧的树篱后，隐蔽在左侧果园的石墙后，就这样据守着防线。但德国人的兵力使他们能够穿过开阔地，最终找到一处阵地，从这里可以对美军防线的后方展开打击。德国人进展缓慢，因为特恩布尔警觉、坚定，伞兵们的弹药也很充足。但到下午早些时候，特恩布尔的阵地已岌岌可危，他只剩下23名仍在战斗的伞兵，另外11人受伤，9人阵亡。迫击炮弹不停地落下，一名敌狙击手溜入村内，位于阵地右侧的列兵克利福德·基南试图找出这个狙击手的位置，结果被对方打死。透过树篱缺口的匆匆一瞥表明，敌人从左右两侧而来的钳形攻势只相距200码，他们即将封闭13号国道，从而将特恩布尔和他的部下与圣梅尔埃格利斯镇分隔开。

特恩布尔身上的彻罗基血性被激发起来，他吼道："我听说过这种事，我们被包围了。现在只有一件事要做，对他们的中间位置发起打击，所以，我们要冲锋！"一名伞兵对此表示赞同，另一名伞兵塞巴斯蒂安刚刚对右翼实施过侦察，他反对这个提议。塞巴斯蒂安认为他们尚未被彻底包围，他敦促特恩布尔率领大家向后方突围。"酋长"的作风更像是毛泽东而不是艾森豪威尔，他要求全排人表决。这是为了塞巴斯蒂安。

特恩布尔将幸存的部下们召集起来。他指出，将伤员们留下是必要之举。医护兵凯利下士自愿和伤员们待在一起，"如果我不被德国人打死，我就带着伤员们投降。"随后，塞巴斯蒂安主动要求带着他的勃朗宁自动步枪阻挡住德国人，以掩护大家突围。另外两名伞兵也自愿跟伤员们待在一起，但其中的一人在进入阵地时被德国人的子弹打死。阵亡的伞兵已达到16人，死亡的降临使活着的伞兵们撒腿奔逃，一直跑到圣梅尔埃格利斯镇才停下脚步。途中，他们在毫不知情的情况下穿过另一个伞兵排的散兵线，这个排是范德沃特派去救援特恩布尔的部队。下午更早些时候，范德沃特曾发射信号弹，命令特恩布尔的部队撤离阵地，但在激战中，没人看见这发信号弹。

特恩布尔在讷维尔奥普兰高地上的坚守让人想起七八十年前，他的祖先们在北美大平原上抗击骑兵时展现出的勇气，在当天所发生的一系列事情这个大全景下，他的表现看上去既不特别英勇，也不特别显著。但对这些伞兵来说，他们处于一比四的兵力劣势，战斗在一片陌生的土地，刚刚结束一场令人心慌意乱的空中航行和夜间跳伞，并完成了艰难的越野行军，他们坚守了8个小时，抗击着配有轻重武器和迫击炮的敌人，并摧毁对方两辆装甲车，无论怎么看，这都是一种英勇的气概。另外，这些伞兵的顽强防御使圣梅尔埃格利斯镇免遭来自北面的攻击，此刻，该镇正受到敌人从南面发起的猛烈进攻：上午9点30分，范德沃特派去守卫卡郎唐（Carentan）公路的部队与德军的两个连发生激战，德国人还得到5辆装甲车的支援。美国伞兵确保了圣梅尔埃格利斯镇的安全，使她成为整个空降行动的桥头堡。因此，特恩布尔和他的部下们不光是英勇，还挽救了这场入侵。但还没等他弄明白自己所取得的成就，便在6月7日早上被一颗迫击炮弹炸死。

2.第505团第1营在梅尔德利特河

特恩布尔在讷维尔进行着他的"小圆顶山之战"时，西南方两英里处的勒芒瓦庄园正上演着一场小型的"阿拉莫之战"。庄园内，坚固的石制建筑环绕着一片农场，梅尔德利特河上有一座桥梁，其东端连接着从圣梅尔埃格利斯镇而来的道路，这条道路一直通往第507和第508伞兵团的防区。伞兵们必须夺取这座桥梁并对其加以利用，以确保自身的安全，另外，等第4步兵师从滩头赶至，他们也需要从这里渡河，一路赶往科唐坦半岛的西海岸。

因此，伞兵部队刚刚着陆，一个营便被派去夺取这座桥梁和位于谢迪蓬的第二座桥梁；凯拉姆少校的第505伞兵团第1营，特别是该营辖下的A连，将确保勒芒瓦庄园的安全。这个连的空降非常出色，他们落在目标区东面1000码处，60分钟内，该连的136名士兵，除两人外都已归队，他们带着各自的装备袋，赶往梅尔德利特河上的桥梁。实际上，后续伞兵刚刚着陆时，先期着陆的伞兵们已经出发，行动策划者们早已预料到这种平凡的成就会在半岛的各个地方反复出现。

连长约翰·多兰中尉派乔治·普雷斯内尔中尉带领一支加强巡逻队掩护全连的前进，在距离勒芒瓦庄园300码处，他们遭到机枪火力的扫射。没有哪个伞兵被击中，但所有人都迅速隐蔽起来，普雷斯内尔中尉徒劳地投出一颗手榴弹后，命令部下们后撤。他汇报的情况说服了多兰，桥梁的防御非常严密，无法通过突袭夺取，于是，多兰将连里的60毫米迫击炮组派往附近的一座果园，对庄园发起猛烈的轰击，但他们的炮弹对石制建筑无能为力。最后，多兰中尉对这番尝试感到厌倦，他决定从后方对这些建筑实施包围，并派出一支巡逻队向南而去。然后，他下令沿着道路发起一场正面进攻。

对防御严密的建筑物发起正面进攻，如果没有炮火支援，这种进攻无异于自杀，命令传达给负责发起进攻的排长唐纳德·考克森时，他聆听着迫击炮火引发的德军自动武器的射击声，回答道："好吧，长官，要是我必须派人去执行这个任务的话，那我自己去。"他带着一名侦察兵，沿着路边的树篱向前爬行了100码，一颗子弹飞来，打死了那名侦察兵。考克森也负了伤，他往回爬去以寻求救助，但一颗子弹再次击中了他，他的腹部被撕开个大口子。没等医护兵赶到，考克森便因失血过多阵亡了。

更糟糕的事情还在后面。排里的另一名军官罗伯特·麦克劳克林少尉挺身而出，接掌了全排的指挥权。他的报务员被击中，就在他赶过去提供救助时，一颗子弹射穿了他的大腿、臀部和下腹部。副营长詹姆斯·麦吉尼蒂少校在麦克劳克林刚刚离开的位置观察着战场，几乎是同时，他的头被一名狙击手的子弹射穿。麦吉尼蒂少校身边的多兰中尉，抢在敌狙击手将枪口瞄向他之前发现了子弹的来向，用手中的冲锋枪击毙了对方，然后爬过去为麦克劳克林包扎伤口。负伤的少尉请求不要移动他的身子，因为他疼痛难忍。因此，多兰离开了，但随着空中下起蒙蒙细雨，多兰又爬了过去，为他盖上一件雨衣，可就在这段间隔中，麦克劳克林少尉已因失血过多而死。

踏上法国土地最初的8个小时里，多兰的部下已有10人阵亡，21人受伤，几乎是全连兵力的四分之一。此刻是上午10点左右，他不敢再派出部下踏上这条公路，担心这样做的话，搞不好会碰上他派出的奥克利少尉所带领的巡逻队，双方有可能发生误击事件。因此，接下来的一个小时里，他趴在原地思索着。上午11点左右，他派出一名传令兵去寻找奥克利，但这名传令兵遇到了团长林德奎斯特上校，并将A连遭遇到麻烦的情况汇报给他。就在这时，李奇微将军赶到了，听到这个消息后，他命令林德奎斯特上校将争夺勒芒瓦庄园列为首要任务。

与多兰一样，林德奎斯特上校思索着，但他已做出更多的部署。他已派出一支部队（这支部队由507伞兵团走散的士兵们组成，带领他们的是本·施瓦茨瓦尔德上尉）赶往勒芒瓦庄园的左侧，在上午早些时候已对庄园发起过两次代价高昂但却不太成功的进攻。现在，他知道了多兰这个连的情况，并在地图上确定了该连的位置。因此他决定，协调两支部队的行动，中午时对勒芒瓦庄园发起一场钳形攻势。

他下达了相应的命令。施瓦茨瓦尔德上尉接到了命令，但派去给多兰传达命令的传令兵在环绕着庄园的一小片田地中迷了路，没能找到多兰。施瓦茨瓦尔德准备出发时并不知道他将独自发起行动，当天上午，他已经失败了好几次。

这时，灾难第三次降临了。多兰担心与之发生误击事件的下属奥克利并没有迷路，只是沿着一条极其迂回的道路来到了勒芒瓦庄园的另一侧。中午前，经过在树篱中三个小时的爬行后，奥克利认为自己已进入到进攻位置。他和他的副排长奥斯卡·奎因做好了从最后一道树篱冲向环绕着农场的石墙的准备。他们从隐蔽处出现时，巡逻队里的其他成员为他们提供火力支援，一名德国守军端着施迈瑟冲锋枪还击，他被当场打死，一同被击毙的还有他身后的两个人。但奎因已进入到德军机枪阵地的后方，就是这个阵地在主干道上打死了多兰连里的许多人。在巡逻队其他战友的火力掩护下，他来了个短短的助跑，投出一颗手榴弹，一枚反投回来的手榴弹爆炸后将他震晕。恢复意识后，他听见一名敌狙击手在他上方的树上移动，便端起卡宾枪将其击毙，然后跑回到奥克利身边汇报自己所看见的情况。

　　巡逻队的机枪组对准奎因离开的地方猛扫一气，他们看见几个德军机枪手，随即将他们击毙。令他们感到意外的是，他们刚要对庄园的庭院发起最后的冲锋，对面响起的枪声宣布了施瓦茨瓦尔德上尉那支队伍的到来。此刻，德国人已被包围，幸存者打出了一面白旗，一名美国兵走上前去接受他们的投降，结果却被对方开枪打死，这可能是对方某个士兵不小心扣动了扳机，这种反应在投降时刻非常常见。大度的美国兵没有展开报复，除了3个已被施瓦茨瓦尔德击毙的德国兵外，幸存的守军都当了俘虏。

　　这些俘虏共有8人。整个上午的情形，美军伞兵在勒芒瓦庄园的获胜与特恩布尔在讷维尔的寡不敌众截然相反。争夺勒芒瓦庄园的这场战斗中，美军以压倒性兵力优势战胜了德国人。共计300名美军士兵试图夺取这座小小的庄园。据守在这里的自始至终都是德军第91步兵师第1057团的一个排，这支部队经历了前一天晚上11点进行的反入侵演习后终于赶到了。他们从床上唤醒了庄园的主人M.路易·勒鲁，这使他有机会数了数他们的人数。这个德军排共计28人。他们都是出色的士兵，就像守卫拉海圣（la Haye Sainte）的英王德意志军团第2轻步兵营，恪尽职守到最后一刻。在这两场小规模包围战之间有一个更能说明问题的对比。拉海圣陷落是因为惠灵顿不知道守军已弹尽粮绝。笼罩于滑铁卢战场上浓浓的硝烟在战斗的关键时刻阻碍了他的视线。在通信同样出现问题的情况下，勒芒瓦庄园坚守了足够长的时间。美国人从落入梅尔德利特河沼泽中的装备包里找回了电台，这才使多兰、林德奎斯特、施瓦茨瓦尔德和奥克利得以从一开始就协调他们的行动，德国守军的英勇几乎派不上任何用处。

3.第507团第2营在科居尼

但电台损失造成的后果并未结束。被勒芒瓦庄园覆盖的桥梁的另一端，第597团第2营营长查尔斯·蒂姆斯中校已集结起一群人数相当多的伞兵。蒂姆斯本人降落在梅尔德利特河的沼泽中，差点被淹死，就在奄奄一息之际，他的降落伞破裂了，待恢复过来后，他一点点聚拢起部下，然后带着他们赶往科居尼（Cauquigny），这个村子位于河对面，由桥梁和堤道通入其内。在科居尼，他们遭遇到一支警惕的德军巡逻队，损失了8个人后，这些伞兵退至村北面1英里处的一个果园内。

蒂姆斯手上没有电台，所以他不知道位于勒芒瓦庄园的林德奎斯特上校正向他这里搜索前进，他们之间只隔着一小股德军守桥部队。另外，上午9点30分至11点之间，他正忙着鼓励部下们挖掘战壕，以抵御敌人的火力，此刻，敌人的火力非常猛烈，雨点般地射向他藏身的苹果树之间。但他没有忘记科居尼的重要性，于是决定再次返回这个村庄，他派路易斯·利维中尉带上10名伞兵进入村子，在教堂周围挖掘阵地。他们的任务是以火力掩护堤道的西端（这段堤道穿过洪泛区，结束于拉菲尔桥），使其无法被敌人使用，直到一支更强大的美军部队从西面或东面赶来接替他们。

利维立即带上他的人出发，他们携带着一支勃朗宁自动步枪和一袋子反坦克手榴弹。在路上，他们遇到营里的另一群伞兵，这群伞兵有20人，带领他们的是约瑟夫·科尔梅洛中尉。科尔梅洛这群人已去过科居尼，他觉得自己的实力太过虚弱，无法守住那里的桥梁，于是撤了回来，但他随后又改变了主意。所以，他们再次赶往科居尼时遇到了利维这些人。交换了看法后，两人决定将科尔梅洛的手下派回到蒂姆斯中校身边，而科尔梅洛和一个机枪组加入利维小组一同行动。就这样，他们带着这支稍稍获得些加强的队伍进入到村内，发现德国人已消失得无影无踪，他们架起一挺机枪，以掩护通向桥梁的道路。其他伞兵在教堂墓地的墙壁后挖掘战壕，这个工作完成后，他们坐下来，吃了一顿K级口粮的午餐；就在这时，一位村民出现了，为他们提供了牛奶和苹果酒。没过多久，更多的美国伞兵赶到了，两名中尉带着第508团的37名士兵，主动要求加入他们的防御阵地。利维爽快地答应了，并派出传令兵去通知蒂姆斯中校：眼前的情况表明，他已控制住桥头堡。与此同时，科尔梅洛对桥梁进行了检查，此刻已是中午，噼啪作响的枪声标志着奥克利和施瓦茨瓦尔德对勒芒瓦庄园发起了最后的突击。没过多久，利维便看见一名美国伞兵从那个方向出现了，他射出一发橙色信号弹示意自己在这里，不一会，施瓦茨瓦尔德带着他的队伍朝利维据守的阵地赶来。三名军官兴高采烈地握手。施瓦茨瓦尔德在堤道上进行了一场小规模战斗，但守在那里的德国人不是被打死就是被俘虏，现在可以明确的是，桥梁已被肃清。于是，利维迅速跑过桥（这段距离不到1000码）去见林德奎斯特上校，然后又跑回来找到施瓦茨瓦尔德准备再次出发，他急于赶到自己位于昂夫勒维尔（Amfreville）的最初目标。利维将蒂姆斯中校的位置告诉施瓦茨瓦尔德后，施瓦茨瓦尔德决定不跟他一同行动，而是留下来指挥教堂内的所有士兵，除了利维原先的那支巡逻队、科尔梅洛和另外两名中尉外。

林德奎斯特上校跟着利维从勒芒瓦庄园赶来，对阵地查看一番后转身返回，他打算对这处阵地予以加强。可是，还没等他付诸实施，利维的部下们便已听见坦克逼近的声响，金属履带碾压在碎石路面上，发出明确无误、令人不安的刺耳噪音。很快，一辆德军救护车出现了，车门处飘摆着一面红十字旗，但伞兵们将它赶走。随后，五发炮弹落在距离教堂不远处，另外一些炮弹越过教堂，沿着河岸落下。利维大声提醒大家，敌人即将发起进攻，他叫上科尔梅洛和自己巡逻队里的一名士兵，以树篱为掩护，朝着坦克发出声音的方向跑去。他们遭遇到一小群德军步兵，这些德国人从利维的藏身处走过，没有发现他。科尔梅洛和另一名士兵（这两位军官都不知道这名士兵的名字）对着他们开火射击，就在德军坦克出现在他们对面的道路上时，他们三人撒腿奔逃。利维停下脚步，朝一个正在架设武器的德军机枪组投掷了一颗手榴弹，然后跳上公路，端起手里的步枪击毙了幸存者，又对着最前方的坦克射光了弹夹里剩下的子弹，然后重新加入到科尔梅洛和那个不知名的士兵中——这两人掩护着利维的后撤。利维没戴钢盔，肩膀上流着血，"笑得像个疯子。"战斗中，一种奇怪的兴奋感有时候会降临到一个人身上，通常是在极度绝望的情况下将他紧紧地抓住。利维从科尔梅洛身边冲过，跑入教堂墓地内，这里只剩下6名伞兵仍在阵地上坚守，他站直身子，朝着德军坦克投掷手榴弹，直到手榴弹耗尽为止。然后，他和科尔梅洛撤离了这片战场，但那位不知名的士兵没能跟他们一同离开，在战斗的最后时刻，他被一颗子弹打死。

他们并不是最后离开战场的人。列兵奥林·斯图尔特据守的阵地与其他战友不在一起，因而没有看见这场战斗的过程，为首的德军坦克越过教堂墓地时，他仍在阵地中。不可思议的是，不知道从哪里射来一发炮弹，为首的德军坦克被击中，并燃起大火。斯图尔特手上有几颗"加蒙"手榴弹，他看见那辆燃烧的坦克后还有两辆坦克，便拎起手榴弹朝它们冲去。他在一条水沟中暂时隐蔽时，一名中士和一名列兵来到他身边，这两人他都不认识，他们也拎着"加蒙"手榴弹。那名中士说了声"嗨！"就在两辆老式法制雷诺坦克逼近时，他和他的同伴站起身子，投出了手榴弹。在这一榜样的激励下，斯图尔特也站了起来，端起他的勃朗宁自动步枪猛烈扫射，另外两人继续投掷着他们和斯图尔特的"加蒙"手榴弹。伴随着五声剧烈的爆炸，两辆坦克停了下来并起火燃烧，车组人员从舱盖处跳了出来。过了片刻，另一辆坦克在一大群步兵的伴随下出现在角落处，斯图尔特和两个不知名的战友看了看眼前的情形，撒腿逃入到田野中，追赶上利维、科尔梅洛和其他科居尼之战的英雄们。由于寡不敌众，他们决定返回果园，与蒂姆斯中校的队伍会合。

4.第506团第3营在杜沃桥

由于梅尔德利特河西岸的蒂姆斯与东岸的林德奎斯特之间缺乏无线电通信，因而造成了令人沮丧的后果。这使得两位指挥官朝桥梁发起一场向心推进的机会化为乌有，本来他们可以轻而易举地跨过沼泽实现重要的会合。他们不知道的一个事实是，当天上午，桥梁的两端都已被美国伞兵控制，要取得会合，只需要向前推进就能做到。出于偶然和个别士兵的英勇，这座桥梁实际上已经被他们掌握，但他们没有注意到自己对桥梁的控制非常薄弱，这使它最终又落回到德国人手中。在接下来的几天里，为了重新夺回这个被忽视的目标，美国伞兵将付出十分可怕的代价。

东南方8英里，空降场最为暴露的角落处，另一支特遣队在黑暗中搜寻着渡口，以跨过另一条重要的河流——杜沃河，但这项任务非常困难，从一开始就遭到德国人的激烈抵抗。这支特遣队是从第501伞兵团和第506伞兵团第3营的士兵中抽调而成。这四个营中的大多数单位所进行的空降都很顺利，但巴拉德中校的第501团第2营和沃尔弗顿中校的第506团第3营降落的地点恰好是德军第91步兵师判断盟军最有可能的空降区，他们已在那里布设好埋伏。这片地区发生了一场屠杀。第506团第3营遭受的损失尤为惨重。营长罗伯特·沃尔弗顿中校、他的副营长和一名连长在着陆区被打死。直属连连长和另外两名连长被俘，下级军官和士兵的伤亡也很惨重。全营800名士兵，只有117人赶往他们的目标处，按照该营接受过的训练，他们接下来的作战行动将由营部一名资历较浅的参谋军官来指挥，他就是查尔斯·谢特勒上尉。

谢特勒是个"生性沉默的人"，他的运气很好，降落在空投区（德国人将一座建筑淋上汽油后点燃，照亮了整片空投区）的边缘，从而避开了射向了那些更准确地落入空投区的伞兵的弹雨。借着闪烁的火光，他用指南针和地图确定了营集结区的位置，穿过田野朝那里而去。到达集结区后，他发现这里空无一人，于是便开始寻找其他失散的伞兵，最后他找到了2名中尉和13名士兵。被他找到的这些军官和士兵建议，等集结起更多的兵力后再赶往目标地，但谢特勒有不同的看法，他带着威严的口气下达了命令。就这样，他们一行16人，朝着勒波尔（le Port）和杜沃河最下游处的两座桥梁赶去，那里距离空投区一英里。他们接受的命令非常简单：占领桥梁，挡住德国人发起的一切进攻，直到援兵赶到，这个渡口将被用于连接"犹他"和"奥马哈"海滩的桥头堡。

拂晓到来后不久，谢特勒于4点30分到达了桥梁处。在途中，他带上了另外两名军官和16名士兵，到达目的地后，又有20名伞兵加入到他的队伍中，其中有5名军官。（10名军官，45名士兵，军官的数量显得过多了些，这种情况在这场空降行动的初期非常普遍，以至于泰勒将军评论道，"人类战争史上，从未有过这么少的人受到这么多人指挥的情况。"）谢特勒召开了一场简短的会议，军官们一致决定，他们必须派一个小组到河对岸去，然后，他们便召集志愿者。两名士兵挺身而出，一个是列兵唐纳德·赞恩，带着一挺轻机枪，另一个是带着弹药的列兵乔治·蒙蒂利奥。他们接到的命令是冲到对岸并架设起机枪。赞恩做到了，尽管他的冲刺引发了一挺迄今为止未被发现的德军机枪的扫射，但他冒着枪林弹雨，平安地冲入到一条壕沟中。蒙蒂利奥也毫发无损地冲了过去，可是，尽管他们开始对敌人的火力展开还击，但谢特勒派出的援兵（2个小组，每组5名士兵，由一名军官带领）却发现，他们只能在桥面与河水之间的桥架上攀爬过去。

接下来的两个小时里，通过对火力和运动的积极运用，赞恩的机枪掩护着其他伞兵的短距离冲刺，杜沃河南岸的14名伞兵用枪支或手榴弹对抗着三个德军机枪组。但对方的火力丝毫没有减弱，谢特勒不得不承认，德军的人数比他所拥有的弹药更多，于是在中午时做出决定，召回河对岸的弟兄，从其他地方寻求帮助。他没有电台，因而不知道战况的发展究竟如何，他的第一个想法是，有可能从南面，而不是北面迅速获得援助。因此，他派出一名英勇的军官和两名士兵，设法穿过德军防线，与奥马哈滩头的美国第5军取得联系，他完全不知道，此刻，第5军刚刚离开浅滩，在岸上获得了一处立足地，他们的前途未卜。直到下午，任何方向没有传来任何消息，谢特勒担心不已，他决定离开这里，从他的团长那里寻求帮助——如果能找到他的话。经过一番辛苦的寻找后，他终于在拉巴奎特（la Barquette）的几座农舍中找到了约翰逊上校，这里也位于杜沃河，约翰逊上校正徒劳地试图夺取河上的一座水闸。此刻的约翰逊正大发雷霆，他损失了许多部下，而他手中一个完整的营，营长罗伯特·巴拉德，刚刚拒绝了到他这里集结的命令。

即便在情况最好的时候，谢特勒也是个糟糕的建议者，因此，他这番危险之旅一无所获，只得到一道坚守的命令和一个承诺：随伞兵一同行动的海军军官法雷尔中尉将把谢特勒遭遇麻烦的消息汇报给泰勒将军——法雷尔奇迹般地从沼泽地里找回了他的大型专用电台。法雷尔曾接受过伞兵训练，以便为"啸鹰"提供支援，他和当晚跃出机舱的那些伞兵同样勇敢，此刻正忙着指引美国海军"昆西"号重巡洋舰上的8英寸舰炮对卡郎唐与圣科姆迪蒙之间的德军阵地实施炮击，但他还是抽时间将这条消息发了出去。不过，谢特勒没有获得援兵，因为泰勒将军无兵可派。傍晚时刻，一股敌人试图重新夺回谢特勒据守的桥梁这一端，40名走散的伞兵赶到，帮着谢特勒击退了这股敌人，但这些伞兵没有谁携带着机枪子弹，这场战斗耗尽了谢特勒的弹药储备。D日当天的暮色降临时，谢特勒仍处在困境中，他知道面前的桥梁是师里最重要的目标之一，可他尚未能将其牢牢控制住，而且他无法保证，一旦德国人在次日早上发起一场全力反击，自己能否守住目前的阵地。[①]

5.第502团第1营在WXYZ

为了夺取目标，谢特勒付出了大胆、英勇的努力，但在兵力占据优势、经过精心准备的敌人面前，他的努力被挫败，要对付这股敌人，投入一整个营也许能占据上风。可是，在空降场最北端，一支规模更小的伞兵部队却在一个关键地点战胜了兵力占据优势的敌人，主要是因为他们的出其不意以及一名士兵的大胆、鲁莽。

他就是哈里森·萨默斯上士。他的营长帕特里克·卡西迪中校要执行各种任务，但又缺乏兵力，于是便将夺取一个德军海岸炮兵营营房的

[①] 一些工兵带着他们的装备赶到这里，这使谢特勒得以在夜色的掩护下将炸药布设在桥上，他打算炸毁这座桥梁，第二天，营里更多的伞兵赶到了，他手上终于拥有了150名士兵。可是，还没等他用这些兵力发起进一步的进攻，美军的P-51战斗轰炸机出现在空中，它们没有看见提醒它们离开的橙色识别板，投下炸弹，炸毁了两座桥梁。D日的第二天，谢特勒在这个孤零零的前哨阵地上终于松了口气。

任务交给了萨默斯，在他的地图上，这个兵营被标为WXYZ，与此同时，卡西迪中校设立起他的指挥部，并将营里的其他人派往北面，在讷维尔与海滩之间的伯兹维尔（Beuzeville）和富卡尔维尔（Foucarville）布设路障。他只给萨默斯上士提供了15名士兵，其中只有几个人来自第502团第1营，萨默斯甚至没时间询问他们的名字。他们自愿跟着他离开了卡西迪的指挥部，可当他安排这些士兵进入WXYZ的攻击距离内时，他却发现他们对他的指挥和即将到来的战斗没什么热情。因此他决定，在行动最危险的过程中，采取一名指挥官所能采取的措施：独自一人向前冲去，希望其他人以自己为榜样，跟在他身后向前冲锋。

WXYZ是一系列筑有厚厚墙壁的石制建筑，伫立在一条长约700码的道路上，这条道路通往4号通道的海滩。最靠近的是一座小小的农舍，萨默斯朝着房门冲去，一脚踹开门，端起手中的汤普森冲锋枪朝着屋内猛扫起来。四名守军被打死，其他人穿过后门逃入相邻的一所房屋。萨默斯回头张望，他那些部下没有跟上来，而是隐蔽在路边的一道沟渠中。他又向第二座房屋冲去。但在他闯进去前，屋里的敌人已经逃走，不过，萨默斯的以身作则已经取得了效果。15名部下中的一个，列兵威廉·伯特，冲到开阔地，架起他的轻机枪为萨默斯提供掩护。这让萨默斯又朝着50码外的第三座建筑冲去，屋内的敌人正透过射击孔朝外开火。奔跑中，萨默斯看见他认识的一名中尉参加进来，这名中尉是埃尔默·布兰登贝格尔，但当他们冲到房门时，中尉负了重伤，于是，萨默斯孤身一人闯了进去。他再次对着屋内猛扫一气，6名德国兵被击毙，其他人从后门逃之夭夭。

萨默斯的亲身示范使他的身体和精神都疲惫不已。他蹲在刚刚被他肃清的房屋旁，休息了半个小时后，随即再次投入行动。就在他站起身来准备动身时，身边出现了一名第82空降师的上尉，这名上尉的着陆点偏离了数英里，他说道："我跟你去！"话音刚落，一颗子弹射穿了他的心脏，萨默斯再次发现自己孤身一人冲入到敌人据守的房屋中。这次他又击毙了6名德国兵，其他人跑了出去，向萨默斯的部下们投降，他那些部下已离开沟渠，进入到谈话距离内。其中的一个列兵约翰·卡米恩问道：

"你为何要这样做？"

"我没法告诉你，"萨默斯回答道。

"其他人呢？"

"他们似乎不想战斗，"萨默斯说道，"我无法强迫他们，所以我就自己干了。"

"好吧，"卡米恩说道，"我跟你一起干。"

两人并肩朝着前方的一排房屋冲去，这些房屋共有五座，卡米恩和萨默斯交换着他们的卡宾枪和汤普森冲锋枪，轮流冲入房屋，另一个人为对方提供掩护，每肃清一座建筑，他们便停下来休息片刻。机枪手伯特跟在他们身后，用自己的机枪为他们提供额外的支援。在三座建筑内，他们击毙了30多名德国兵。

还有两座房屋尚未被夺取。萨默斯冲向第一座，他踢开房门朝屋内望去，屋里的15名德军炮兵不知为何没有听见周围响起的枪声，仍坐在餐桌前吃着早饭。萨默斯停顿了一下，既没有考虑原因，也没有心生怜悯，他已经打红了眼，他把这15个德国人全部击毙。

最后一所房屋是WXYZ建筑群中最大、最牢固的一座。这所房屋与美军突击组（现在，另一些伞兵也以路边沟渠为掩护，跟在萨默斯身后）之间是一片小而平坦的开阔地。以一道堤坝为掩护，进攻者查看着他们的目标。房屋的一端有一个棚屋和一个干草垛，萨默斯的机枪手伯特架起机枪，用曳光弹对着它们开火射击。没用几分钟，它们便被点燃，火焰引爆了存放在棚屋中的弹药，屋里的30名德国兵冲入到开阔地，结果被全部射杀。此刻，萨默斯小组获得了一支带着一具巴祖卡火箭筒赶到的援兵，但他们发现最后这座堡垒的墙壁太厚，火箭弹无法穿透，因而决定射击其屋顶。接连射出七发火箭弹后，火焰穿过瓦片，开始舔舐屋顶的橡木，并向下蔓延。尽管屋顶起火燃烧，但位于下层的德国人继续通过墙上的射孔实施着顽强的抵抗。随着屋内越来越热，他们的火力减弱了，上方楼板的塌陷迫使他们逃了出来，等在外面的伞兵们乱枪齐射。50名德军士兵倒在开阔地上，幸存者窜入树篱中，但他们只是暂时逃脱。美军伞兵平端着枪向前推进时，31名德国兵高举着双手走了出来。先前逃走的那些德国人可能也在其中。现在，抵抗宣告结束，这片小小的战场上，可怕的气氛已发生转变。随着激战声渐渐消散，进攻者突然间多了起来，他们压低枪口，将俘虏们押往后方。WXYZ就这样落入到美军手中，4号通道与着陆区之间的最后一道障碍被清除。第502伞兵团第1营完成了他们的任务。

萨默斯浑身是血，身上布满撞上门框和墙角造成的伤痕，这是一名经历了巷战的战士身负轻伤的典型特征，经过5个小时的战斗，他已疲惫不堪。就在他点上一根香烟时，一名目睹了他这番壮举的士兵问道："你感觉如何？"

"不是太好，"他回答道，"这太疯狂了。"

6.第501团第3营在普皮维尔

就在萨默斯上士在通往4号通道的道路上进行着几乎是单枪匹马的战斗时，一批数量多得令人尴尬的军官，带领着一群伞兵集结在通向1号通道的道路上，位于WXYZ南面三英里处。朱利安·尤厄尔中校指挥的第501伞兵团第3营是个预备营，他们最初的任务是保护第101空降师师部人员的空投。他们的集结地位于C空降场，靠近耶斯维尔（Hiesville），道路的东端连接着卡郎唐和圣梅尔埃格利斯，稍晚些时候，该营将从这里出发，去增援在夺取目标时遭遇困难，需要获得帮助的其他营。

可是，搭载该营的一队C-47，其编队在空中便已严重分散，一名勇敢的飞行员在海峡上空盘旋了好一阵子都没能找到标志，进行第二次尝试时才发现了信标。三架运输机被高射炮火击落，机上的大部分乘员丧生。尤厄尔是营里少数几个降落时靠近集结区的成员之一，但拂晓时，他发现他这个600人的营只剩下40个人。由于搭载师部人员的运输机实施了准确的空投，所以尤厄尔的小组中还包括师部的大部分人员，师长马克斯韦尔·泰勒将军和师炮兵指挥官安东尼·麦考利夫将军（六个月后，在巴斯托涅，面对德国人请他投降的要求，麦考利夫将军回复了一句著名的话，"胡说八道！"）也在其中。泰勒将军独自一人降落在一片奶牛场，花了点时间寻找其他战友，然后与他遇到的第一个美国伞兵（尤厄尔中校的一名部下）热情拥抱。两人一同着手寻找其他人，在路上，他们遇到了麦考利夫将军，最后在这片入侵场的角落处发现，聚集在这里的军官竟然比士兵的数量还要多。除了两名将军，还有三位上校、一名少校和大批上尉及中尉，另外还有一批通信兵和文员，普通士兵和机枪手寥寥无几。

这些通信兵也没有电台。泰勒将军沉重的电台设备在空投时由两个人分开携带，无线电操作员带着半部电台赶到了集结区，但另一半却不知去向。师属炮兵无法联络。因此，泰勒没办法联系上师里的其他单位，也不知道自己身处何方——准确地说，当晚大部分时间里，他无法说服自己正位于正确的地点。直到拂晓，东面一英里处圣玛丽迪蒙独特的教堂塔楼朦胧地出现在视线中时，他才相信自己正位于自己应该在的位置。但由于手上无兵可派，他并未对知道自己身处正确的位置而感到高兴。他和他的参谋长希金斯上校商量了一番。地图告诉他们，最靠近的重要目标是1号通道，位于"犹他"海滩的南端，第4步兵师登陆的士兵们将在当天上午晚些时候利用这条通道进入内陆。通往1号通道的道路穿过普皮维尔这个海边小村，村子已被德国人改造为一个防御据点。泰勒和希金斯一致同意，全师的空投非常糟糕，他们已无法作为一个师部发挥指挥作用，因此，泰勒决定，"我们的任务依然是以各种可能的方式为第4步兵师提供帮助。"他下令，全体人员出发，赶去夺取普皮维尔。除了几个专业人员留下来组建指挥部外，其他人跟着两位将军步行赶往普皮维尔。此刻是清晨6点左右，他们大约有八十来人。

他们的路程有3英里，这条路线首先穿过一片田野，等他们找到通往普皮维尔的道路时，也招来了敌人设在沟渠和田野中的前哨阵地的火力，但他们还是在上午9点左右赶到了村外。泰勒将军的小组在赶往普皮维尔的途中收容了一些走散的伞兵，他们的兵力已达到150人，但作战步兵的人数只有40人。师部人员在即将到来的战斗中被证明是个累赘。实际上，等待进攻命令时，出于紧张，一些人在出发线上睡着了。发起入侵的海上舰队在近海处展开第一轮炮火齐射时，泰勒下达了进攻命令。向前推进的伞兵们发现，村子边缘设置了一道战壕网，但这些战壕已被德国人放弃，他们退入村内的房屋里。这群德国兵的人数不是太多，但战斗意志顽强，不仅枪法准确，而且当美国人在一处达成突破时，这些德国人还能组织起突击小组对美军实施侧翼包抄。在村子的街道上，泰勒将军的助理作战指挥官莱热尔少校腿部负了重伤，尤厄尔中校的钢盔被一发子弹击中，一名中尉和一名列兵试图向前推进时被敌人打死。泰勒将军差点被身边的一名部下炸死，这名士兵试图将一枚手榴弹投入一扇窗户，但手榴弹砸中窗框后弹了回来，在他们身边炸开。但是，美军伞兵将德国人从一座房屋赶至另一座房屋，经过三个小时的激战，村内只剩下一座学校仍在德军手中。美国人找来一具巴祖卡火箭筒，连发几弹后，一名德国军官跑了出来。尤厄尔对着他开了一枪，但没有击中。这名军官提出投降。这个要求被接受后，他把自己的部下叫了出来。这些德军士兵共计38人，是原先630名守军中的幸存者。美军伞兵中，6人阵亡，12人负伤。

还有些德国兵沿着堤道朝海滩跑去，一个美军小组被派去追赶他们。这些德国兵被发现躲在一座小桥下，他们被唤上来后举手投降了。这群德国人列队走出来时，靠近海边处出现了更多的动静。一辆坦克隆隆驶来。一名中士问在场的上级卢瑟·诺尔顿中尉，来的是不是德国人。诺尔顿回答道："我要知道就好了。"中士随即说道："滚蛋，我开火了。"他射出的子弹叮当作响地击中了坦克的装甲板，那辆坦克停了下来。炮塔舱盖后竖起一块橙色识别板。原来，这是一辆美军的谢尔曼。诺尔顿抛出一枚橙色烟幕弹作为回应，坦克继续向前驶来。坦克身后，一行小小的橙色旗帜在路边沟渠的上方飘扬着，挥舞旗帜的美国步兵也是从海滩而来，他们隶属于第4步兵师第8团第2营，带领他们的是乔治·马布里上尉。马布里快步向前，走完了分隔两支入侵军队（从海上和空中）的200码距离，与诺尔顿热烈握手，又一把搂住了他。"霸王"行动计划中的这一部分完美地实现了。

第4步兵师的坦克和士兵列队穿过普皮维尔时，泰勒将军站在街道上观看着。他对希金斯上校说道："入侵成功了。我们不必再为堤道担心。现在我们该考虑下一步的行动。"此刻他想的是加强设在圣梅尔埃格利斯镇的路障，确保跨过杜沃河的桥头堡，从而使奥马哈海滩与内陆连成一片，同时打开并守住梅尔德利特河对面，延伸至第82空降师在科唐坦内陆阵地的堤道。接下来几天的战斗会很艰巨，李奇微那个师所在的地区会更加艰巨，圣梅尔埃格利斯镇将在第二天遭遇到激烈的反击，梅尔德利特河对面，德国人继续坚守着空投区内的据点，直至6月11日。这些日子和接下来很长一段时间，两个空降师迷路和走散的伞兵继续设法返回到已获得强化的防御阵地中。33名伞兵组成的一个小组在外面游荡了14天，归队前，每天发生的小规模冲突已令他们损失了29个人；另一个小组的归队耗时17天；还有些伞兵小组降落在集结区南面25英里处，深深陷入敌人控制的诺曼底地区，就此消失得无影无踪。但泰勒将军在仓促间做出的判断无疑是正确的。尽管遭受到这些损失，可对犹他海滩边缘实施的空降突袭是一次成功的行动。他们的空投极为分散，尽管是出于意外，但却给德军统帅部造成了混乱，使其未能做出有组织的反击。

本该由美国人达成的这一效果恰当而又具特色。作为一支先头部队，在一片未知的土地上，面对陌生的语言和地标，不知道前方的灌木丛或溪流隐藏着怎样的危险，他们信赖的只有他们自己和他们手中的武器，他们当中最出色、最勇敢的人驱散心中的恐惧向前而去，扎根于那片他们所要夺取的土地。他们能否守住，取决于D日后来者的实力和决心，取决于那些从海上登陆的部队的作战技能。这些抢滩部队必须进行一场滩头战，正如蒙哥马利一开始便警告过的那样，这将是对跨海峡战略的考验。

第三章

赶往南岸的加拿大军队

美军伞兵着陆的五个小时后，位于他们空投区东面35英里处，加拿大第3师的北岸步兵团在船舶间开始了艰难的转运，这些船只将他们送过海峡，现在，他们即将踏上法国的海滩。他们从七英里外的海面上搭乘步兵登陆舰（LSI）而来，这些经过改装的海峡间渡轮，在和平时期曾将一批批游客送至法国。改装的意思不过是去掉船舷两侧的救生艇，并将吊艇柱换为一种加强型，从而使船只的左舷和右舷挂满突击登陆艇（LCA）。在皇家海军手册中，突击登陆艇被列为最低级别的船只。这种登陆艇由一名海军军士担任操舵的艇长，除了可坐35人（一个步兵排）的长凳，艇上别无他物，一具柴油引擎提供的动力仅能让登陆艇以10节的速度将这些士兵送上岸。突击登陆艇的平底触滩时，艉门跳板放下，艇上的士兵便看见了陆地。此刻，一排排突击登陆艇沿着母船两侧轻轻碰撞着，阴云密布的天空下，它们在四英尺高的海浪上颠簸起伏。一些步兵登陆艇（LCI）上，参加突击的步兵们顺着一道帆布滑梯，砰的一声落在等候着的突击登陆艇的钢制底板上。但大多数士兵背负着重达60磅的装备，费力而又危险地沿着攀网爬下，他们摸索着立足点，以免不慎跌落后被两艘船体挤碎或是落入海水中淹死。

北岸步兵团是一个新不伦瑞克步兵团，来自海岸对面的爱德华王子岛，法国人和苏格兰人都曾在那片岛屿定居过。两次世界大战期间，几个当地民兵营进行了合并，这种对业余当兵的极大热情有着古老的传统，在维多利亚王朝中期的英国极为常见，帝国以失意爱国者组成的一道前哨线，急于跟一个看不见的敌人交战。粗灰呢紧身上衣和结实的帆布绑腿一直是他们的制服，充满浪漫色彩的本土名称则成了他们的特征。没有任何地方，甚至包括英国的诺丁汉郡——那里的罗宾汉步兵团早已挺身而出，为保卫城市而抵抗路易·拿破仑——能拥有比加拿大人更浪漫的称号：魁北克跳跃者步兵团、圣克莱尔边境居民团、灰色营、马尼托巴掷弹兵团、阿让特伊游骑兵团、梅干提克轻步兵团、利

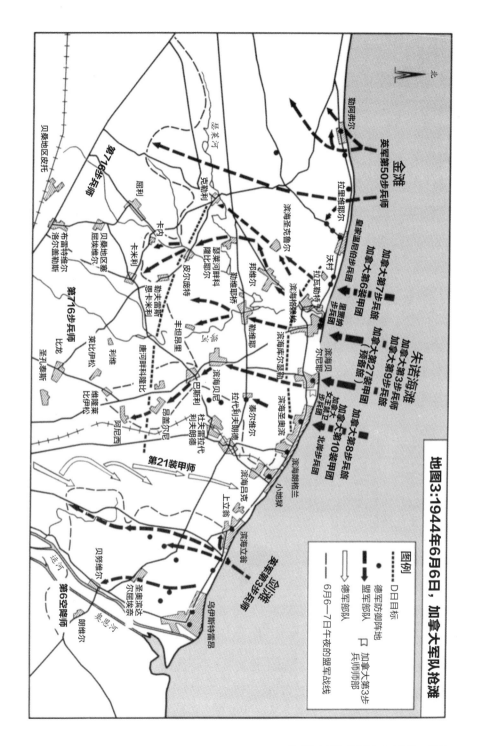

地图3:1944年6月6日，加拿大军队抢滩

斯加步兵团、露易丝公主燧发枪手团、第48高地人团、特米考塔＆里莫斯基团。这些番号的花名册，读起来就像是丁尼生（"步兵列队，列队！"）而与詹姆斯·费尼莫尔·库柏毫不相称。

德皇这个真正的敌人终于出现时，加拿大对挑战做出了回应——"我们立即做出回答，"劳里埃这个法裔加拿大帝国主义者向议会宣布，"以英国人回应使命召唤的经典话语做出回答，'时刻准备着！'"——上述番号的部队投入到一支新军队的熔炉中。加拿大师在1917年夺取了维米岭，由番号不明的营组成的加拿大军与澳大利亚人一起，赢得了1918年秋季的战役。但这些人和那些与维多利亚女王的士兵联合的人一样，都是联合王国忠臣的后代，独立战争后，他们逃离美国，来到安大略省和滨海诸省，数以千计的苏格兰人因为高地清除运动流离失所，或因为一个"劳动阶级帝国"口号的诱惑而离开低地城市，跨越大西洋，大草原上免费土地的梦想深深地吸引了英国人和爱尔兰人。

"广袤土地上出现了一个小黑点，那是一辆牛车，一个女人和一两个孩子坐在车上，男人驱赶着牲畜……沿着没有车辙印的道路，他们一天天远离铁路线，只在夜间停下休息，最后，他们到达了目的地，那是他们梦寐以求的一块四分之一英里的土地……他们寻找着，终于发现了测量员留下的标记：三个新挖的洞和一个标牌……迎接他们的没有房屋，没有谷仓，只有土地和天空。"

这些人创造了新的加拿大，修建了从东海岸至西海岸的加拿大太平洋铁路线，沿着同一条路线建造起一连串简陋的村镇，他们将定居点的边境扩展至冻土带的边缘，可是，贫穷和歧视的刺激使他们离开自己的家园，自愿重新穿上了军装，他们当中的成千上万人在伊普尔（Ypres）周围的坑堑中或阿拉斯（Arras）长长的丘陵地山坡上为国王乔治而战死。

还有另一个更为古老的加拿大，她也拥有强大的军事传统——这个传统来自1664年在圣哥达（St Gotthard）击败土耳其人的"卡利尼昂-

萨利尔斯"团，来自对抗强大的易洛魁部落联盟的内战，来自弗兰特纳克进入英属北美洲的大胆之旅，来自英国王位继承战争中抗击英军、对魁北克的胜利防御。但这个传统的核心及持久因素是一曲挽歌。法裔加拿大人活在蒙特卡姆于1759年被沃尔夫击败于魁北克门前的回忆中，就像1870年维克托·伊曼纽尔在罗马的庇亚门打败了教皇的军队（法裔加拿大人参加了教皇的军队），这不仅导致一个天主教国家被外国势力统治，还使其领导人和国民进入到一种自愿接受的内部放逐中。在法裔加拿大人的内心深处，从未接受与法国断绝联系。但同样的一点是，法裔加拿大人回避了与法兰西第三共和国建立关系。他们也拒绝发起革命，通过他们对教会人员、半封建社会的忠诚以及狭隘的省级爱国主义，使自己孤立于他们的征服者和他们的历史家园。

因此，1914年爆发的战争使他们的领导人面临着一种强烈的困境。"我记得"是魁北克省的座右铭，与旧日法国土地及文化相关的回忆极其丰富，德国8月和9月的入侵在事实和精神上冒犯了这种回忆。在这种情况下，记忆的蛛丝马迹强大到足以诱使魁北克的政客和牧师克服他们对不信神的共和国和新教帝国的厌恶，并鼓励法裔加拿大人自愿从军。许多人这样做了。法裔加拿大人没能克服19世纪60年代自愿从军的冲动，他们组建起大批法国—加拿大民兵营，诸如皇家山卡宾枪手营、若列特营、圣亚森特营和三河城营等等，这些军队构成了急剧膨胀的加拿大皇家武装力量的核心。但主导着加拿大国防部门的苏格兰人和奥拉基长老会教徒固执地认为不应该这样。他们的决定已将旧有的民兵营解散，并拒绝让法国人和加拿大人获得在新组建的营中一同服役的机会。这项决定被推翻时，参与冒险的热情已然消退，民族主义的煽动者提醒他们的听众，"安大略的普鲁士人"不仅跟"欧洲的普鲁士人"一样反对法国，而且因为近在身边，所以会对法裔加拿大人造成更大的伤害。

因此，1917年8月在海外服役的30万名加拿大士兵中，只有14000

名法国人，约占皇家武装力量的4%～5%，尽管法国人占了全国人口的20%。他们都是志愿者，国内很少有人愿意增援或替换他们。而到1917年时，第一次世界大战的各参战国最急需就是替换伤员的补充兵。法国和德国军队一直在征召士兵，英国也在一年前通过了征兵制。现在轮到了加拿大。但征兵的前景，甚至比在安大略的法语学校里实施英语教育的"17号规定"更具威胁，令深具民族自豪感的法裔加拿大人义愤填膺。他们的代表竭力反对国会批准征兵法案，这项法案最终通过后，其征召目标消失进圣劳伦斯的森林和渔场中，消失的人数如此之多，使得征兵法案沦为一纸空文。

征兵危机对加拿大并不稳定的统一所造成的威胁如此之大，以至于战后的联邦政府决定，绝不再让国家陷入军事问题的困境中。加拿大政府在1922年获得了独立于英国的宣战或放弃权，皇家军队调回国时，旧的民兵组织改组了他们的传统名称和对地方的过度忠诚。1939年战争爆发时，各个民兵营又被征召起来，与1914年一样，每个军人都被要求自己做出决定，是否愿意赶赴海外参战。总理麦肯齐·金推延了宣战，以强调这个决定是在主权独立的情况下做出的，同时让法裔加拿大人充分展示出他们对英法事业毫无疑问的支持。他们的动机源自意识形态，而非民族主义：他们同情秉承天主教的波兰人，痛恨希特勒不是因为他与英国为敌，而是因为他是布尔什维克的朋友。但效果是一样的。蒙特利尔民兵营和梅松纳夫团是加拿大投入海外的第一批作战部队，截至1941年1月，五万多名法裔加拿大人在加拿大武装部队中服役。他们的人数在加拿大皇家海军中占三分之一，在75个步兵营中占了15个营。这些部队里，只有4个团（皇家22e团、绍迪耶尔团、梅松纳夫团和皇家山燧发枪手团）招募到足够的志愿者加入赶赴海外的加拿大军队中，其他部队仍留在国内。但另一些远征军中，法裔加拿大人所占的比例非常大，所以，总的说来，联邦政府（其国防部副部长是一名法裔加拿大人）在1944年时庆幸自己将加拿大带入战争而没有像1914年那样对国家的统一造成威胁。

令他们深感焦虑的是，即将到来的开辟第二战线之战会给加拿大第1集团军造成伤亡，而这种伤亡只能由被征召入伍者来弥补。但所有加拿大人，即便没有预见到入侵行动会如何造成第二次征兵危机，也有特殊的理由对入侵行动的临近倍感紧张。在这场入侵行动前，他们曾在海峡南岸登陆过，那是1942年8月，在迪耶普。仅仅一个上午，加拿大第2师就在那片滩头遭受到令人震惊的伤亡，就连第二战线最乐观的倡导者也不得不承认，时机尚不够成熟，1943年开辟第二战线被证明太早了些。他们和他们治下的大批普通公民（英国人、法国人、苏格兰人、爱尔兰人、乌克兰人、波兰人、芬兰人、瑞典人以及其他所有选择圣劳伦斯河而不是哈德逊河作为进入新世界之门的移民）甚至在1944年6月仍不确定加拿大第3师是不是被送往了第二个迪耶普。

迪耶普：可怕的警告

回想起来，迪耶普的行动看上去极为鲁莽、轻率，甚至很难设想萌生并推动这个行动的官方想法。丘吉尔曾在行动策划阶段表示过他的担忧，对这个行动明确表示支持的只有艾伦·布鲁克将军，他坚持认为，"如果真打算入侵法国，就有必要以一个师的兵力发起一场预演性进攻。"丘吉尔转变了想法，他需要以某种方式来弥补最近在托布鲁克遭受的损失，更不必说由于反对"围捕"行动而在罗斯福和斯大林面前丢失的颜面。另外，英军突击队（他的"猛虎"）对沃格岛（Vaagso）和罗弗敦群岛（Lofoten Islands）实施的成功突袭也为此次行动提供了保证。但守卫挪威偏远渔港的德国守军兵力稀少、素质低下，精锐突击队获得的海盗式胜利无法提供可用的依据来判断对一个严密防御的海峡港口发起一场全面军事行动会发生怎样的情况。英军突击队以最北端的海雾为掩护，总是能达成出其不意。而加拿大第2步兵师将在盛夏时节从距离德军占据的海岸线仅有70英里的港口出发，并在法国一片海滨度假胜地的平坦海滩上弃船登岸。选择一个已知道德军重兵防御的地点为目标，理由是必须对发起正面进攻以夺取一座港口的可能性加以测试。行动的风险被忽略，其依据是，突击队会捣毁设置在海滩和海港通道上的侧翼炮台，而近距离内的守军则会被从新型坦克登陆艇上驶下的坦克打垮。为胜利完成这个任务，联合作战司令部的参谋人员调用了加拿大军队，他们的作战素质颇具传奇性，1918年9月，他们曾一举突破了其他军队两年都没能突破的"兴登堡"防线。

但1942年8月19日的清晨，勇敢一文不值。英军突击队攻上高耸的峭壁，这片峭壁一直伸向阿尔克河（Arques）河口，迪耶普就在那里，他们再次达成了出其不意，并打哑了德军侧翼的炮台。但几个加拿大步兵营和他们所携带的坦克刚刚离开登陆艇便停顿下来，这种情况前所未有。

加拿大皇家步兵团是和平时期国内的三个常备团之一，他们的任务是在一条狭窄的海沟的口部登陆，这条海沟通入港口东面皮伊（Puys）的峭壁。守在这里的是德军第571团的一个连和一些隶属于空军的高射炮手。他们已看见盟军登陆艇的逼近，艉门跳板刚刚放下，这群显然寡不敌众的守军便以猛烈的火力扫向登陆艇敞开的艉门。加拿大士兵，就像加里波利战役中"克莱德河"号登陆舰上的爱尔兰人，在暴雨般火力的打击下步履蹒跚，随后，他们冲过弹雨，隐蔽到海堤下。这里布设着铁丝网，他们用爆破筒炸开一个缺口。最前面的几个人勉强通过，朝前方的峭壁而去，其他人被德军火力挡在铁丝网缺口处，不断被机枪"纵射火力"（也就是说，机枪火力与加拿大人的前进路线构成了一个斜角）打死。20分钟后，第二波次的登陆艇赶到了，很快又是第三波次，送来加拿大"黑卫士"步兵团的一个连。登陆艇在他们身后撤离。德军火力无情地阻挡住这些士兵的前进。到8点30分，海滩上的人不是阵亡就是被俘。此刻距离他们发起登陆只过去了三个小时。据德军第302步兵师报告，越过海堤的加拿大士兵被"第23防空连（重型）的一个突击队消灭"，这个连队是用德国空军技术人员仓促组建起来的。皇家步兵团554名登陆的士兵，伤亡率高达94.5%，227人阵亡，他们几乎都来自多伦多市。

镇子西面的普尔维尔海滩（Pourville），"南萨斯喀彻温人"团和"卡梅伦高地人"团发现一处可避开德军火力的登陆场，他们奋战了一上午，每个团只伤亡了100人。但在中间位置，港口处，沿着海滨小径，灾难与皮伊的情况几乎完全一样，加拿大士兵的伤亡极为惨重。联合作战司令部已决定让一款新型坦克（"丘吉尔"式）从一款新型突击艇（坦克登陆艇）上直接登陆。每艘登陆艇搭载着3辆坦克。这里共有10艘坦克登陆艇，最前面的3艘搭载着两个步兵突击营："皇家汉密尔顿"轻步兵营和"埃塞克斯郡苏格兰人"营。结果，这些坦克姗姗来迟，而且只有5辆坦克设法离开滩头，驶上海滨小径。后续的三个波次又将10辆坦克送上海滨小径，但车组人员和第一波次的坦克车组人员一样，发现进入镇内的道路已被巨大的混凝土块堵住，随车同行的工兵无法用炸药将这些石块炸开。就这样，所有坦克被困在一片遭到德军火力猛烈打击的区域内。起初，敌人的炮火过于轻微，无法射穿"丘吉尔"坦克厚厚的装甲板，近海处，登陆艇上的人员通过电台钦佩地聆听着坦克车组人员"以冷静、镇定的声音"协调着他们的火力，为步兵战友们提供支援。可是，敌人渐渐调来了更大口径的火炮，一辆接一辆，卡尔加里团的坦克陷入了沉默。没有人能从滩头撤离，"皇家汉密尔顿"营和"埃塞克斯郡苏格兰人"营逃走的士兵寥寥无几，前者损失了100人，后者阵亡了200人。令这场悲剧雪上加霜的是，指挥官将充当"海上预备队"的"皇家山燧发枪手"团投入滩头的最后时刻，遭遇到德军炮火的密集覆盖。尽管如此，这些法裔加拿大人还是勇敢地冲出了他们的登陆艇，很快就阵亡了一百余人，并被困在沙滩上，既不能前进也无法后撤。

在这个可怖的早晨受到严重惊吓的生还者们返回了，算算人数，前一天起航的4963名加拿大人只剩下2110人。后来得知，1874人被俘，这些俘虏中，568人负伤，其中的72人伤重不治，而返回的士兵中还有378人负了伤。因此，加拿大人遭受的伤亡率高达65%，这些伤亡几乎都来自6个突击步兵营，这种代价堪比1916年7月1日，索姆河战役的第一天，那是英军历史上最黑暗的一天。事实上，加拿大第2步兵师已全军覆没。6个月后，该师在加拿大军队中的部署仍被列为"最低优先级"。

这是一场彻头彻尾的灾难，登陆的坦克悉数损失，2辆被淹没在登陆艇与海岸之间的海水中，另外27辆被敌人摧毁或因机械故障而被丢弃。10艘宝贵的坦克登陆艇损失了5艘。另外，对将来的行动而言，最糟糕的预示是，造成这些损失的并非德国人仓促召集起来的援兵，而是他们的既有部队；对中央海滩发起突击的3个加拿大营，面对的是德军的一个连，双方兵力对比为12∶1，而摧毁坦克和登陆艇的是德军28门预先布设好的火炮，其中大多数为中口径火炮。盟军炮手们非常卖力，他们还击了7458发炮弹，但他们无法指望在将来的一场战斗中会更轻松些。尽管这些详情尚未被联合作战司令部全部掌握，但战后报告和对俘虏的审讯获得了足够的信息，表明进攻方和防御方之间的实力存在着一个令人沮丧的差距。很显然，这种差距无法单纯靠增加参与突击的兵力来克服，这只会重复第一次世界大战的错误——投入更多的兵力只会招致更大的伤亡，并不能取得更大的进展。解决这个问题必须依靠战术的改变。

事实上，人们常说，迪耶普战役的重要教训对两栖作战行动深具启发性，就像"泰坦尼克"号的灾难为邮轮设计提供了宝贵的经验教训那样。在最后一种情况中，没有什么改善能赔偿那些遇难者，而在第二种情况中，没有谁能纠正一个根本性设想错误的尝试。尽管加拿大人无法做到，但行动策划者们最好忘记迪耶普。从某种意义上说，他们确实做到了这一点。通过这场战役，德国人得出结论，盟军开辟第二战线时，仍会在某座港口附近登陆，但他们会对港口实施包围。第二战线的策划者们决定尽可能远离港口，战斗机的空中掩护（他们在迪耶普战役中干得非常好）及其所能提供的最大作战半径将成为他们选择登陆区的重要标准。在这个范围内，他们会寻找一处拥有开阔的海滩、低矮或根本没有的悬崖、缺乏港口设施的海岸线。

但经验教训已被一个最有条件认知它的人所吸取，幸运的是，他随后将之付诸实践。约翰·休斯-哈里特上校（后来成为海军中将）在迪耶普战役前担任联合作战指挥部负责人蒙巴顿勋爵的海军顾问，迪耶普战役中，他担任海军指挥官。空中掩护的重要性给他留下了深刻的印象（英勇的皇家空军使加拿大人免遭空袭的痛苦），他认为必须增加登陆艇的数量和类型，必须让艇员们在各个模拟的滩头进行演练，并保持这样一支专业部队的长期存在。但他最重要的决定是，必须确保登陆行动在具备充足的掩护火力下进行，这种火力不仅要让敌人无法使用其武器，还要让他们迟钝、麻木，甚至将他们消灭在阵地中。他在报告中以大写的斜体字指出："*最重要的教训是，在进攻的初始阶段，需要压倒性火力支援，包括近距离支援。*"这种火力支援应由"重型和中型舰炮轰击、飞机空袭、特种舰艇或船只提供，靠近海岸时，尽管突击部队仍在海运过程中，但也应投入他们的火力。" 撰写报告时，海军作战行动焦头烂额的事件仍令他记忆犹新。他想起他率领的四艘亨特级小型驱逐舰，这些军舰配备着四门4英寸口径的舰炮，与德国人的海岸炮台展开对决时，不得不匆匆释放烟雾，这些军舰薄薄的装甲板抵御不住对方猛烈的炮火，尽管如此，每当她们出现在阳光下时，仍会遭受到严重损害。"加斯"号驱逐舰上的戈伦韦·里斯回忆道："机动变得单调而又重复，每一次都让人神经紧张，特别是在我们中弹两次后，第二次中弹造成了相当大的破坏和伤亡。" "加斯"号得以幸存（"伯克利"号驱逐舰被德国人的炸弹命中后沉没），但她和炮击编队中的其他舰艇返航时都已遍体鳞伤。军舰与岸基火炮的角逐史长达400年，在这最新的篇章中，军舰无疑被击败了。

火 力 支 援

D日前，休斯–哈里特已离开计划处，重新回到海上担任"牙买加"号轻巡洋舰的舰长。但他留下了他的遗产。根据他的命令，运送加拿大第2步兵师的登陆艇编队已被集结起来（作为J编队），添加了各种他认为需要的特种船只，并反复进行演练，以提高抵近、支援和抢滩技术，实际上，他们接受的决定性考验是再次搭载并投送加拿大人。1943年10月的"海盗"行动中，他们与加拿大第3步兵师进行了首次合练，这场大规模演习在多塞特郡美丽的斯塔德兰湾（Studland Bay）举行，1944年4月在德文郡斯拉普顿沙滩（Slapton Sands）展开的"裤子"行动进一步完善了他们之间的配合。

他们不知道的是，在斯拉普顿沙滩的登陆预演了计划中D日行动的每一个细节。唯一缺少的是大规模炮击，这种炮击深具破坏性，甚至在那些自1939年8月以来已没有游客的偏远海滩也无法进行这种实弹演练。此刻，各个营待在步兵登陆舰旁边的突击登陆艇里，随着海水上下起伏着，北岸团里的英国人和阿卡迪亚人，加拿大苏格兰人团里的苏格兰人，绍迪耶尔团里的魁北克人，女王禁卫步兵团里的安大略省英国人，温尼伯步兵团和里贾纳步兵团的草原定居者，他们的船只被笼罩在一支庞大的炮击舰队的两侧，这支舰队一直延伸至北面的地平线处。

位于最外侧的是两艘吨位最重的战列舰，"拉米利斯"号和"厌战"号，28年零4天前，"厌战"号曾在贝蒂的指挥下参加了日德兰海战。这两艘军舰都配有4门15英寸口径的火炮，陪伴她们的浅水重炮舰

"罗伯茨"号上也安装着2门这种口径的火炮。她们的主要任务是对付奥恩河与塞纳河河口之间的大口径岸炮，但她们的射程非常远（超过18英里），因而在紧急情况下，海军前进观测员可以引导她们对英军登陆滩头的任何目标展开炮击，39名海军前进观测员将跟随突击步兵一同登陆。这几艘军舰的左右两侧，稍靠前的位置上排列着12艘巡洋舰，其中最轻型的是"王冠"号，配有8门5.25英寸口径的火炮，而最重型的"贝尔法斯特"号则安装着12门6英寸口径火炮。她们将为加拿大军队的登陆滩头提供掩护，这些火炮的初期目标是位于滨海韦尔（Ver-sur-Mer）和穆利诺（Moulineaux）的炮台。加拿大军队的登陆还将得到驱逐舰的支援，"朱诺"海滩前方布设了11艘，这些舰艇配备着4～8门4英寸或4.7英寸口径火炮，其中的一艘来自挪威，另一艘来自法国，还有两艘隶属于加拿大海军，分别是"苏人"号和"阿尔冈金人"号。步兵突击波次的最前方部署了一支小型支援登陆艇编队：8艘火炮登陆艇，这是一种小型浅水炮舰，配有2门4.7英寸口径火炮；4艘支援登陆艇，安装着自动火炮；8艘坦克登陆艇（火箭），这些登陆艇上安装着火箭发射管，一轮齐射可倾泻出1100枚5英寸口径火箭弹；18艘突击登陆艇（绿篱），她们可以将艇上搭载的24枚60磅炸弹投向滩头的障碍物，从而尽可能多地引爆与障碍物相连的地雷。

舰载火力支援并不止这些。第四突击艇大队由24艘坦克登陆艇构成，每艘搭载着4辆"牧师"，这种自行火炮使用的是谢尔曼坦克的底盘，配备着一门105毫米主炮。这些自行火炮可以在行进中对目标开炮射击，将炮火集中于已被识别出的4个"支撑点"上。第2皇家海军装甲支援团的两个中队也将加入进来，只要他们一靠岸，就会从半埋于水中的位置以他们"半人马"坦克上的95毫米主炮开炮射击。当然，这些登陆的装备中，最著名的是DD坦克。"DD"代表着"Duplex Drive双驱动"（这个词表明该发明来自美国），这种坦克使用了谢尔曼坦克上的福特V8引擎，既能用履带在陆地上飞奔，又能通过一对螺旋桨在水中行驶。谢尔曼两栖坦克在水中的速度并不快，时速只有4英里，另外，它在海上无法开火射击，因为它们通过一幅帆布围裙获得浮力，围裙靠支柱支撑，其高度已超过炮塔。实际上，在水中，坦克组员们就成了潜艇人员，他们的座位位于海水下，车长站立在车顶，他下达的操纵指令通过敞开的炮塔传达给驾驶员。一个小小的水泵将漫过帆布围裙顶部的海水排出——至少在风平浪静的海面上能做到这一点。但当这种坦克登陆后，充了气的帆布围裙就会把气放掉，炮手立即可以用75毫米主炮轰击滩头目标。一个水陆两栖坦克团已被配属给将在D日实施登陆的两个加拿大步兵旅，团里的38辆两栖坦克将在登陆艇前方泅渡上岸。为弥补缓慢的前进速度，它们将率先向滩头驶去，时间被计算得刚好能抢在步兵冲出登陆艇前到达。

总之，赶往南岸的加拿大第3步兵师获得的支援火力将比两年前加拿大第3步兵师突袭迪耶普时所得到的火力掩护多12倍。这种火力支援不再是16门4英寸口径火炮，而是198门大炮。其中的一些，例如48辆"牧师"自行火炮，主要目的是震晕敌人，制止他们采取行动，而不是为了消灭他们。另外一些，例如驱逐舰上的火炮，将直接瞄准海滩上的暗堡和炮台开火，并保持炮火持续，直到将对方打哑为止。巡洋舰上的大口径舰炮将由精确的海军弹道学技术引导，以摧毁敌人重型海岸炮台的混凝土外壳，这些炮台设在内陆，从海上无法看见。专业登陆艇的火箭弹齐射将在敌人的抵抗中心制造出毁灭性的冲击波。另外，在登陆舰队逼近海滩前，所有德军防御点还会遭到猛烈的空袭，当初，由于担心炸死大批法国平民，盟军没有对迪耶普的德国守军实施这种轰炸。

德 国 守 军

不过，更令加拿大人感到振奋的是他们获悉了这样一个事实，在他们即将发起进攻的海滩上（代号为"朱诺"），德国守军的兵力比当初的迪耶普要少。另外，在一个长约4英里的攻击正面上（这恰恰相当于"朱诺"海滩的长度），德军第302步兵师曾部署过2个营（共8个连，每个连200人）和2个战斗工兵连。他们占据了峭壁上的制高点或海岸上的暗堡，空中打击很难将这些阵地与镇内的许多建筑区分开来。但1944年时，第302师早已离开法国，这支由适龄者和成年人组成的机动野战部队已赶赴东线的旋涡。加拿大人面对的将是另一支德军部队。这些德国人隶属于第716步兵师，这是个静态师，组建规模小于野战师，配备的是老式武器，而这些武器通常是在过去的战役中缴获来的外国装备，他们还缺乏有效的机动运输能力，这使他们被调离了原先的防线。作为机动性的标志，每个静态师中有一个营配备了自行车。师里唯一的机动车辆是师长的指挥车。其他的一切，包括师属炮兵的火炮和各步兵营的补给大车，都由马匹拖曳。德国人指望派这些士兵迎战敌人。

但他们无法获得顺利的进展。根据静态师的定义，他们的士兵不是太年迈就是太虚弱，根本无法适应一线的战斗。此刻的德国军队尚未沦落到组建"胃病营"或"扁平足营"的地步，这些单位要到当年冬季的危机到来时才会出现。但第716步兵师的士兵（未满18岁，超过35岁或三度冻伤的受害者）在体能上无法与加拿大小伙子们相比，两年密集的实战训练使这些加拿大士兵的体能得到了强化，此刻，他们正在距离海岸不远处的登陆艇上等待着出发的命令。德国士兵的健康也不如加拿大人，他们还缺乏各种经验。最重要的是，他们的兵力太少。在迪耶普，德军以2.5营对抗加拿大人的6个营，但在朱诺海滩，他们将以不到一个营的兵力抵御对方的9个营。第736团是第716步兵师辖下的两个团之一，但其姊妹团，第

726团，基本上不在师属防区内，只有一个营留在朱诺海滩后方充当预备队。这种兵力配属意味着该师师长里希特将军手上只有4个营可用于守卫19英里长的防线。他还获得了两个"东方"营，第642营和第441营，这两个营都不在防线上。在德国人看来，他们的素质太低，充当近距离预备队太过冒险，但尽管如此，在D日当天，这些部队还是逃跑了。因此，里希特将德国人组成的部队部署在第一线，一连串碉堡和战壕封闭了最为开阔的海滩上的通道。他还设法在手中保留着一支预备力量，以便对敌人的突破发起反击，为此，他选中了第726团的第2营。结果，第736步兵团辖内的12个连，每个连守卫的防线超过一英里长。这样一来，加拿大士兵直接面对的敌人只有3个连——第5连、第6连和第7连的一部，合计400余人。而第一波次发起进攻的加拿大士兵多达2400人，另外，他们还获得76辆两栖坦克以及海上炮击和空中轰炸的强力支援。

如果德国人希望在这场进攻中幸免于难，那么他们必须通过他们的大炮获得更大程度的保护。尽管德军第716步兵师的步兵力量极为虚弱，但该师配属的炮兵力量相当强大，拥有8个野战炮兵连和4个中型火炮炮兵连。还有一个辖3个连的自行火炮营，该营隶属于驻扎在本地区的第21装甲师，但其战术指挥权交给了里希特将军。除此之外，该师还获得了3个155毫米火炮连和2个海岸炮兵连。从理论上说，第716步兵师总共拥有83门大炮，但师里的3个重型火炮连和1个野战炮兵连已被调给第352步兵师，用于守卫西面的奥马哈和黄金滩，因此，第716步兵师的火炮只有67门，其中包括4门波兰火炮、8门捷克火炮和5门法国火炮，口径各异，都是德国军队过去缴获的。所有较重型的大炮应该被布置在混凝土掩体中，但隆美尔加速构建混凝土掩体的计划并未延伸至第716步兵师的防区，他们只完成了两座炮台，部署了捷克制100毫米火炮。在其他地方，炮组人员只能获得无顶掩体的保护，许多炮组甚至在空阔的原野上以泥土设置炮位。战斗中，该师的大多数火炮无法变更他们的阵地，双方的大炮展开决战时，根本不可能将马匹牵入炮位，因此，德军炮手注定要在既设阵地中抗击对方数量3倍于他们的火炮，那些大炮都具备机动性，要么来自海上，要么来自空中，其口径远非他们所能匹敌。

德军步兵连获得的防护要好些。在加拿大人即将发起进攻的海滩上，德军步兵占据了4个"支撑点"，分别位于沃村（Vaux）、库尔瑟勒（Courseulles）、贝尔尼耶（Bernieres）和圣奥滨（St Aubin），每个支撑点都以一个或多个重型混凝土火力点为中心。这些火力点得到战壕和射击掩体的补充，射击掩体通常以混凝土浇筑，供机枪手和步枪手使用，四周环绕着铁丝网和地雷。所有武器都被设置成沿海滩纵向射击，其射界相互连接，封锁了布设在高水位线下方那些危险的障碍物。一行行伸向大海的混凝土桩，一排排为其提供支持、向陆地端上升6英尺的木制坡道，混凝土四面体，铁"刺猬"，另外，在某些地段，例如库尔瑟勒和贝尔尼耶，还布设了"比利时铁门"（这些庞大的钢铁障碍物部分取自比利时战前设置在其东部边境的反坦克防御），如果盟军试图趁退潮时抢滩登陆，这些设施就将撕裂登陆艇的船底。许多障碍物上挂满地雷，发生碰触便会爆炸。固定障碍物与支撑点纵向火力的结合，被认为是打垮一切登陆部队的保证。因此，不管怎样，守军们放心了。但是，没有哪个高级军官认为海滩得到了充分的防御。各支撑点之间的距离平均为2000码，这是支撑点内自动武器射程的极限，每个支撑点内的兵力不超过1个排。他们还有一定数量的重型武器，以补充他们的个人装备：在温伯尼步兵团即将登陆的沃村，德国人有一门75毫米火炮；皇家步兵团的目标是库尔瑟勒，德国人在那里有3门50毫米炮、2门75毫米炮、1门88毫米炮和12挺机枪，这是加拿大军队即将进攻的海滩上火力最密集的地点；贝尔尼耶是女王禁卫步兵团的进攻目标，德军拥有2门50毫米炮和7挺机枪；而在北岸步兵团所分配的圣奥滨，德军拥有1门50毫米炮和4挺机枪。另外，德国人还有7门迫击炮，口径从50毫米至81毫米不等，部署在各火力点与一批电动操纵的火焰喷射器之间。

可是，不管怎样计算，兵力的差距依然存在。400名德国守军面对着2400名加拿大士兵发起的进攻。守军被禁止后撤。希特勒亲自颁布了"坚守防线"的原则，这是他作为第16巴伐利亚预备团的士兵时在佛兰德斯学到的。即便守军打算后撤，他们也无法做到，环形铁丝网和地雷带不仅阻止了敌人的进入，也使他们自己无法出去。另外，他们也无法指望大批援兵从内陆迅速赶至。第736步兵团的四个预备连被部署在内陆两英里处。担任主预备队的第726步兵团第2营，位于内陆四英里处，而且是在师属防区最西端这个错误的位置上。除了步行，这些单位没有更快赶赴战场的办法。距离最近的机械化预备队是第21装甲师的装甲掷弹兵营，他们位于六英里外的卡昂，但他们搭乘的半履带车，在白天赶路极易遭到来自空中的打击。就像公元553年哥特人在维苏威火山惨遭拜占庭人屠戮那样（这个民间传说越来越被纳粹宣传者青睐，称之为笼罩在帝国上空的阴影），6月6日清晨，德军第716步兵师的小伙子们已大难临头。

炮　击

盟军已计划对他们的阵地发起毁灭性打击，但天气使这些德军士兵得以幸免。盟军的火力准备计划中包括两轮大规模空中轰炸，第一轮由皇家空军轰炸机司令部的重型夜间轰炸机在午夜时分发起，第二轮则由美国第八航空队的"空中堡垒"在清晨实施。皇家空军的轰炸精确度已在去年获得了极大的提高，这其中，"探路者"中队的目标指示能力功不可没。由于D日的轰炸航程非常短，这使得轰炸机可以少带些燃料，多带些炸弹，他们的总投弹量将达到5268吨，这场轰炸是皇家空军轰炸机司令部迄今为止最猛烈的一次。但低矮、厚厚的云层令这番努力全然无效，轰炸效果被描述为"参差不齐"。最靠近加拿大人滩头的目标是位于弗勒里山（Mont Fleury）的大型炮台，但它毫发无损。拂晓时，美国人发起了攻击。由于大批盟军舰船被笼罩在阴云下，第八航空队的工作人员在最后一刻获得了艾森豪威尔的批准，命令"探路者"们将投放标志的时间推迟到飞越其瞄准点的30秒后。没人愿意为准时投放信标而冒险，结果，一千架"飞行堡垒"将炸弹投入内陆，"从数百码到三英里不等。"德军滩头防御力量非常薄弱，因而很少有人被炸弹命中（加拿大军队负责的海滩上，没有一个德国人沦为空袭的受害者），炸弹落在空阔的田野里，开始了当日对诺曼底牛群的大屠杀，这是战役中较小的恐怖事件之一。

这些轰炸甚至没能提醒德国守军发生了什么状况，过去几周里，两支空军力量频繁发起的空袭已令他们对此习以为常。上级部门也没有对他们发出警告，第7、第15集团军和西线海军集群探测到的信号微弱而又相互矛盾，这无法构成他们作出判断的基础，进而无法下达明确指令。雷达无法使用，鱼雷艇和潜艇组成的巡逻群趁着恶劣的气候在港内休息，德军西线总司令部远距离预知危险来临的能力严重下降。美军伞兵实施空降的消息使德国第7和第15集团军接到了进入"最高戒备"状态的命令。但这种情况以前发生过，第7集团军显然并不认为这个警报需要辖内的各位师长跟他们的部队待在一起，因为这些师长已接到集团军召集他们次日早上在雷恩（Rennes）举行沙盘推演的命令，这道命令并未被取消。第84军在清晨6点报告了盟国海军发起炮击的消息，但这也没能让上级部门清醒过来。6点45分，第7集团军在发给西线总司令部的例行晨报中写道："（敌）海军展开炮击的目的尚不明确。这似乎是一次掩护行动，以配合晚些时候在其他地方发起的进攻。"

此刻，海滩暗堡内的德军士兵都已明白盟军舰炮发起轰击的目的，尽管他们并不知道这是有史以来最猛烈的舰对岸炮击。炮击的目的是要干掉他们。从清晨5点起，他们便已听见"贝尔法斯特"号和"王冠"号射出的大口径炮弹划着弧线、呼啸着掠过他们的头顶，飞向滨海韦尔和滨海贝尼（Bény-sur-Mer）的重炮炮台。6点19分，驱逐舰开炮射击，这些军舰渐渐逼近海滩，炮声也变得越来越响。7点10分前，登陆炮艇加入到这场炮击中，不久后，船上搭载的自行火炮也展开了渐进弹幕射击。尽管此刻仍能朝大海方向张望，但透过晨曦看见逼近中"大大小小、多得令人无法理解的船只"的人并不多。进攻发起的45分钟后，海上的情况已无法看见，探头张望非常危险，因为整个海滩满是硝烟和纷飞的弹片，炮火的爆炸声在混凝土掩体内回荡。少数暗堡（一个目标分析组后来计算出这个数字约为14%）被摧毁，但海滩上用于防御的房屋（这些棕色、黄色的半木结构度假小屋颇具乡村风格，房主们在8月和8月后从巴黎和鲁昂赶来）从内部发生了坍塌，屋顶砸落在地板上，坍塌的墙壁形成的瓦砾堆堵塞了街道。

德国守军，无论他们是否隐蔽在掩体内，都被巨大的噪音和冲击波惊呆了，最后时刻，装有火箭发射器的登陆艇展开猛烈齐射，这种噪音和冲击波被放大了100倍，每轮齐射相当于100艘"王冠"级巡洋舰同时开炮射击。

"压制"是个技术术语，行动策划人员用这个词来描述他们希望炮击所能实现的效果。这意味着炮击离开敌阵地后，活着的守军无法从恐惧、震惊和晕头转向中清醒过来，无法操纵武器抗击登陆部队，直到对方冲至他们身边。炮击效果有多好，只有在登陆艇逼近海滩的最后几百码，士兵们冲上滩头的最初几分钟才能得到证实。

前　进

入侵舰队犹如一个混乱的世界。从突击登陆艇到配备着6英寸炮的巡洋舰，共计366艘舰艇占据了朱诺海滩外的海面，足有10英里深，5英里宽。清晨5点30分前，航速最慢的坦克登陆艇搭载着装甲团里的两栖坦克中队，在"引航和控制"艇以及轻型支援舰艇的引导下向海滩驶去。1个小时后，重型支援舰艇出发，驱逐舰在侧翼实施着机动。接着出发的是工兵部队：突击登陆艇（绿篱）上装载着炸弹，这些炸弹将摧毁海滩上的障碍物；皇家海军陆战队的突击坦克和皇家海军的装甲车将向敌人的混凝土掩体和防坦克障碍物投掷炸药；另外还有排雷部队配备的扫雷坦克。跟在他们身后的是第一波次突击登陆艇，搭载着各步兵营的先头连。每个营在第一波次的进攻中都投入了两个连，另外两个连则在15分钟后的第二波次投入。在这些部队身后，发射火箭弹的登陆艇占据了相应的位置，再往后是搭载着96辆"牧师"自行火炮的坦克登陆艇，每辆自行火炮每隔200码发射3发炮弹，以这种火力覆盖海滩。

十余次演习形成的秩序使混乱得到控制。庞大舰队的景象令抬头偷窥的德国人心惊胆寒，也让登陆艇上的盟军士兵获得了勇气和鼓舞。但恶劣气候造成的海面风浪却很难让人感到鼓舞。15节的风速掀起4英尺高的巨浪，白色碎浪冲上海滩，潮水涌向滩头障碍物，按照所选择的进攻发起时间，这些障碍物应该暴露在水面上。离开登陆舰前，步兵们已拿到晕船药，但他们也得到了一顿临行前的早餐，登陆艇在海面上盘旋，等待着发起冲锋的命令时，大多数士兵遭受着晕船的痛苦。命令下达后，情况有所改善，但增加的航速使海浪掠过登陆艇的艄门跳板，打湿了士兵们的衣服和装备，给这个灰蒙蒙的早晨平添了一股寒意。

一些较小的登陆艇发现，对他们低矮的船舷、弱小的引擎和沉重的负载来说，海上的浪太大了些。突击登陆艇（绿篱）发现一些船只的前进极为困难，于是决定将它们拖上岸，但即便如此，也只有九分之一的登陆艇到达了加拿大军队所分配的滩头。"其他登陆艇不是沉没就是在进入突击通道前不得不割断了拖缆，显然是因为在恶劣的气候下，拖行速度过快所致。"另外一些被拖曳的船只，例如搭载着轮式车辆的"犀牛"渡轮，砍断了拖缆，还有些登陆艇，因为引擎室甚至是载人舱被海水淹没，不得不落在后面。6月6日清晨7点，塞纳湾近海处，很难看到空军上校斯塔格所说的天气的转变。最糟糕的是，第二波次登陆艇上搭载着两栖坦克，坦克车长们认为气候条件太过恶劣，无法让坦克下水，于是，在第7旅和第8旅的作战区域内，他们决定让坦克登陆艇抢滩，从而使坦克直接驶上陆地。前进了7000码后，第7旅的高级军官改变了想法，决定让坦克在近海处泅渡上岸，勉强赶在步兵登陆前登陆。另一个两栖坦克旅则落在步兵们身后。

坦克下水对相关人员来说是件伤脑筋的事，但旁观者却大饱了眼福。坦克登陆艇放缓速度，最后在海中停顿下来，锁链将艏门跳板放低，海水涌入船舱，四辆谢尔曼两栖坦克的引擎已经发动，缓缓驶离跳板，就像池塘边的青蛙那样，扑通一声进入到海水中。这番行动并未遭到海滩上猛烈火力的打击，几乎每一个完成最后4000码冲刺的加拿大士兵都能证实这一点：来自海滩的火力非常微弱，没什么准头。沿海炮台没有开火是因为它们已被巡洋舰的炮击打哑，尽管只是暂时性的。身处内陆的德军炮兵连没有开火，因为他们无法判断炮弹的落点。滩头的火炮也没有开火，是因为射击孔的设计使他们无法在敌人登陆前看清眼前的情况。剩下的只有迫击炮，对着海上目标乱轰了一气，另外还有轻武器，但其射程很难超过2000码，在这个距离上，大多数登陆艇足以抵御住这种火力。但在为首的登陆艇驶过1000码的标志时，一个新的危险意外地出现了。加拿大军队负责的滩头，进攻发起时间比英国军队的滩头晚10分钟，以便让他们的登陆艇越过贝尔尼耶海礁。海上的大浪又使他们延误了10分钟。因此，第7旅直到7点45分，第8旅到7点55分才到达他们的抢滩点。他们这时才发现，自己正面对着德军策划者意图让诺曼底海滩入侵者落入的陷阱，盟军选择的半潮登陆时刻正是为了避免这种状况。左舷、右舷和正前方，滩头障碍物的顶端和斜坡上挂满地雷和装有触碰引信的炮弹，打破了汹涌而来的潮水。潮水和登陆艇的引擎无情地将它们卷入到船身处。

登　陆

有几个地方，清障小组已抢先登陆，他们赶在潮水到来前炸开通道，引爆了地雷。附近的一些登陆艇朝这些缺口驶去。其他地方，"较大型的登陆艇不顾障碍物的拦阻，朝滩头径直驶去，较小的登陆艇竭力转动船身，试图绕过那些障碍。"约有四分之一的船只没能做到这一点，不是在登陆时发生爆炸就是踏上了返回的航程。一名指挥着5艘登陆艇的军官描述了他的经历："1150号登陆艇的左舷发生爆炸时，船上四分之三的士兵已经下船……1059号登陆艇，三分之一的士兵已离开，一颗地雷在左舷处发生了爆炸……又一声爆炸击中了1137号登陆艇，船头右舷被炸穿……1138号登陆艇，船上所有士兵都已离开，这艘登陆艇正要驶离海滩，一股海浪将她推到一个障碍物上，随之而来的爆炸撕裂了船底……1151号登陆艇，所有士兵都已离开，没有遭遇到损失……可就在我们离开时，一艘驶来的登陆艇迫使我们改变航线。一声爆炸将我们的船底撕开。"

但即便登陆艇被炸坏或沉没，船上搭载的大多数士兵都能挣扎上岸，可能是因为敞开式船舱释放了爆炸的能量。同样重要的是，他们发现两栖坦克已经登陆，或是在他们身后不远处游弋，和这些坦克在一起的皇家工兵的装甲车、扫雷坦克和皇家海军陆战队的"半人马"坦克（40辆"半人马"坦克中有34辆不是因为母船负载过重而沉没就是被迫返回英国港口）将向前推进，在海滩顶部的障碍物带中打开一条通道。各个地方的坦克几乎立即投入到行动中，因为加拿大步兵此刻已进入到滩头火力所能达到的射程内。操控着滩头防御火力的德国人知道，他们只有几分钟时间来摧毁对方这股登陆的势头，否则，他们自己将被打死。

离开登陆艇，寻找到为他们提供支援的坦克后，各个加拿大步兵连立即进入到已在英国演练过上百次的行动中。里贾纳步兵团在库尔瑟勒弃船登岸，这里是整段地区防御最严密的地点，他们已做好特别充分的准备。利用航拍照片，他们将小渔村和港口分为12个区域，每个区域分配给一个排。两个突击连里的6个排将夺取沿海地区，尾随其后的两个连里的6个排将对后方地区发起进攻。8点15分在村子东面登陆的B连几乎没有遭遇到抵抗，他们迅速肃清了分配给他们的区域。与其相邻的西面，A连遭遇的情况更加困难些。6分钟前，他们在港口三门火炮的直射火力下登陆，三艘登陆艇搭载的三个排朝着海堤冲去，他们散开隐蔽时，对作战区域做了划分，10个人构成的3个小组组织起轻机枪火力，为一个接一个肃清德军火力点的步兵们提供火力支援。他们立即遭到德军炮火的打击，这些士兵刚刚离开涨潮线便闯入到这片火力网中，此刻朝他们开火的还有德国人的机枪，登陆艇驶向滩头的最后阶段便已遭到德军机枪火力的打击。幸运的是，第1骑兵团B中队的坦克已赶在他们前面登陆。19辆坦克驶入海中，向前泅渡了2000码后，其中的14辆到达滩头。此刻，它们以滩头障碍物为隐蔽，在200码的距离上对着德军火力支撑点开炮射击。支撑点内的德军炮组人员沉着还击，但并不准确，没有一辆坦克被击毁。海港出口旁有一门88毫米炮，在它身后还有一门50毫米炮，前者肯定是在盟国海军的猛烈炮击下侥幸生还，这两门大炮不停地射击，直到其护盾被谢尔曼坦克射出的炮弹炸碎。右侧的一门75毫米炮据守的时间更长些，射出两百多发炮弹，几乎将贮存的炮弹消耗一空，最后，第1骑兵团一辆坦克射出的炮弹直接钻入对方的射孔，这才将那门大炮炸毁。就在这场炮战持续进行之际，加拿大步兵们已穿过各混凝土阵地间的战壕和掩体，击毙那些不肯投降的德国人，但他们的损失也很惨重：D日当天，里贾纳步兵团阵亡了45人，大多数牺牲在滩头。

里贾纳步兵团的姊妹团，皇家温尼伯步兵团，他们的登陆经历几乎与里贾纳团完全一样。该团左侧的连队在德军支撑点西面登陆，轻松进入到开阔地带，在沿海岸沙丘布设的一片雷区中清理出一条道路，随后便夺取了雷区后方的滨海格赖埃（Graye-sur-Mer）。6天后，丘吉尔、史末资和艾伦·布鲁克将与蒙哥马利一同登上格赖埃海滩，又过了四天，国王乔治六世也来到这里。但6月6日晚上，村子西面的一座疗养院仍控制在一些俄国炮兵手中，他们不肯或不敢投降。温尼伯步兵团的D连绕过这座疗养院，和A连和C连一起，跟随着第1骑兵团的坦克赶往内陆4.5英里处，去加强克勒利（Creully）的一个哨所。

温尼伯步兵团里的另一个连——B连，经历了一番严峻的考验。该连尚未踏上海滩便遭到德军火力的打击，他们发现"炮击没有炸死一个德国人，也没有摧毁一门火炮"。许多加拿大士兵在"齐胸深的海水中"被打死，而登上沙滩的士兵们发现，他们唯一的活命机会是向敌人发起一场正面冲锋。第1骑兵团的坦克尚未登陆（在海上遭遇到事故后，只有7辆坦克驶上滩头），步兵们不得不在敌人的精确火力打击下等待了6分钟，直到那些坦克赶来。坦克赶到后，隐蔽在滩头障碍物后的士兵们发起冲锋，伤亡来得迅速而又惨烈。该连冲入库尔瑟勒时只剩下26个人，在这个小港口的房屋废墟中，迪耶普的幽灵似乎近在咫尺。

在贝尔尼耶登陆的女王禁卫步兵团同样遭遇到迪耶普似的情形。潮水和风将搭载着B连的登陆艇送至预定登陆点东面200码处，直接进入到村子火力点的射界内，这个火力点配备着2门50毫米炮和7挺机枪。坦克登陆艇不许加里堡骑兵团的坦克实施涉渡，因而此刻尚未到达。在这可怕的几分钟里，浑身湿透、瑟瑟发抖的步兵们蜷缩在滩头障碍物后，德国人的火力将一个个加拿大士兵打死在汹涌的波涛中。65人阵亡或负伤后，W.G.赫伯特中尉、勒内·泰西耶下士和列兵威廉·奇科斯基朝着10

英尺高的海堤冲去，并以这道海堤为掩护，朝德军火力点逼近。三人投出手榴弹，并用斯登式冲锋枪对着射孔扫射，消灭了掩体内的敌人。这个行动耗费了15分钟，在此期间，东面500码处，一个负责拆除滩头障碍物的战斗工兵小组报告说，他们遭到敌人50毫米火炮的压制。

最东面，距离在滨海立翁（Lion-sur-Mer）登陆的英军第3师3英里的外侧，北岸步兵团于7点40分踏上了滩头。圣奥滨海滩的海堤上伫立着一座大型混凝土炮台，盟国海军的炮击没能将它摧毁。加里堡骑兵团的两栖坦克与步兵们同时到达，立即对炮台展开轰击。但炮台内的炮组人员勇敢地操纵着他们的50毫米反坦克炮，两辆坦克被击毁在海水中。这门反坦克炮发射了70发炮弹，这才被皇家海军陆战队"半人马"坦克95毫米主炮、皇家工兵的装甲车投掷的炸穿混凝土的炸药以及加里堡骑兵团两辆谢尔曼坦克发射的高速炮弹击毁。

内　陆

加拿大部队登陆的两个小时后，沿着他们刚刚攻击过的5英里的海滩，小规模战斗此起彼伏。皇家温尼伯步兵团的B连在库尔瑟勒发现，德国人还活着，并在港口周围被摧毁的房屋内实施着抵抗。港口另一端，里贾纳步兵团占据的半个村子里，德国人又溜回到被加拿大士兵认为已肃清的战壕和坑道中。前方的连队被迫返回，再次展开艰难而又危险的战斗，用步枪和手榴弹逐一清理这些战壕。在贝尔尼耶，战斗在村子的边缘展开。在圣奥滨，北岸步兵团的预备连从后方夺取村庄时，误入到布满诡雷的房屋内。

海滩边缘的伤亡也越来越大。搭载女王禁卫步兵团和北岸步兵团的J2突击群，登陆艇刚刚后退便引爆了拴在滩头障碍物上的地雷，四分之一的登陆艇被炸坏或沉没。为温尼伯步兵团和里贾纳步兵团担当预备队的加拿大苏格兰人团被挡在海滩上，寻找着穿过沙丘雷区的通道，此刻，迫击炮火异常猛烈。另一支预备队是绍迪耶尔团，他们看到了这一切，但在地雷和迫击炮火的打击下，5艘搭载着先头连队的登陆艇沉没。登陆艇上的士兵们丢掉装备朝岸上游去，尽管大多数人到达了海滩，但却被敌人的火力压制在贝尔尼耶的海堤下，最后，女王禁卫步兵团赶来救了他们。就这样，进攻发起两个小时后，仍有四分之一的部队被牵制在突击地区。有些部队在这片地区消耗的时间更多些。北岸步兵团直到下午6点才突破圣奥滨的抵抗。但两个先头旅的主力已安全登陆，没有受到敌人的阻挠，待道路打开后，他们就将向内陆推进。在他们身后，充当预备队的第9旅，以及为其提供支援的装甲团（舍布鲁克燧发枪手团）已开始登陆。滩头挤满了人员和车辆，扫雷坦克和工兵坦克竭力在雷区中（库尔瑟勒与贝尔尼耶之间布设了14000枚地雷）清理出一条条道路，并在海堤和沙丘间炸开供轮式车辆通过的缺口。在贝尔尼耶，沙丘外一片被水淹没的地区使他们的工作变得复杂起来，最后，他们将一辆坦克沉入泥潭，再在坦克上架设桥梁，直到中午才得以通行。可是，率先登陆的各步兵连已开始向他们的目标挺进。在他们身后，一待路况允许，师里的其他部队也将跟上。

温尼伯步兵团、里贾纳步兵团、加拿大苏格兰人团和绍迪耶尔团发现他们所穿越的是一片几近荒芜的陆地。绍迪耶尔团里的法裔加拿大人在贝尔尼耶的废墟中遇到几个吓坏了的当地人，便用他们共同的语言安慰对方。离开村庄后便看不到当地人。有些人被落在德军防线后方的炸弹和炮弹炸死，其他人躲入到他们的地窖中。但如果说这里没有法国人的话，那么，德国人也很少。由于兵力短缺，德军的防御策略要求将所有士兵部署在防御地区的最前沿，这就意味着越过海滩后，内陆的一系列村庄几乎无人据守。里贾纳步兵团的士兵们在库尔瑟勒南面两英里处的勒维耶村（Reviers）没有发现任何人，温尼伯步兵团的士兵们在相邻的邦维尔村（Banville）只遇到几个无心恋战的狙击手。勒维耶村西面的瑟莱河畔科隆比耶尔（Colombiers-sur-Seulles）也有些狙击手，加拿大苏格兰人团在当天上午晚些时候穿过玉米地靠近该村时，遭到他们的冷枪袭击。这些狙击手被驱散后，加拿大士兵们继续前进，位于左翼的女王禁卫步兵团也发现，一旦进入到开阔的乡村，他们遭受的磨难便宣告结束。该团在昂盖尔尼（Anguerny）遇到德国人的小规模抵抗，但到傍晚时，这个村子便被他们彻底夺取。

回想起来，这种情况并不令人感到意外。德军第716步兵师师长里希特将军后来发现，他的四个德国营和两个俄国营，在D日结束时只剩下一个实力尚存80%的德国营。除此之外，还有些士气低落的士兵，3天后，剩下的292名军官和士兵只够组成一个战斗群。实际上，第716步兵师已全军覆没，与迪耶普战役后的加拿大第2步兵师不同，德军第716师再也不会重建了。加拿大人曾担心遭受惨重的伤亡，但这种情况并未出现，他们曾预计会损失2000人，其中包括600名被淹死者。实际上，他们总共伤亡了1000人，其中包括335名阵亡者。温尼伯团、里贾纳团和女王禁卫步兵团分别阵亡了55人、42人、61人，他们大多数隶属于遭遇到德军滩头支撑点的突击连。幸存者跟随在坦克身后，小心但却坚定地进入到诺曼底的乡村，他们摆脱了22个月前诞生于东面70英里的海滩上的幽灵，这令他们产生了一种幸福感，第二天早上，登陆获得成功的消息传回后方，所有加拿大人焦虑的心情终于得以缓解。

登陆作战的详情已令盟国远征军最高统帅部如释重负。从科唐坦半岛的美国伞兵到奥恩河东面的英军，艾森豪威尔和蒙哥马利一直关注着整个登陆区的战斗进展。他们对英军在黄金滩和剑滩顺利登陆的报告深感满意。他们为美国第4步兵师在犹他海滩登陆并与伞兵部队取得会合的顺利和神速感到欣慰。他们也为美国第1步兵师在奥马哈遭受的挫折大伤脑筋，从滩头到峭壁下，仅仅为了跨越那片海滩，该师就付出了伤亡两千余人的代价。但当天所获得的报告中，没有什么能比加拿大军队顺利登陆的消息更令他们感到满意。加拿大第3步兵师不仅赢得了一场重要的胜利，还将最高统帅部从距离上一次灾难仅仅两年后就再度使加拿大遭遇第二次国家悲剧的危险中解救出来。当天结束前，加拿大第3步兵师的先头部队已深深地进入到法国内陆，进展远远快于其他任何一个师。北岸步兵团仍在海滩附近激战，于当晚8点将德军第736掷弹兵团第2营的指挥部歼灭。而在中午时刻才登上海滩的北新斯科舍高地人团，此刻已抵达维隆莱比伊松（Villon-les-Buissons），距离卡昂郊区只有3英里了。当天晚上，德国B集团军群迟缓地将第21装甲师的一支巡逻队派给第7集团军，以发起他们在D日当天唯一的一次反击，其目标是英军与加拿大军队之间的缺口，但他们却撞上了北新斯科舍高地人团的巡逻队。加拿大人抓获了19名俘虏，剩下的德国士兵趁着夜色逃窜。盟军已踏上法国的海岸。

第四章

苏格兰人走廊

德军第21装甲师在6月6日晚向海边的推进遭遇到失败，这给希特勒对第二战线的胜负一直表现出的信心投下第一道疑虑的阴影。他曾在当年年初预言："他们将碰个头破血流，我相信届时我们会如释重负，就像迪耶普那样。"但这种信心依靠的是他把盟军困在海滩上并将对方歼灭的能力，也许会得到恶劣气候的帮助，但空中力量的打击肯定能帮上大忙。1943年12月30日，他若有所思地说道："如果他们只登陆50万人，而恶劣的气候和风暴切断他们的后援，那么，事情就好办了。"恶劣的气候会到来。至于空中力量（特别是Me-262喷气式战机），他指望他们能迫使敌人"就地隐蔽……不停地消耗他们的时间"，直到德军预备队赶到，但他这种希望未能实现：6月6日当天，德国空军起飞了319架次，损失了许多飞机，而盟军飞了12015架次，没有1个架次被敌人的空中行动打断。

德军装甲师的战斗

因此，击败盟军的登陆取决于地面部队的行动，特别是他们能否将盟军尚浅的立足点彼此分割开。6月6日晚，从海上登陆的英国军队与身处空降登陆场的伞兵取得会合，就像从犹他海滩登陆的美国军队已在当天下午与美军伞兵会师那样。早些时候，加拿大人与右翼的英军（他们在当日结束前几乎已抵达巴约）建立了联系，将在6月7日早上封闭他们与左翼英军之间的缺口，德军第21装甲师曾插入过这个缺口，随后又在D日傍晚时撤出。但盟军战线上仍有两个缺口，较小的一个位于英军与巴约北部美军登陆点之间，另一个缺口大得多，位于奥马哈与杜沃河河口对面的犹他海滩之间。这些缺口提供了诱人的前景，但困难之处在于：找到军队插入这些缺口中。隆美尔距离最近的预备队是第21装甲师，该师已经投入战斗。他手上的另外两个装甲师却位于错误的地点，

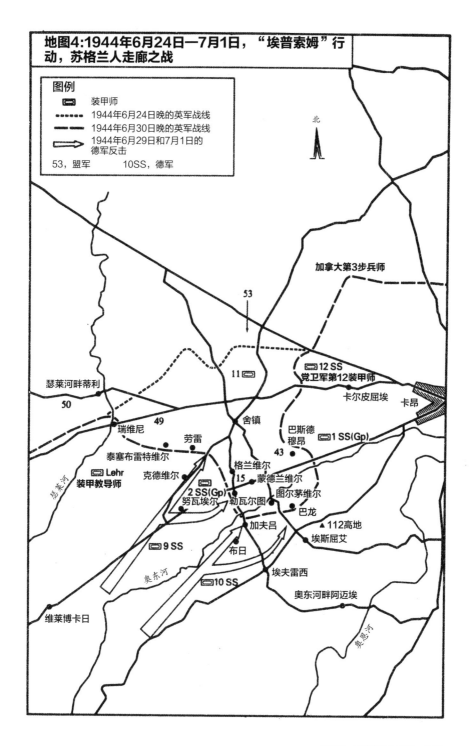

地图4:1944年6月24日—7月1日，"埃普索姆"行动，苏格兰人走廊之战

图例

装甲师

············ 1944年6月24日晚的英军战线

－－－－－ 1944年6月30日晚的英军战线

1944年6月29日和7月1日的
德军反击

53，盟军　　10SS，德军

北

加拿大第3步兵师

瑟莱河畔蒂利

50

11

12 SS
党卫军第12装甲师

卡尔皮屈埃

卡昂

53

瑞维尼

49

劳雷

舍镇

巴斯德
穆昂

1 SS(Gp)

泰塞布雷特维尔

Lehr
装甲教导师

克德维尔

2 SS(Gp)

努瓦埃尔

格兰维尔

15

勒瓦尔图

蒙德兰维尔

43

图尔茅维尔

巴龙

加夫吕

▲112高地

埃斯屈艾

9 SS

布日

埃夫雷西

10 SS

奥东河畔阿迈埃

维莱博卡日

奥东河

奥恩河

第116装甲师在塞纳河另一侧，第2装甲师的位置甚至更远，在索姆河的另一侧。装甲教导师和党卫军第12装甲师，尽管都在诺曼底地区，但距离战场还有些距离，而且他们都处在德军最高统帅部的控制下，也就是说，只有获得希特勒的明确批准，这两个师才能投入战场。步兵师在立即提供支援的问题上派不上用场。最靠近盟军登陆场的步兵师也在塞纳河的另一端，这些部队无法调用，因为希特勒相信，这些步兵师将被用于盟军在他们那片海滩上发起的第二次登陆。这些相距很远的部队缺乏及时赶往前线所需的机动性，即便赶到，他们也缺乏对抗敌人的能力。

另外，6月7日时，隆美尔不在他的指挥岗位上。他已于6月4日返回故乡斯瓦比亚休假，留下他的参谋长施派德尔负责，尽管他们俩已"充分讨论过……遭遇到进攻时应该采取的措施"，但副手毕竟不能完全替代主将。更糟糕的是，盟军发起入侵的当晚，两名德军高级将领也不在自己的岗位上。负责诺曼底地区防务的第7集团军司令多尔曼，在雷恩举行沙盘推演，结束演习后，第91空军野战师师长在返回途中遭到美军伞兵的伏击；装甲教导师和党卫军第12装甲师隶属于党卫军第1装甲军，而该军军长泽普·迪特里希却在布鲁塞尔。因此，德军指挥链呈现出这样一幅情形，向上，从施派德尔到伦德施泰德（他此刻待在巴黎郊外圣日耳曼的西线总司令部内），再从那里连接至元首大本营（暂时设在贝希特斯加登的贝格霍夫）；向下，这条指挥链直接联系着各装甲师师长。

盟军伞兵逼近即将成为诺曼底战线的两端时，施派德尔正在举行晚宴。来宾之一是恩斯特·荣格，这位作家曾经历过第一次世界大战的堑壕战，读过他那本《钢铁风暴》的年轻德军士兵（他们的人数可能非常多，因为荣格是获得纳粹政权首肯的作家）都得到了一个可怕的警告：即将到来的战斗对他们意味着什么。盟军伞兵着陆的消息传来时，宴会仍在进行中。施派德尔立即发电报给隆美尔，请他返回，同时，他试图让党卫军第12装甲师出发，赶往危险地区。上午和下午，命令与取消先前命令的命令接踵而至，因为希特勒对抗击盟军登陆的措施犹豫不决。在晨会上，他以乐观的态度对最高统帅部参谋长凯特尔做出总结："这个消息再好不过了。只要他们待在英国，我们就够不着他们。现在我们逮住他们了，我们可以将他们消灭掉。"希特勒期待驻守在滩头的步兵就能完成这个任务，因而取消了派出装甲师的命令。午饭后，前线的战况急转直下，他又改变了主意，同意将党卫军第12装甲师的控制权交给多尔曼的第7集团军。但此刻已为时过晚。

党卫军第12装甲师师长，旅队长维特于6月6—7日夜间赶到被歼灭的第716步兵师的师部时，带来了他在旅途中遇到的一件窝心事："我赶到您这里花了大约八个小时。因为空袭，我在路边的壕沟里躲了足足四个小时。我的师在前进中遭受到人员和装备的严重损失。"但不久后，党卫军第12装甲师先头部队的指挥官赶到了，为这场会晤带来了热情。他就是库尔特·迈尔，党卫军士兵的典范，对构成这个师的希特勒青年团成员们有着磁铁般的吸引力。他提出的计划激进而又实际。他不打算寻找昨天存在于加拿大军队与英军之间的缺口，而是提出了自己的建议：将敌人赶下大海。迈尔战斗群由他自己的党卫军第25装甲掷弹兵团的三个营组成，外加师里一个配备着四号坦克的装甲营，他们将从第21装甲师的左翼插入，两支部队并肩前进赶往海滩。迈尔的先头部队从利雪（Lisieux）另一端赶来，40英里的路程艰难无比，平均速度只有4英里每小时，但在6月7日中午前，他们终于赶到了。迈尔在阿登修道院的一个塔顶上找到个观察点，可以从西面俯瞰卡昂；但在中午，等待他指挥下的其他部队抵达时，他发现大批加拿大士兵（可能是北新斯科舍高地人团的士兵）进入到自己的防线中，因而决定抢在对方发起进攻前立即展开攻击。这场即兴式进攻打垮了对方，夺得一些土地，并抓获了一些俘虏，其中的23人当即被杀害，这种暴行还将多次上演，从而使"希特勒青年团"师成为盟军在诺曼底遇到的最令人痛恨的德军部队。但强大的加拿大炮兵，在海上舰炮火力的支援下，打破了德军的进攻，并使舍布鲁克燧发枪手团得以发起一场反击，这场反击异常猛烈，迈尔的几个营饱受重压，他赶去为其中的一位营长打气时才发现那个倒霉的家伙已被一发坦克炮弹炸飞了脑袋。

因此，6月7日夜晚前，党卫军第12装甲师没能完成与前一天晚上第21装甲师同样的任务，而第21装甲师在当天根本就没有发起进攻。德国人损失了31辆坦克，而且，从这一刻起，他们将面对越来越激烈的抵抗，因为盟军后续部队已赶来为先头登陆部队提供支援，并用推土机在诺曼底的黏土带上设置机场。拜尔莱因将军是一名沙漠战的老将，他率领装甲教导师赶赴前线时再次发现盟军近距离空中支援对他的部队所造成的影响："6月7日中午前，我的部下已将从维尔（Vire）到勒贝尼博卡日（le Beny Bocage）的主干道称为'战斗轰炸机的赛马场'。每部车辆都用树枝加以伪装，并沿着灌木丛和树林边缘行进……但到当日结束前，我已损失了40辆汽油车和90部其他车辆。我还被击毁了5辆坦克，84辆半履带车、拖车和自行火炮。这些损失对一个尚未投入战斗的师来说相当惨重。"

装甲教导师是德国军队中实力最强的装甲师，也是6月6日晚希特勒从他的预备队中调出，派往诺曼底前线的部队之一：党卫军第2装甲师已从图卢兹（Toulouse）开始了向北的长途跋涉，党卫军第17装甲掷弹兵师从卢瓦尔河（Loire）南面出发，距离较近的第77步兵师离开了圣马洛（St Malo），第3伞兵师则从布雷斯特赶来。经历了一场危险的汽车之旅后，隆美尔此刻已回到法国，上述部队抵达前线后将由他统一指挥。6月6日晚，他抵达了设在塞纳河畔拉罗舍居伊翁城堡（La Roche Guyon）内的指挥部，第二天的第一件事就是去拜访西线装甲集群司令盖尔·冯·施韦彭堡将军，在施韦彭堡的指挥下，各装甲部队将整装列队，对敌人发起反击。地图上的态势依然提供着诱人的前景。美军的几个登陆场纵深较浅，相互间的距离较大，其中较大的两个登陆场显然仍由伞兵们控制着。另外，入侵者不得不面临着两个选择，向南会遇到从布列塔尼而来的德军师，向北则会遭遇到科唐坦半岛的德军。美军的另一个滩头阵地——奥马哈——也很有吸引力，占据这片登陆场的部队是D日当天损失最惨重的一股。他们可能仍在犹豫不决，事实上，他们并未进入到一个稳固的防御阵地以加强他们的立足点。德军可以从奥马哈两侧发起进攻，因为在任何情况下，成功都意味着将敌人分隔开。缴获的文件表明，美国人最初的意图是向瑟堡推进，这就使得插入到奥马哈与犹他海滩之间的缺口尤为理想。但同样理性的想法是，对英国人和美国人之间的缺口发起进攻，从而扩大他们之间的间隔，最终，先消灭他们中的一股，然后再歼灭另一股。而这些计划遭到反对的主要原因是距离，从卡昂到犹他-奥马哈缺口有40英里，赶往英军与美军登陆场之间的缺口则为20英里。如果德军装甲师能从卡昂附近的近距离作战中脱身，便能以一夜的行军赶至第一个缺口处，到达第二个缺口则需要两夜。但是，一旦到达，无法保证这些部队能被及时收回，而一旦他们离开，可以预料，英军会夺取卡昂，或突向城市南面，或是二者兼具。从卡昂到巴黎只有100英里，是一片平坦、畅通无阻的平原。

因此，隆美尔决定，必须在敌人的实力变得更加壮大前发起进攻，特别是要趁对方的装甲部队尚不及自己强大前，进攻点必须尽可能靠近卡昂。6月8日一早，他给三个装甲师（第21装甲师、装甲教导师和党卫军第12装甲师）下达了命令，实施集结，冲向巴约与卡昂之间的盟军防线，那里有足够的空间让他们并肩发起进攻。计划总是比实施来得更容易些。福伊希廷格尔将军的第21装甲师仍在卡昂附近与英军第3师纠缠在一起，该师的步兵在绿篱和村落中战斗，坦克单位则忙着封闭防线上的缺口，以挡住入侵者猛烈的攻势。迈尔的部队与加拿大人的战斗暂时告一段落，但党卫军第12装甲师的其他部队已经赶到，尽管他们的坦克因为缺乏燃料而无法采取进一步行动。装甲教导师从沙特尔（Chartres）起便落在后面。在法莱斯（Falaise），该师遭遇到很快被诺曼底德军部队称为"纽伦堡集会"部队的空袭，盟军的轰炸机中队层层叠叠，平稳地飞过开阔的天空。稍远处，拜尔莱因将军和他的指挥车被三架战斗轰炸机逮住。拜尔莱因负了伤，他的司机被打死，副官只是因为从燃烧的汽车上跌入一个混凝土涵道口才侥幸捡了条命。

隆美尔清醒地意识到，凭他手上这么点力量，无法在当天发起他的坦克攻势。但他必须对盟军的桥头堡保持压力，他命令党卫军第12装甲师恢复对加拿大人的进攻。残酷的战斗又持续了一天一夜，在这一过程中，又有45名加拿大战俘被杀害在阿登修道院的围墙下。当天一早，皇家温尼伯步兵团被包围在卡昂西面，巴约公路上的皮托（Putot），战斗持续了一整天，最后，该团于当晚被加拿大苏格兰人团和第1骑兵团救出。4个连队中的3个遭到严重损失，全团不得不撤离前线。几乎就在他们获得解救的同时，迈尔在靠近卡昂的某个地方介入到战斗中。此时的天色越来越黑。他骑着摩托车行驶在前方，这是他最喜爱的指挥车，沿着卡昂—巴约公路向西而行，师属黑豹装甲营尾随在他身后，侦察营的士兵们坐在坦克车身上。在布雷特维尔洛尔盖勒斯（bretteville l'orgueilleuse），距离里贾纳步兵团团部不远处，德军坦克停了下来，对村子实施炮击。随后，他们认为对方的抵抗已被打垮，于是驱车向前，绕过加拿大士兵们的阵地，寻找着进入村子展开厮杀的道路。里贾纳步兵团的士兵们一直没有开火，这对一个步兵营来说极为罕见[①]，然后，他们用几门反坦克炮给敌人的装甲部队造成了沉重的损失。6个小时前，迈尔率领着22辆黑豹坦克开始了他"女武神的飞行"，此刻，6辆坦克被击毁，拂晓的微光出现在巴约方

---

① 里贾纳步兵团名义上是团，但只辖有一个步兵营。

向时，他调转摩托车，离开了燃烧着的废墟。

他期望能再次回来。但隆美尔在6月9日晚些时候决定推迟反击，直到更多的部队从内陆赶到。与此同时，制定计划的任务被委托给盖尔·冯·施韦彭堡将军。迄今为止，他的司令部扮演着第二指挥部的角色，尽管他们的明确任务是准备和指挥大规模装甲部队的行动，该司令部一直保留着必要的部队，直到盟军出现在海滩上，实际上，盟军登陆后，该司令部仍将这些部队保留了一段时间。现在，这个司令部积极运作起来，带着一些无线电设备设立在卡昂南面12英里处的蒂里阿尔库尔（Thury-Harcourt），施韦彭堡和他的参谋人员住在拉坎城堡（La Caine）内，文员和通信员则在附近一座果园内搭设起帐篷。司令部的通信由4辆大型无线电通信车提供。可是，他们的无线电电波刚刚传入空中，便被英国的监听机构获取，并对拦截到的信号进行通信量分析。通信量分析这种技术是用于确定无线电信号从何处发出，而不是破译密码电波的内容——破译密码的工作由位于布莱切利公园（Bletchley）的"超级机密"小组完成。

"超级机密"为盟军赢得诺曼底战役发挥了重要、也许是决定性的作用。原因很简单。与任何一个军事强国一样，在二战爆发前的数年里，德国一直在设法简化他们使用机械编码安全传送大量军事情报的方式。被他们选中用于执行这个任务的机器是一款商业型号，名为"恩尼格玛"。从外表上看，它就像一台打字机。实际上，有一张著名的照片：古德里安站在他的指挥车内，胳膊肘处是他的"恩尼格玛"操作员，多年来，不明就里的人认为他是古德里安的打字员。但出于军事目的而对这种机器的电路加以复杂化后，"打字员"可以将一份未加密过的文件以近乎无限的方式之一加密，每天都可以对特定的设置加以更改。因此，德国人认为这种加密方式是无法破解的。

但他们错了。1939年前，波兰人已成功地复制了一台"恩尼格玛"

密码机，并将这台机器交给英国人。英国人随后在伦敦郊外的布莱切利公园成立了一个由数学家、密码学家和工程师组成的小组，他们在1940年前设计出额外的机电设备，可以将一份密码电文可能的变化加以排序——如果有足够的时间。对这个小组来说，幸运的是，一些德国发报员（主要是德国空军人员）粗心的做法，使得被称为"炸弹"的机电设备获得了一个良好的开端，从而大大缩短了截获与破译敌电文之间的时间。就这样，大批最具战略价值的情报被英国人加以利用，而破译电文的时间缩短为几个小时后，许多情报变得极具战术价值。例如，阻止敌人发起的反击，在对方尚未展开行动前便已付诸实施，1944年8月，他们就这样击败了德国人的"莫尔坦"行动。在这种情况下，不让敌人知道他们的无线电通信已被破译的事实成为重中之重，以免因小失大。因此，如何使用破译"恩尼格码"得到的情报（这被称为"超级机密"），这种选择极其困难，"超级机密"的故事中，最为显著的一个要素是，盟军做出的选择从未出卖过他们的消息来源。

通过通信量分析（德国人自己就是这方面的专家）来消灭敌军指挥部，不会构成泄密的危险。第二次世界大战前很久，交战双方都心照不宣地遵守着一个古老的传统，不对对方指挥官实施暗杀行为，诺曼底战役初期也没有想过这类行动。但在6月10日晚，皇家空军第83大队的台风战斗机和第2大队的"米切尔"中型轰炸机突然出现在拉坎城堡上空，对城堡展开了毁灭性打击。施韦彭堡和他手下的一名军官带伤逃脱，他的参谋长冯·达万斯和另外12名军官被炸死，司令部的设备也被炸毁，幸存者转移到巴黎。西线装甲集群彻底停止了运作，各装甲师的指挥权暂时委托给党卫军第1装甲军军长，这位军长并不赞同施韦彭堡发起一场大规模坦克反击完全可行的看法。

就算德军照计划行事，这样一场反击也将撞上从另一个方向而来的英军坦克攻势。蒙哥马利已将一个装甲师送上岸，这就是英军第7装甲师，经历过西部非洲征战岁月的隆美尔和拜尔莱因对这支号称"沙漠之鼠"的部队非常熟悉。该师辖有4个装甲团，近300辆坦克，他们曾据守过阿莱姆哈勒法防线（Alam Halfa line），在阿拉曼突破了隆美尔的阵地，并沿着漫长的海岸公路将非洲军从埃及逐至突尼斯，这都说明这是一支实力强大的作战部队。蒙哥马利了解该师的历史，对这个师信赖有加，他相信投入该师可以让自己打开向西的通道，绕过卡昂，从后方对被牵制在卡昂附近的德军装甲师发起打击。他向他的参谋长解释了自己的计划，第7装甲师将穿过蒂利（Tilly），那里位于"装甲迈尔"发起夜袭的地点的西面，"确保维莱博卡日（Villers-Bocage）和埃夫雷西（Evrecy），然后向东南方推进"（即向巴黎前进）。与此同时，D日的后续师之一，第51高地师，将"一路向南，对卡昂的东面发起进攻，直奔卡尼（Cagny）"。随后，他将投入第1空降师（该师仍在英国待命），"在卡昂南部的某处实施一场大规模空降……从埃夫雷西和卡尼而来的英军部队将与这些伞兵取得会合。"这样就能以装甲部队、步兵和伞兵对卡昂实施一场三面包围，确保对方不得不投降。

情报拦截促成了对德军西线装甲集群司令部的空袭，但布莱切利公园的"超级机密"小组还有个意外收获，他们获知了德国人即将发起进攻的情报。蒙哥马利已于6月8日在诺曼底登陆，并在巴约与卡昂之间的克勒利（Creully）设立起指挥部，他觉得自己可能会遭遇到麻烦，第1空降师也许会以全军覆没而告终（3个月后在阿纳姆，他却少了些谨慎）。于是，他选择了更为温和的目标：从卡昂两侧继续对德国人保持压力。因此，6月10—12日期间，第51高地师从"空降登陆场"向内陆推进，对卡尼形成了威逼态势，但并未威胁到德军第21装甲师的防区，与此同时，第7装甲师从蒂利一路向南，直奔维莱博卡日。他们进入到艰难、极具特色的诺曼底乡村，这是盟军的第一次重大冒险。《拉鲁斯百科全书》将"博卡日"这种绿篱地称为"令人愉快的荫凉林地"。林地位于矮小、浓密的灌木篱墙间，这些封闭的土地最初由凯尔特农夫们垦荒而来，罗马人到来前，他们一直耕作着这些土地，狭窄、蜿蜒的小径将一块块土地分隔开。经过一千多年的生长，绿篱的根已与土堤紧密缠绕，构成了一道道障碍，"甚至连推土机也对此无能为力"，而冬雨和牛蹄的践踏使得小径的路面远远低于周围的田地。因此，这片乡村非常适合实施反坦克防御。敢于向它发起挑战的坦克组员们必须小心防备从各片农田边界射来的反坦克火箭弹，或是冒上在小径上遭遇伏击的风险，树篱间的这些道路极为狭窄，甚至无法转动坦克炮塔。如果希望取得更快的进展，他们只能沿较宽的道路行进，但每隔几百码便会遇到坚固、石制建筑构成的村庄，村内的每座房屋都是个伏兵堡垒，每座谷仓内都隐藏着一门反坦克炮。在这支解放大军的所有士兵看来，绿篱迅速失去了"令人愉快的荫凉林地"的含义，现在代表着近距离内一阵突如其来、意料不到的冲锋枪火力，或是"铁拳"击中一辆什么也看不见、行动受限的坦克的车身时发出的巨响和喷出的火焰。

"沙漠之鼠"冒险进入的这片绿篱地带，早已被隆美尔分配给拜尔莱因的装甲教导师防卫。尽管装甲教导师的实力相当强大，但他们负责的防线长达10英里，这就意味着如果他们要对各处都加以防御的话，该师辖下的2个装甲营和4个步兵营将被严重拉伸。拜尔莱因最大的希望是"沙漠之鼠"师会沿一条狭窄的轴线展开进攻，这就能让他的坦克和半履带装甲车获得发起反击的机会。幸运的是，英军第7装甲师师长厄斯金真的这样做了，这就使装甲教导师和一个配属的党卫军虎式装甲连得到了一些打击目标。在4天缓慢而又艰难的战斗中，英军逐渐逼近维莱博卡日，但每前进一步都要付出人员和坦克的损失。6月13日，第7装甲师的先头部队终于进入了维莱博卡日，但他们穿过村子来到另一端时，遭遇到党卫军第501重装甲营的伏击，该营自6月7日从博韦（Beauvais）出发后一直在赶路，已渡过塞纳河来到这里。第501重装甲营先头连的连长，二级突击队中队长魏特曼，是一名东线战场的老将，他在那里凭借自己非凡的技艺和勇气获得过骑士铁十字勋章，随后又赢得了橡叶饰，他拥有击毁117辆苏军坦克的个人记录。6月13日清晨，维莱博卡日村外，魏特曼在路边的一片小树林中等待着，他看见第7装甲师的先头部队离开了村子。这支先头部队是一个装甲营——第4伦敦郡义勇骑兵团（神射手团），为其提供支援的是第1步兵旅搭乘着半履带装甲车的一个摩托化营。

魏特曼没有开火，而是让"神射手"团为首的"克伦威尔"坦克靠近到80码距离内，然后用虎式坦克的88毫米口径主炮将其摧毁，从而堵住了道路。魏特曼相信"克伦威尔"坦克的75毫米主炮无法射穿虎式坦克的装甲板，便离开藏身处，沿着英军队列而行，将那些坦克一辆接一辆地击毁，并用车载机枪扫射英国人的步兵战车。队伍前方起火燃烧的"克伦威尔"坦克堵住了道路，英军队列无法前进，而战术指挥的崩溃又使他们无法实施有序的后撤。第8骑兵团是第7装甲师的侦察团，他们迅速赶来营救，但刚刚进入战场，便遭到魏特曼连里另外四辆虎式坦克的打击，损失了一些坦克后被驱散。此刻，激战声已惊动了虎式装甲营里的另一个连队，指挥该连的是一级突击队中队长默比乌斯。装甲教导师保持着无线电静默，以免将战术情报泄露给敌人，带着"向枪声响起处前进"的优良传统，默比乌斯一路向前，随即发现通向维莱博卡日的道路畅通无阻，于是进入村内。守卫村子前端的是第7装甲师的反坦克团，他们将6磅反坦克炮布设在街道上，掩护着村子的接近地。这款出色的反坦克炮对四号坦克来说可能是致命的威胁，但对虎式坦克几乎无法造成什么伤害。不过，跟随在默比乌斯身后的魏特曼不幸沦为了受害者，一发炮弹炸断了他的一根履带，迫使他和他的组员跳出坦克隐蔽起来。其他的虎式坦克沿着狭窄的街道隆隆而行。一辆虎式坦克摧毁了一所房屋，隐蔽在房屋阴影处的一门英军反坦克炮也跟着遭了殃。其余的反坦克炮被德国人绕过。过于自信的德军坦克深入到村内房屋密集区，这才沦为隐蔽在地窖和屋顶的英军步兵近距离武器的猎物。两辆虎式坦克起火燃烧后，其他坦克撤出村子。但下午晚些时候，装甲教导师的步兵对维莱博卡日发起一场反击，重新夺回了该村。英军第7装甲师丧失了他们的战果，退回到蒂利，还损失了25辆坦克、28辆履带式车辆和大批人员。

进 入 战 场

促使厄斯金和蒙哥马利将军决定脱离战斗的一个主要因素是，有消息传来，在装甲教导师分散的单位中出现了另一个德军装甲师的部队——第2装甲师。该师的一些步兵被英军第50师俘房，第50师一直在第7装甲师左侧更靠近卡昂的地方作战。这种情况引起了英国人的焦虑，不仅因为第2装甲师是德国国防军中最具经验的装甲师之一，从波兰战役到1943年的乌克兰防御战，这个师曾赢得过许多战场殊荣；另外，他们还是渡过两条大河（塞纳河和卢瓦尔河）第一个赶到诺曼底前线的德军装甲师。该师的基地位于亚眠（Amiens），6月7日接到了开拔令，因此，他们在路上的平均速度不超过每天20英里。但问题是，他们赶到了。另外一些装甲师正在路上；第116装甲师从巴黎赶来，党卫军第17装甲掷弹兵师从卢瓦尔河南部而来，党卫军第2装甲师从图卢兹地区赶来，第11装甲师从波尔多而来，党卫军第1装甲师从布鲁塞尔赶来，甚至还有第9装甲师，他们也从罗纳河下游的阿维尼翁（Avignon）赶来。如果希特勒命令这些部队与党卫军第12装甲师、装甲教导师和第21装甲师会合，他们需要多长时间完成这段行程，又会以怎样的状态到达？诺曼底登陆战进入第二周时，这些问题对盟军最高统帅部来说重要而又紧迫。

众所周知，盟军空中力量对法国交通系统进行的轰炸比较粗略，在某些地区，法国铁路工人通过抵抗组织强烈表示，希望盟军采取更加周密的空袭行动。蒙哥马利可能还不知道，奉命赶赴战场的德国军队花了多大的精力去解决路上遭遇到的障碍以及对其运输发起的攻击。如果能看到敌人那里的情况，他肯定会大受鼓舞。德国人遭遇到的困难，一个典型的例子是党卫军第2装甲师在途中的经历，该师于6月6日晚从法国最南面的图卢兹地区出发，当天，师里的一些轮式车辆踏上了征程。而他们的坦克，为避免到达诺曼底前线前磨损履带，被集结于蒙托邦（Montauban），以便用铁路平板货车运送，但他们不得不等待四天才能搭上火车。铁路编组场随后遭到盟军的猛烈轰炸，这又造成进一步延误。6月11日，第一批火车沿着主干线穿过利摩日（Limoges）和沙托鲁（Chateauroux）到达卢瓦尔河时，他们发现河上只有一座桥梁可用，这座单向桥位于索米尔（Saumur）附近的波莱特港（Port Boulet）。这座桥梁在6月14日被炸毁后，交通运输不得不转至图尔拉里什（Tours-la-Riche）的另一座桥梁，但这座桥梁遭遇到轰炸后已变得极为脆弱，无法承受火车头的重量。因此，德国人不得不将车皮拆下，一节节推过桥去，在另一端找来新的火车头后重新加以组装。该师最后一批通过铁路运输的部队直到6月23日才到达前线，450英里的路程用了17天，正常情况下只需要5天。

党卫军第2装甲师的轮式车辆在路上耗费的时间较少，但并非毫无困难，只是形式不同而已。盟军登陆的消息为当地抵抗组织敲响了警钟，在卢瓦尔河南部过去未被德国人占领的地区，这些抵抗组织的实力相当强大，他们当中的神射手一直从远距离保持着对党卫军第2装甲师队列的射击。"元首"团第1营营长在一个村子停车后被游击队俘虏，他的部下花了一天两夜搜寻他，但却徒劳无获。该团第4营的一名军官在同一地区被狙击手击毙，德国人做出了完全不同的反应。距离最近的一个村庄，格拉讷河畔奥拉杜尔（Oradour-sur-Glane），被选定为实施报复的目标，642名村民，其中包括207个孩子，被赶入村内的教堂，德国人纵火焚烧教堂，从教堂内逃出来的人都遭到枪杀。

德国人在卢瓦尔河北面遇到的抵抗活动较少，但来自盟军的空袭却更加猛烈。6月11日，隆美尔向希特勒大本营的凯特尔汇报，"敌人已彻底控制了战场的天空，其范围一直延伸至距离前线100公里的后方，威力强大的战斗轰炸机和轰炸机编队几乎使道路和开阔地上所有的交通都无法在白天进行。"一支赶往前线的步兵师（如果装甲部队要摆脱近距离作战并集中全力发起一场反击的话，步兵师是一支重要的支援力量）的经历强调了盟军的空袭是如何对德军的行进加以破坏的。6月6日，第275步兵师的一个战斗群奉命从布列塔尼南部的勒东（Redon）赶往诺曼底前线。与装甲师不同，德军的步兵师没有机械化运输能力，因而只能靠步行或搭乘火车完成命令。搭载该师的前三列火车在6月7日清晨离开勒东，遭遇到多次空袭的骚扰后，其中的一列居然在当天下午2点到达了位于作战地区外围的阿夫朗什（Avranches）。身后的铁路线遭到盟军的空袭，并被炸断，紧随其后的第二列火车在距离阿夫朗什不远处停了下来，停顿期间同样遭到盟军飞机的袭击。车上的工兵营伤亡了许多人，他们随后下车，按照指令步行前进。这里距离前线仍有60英里。这些空袭事件发生时，搭载该师其他单位的火车位于先头部队身后30英里处，前方铁路线有3处被炸断的消息传来后，他们停了下来。改道后没多久，火车再次停顿不前，因为有消息说，这条路线有19处被炸断，他们耗费了24小时等待新的命令。上级命令他们绕道富热尔（Fougères），可他们很快便报告说，那条路线被堵得水泄不通。12列火车堵在这条铁路上，铁路的军方管理人员宣称他们无法保证火车能向前通行。因此，上级部门决定，所有人员和装备下车，通过公路赶赴前线。不到30英里的路程已令他们花费了三天两夜的时间，在公路上，他们至少还要耗费3天。6月11日，该师的两个营率先赶到战场，他们靠自行车完成了这场跋涉。面对这些情况，第7集团军司令部认为，部队的调动根本无法依靠铁路线，因而解散了D日当天设立的负责组织交通的办公室。

因此，对于除装甲师以外的所有部队来说，赶赴前线的公路漫长而又艰难——尽管第15集团军的一些步兵师距离前线最近，但希特勒禁止调动这些部队，从而使其他部队的前进路程变得更加漫长。即便是装甲师，由于盟军对其集结待命区的空袭而使他们的燃料和补给发生短缺，其行程的特点是频繁中断、焦虑万分。对费力前行的德军士兵来说，他们穿着钉着钉子的军靴，戴着钢盔，穿着湿透的军装，冒着漫长而又炎热的六月天从卢瓦尔河南面跋涉而来，这是一场痛苦、疲惫的征程，他们只能通过反复高唱德国军队自七年战争起便一直在行军途中所唱的歌曲来排除这种疲惫——"我看见一只小船驶来"和"西里西亚，我的故乡"。

瑟 堡 的 陷 落

6月10日，美国第1集团军的情报部门发现，又一个德军师从卢瓦尔河南面赶来，这就是党卫军第17装甲掷弹兵师，他们成功渡河后出现在战场上，这是美军前线上出现的第一支德军装甲部队。装甲掷弹兵师并未配备坦克，只有一个突击炮营为他们提供进攻矛头（6月10日时，这个营仍在铁路平板货车上）。但这个师的步兵具有机动能力，他们训练有素、年轻、富有献身精神。第1集团军希望能守住自己的防线。

自登陆战发起的两天来，第1集团军已将两处滩头阵地牢牢地连接在一起，其态势已大为改善。在艾森豪威尔不满的鞭策下，奥马哈滩头上的第5军军长已于6月9日将他的侧翼推进到维尔河（Vire）。犹他海滩的第7军费力地突破了洪泛区和一些河流，以便与其他美军部队取得会合，部分原因是伞兵部队遭受到打击，他们缺乏重装备，无法打破敌人的抵抗。卡郎唐（Carentan）是个小而顽强的村镇，挡住了向南通往圣洛（Saint-Lô），向东通往伊西尼（Isigny）的道路，第5军的先头部队停在那里，直到6月12日清晨才将该镇夺下。据守该镇的是德军第6伞兵团，率领该团的是经历过克里特岛战役的老兵冯·德·海特上校，这个伞兵团的战斗力和决心并不逊色于进攻方，只是在战斗变得不平等后，他们才撤离了战场。这些德军伞兵在镇子南面设置了一道新防线，准备挡住美军的进一步推进。美国第1集团军确实急于朝那个方向推进，因为通往布列塔尼的道路就在那里。但他们此刻更为关心的是向位于英军身边的第5军阵地推进，以平衡中央滩头阵地的深度，同时还应向西突破位于科唐坦半岛底部狭窄的立足地，并向该半岛的另一端海岸前进。因此，尽管党卫军第17装甲掷弹兵师和第2装甲师已出现在美军前线，但第7军的主攻目标已集中于跨越洪泛区，直奔大西洋海岸的任务上。担任先头部队的是最先在这片地区登陆的伞兵，但他们已得到D日当天在海滩登陆的第4步兵师的增援，第4师登陆后，另外两个步兵师，第9师和第90师也已登上海滩，第四个师是尾随其后的第79步兵师。抗击美军部队的是四个德军师，其中的第91师，自6月6日以来，10000名士兵已损失了4000多人，第709和第243师都是机动性较低的"静态师"，而从位于下布列塔尼的驻地赶往前线的第77步兵师，在途中吃尽了苦头。美国第7军军长J.劳顿·柯林斯将军去年曾在太平洋的瓜达尔卡纳尔岛上经历过艰难的苦战，在那座岛屿的密林中，每前进一码都要付出人员伤亡的代价，柯林斯倾向于驱使他的部下和他们的士兵不顾伤亡地前进，他的作风更像是一位南北战争期间，而不是二战时期的将领。第90师师长的行动没有快到令柯林斯满意的程度，于是，他被柯林斯撤了职，曾在北非战斗过的第9步兵师实施超越，行进在最前方。6月13日，美军伞兵出现在梅尔德雷河（Merderet）对面，令那里的德军和隆美尔的司令部惊慌失措，第二天，德国人发现，这些伞兵的身后已建起一座桥梁。尽管这个举动将隆美尔的注意力分散到美军离开半岛，朝西南方赶往库唐斯（Coutances）、格朗维尔（Granville）或阿夫朗什的可能性，但事实上，柯林斯正催促他的部下们一路向前。6月17日，第9步兵师前进了6英里，大海已进入他们的视野，经过一场与绝望的德军后卫部队的夜战后，第二天，第9步兵师的先头部队抵达了大西洋岸边的巴尔讷维尔（Barneville）。

柯林斯立即重组了他的部队。两个空降师，第82师和第101师，与被替代的第90师一起，重新排列为面朝南方。另外几个师，第4步兵师、第9步兵师和第79步兵师已横跨半岛，转身面向北方，直奔瑟堡而去。就这样，柯林斯使希特勒（他已在前一天抵达法国，与伦德施泰德和隆美尔举行会晤）面临着他在盟军入侵前一直视为对欧洲壁垒的安全最大的威胁——丢失一座重要的港口。希特勒命令确保半岛颈部的畅通，但实现这一目标的机会已然丧失，他的命令只是让危险更加逼近。现在，他又使必然的结局加速到来，他坚持在开阔处组织港口防御，远离固定防御阵地，从而使盟军的空中力量和装甲部队得以将他们可怕的威力发泄到无遮无掩的德军步兵头上。美军第4步兵师在6月19日拂晓发起的进攻突破了德军侧翼防线，而希特勒已命令他的部队必须在这道防线上坚守，当天傍晚前，美军已推进至瓦洛盖（Valognes），这是科唐坦半岛上位于瑟堡前方最后一座重要的镇子。第二天，3个美军师排列在瑟堡郊外的防御工事前。尽管希特勒的坚守令要求这些防御工事上的士兵们死战到底，但瑟堡四个德军师的指挥官，冯·施利本将军，实际上并不了解各个师的实力状况。

但争夺城市和港口的战斗丝毫没有因此而减弱。这里的防御在19世纪得到大力加强后，德国人又进行了强化，他们希望将这座港口城市变为新加坡，各条通道上布满了碉堡。柯林斯暂停了两天，以便将他的炮兵调上来，准备发起突击。6月22日他发动了攻击，最初的打击粉碎了控制着进入港口的通道的三座山脊上的工事，但美军士兵随即发现，他们进入到一片碉堡地带，要想获得进展，只能靠巴祖卡火箭筒和炸药包一点点向前推进。德国人将非战斗人员（水手、文员和"托德"组织里的建筑工）纳入到防御部队中，冯·施利本慷慨地颁发着空投进包围圈里的铁十字勋章。通过这些办法，他使美军攻入市中心的时间被拖延至6月26日，但在这一天，他组织起的防御终于土崩瓦解。当天晚上，他给隆美尔发去电报："进一步的牺牲已无法改变任何事情，"隆美尔的回电是："您必须遵照元首的命令战斗到最后一颗子弹。"但施利本还是在掩体的坑道口向美军第9步兵师师长投降了。

大 风 暴

德国人投降前，瑟堡的港口及其装卸设施已被彻底摧毁，在接下来的几天里，美国人发现了这一点，这番破坏的直接后果使希特勒松了口气，但并未能平息他的怒火。6月21日，他曾发电报给施利本，说他希望施利本"像守卫科尔伯格（Colberg）的格奈泽瑙那样进行这场战斗"——那是拿破仑战争期间普鲁士军队的一个传奇。瑟堡即将投降的消息促使他下令对那些玩忽职守或犯有过失的指挥官军法从事，这个威胁导致第7集团军司令多尔曼将军于6月28日服毒自尽。瑟堡失守的本质是一次心理上的打击。希特勒和他的指挥官们认为，尽管盟军具备了相当丰富的两栖登陆经验，但他们也许无法在法国开阔的海滩上立足，更无法从如此脆弱的立足点发起任何大规模攻势，因此，他们最终会遭到失败。瑟堡战役是一场大规模攻势，而且获得了成功，尽管在这个过程中盟军因为一场夏季风暴遭受到祸害，而希特勒曾一直寄希望于海峡南岸的夏季风暴能破坏盟军鲁莽的两栖登陆。

6月17日，指挥入侵部队海军单位的拉姆齐上将，受到好天气的鼓励，下令将用于大型人工港（两座人工港正在圣洛朗和阿罗芒什构建）

最后、最脆弱的部件送过海峡。这是一条浮动的道路，最终将在"桑甚"港口的水域内提供长达7英里灵活机动的码头。部分人工港已经安装，6月19日，2.5英里长的码头部件从英国南部的港口拖出。进入诺曼底海岸的视野内，他们遭到向岸风的袭击，狂风卷起巨浪，吞没了一切。但这并未彻底摧毁"桑甚"人工港。人工港精妙的设计和代价高昂的准备整整耗费了两年时间，每一座都由5个部件组成，其中的3个是防波堤："低音号"是一连串充气橡胶袋，目的是吸收拍岸浪的力量；"凤凰"是空心混凝土沉箱，其大小犹如一座五层楼建筑；"醋栗"则是废弃的商船和军舰，准确定位后沉入海底。"醋栗"和"凤凰"为两座"桑甚"人工港构成了防护堤。登陆舰穿过二者间的缺口进入，在浮动的码头处卸下货物（丘吉尔"码头随着潮水上下浮动"的想法为整个人工港的概念提供了最初的动力，这个想法最终得以实现）。从浮动的码头处，浮动的道路一直通向海岸。

风暴很快扯断了"低音号"的系泊设备，美军区域内的24座码头被卷上岸。海水穿过海港入口进入内部时，其异常灵活的特性确保了它们的破坏力。风暴初期，几个码头从系泊处断裂，四散漂流，撞坏了已铺设就位的浮动道路。随后是已被沉入海底的"凤凰"，它们开始发生位移（风暴的第三天，美军港口内的32个沉箱，只剩下8个仍在原处），这种位移产生的冲击使海浪咆哮起来，风力达到八级时，卷起的浪头足有6英尺高。系泊或驻锚的小型船只无法抵御强劲的拉伸力，缆绳发生断裂后，这些船只成了临时性攻城锤，朝人工港冲去，撞坏了它们撞上的一切，在这个过程中，它们自身也被撞得千疮百孔。大多数船只最终被冲上岸，有些停在高水位线上方，它们将留在那里，直到下一次大潮的海水将它们重新浮起。混乱中，海军和岸上人员竭力抢运着补给物资，但他们几乎做不了什么。一位目击者回忆道："这里和那里，小巧的DUKW（两栖车辆）像河马那样在船只和海岸间颠簸着。这些车辆上大多装载着弹药。在某些地方，不时会有些登陆艇搁浅。有些船只的船脊发生断裂，像条断了骨头的狗那样被海浪撞得粉碎……有人说：'我认为这将是自无敌舰队以来最著名的风暴'……引擎发生故障意味着必然的灾难。一艘驱逐舰撞上一颗地雷后驶上滩头，夜幕降临时，一艘大型商船在两艘拖轮的牵引下朝我们这里驶来。信号随即传来，'如果在你左舷船头处的是269号货轮，那么她装载着3000吨弹药'，但拖轮像猎犬那样拖了她一整夜，这艘货轮最终获救。"

卸载工作几乎陷入停顿。6月18日前，每天的卸载量为22000吨，风暴发生的4天里，总卸载量只有12000吨。6月22日，狂风的"尖啸下降为长长的叹息……西面的天空中出现了一道裂缝，展露出一抹蓝色条纹"，再度出现的阳光照耀着这片显然无法修复的灾难现场。在美国人的"桑葚"港："除了大批坦克和大型登陆舰外，还损失了近100艘小型登陆艇（已有800艘船只不是沉没就是被卷上岸）。20艘'犀牛'渡轮，只剩下一艘仍能使用。各种类型的船只散落在整个海滩上，每条通道都被部分堵住。3号通道被彻底堵死。初步调查表明，80艘船只堵在通道处，其中包括35艘机械化登陆艇（LCM）、11艘坦克登陆艇（LCT）、9艘'犀牛'渡轮、3艘步兵登陆艇以及各种小型船只。附近，1艘LCM跨在1艘LCT的甲板上，1艘海岸警卫队的快艇插入1艘LCM的舱内，在沙滩上缠绕在一起，4艘LCT甲板叠甲板地堆在一起。除了阻塞船外，'桑葚'已彻底毁坏，但就连那些阻塞船也发生了偏移，她们中的半数折断了船脊。许多'凤凰'也出了问题，其中的一个被卷到海滩西端的陡岸上。一座码头被彻底摧毁，其他的也发生了严重的扭曲。"

美国人得出结论，风暴造成的破坏确实已无法修复。他们的许多物流专家从一开始就认为，以"随着潮水上下浮动的码头"来解决船对岸补给问题，是个浪漫但却不切实际的想法，完全是因为其倡导者令人敬畏的权力才限制了反对意见。现在，这场风暴使他成了个自扇耳光者，专家们认为，继续坚持这种当初就没能说服他们的做法毫无意义，他们告诉上级，老老实实地用登陆船只转运物资才是最好的办法。他们的意见被结果所证实。接下来的几周里，美国人采用了在开阔的海滩上直接登陆的办法，每天的卸载量超过了人工港以复杂的机械设备所完成的卸载量。英国人的人工港没有受到如此严重的损坏，于是继续以丘吉尔感兴趣的办法行事，修复了风暴造成的破坏，通过浮动的跳板将物资转运到等候在滩头的卡车车队，再由这些卡车运送给前方作战部队。6月29日，他们交付的物资创纪录地达到了11000吨，但在同一周，美国人在犹他海滩每天卸载7000吨，在奥马哈每天卸载13500吨，分别达到计划能力的124%和115%。

就这样，盟军打破了希特勒一直让他的指挥官们确信会导致他们失败的魔咒——"恶劣的气候和风暴"会"使他们首尾难顾"，从而让"所有的一切……恢复正常"。但盟军并非毫无挫折。蒙哥马利的策略是保持德军的拉伸状态，从而使他们无法集结起一支发动反击的预备队，这个策略非常成功，从而使他在接下来的几天里顺利克服了炮兵弹药短缺、部队在人员和物资补给的问题上只能依赖于自给自足的困难。但这场风暴阻止了他计划在本周内采取果断措施的行动。德军装甲教导师和第2装甲师在蒂利给"沙漠之鼠"造成的挫败，已严重到足以在英军、美军和盟军司令部内引发对他指挥能力的诸多质疑。大风暴迫使坚定的进攻行动被进一步推延，也使批评声得以加强，但德军最高统帅部（OKW）、西线总司令部（OBW）和B集团军群司令部却获得了一丝安慰。

"埃普索姆"行动

尽管是出于最不利己的原因，但没人比蒙哥马利自己对这个问题有更加清醒的认识。也许他无法直接看到，可他能感觉到，德国人正设法集结兵力发起一场反击，但这番努力被盟军对西线装甲集群司令部的空袭所打断。他们急于重新组织行动。6月17日，风暴来临的前一天，希特勒来到法国，这是他自1940年10月在昂达伊（Hendaye）会晤佛朗哥后首次踏上法国土地。他乘坐他的福克-沃尔夫"神鹰"，沿一条禁止德国空军其他飞机进入，以免发生意外的空中走廊一直飞到梅斯（Metz），随即赶往马尔吉瓦勒（Margival），这座地下指挥部位于苏瓦松（Soissons）附近，当初修建这所指挥部是为了从这里观看入侵英国的行动。这是他唯一一次使用这座指挥部。他赶到这里的目的是为了给隆美尔和伦德施泰德打气，他认为这二人的神经已因为盟军进攻的力度而发生动摇，同时，也是为了做出应对措施。他开始了演讲："不要称其为一块滩头，而是最后一块被敌人占据的法国土地。""他们需要700万吨运输舱位，"他继续说道，使用无可争辩的统计数据是他最喜欢用于对付怀疑态度的办法之一，"不可能持续一整个夏季。"他坐在一张凳子上，两位陆军元帅和他们的参谋长站在他面前，希特勒阐述了下一阶段的战斗该如何进行。4个党卫军装甲师将构成一个主攻点（其中的两个，党卫军第9和第10装甲师，正从俄国赶来），从而对盟军部队的结合部发起新的攻势。

同时，他已于5天前对伦敦发起了飞弹袭击，这种袭击将愈演愈烈。这给盟军前线部队和后方平民造成了巨大的压力，很快会打破他们的抵抗。两位陆军元帅静静地听着。一位目击者注意到，他们显然对德国空军代表汇报的"飞弹战"进展留下了深刻的印象。但他们仍对诺曼底战役的进程持悲观态度。隆美尔再次强调了盟军战术空军部队的威力，对方目前已获得海军舰炮火力的支援，他提出将部队撤入绿篱地带，避开敌舰炮射程，绿篱地带的天然掩护可以让步兵部队构成一道强有力的防线。尽管这个提议可以确保腾出更多的装甲部队发起反击，但希特勒不想再听到它，他认为这与主动交出土地无异。伦德施泰德的参谋长布鲁门特里特记录道，"他似乎同意了，但没有做出决定，随后便转换了话题。"午饭后，希特勒说，他的将军们听，会谈再次开始。隆美尔提出与西线的敌人达成政治解决方案，这是个禁止谈论的话题，希特勒试图打断他，但隆美尔坚持自己的要求，他想知道元首对于继续这场战争的可能性的真实看法。希特勒吼道："这个问题不在您的职责范围内，您把它交给我好了。"希特勒操纵战争的一个基本原则是将其分为东线和西线，并让前线将领们对外交和经济事务一无所知。尽管隆美尔试图坚持自己的看法，但他缺乏这样做的手段，下午4点，两位元帅离开这座指挥部，希特勒答应他们，明天早上会去视察第7集团军司令部。但当天晚上，被希特勒寄予厚望的飞弹，其中的一枚在发射后胡乱飞行，一头撞在马尔吉瓦勒地下指挥部正上方的院落内。在厚达22英寸的混凝土的保护下，希特勒毫发无损。但这起事故使他决定立即返回德国。他取消了视察计划，于当晚离开法国，再也没有回来。

第二天，大风暴开始将海浪卷入"桑葚"的防波堤时，蒙哥马利签发了一道指令，旨在平息对他在蒂利遭受失败的批判，并防止敌人按照希特勒刚刚提出的计划形成一个主攻点。他强调指出，盟军到目前为止的进展非常出色，正在构建自己的立足区（在语言学上，这与希特勒"最后一块被敌人占据的法国土地"相对应），并消耗着隆美尔的机动预备队。但他正确地预计到敌人很可能发起一场以装甲部队为主导的反击，并做出了相应的安排。"作为计划全面发展的第一步，我们现在必须夺取卡昂和瑟堡。"瑟堡显然是个即将落入手中的成熟的果子，因此，他没有为此而煞费苦心。对于夺取卡昂，他提出从东面和西面对这座城市加以包围，东面的部队已经就位，西面则由刚刚投入战场的新部队负责，第11装甲师、来自托马斯·哈代笔下韦塞克斯的第43步兵师以及担任主攻的第15苏格兰人步兵师。共有60000名士兵投入战斗，600辆坦克和300门大炮提供支援，一艘浅水重炮舰和三艘巡洋舰在近海处提供远程炮火支援。他们的目标是奥恩河东面的高地，位于奥恩河在卡昂与法莱斯之间的弯曲部，行动的目的是在向南推进的过程中横扫通道两侧的德军阵地，特别要占领卡尔皮屈埃（Carpiquet）和阿登修道院，那是迈尔位于城市上方的巢穴。这场进攻将在6月22日发起，行动代号为"埃普索姆"。

苏 格 兰 勇 士

　　风暴推迟了行动发起日期，同时，补给供应的不确定性削弱了在卡昂东面（原本打算在这里发起主攻）实施协同行动以及在蒂利附近展开一次初期进攻的影响。因此，蒙哥马利直到23日才决定，第15苏格兰人步兵师将在6月26日发起进攻。这个推延受到部队的欢迎。6月18日，蒙哥马利下达指令时，该师仍在进行弃船登岸的工作。风暴的影响使该师最后的单位直到6月24日才到达，他们不得不从滩头直接赶往集结区以便发起进攻。因此，6月26日是他们做好战斗准备的最早日期——这是该师第一次投身于战争中，也是他们第一次参加实战。但战争是苏格兰人精神气候中的一部分。

　　第一次世界大战期间，这些殖民地团中有许多出现在大英帝国打击敌人的一条或多条战线上。国内的苏格兰人团纷纷出现。另外，对现存的志愿者团（现在被称作地方自卫团）来说，1914年高涨的苏格兰爱国主义带来了新一波业余部队——基奇纳营。这个名字来自新任命的陆军大臣基奇纳，他呼吁"十万人从军"服役3年。苏格兰对此的响应极为热烈，他们以最快的速度提供了足以组建一个师的兵员——第9师。1915年9月，这个师很快便牺牲在洛斯（Loos）。苏格兰迅速提供了第二个师——第15步兵师，这个师也在洛斯遭受到伤亡，但他们付出的最大牺牲是在战争末期。

　　停战后，这两个师都被遣散。但在1939年，第15步兵师获得重建，以应对一场新的战争。这一次，这个师主要由地方自卫团组成，后来又得到几个正规营的加强，战事升级后，应征兵加入到师里；服役和牺牲的冲动曾产生过基奇纳志愿者，这种现象的出现关乎时代和地点，此时已无法重现。1944年6月，这个师在法国登陆时，师里的士兵是第一次参加战斗，不过，他们传承着整个苏格兰军事史以及英国迄今为止在战争中遭受的磨难。

该师9个营中的7个是地方自卫营，3个来自低地，3个来自高地，还有一个是格拉斯哥高地人营，这是浪漫民族主义者复兴的产物，这些民族主义者在19世纪便将苏格兰短裙带入到苏格兰低地区的街道上，一百年前，苏格兰短裙的穿戴者一直遭到嘘声和石块的袭击。低地营中的一个是第8皇家苏格兰人营，过去曾属于赫伯恩的团，"三十年战争"期间，他们为法国服役，曾在德国战场上跋涉过。两个非地方营是第2戈登高地人营和第2"阿盖尔和萨瑟兰高地人"营，由于近期遭受到的磨难，这两个营被划拨给第15步兵师。他们原先也是地方自卫营，1942年5月，他们获得了正规营的番号，而他们隶属的团已于两个月前在新加坡被迫向日本人投降。因此，作为第15营的"阿盖尔和萨瑟兰高地人"营发现自己在一夜之间获得了过去第93高地人团意义重大的传统——丁尼生描绘的巴拉克拉瓦战役中"钢铁防线的最前方是一条细细的红线"，"细细的红线"[1]就此成为最流行的词句。

但这些士兵甚至没有真正闻过硝烟味。四年半的时间里，他们守卫着海岸和内陆乡村，以防敌人发起入侵或伞兵空降，这些部队不断进行师级训练和团级演习，并用手中的武器对着纸靶和地图上标出的区域开火射击。少数高级军官曾在第一次世界大战中担任过下级军官。他们的下属是律师、校长、银行职员、企业管理人员，他们在战前的周末参加

---

① "细细的红线"这句话并非出自丁尼生，而是报道克里米亚战争的随军记者威廉·霍华德·拉塞尔。

地方自卫团的训练，另外还有被战争送入预备军官培训单位的中大学生。少数军士是经验丰富的老兵，西北边境人的徽标缝在他们的军用衬衫上。其他人无一例外，都是些新手，"埃普索姆"将是他们的开始。

寻 找 敌 人

6月26日清晨，第15苏格兰人步兵师动身出发，开始进入到诺曼底乡村真正的绿篱地带。前一天晚上，该师集结于13号国道北面，这条公路从卡昂通至巴约，18天前，迈尔驾驶着他的摩托车，沿这条公路对布雷特维尔洛尔盖勒斯发起了进攻。凌晨时刻，第15师跨过这条公路整装列队，清晨7点30分，他们出发，穿过茂密的玉米地，向密林和围起来的小块农田走去，赶往奥恩河及其支流，在那些支流中，奥东河（Odon）是他们的第一个目标。

第15步兵师的进攻动用了两个旅，这就意味着他们在第一波次投入了6个步兵营，另外3个营在后方等待为先头部队提供支援。但是，由于每个旅都只派出2个营，因而战线上实际只有4个营，每个营负责大约1000码的战线。另外，由于各个营（每个营的兵力约为750多人）同样保留了1～2个连担任预备队，因此，进入玉米地向前推进的实际兵力可能不超过700人。他们得到了最佳的描绘，从经过上空的侦察机的座舱内望去，24群士兵，每群30人，排成间隔150码的队列跨过农渠的口部，这片地带后来被称为"苏格兰人走廊"。每一群是一个排，每个排又由三个更小的单位构成，被称为"班"，每个班由一名下士率领，以轻机枪为中心，这为他们提供了火力掩护。他们的任务很简单，待身后数百门大炮对他们前方500码的地面展开炮击时，他们就扛起武器向前推进。总之，这些士兵被要求做的，很可能正是第一次世界大战期间他们的父辈在同一个营里所做的事情——位于左翼的第6皇家苏格兰燧发枪手营是温斯顿·丘吉尔在一战中指挥过的部队，营里的军官当然很相似，甚至可能与丘吉尔在1916年走入他们的食堂时所见到的"年轻的中等阶层苏格兰人"有关系。他们将"跟随弹幕前进"，但有一点不同：每个旅配属了一个坦克团，这将稍稍降低行动的危险性；但前进的道路远非第一次世界大战中光秃秃、开阔的堑壕战地形，而是覆盖着茂密的植被，这使他们的视线严重受阻。跟随在弹幕后的士兵，只有撞上敌人的防御工事，或是被他们的子弹击中，才会发现对方的存在。

敌人获得了近三周时间来准备奥东河上的防御，已对自己所获得的天然优势充分加以利用。护墙式绿篱、下沉式车道、树林、矮林、河床、沟渠、坚固的石制谷仓和农舍构成一片障碍，在玉米地前方延伸出去近5英里。最重要的一道防线构成了所谓的前哨阵地，一组蜂巢式机枪阵地设置在隐蔽处，占据了视野开阔的制高点，其火力控制着英军步兵的必经之路。第15苏格兰人步兵师的前线上，德国人至少设置了28个独立火力点，另外还有11个大型步兵掩体。尽管这条防御带并不像一战期间的堑壕体系那么连贯，但各个火力点沿着仔细检查过的射界相互连接，覆盖了各条道路。因此，守军被逐离一个阵地后，可以轻而易举地退至另一个防御阵地，从而保持他们的抵抗。

越过前哨防线后，路面缓缓下降，通向一条小河，缪河（Mue），然后再次上升，通向构成奥东河北岸的山脊顶。山脊的侧翼是一排果园、小树林和小村落，其中最大的是舍镇（Cheux），"苏格兰人走廊"中的南北向道路汇聚于此。德国人将这个镇子作为第二条防御带的中心点，或称之为前沿阵地。苏格兰士兵出发线南面两英里处，同样设置着前哨阵地的火力点，不仅布设了铁丝网和雷区（尽管前沿阵地的前方也埋设了地雷），还得到重型直瞄武器和迫击炮的加强。这里有26个机枪阵地，第二道防线上至少还有50个重武器火力阵地。守军中的步兵单位主要是党卫军第12装甲师的工兵营（这是德军在没有普通步兵部队可用的情况下，宁愿以其他部队充数的一个例子），他们挖掘了阵地，在任何情况下都不打算让出自己的阵地。

再往后，向南前进3英里，便是德军的主阵地。在"苏格兰人走廊"中，这片主阵地沿着奥东河（奥东河在这里流入一道深深的沟渠中）布设，是一片集结区，而非设防地带。精心选择的制高点（112高地）构成了主阵地的关键性地点，在其周围集中着德军指挥官所能找到的预备队。面对英军的"埃普索姆"行动，德国人的预备队少得可怜。党卫军第12装甲师已在守卫卡昂的过程中遭受到严重损失，他们的防线宽达12英里，为了守住整个阵地，该师不得不将其高射炮团投入防线，把它当作传统炮兵单位使用；而他们的工兵营，携带着近距离支援武器驻守在舍镇。因此，从实力对比上看，发起进攻的英国军队占据了一切优势：9个步兵营对付德军的2个营，其中的一个还是工兵营；23个炮兵团对付德军的2个团，这两个团都缺乏坦克。为弥补这种差距，党卫军第12装甲师的军官和军士们必须依靠他们在东线学到的战术："让敌人推进直至瞄射程内再开火，这样，第一波火力就能射杀敌人。然后，在英军炮兵确定射程，对阵地展开轰击前，重新选择一个位置，从这个新阵地上开火。掷弹兵和装甲兵运用这些战术能够减弱英军的兵力优势，并让对方相信，守军的兵力远比实际人数为多。"

英军先头突击波次中的坎麦纶人营、苏格兰燧发枪手营、格拉斯哥高地人营和皇家苏格兰人营很快就会发现这种战术是多么有效。他们已兴高采烈地来到出发线，风笛手们吹奏着"北方的鸡鸣""高地少年""边境上的蓝绒帽"。但6月26日的清晨令人情绪沮丧。大雨下了一整夜，枝繁叶茂的乡村道路上，每根树枝都在滴水，空中阴云密布，事先说好的轰炸行动和战斗机巡逻掩护不得不被取消。7点30分，炮击开始了，第6国王直属苏格兰边境人营的一名军官回忆道："上千名炮手忙着从事他们的任务，炮弹飞向敌人的据点、炮位、集结区和坦克车阵，向前延伸的弹幕将我方步兵面前的地面掀开。皮肤上泛起小小的鸡皮疙瘩，身上忽冷忽热，但心里无比感动。这些火力在支援我们，每一门大炮都在竭力杀敌，以此来帮助我们。"

右侧的第9坎麦纶人营正在等待出发，一名连长将透明地图覆盖在炮兵炮击计划图上，这才发现炮击点与他们的前进路径相重叠，这样一来，他的外侧兵力不得不穿过己方炮火向前推进。他花了点时间，试图用无线电实现最后的更改，当他发现已无法重新部署时，这位连长转身向他的营长道别。他知道自己在玉米地里走不了多远就会被炸死。实际上，这一刻到来时，许多部下和他一同阵亡。他们的战友们稍事停顿，将上了刺刀的步枪插入玉米地，又把钢盔顶在步枪上，以此标出阵亡战友的位置，然后继续向前冲去。一名炮兵观测员回忆道："那些顶着钢盔的步枪，看上去就像玉米地里随处生长的怪异的蘑菇，这是一幅令人心酸的场景。"这番场景在这个夏季的诺曼底极为常见，所有老兵很快会对此熟悉起来，未经历过战事的新人则对此感到不安，就像等候在第二线的苏格兰人边境营那样，他们见到了第一突击波次的伤员。"我们觉得紧张不已。军官和军士们保持着平静的外表……士兵们感受到这一刻。有人开玩笑说，天知道会怎样，管他呢。有些人默默地站立着，听见炮火的轰鸣时面露微笑。无论军衔高低，每个人都沉浸在自己的思绪中。所有人都在吸烟，以此来稳定情绪。"终于，电台中传出了出发的命令："我们站起身……熟透的玉米地在我们前方翻滚着，雾气已消散，灰蒙蒙的空中阴云密布……不时有轻武器火力射来，混乱不堪，来自各个方向。被隔断的希特勒青年团士兵，在炮火的打击下匍匐在地，他们坚持着，试图继续战斗，这些人趴在玉米地里，待我们的先头营经过后，便在后面跳起身来。第8排传出喊叫声。他们在无意中遇到敌人的一个阵地，那些党卫军士兵被炮火震得不知所措，还没来得及镇定下来就成了俘虏。一些士兵将他们押向后方。其他人则发现：玉米地里再也不会有人突然站起身来——放眼望去，所有人都穿着我们熟悉不过的卡其色军装。"

前方稍远处，玉米地开始变为绿篱带，苏格兰人边境营认为他们遇到了真正的敌人。"在绿篱的映衬下，我们发现前方地面上有些苍白的东西，看上去像是人脸。我不敢掉以轻心，于是告诉一名布伦机枪手，朝那里打几个点射，看看对方的反应。我举起望远镜察看，忽然感到一阵恶心，随即告诉机枪手停止射击。原来，我们射击的是我们阵亡的战友。"

更前方，坎麦纶人营和格拉斯哥高地人营遇到了活生生的敌人，他们"到处都是，玉米地里、右侧、前方的田埂上、舍镇的废墟中"。舍镇已被来自陆地和海上的炮击夷为平地。但在进入镇内的道路上，"冒着雨，在阴沉的天空下"向前推进的高地轻步兵们发现，"行进困难，在果园内迷失了方向。"队伍中出现了对敌狙击手的恐慌，"许多人朝着各个方向胡乱射击。"他们穿过舍镇，镇内的守军已被炮火消灭或逐离，随后便"遇上了麻烦，敌人的机枪火力朝我们的先头连队扫去，他们被这突如其来的弹雨打懵了，不得不隐蔽起来。为我们提供支援的坦克做出了回应，曳光弹四散飞溅，各处一片恐惧。先头连队每次试图向前推进，都会遭到猛烈的火力打击，我们的进展停顿下来。"

此刻应该派支援苏格兰人的第11装甲师和第31装甲旅（该旅配备着"丘吉尔"式重型步兵坦克）全力压上，但据一名目击者指出，"它们刚刚越过田埂便遭到火力打击，在我们前方，已经有三四辆坦克起火燃烧。"尽管有些混乱，但迈尔的坦克和反坦克炮手们还是对防线遭受到的威胁做出了强有力的应对。当天上午，一名不速之客来到党卫军第12装甲师师部，他是德国外交部部长冯·里宾特洛甫的副官。他的领导对正式报告感到不满。他想知道，既然我们击毁了数百辆盟军坦克，可为什么敌人还能取得稳步进展。就在这名副官喋喋不休之际，一名装甲部队军官送来个惊人的消息，"英国人的坦克和步兵已进入穆昂（Mouen）"——位于我们师部西北方仅半英里处。几乎就在同一时刻，坦克炮弹在我们附近炸开。师部所有能腾出的工作人员都被派去守卫村子。

里宾特洛甫的副官迅速消失，迈尔被派去对付敌人的这一突破。他已将师里的机动部队组成两个战斗群，分别命名为"格朗维尔"和"穆昂"，后一个战斗群由他亲自率领，现在，他试图从这两个地方朝舍镇发起一场反击，夹断"苏格兰人走廊"的头部。到目前为止，他获得了相当大的成功。苏格兰人的进攻取得了不错的进展，但其正面战线非常狭窄，不到2500码，攻击点后方，堵塞的交通线被拉伸到6英里长，向前发起强有力的推进已变得越来越困难。英军士兵基本上看不见德国人，对方的兵力不多，这使得英军指挥部匆匆下令发起突击，将敌人驱离。但是，这片区域到处都是敌人的狙击手，他们朝各个方向疯狂射击，我们完全不知道这里有些什么；不是狙击手，也不是德军主防线前方薄弱的防御；零星的射击，夹杂着偶尔爆发出的机枪点射，这里就是德国人的主阵地——防线上剩下的是党卫军第12装甲师一小群死硬的青少年，他们顽固地制造着破坏。

他们的成功是一个奇怪但又常见的军事悖论的例子：发生混乱的地方，兵力较少的一方往往能比兵力优势方取得更大的成就。"埃普索姆"行动的第一天，毫无疑问的混乱主要归于两个因素：英军驱动其"走廊"进入乡村的密度以及他们实施推进的人员和坦克的力度，他们面对的是未被削弱的防御，行进在未经过侦察的道路上。当天结束前，许多英军单位干脆挤上了别人的道路，不是什么都没做就是从事着不是自己的活儿——师里的炮兵指挥官赶去看望他的一名前线观测员（这种看望毫无必要），在途中为一门反坦克炮配备人员时身负重伤。特别是装甲部队，在很大程度上毫无目的可言，"狭窄的道路似乎已被我们的坦克塞满，我们关上舱盖，对所有的抱怨声充耳不闻。当天早上在舍镇的人，没有谁会忘记这场混乱。"难怪希特勒青年团的士兵们只是胡乱射击一通就造成了这么大的灾难。

渡　河

但是，更多的是靠运气而非判断力，英军第15步兵师师部无意间找到了消除德军抵抗散布开来的正确方法，从而使该师得以继续前进。他们决定抽调一个预备营，从舍镇后方穿过该镇，向南疾进，不必顾忌侧翼的安全，全速赶往奥东河。这是一场以弱对弱的战斗。6月27日清晨5点45分，第2"阿盖尔和萨瑟兰高地人"营营长被召至师部接受命令。6点30分，在露天过了凄惨一夜的高地人们正在吃早饭让自己暖和一下，营长回来了，命令部下们准备出发。他们的目标是奥东河上的一座桥梁，位于南面2.5英里处的图尔茅维尔（Tourmauville）。全营集合后匆匆赶往舍镇，营里的车辆（卡车搭载着弹药，轻型装甲运兵车拖曳着反坦克炮）也跟随在队伍身后。他们吃力地穿过舍镇时，被击毁的坦克仍像懒汉那样瘫坐在镇内的主街道上，这些步兵已越过预先设定的出发线。幸运的是，在这初期阶段，他们的前进速度相当快，先头部队基本不需要动用反坦克炮。到达中途的蒙德兰维尔（Mondrainville）时，他们终于遭遇到德国人的坦克，但此刻，高地人的反坦克炮已被推过舍镇，跟上了先头部队。一番速射击毁了两辆德军坦克中的一辆（毫无经验的步兵会将敌人所有的坦克都认定为虎式，苏格兰人也不例外，但这两辆并非虎式坦克），另一辆匆匆逃离。此刻，第2"阿盖尔和萨瑟兰高地人"营距离图尔茅维尔的桥梁已不到2英里，他们奔跑着朝那里赶去。在距离村庄不远处，他们冲出果园和灌木丛，向开阔的玉米地奔去，穿越这片玉米地时，德国人的3挺机枪朝着他们猛烈射击，但苏格兰人的冲刺和训练营传授给他们的战术技巧使他们穿过这片危险区域，"只付出极少的伤亡。"没过几分钟，他们便跨过桥梁，并派出巡逻队赶至对岸200码的范围内。

这个小小的立足点已经足够。该营胜利夺桥的消息传来后，第11装甲师立即派出一个机械化营，沿着舍镇的公路全速赶来，师里的坦克紧随其后。到晚上7点，这座桥梁已获得确保，英军发起一场新的推进，跨过桥梁，赶往奥恩河和开阔地。第2"阿盖尔和萨瑟兰高地人"营小心戒备着过了一夜，尽管在他们与德军反击部队之间有英军坦克的保护。

但在他们身后，图尔茅维尔—舍镇的公路仍遭受到轻武器火力的骚扰，希特勒青年团的士兵们不肯放弃战斗，第15步兵师师部无法有效协调其部队，从而消灭这些顽抗者。他们不想再冒险重复第一天所采取的行动，因此，师部决定，第二天不再派出更多的部队进入到"走廊"中，而是命令第2"阿盖尔和萨瑟兰高地人"营从位于图尔茅维尔的桥头堡直接向西，赶往位于加夫吕（Gavrus）的下一座桥梁。这番机动将划出一条横穿"走廊"底部的基线，然后，在相对空闲时对其内部加以肃清。就这样，6月28日清晨，第2"阿盖尔和萨瑟兰高地人"营奉命派出巡逻队，沿河岸赶往加夫吕。下午4点，巡逻队向营部报告，他们发现桥梁无人据守——奥东河在这里分流，同一条道路两次跨过该河——营里的其他部队应该立即跟上。

"全营立即出发，穿过遍布于奥东河两岸的密林。在这样的地形中实施全方位防御是不可能做到的。行进很艰难，在某个复杂地形处，反坦克炮需要靠人力推过，这使整个队伍被耽误了一个多小时。任何精心策划的伏击都有可能被证明是致命的；幸运的是，只发生了几起"有狙击手"的误报，全营在天黑前顺利到达加夫吕桥头堡。"

1英里的路程花了他们5个小时。

营长特威迪中校有4个步兵连，每个连约为150人，他将以这些兵力守住加夫吕村及其桥梁，这是个复杂的空间问题。河流的两条分支相距150

码，被一片平坦的草地分隔开。从"苏格兰人走廊"通向桥梁的道路，经陡峭的悬崖下降后，绕过一个磨坊和一片采石场（特威迪将他的营部设在这里），径直穿越草地，跨过一道陡坡后进入加夫吕村。从采石场到村子边缘的距离为1000码，与诺曼底常见的景象相同，村边排列着一座酿酒苹果园浓密的树篱。由于这里前后都有德国人，全营不得不对整段距离设防。面对这个棘手的战术态势，营长最终提出的解决方案是将一个连留在河北面，两个连守卫桥梁，第四个连据守村庄。平静的一夜过去后，一些奇特的法国人赶来拜望他们，这些法国人"声称他们是游击队员，掌握着重要的情报"。但这些游击队员"受到极不信任的对待"。此后没多久，苏格兰人便迎来了更为凶恶的"访客"。下午3点10分之前的一段时间非常平静，该营没有发现前方有什么动静，第15步兵师的其他单位也没有听见第2营的后方有什么状况，就在这时，B连位于加夫吕村果园的阵地，其右侧遭到德军新锐步兵突然而又猛烈的攻击。

这是他们在接下来的5个小时里遭到多次进攻中的第一次，这些进攻既有步兵发起的，也有坦克发起的，还有步兵和坦克共同发起的。这些德军士兵属于一个此前并未参与诺曼底战役的师，他们从波兰赶来，已在路上跋涉了很长时间。尽管苏格兰士兵们并不知道这一点，但这些德军部队执行的是希特勒早在6月11日便下达的命令，他当时想将发起入侵的盟军彻底击败。那天，希特勒收到从诺曼底前线发来的消息，当地的装甲力量太过薄弱，无法对登陆的盟军部队发起一场决定性反击，于是他命令由党卫军第9和第10装甲师组成的党卫军第2装甲军立即从波兰驻地向西调动，这个军于当年4月在捷尔诺波尔（Tarnopol）击败苏军的攻势后一直驻扎在波兰休整。对这两个装甲师来说，这段路途是一次返程之旅，因为他们当初是从法国调至东线，专门用于执行反击苏军进攻的任务，但这场返程之旅却不像当初离开时那么顺利。他们预计这场旅程将持续一周，6月12日，这两个师登上火车，4天后，其先头部队到达洛林。与驻扎在卢瓦尔河南面的德军师一样,他们在这里发现法国的铁路线已被盟军的空袭炸得满目疮痍,师里的轮式车辆单位已下车,沿着公路赶往前线。而他们的坦克,由于德国人严格限制其实施机动,以免磨损引擎和履带,因而不得不留在平板货车上,火车只能在夜间行驶,还要多次绕道,这使他们还需要10天时间才能到达集结地。所以,德军坦克和装甲掷弹兵们在"埃普索姆"行动发起后才归建。希特勒希望他们发起的反击不得不变为一场局部反击,第2"阿盖尔和萨瑟兰高地人"营成了他们的第一个受害者。

第15苏格兰人步兵师的其他单位以及为该师提供支援的坦克部队也都感觉到敌人带来的压力,因为装甲教导师、党卫军第2装甲师和党卫军第1装甲师(该师刚刚从比利时赶来)也在6月29日投入了战场。但没有哪支部队像第2"阿盖尔和萨瑟兰高地人"营那样暴露在外。他们没有自己的坦克可供召唤,以迎战党卫军第10装甲师的黑豹和四号坦克。他们可以在河对岸通过电台呼叫炮火支援,提供支援的炮火非常充裕,却无法赶走德国人的坦克。因此,他们不得不依靠自己的轻武器火力来遏制德军装甲掷弹兵,同时用6磅反坦克炮和Piat(步兵反坦克发射器)来对付德国人的坦克。6磅反坦克炮,如果布设在恰当的位置,能把坦克打个洞,但它们无法实施机动。Piat具有较强的移动性,只要发射小组的两名成员能找到匍匐的地方,就能将这种武器投入战斗。但Piat的炮弹是个靠不住的坦克杀手,它依靠"聚能装药"原理,将弹头的爆炸力聚集起来——但只有以直角撞上目标时才奏效。如果不是直角,炮弹会在坦克装甲板上擦飞,对操作者来说,这非常危险,因为Piat的射程很短,需要他们在距离目标很近处发起攻击。两辆大胆的德军坦克冒险驶入下沉的车道(这条道路穿过加夫吕村中心),结果遭到隐蔽在岸堤上的Piat射手的攻击,其中一辆坦克被击毁。从一侧出现的3辆坦克也遭到隐蔽在果园树篱中的Piat射手的袭击,被吓得停了下来。德军坦克车长显然决定在没有获得步兵掩护的情况下，不再冒险前进。但苏格兰士兵获得的这些小胜利无法持续下去。随着下午时间的消逝，德军坦克和装甲掷弹兵展开越来越有效的协同，对第2"阿盖尔和萨瑟兰高地人"营的防御薄弱点发起进攻，切断了其中一小股部队，渐渐向河流和桥梁逼近。B连连长威廉·麦克尔威少校，在和平时期是一名研究17世纪历史的史学家，他率领着从果园防御阵地上召集来的士兵发起多次反击。但随着夜幕的降临，他的上级决定不再坚守阵地。B连被召回到桥梁附近，他们在一片树林中挖掘散兵坑过夜。

B连一直在那里待到第二天下午，新部队赶来接替了他们。6月29日，"苏格兰人走廊"内的敌人已被肃清，鉴于党卫军第9装甲师的到来，英军士兵以极大的决心守卫着"走廊"的侧翼。党卫军第2装甲军军长豪塞尔被迫向第7集团军司令部汇报说，直到下午他才在奥东河北部发起主攻，随后"海面上的舰炮和英国人的大炮以凶猛的火力摧毁了我们位于集结区的进攻部队主力（这些大炮及时得到了"超级机密"破译的情报）。少数设法前进的坦克被英军反坦克炮轻而易举地阻止。"在这道火力屏障身后，蒙哥马利已将一个新的师（第53师）投入"走廊"内，并将位置最暴露的部队撤回，不仅仅是第2"阿盖尔和萨瑟兰高地人"营，还包括第11装甲师的坦克，"埃普索姆"行动的第二天，第2"阿盖尔和萨瑟兰高地人"营夺取了图尔茅维尔的桥梁后，第11装甲师便占据了那里的112高地。

尽管为时已晚，但各党卫军装甲师还是在6月30日发起进攻，并于7月1日恢复了攻势。但3天前提供给他们的机会已被消耗殆尽。尽管"苏格兰人走廊"的战略价值很小，但此刻已强大到德国人凭手中拼凑起来的力量根本无法摧毁的程度。"埃普索姆"行动并不是一场胜利，显然没有实现其目标，这个目标不是跨越奥东河，而是要越过南面5英里处的奥恩河。但它以一种迂回的方式实现了一个重要目的。希特勒早在盟军发起入侵前便已构思好他的战略，一旦对方实施登陆，他就用自己的装甲部队在盟军部队中插入一个楔子，最终将被分隔开的敌人赶下大海。阻止第15苏格兰人步兵师沿"走廊"推进的必要性使他的装甲预备队偏离了原先的战略任务，而这些装甲部队又在战斗中遭受到严重损失，要恢复进攻状态需要数天时间。蒙哥马利不会给德国人这个时间。因此，苏格兰人的损失（5天内伤亡2500人）赢得了一个重要的优势。加夫吕村的小规模战斗说明了这场"交易"的性质。不引人瞩目、混乱、乏味、断断续续的惊心动魄，这一切削弱了德国军队中实力最强大的部队的进攻，从而使这些苏格兰人的勇气和顽强堪比第93高地人团在新奥尔良战役中的毁灭和在巴拉克拉瓦战役中"细细的红线"的坚守。

第五章

英格兰义勇骑兵团

卡昂，英国解放大军的首日目标，此刻仍在英军控制范围外。自D日当天起，卡昂便从东面遭到包围，那里的"空降登陆场"沿着科隆贝莱（Colombelles）高耸的烟囱下奥恩河浅浅的河谷延伸。卡昂的西面，英军第15步兵师的苏格兰人在6月底已杀向奥东河左岸，7月4日，加拿大人也在那里将他们的前哨阵地推移至卡尔皮屈埃机场开阔的高原上，此刻的盟军正从高处的绿篱间俯瞰着一切。圣芒维厄（St Manvieu）、贝桑诺尔雷（Norrey-en-Bessin）、维隆莱比伊松（Villons-les-Buissons）、阿尼西（Anisy）、莱-当河畔佩里耶尔（Périers-sur-le-Dan）、布兰维尔（Blain ville）、圣奥诺里讷拉夏登内莱特（Ste Honorine-la-Chardonnerette）这些周边村落，现在标志着一个几近完整的包围圈的前沿阵地。但卡尔瓦多斯省的省会、下诺曼底大区的首府、从这里乘船出海征服英格兰的威廉一世的公国所在地，仍被控制在德国人手中。

与战场相隔离的一个月并不意味着卡昂脱离了作战范围。D日下午3点，警告当地居民铁路站场和发电站即将遭到轰炸的传单撒下后，美国第8航空队的600架飞机出现在城市上空，将机上的炸弹投向其历史悠久的市中心。圣皮埃尔和圣若望在中世纪的住宅化为一堆灰烬和瓦砾，独特的半木结构房屋起火燃烧，石制建筑沦为碎片，构建房屋的卡昂石灰岩被抛出，巨大的石块堵塞了道路。废墟中腾起的烈火肆虐了11天，最初的几天里，数百人被埋在坍塌房屋的地窖内，他们的哭喊声折磨着那些幸存者。与此同时，零零星星的破坏仍在继续。近海处，炮击部队的重型舰艇不断将炮火射向卡昂城内。"拦截火力"是个技术术语，指的是不让敌人使用穿过城市的道路。但大多数道路已无法通行，炮击不过是增加破坏而已。6月9日，圣皮埃尔教堂（普金曾带着英国的哥特复兴主义者来这里研究这种建筑风格最完美的原型）的尖塔被"罗德尼"号战列舰射出的一发炮弹命中后发生坍塌。16发炮弹直接击中附近的仁心

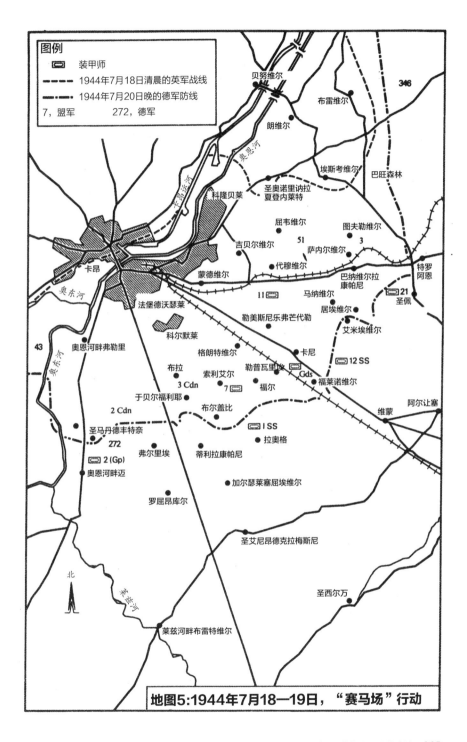

图例

☐ 装甲师

--- 1944年7月18日清晨的英军战线

-·-·- 1944年7月20日晚的德军防线

7，盟军　　272，德军

346

贝努维尔

布雷维尔

朗维尔

奥恩河

卡昂运河

埃斯考维尔

巴旺森林

科隆贝莱

圣奥诺里讷拉
夏登内莱特

屈韦维尔

图夫勒维尔

吉贝尔维尔

51

萨内尔维尔

3

代穆维尔

蒙德维尔

巴纳维尔拉
康帕尼

特罗
阿恩

奥东河

法堡德沃瑟莱

11 ☐

马纳维尔

居埃维尔

12 SS ☐ 21

圣佩

勒美斯尼乐弗芒代勒

艾米埃维尔

科尔默莱

43

奥恩河畔弗勒里

奥东河

格朗特维尔

卡尼

布拉

索利艾尔

勒普瓦里埃

Gds

福莱诺维尔

3 Cdn

7 ☐

福尔

于贝尔福利耶

布尔盖比

维蒙

阿尔让塞

2 Cdn

I SS ☐

圣马丹德丰特奈

拉奥格

272

弗尔里埃

蒂利拉康帕尼

2 (Gp) ☐

奥恩河畔迈

加尔瑟莱塞屈埃维尔

罗屈昂库尔

圣艾尼昂德克拉梅斯尼

莱兹河

圣西尔万

北

莱兹河畔布雷特维尔

地图5：1944年7月18—19日，"赛马场"行动

救世主女子修道院，这是一所精神病院，平日里，400名修女在这里照料着1500名女性患者。这个数字在盟军发起入侵的第一周内急剧膨胀，4000名难民涌入其中，他们认为修道院的性质会保护他们免遭轰炸。但炮击持续不断，于是，修道院院长带着大批难民离开了这座城市。精神正常的10000名难民躲在弗勒里的洞穴中，诺曼王朝的国王们曾为修建威斯敏斯特教堂和伦敦塔在这里开采卡昂的石块。在修女们的带领下，老年痴呆症和先天性精神病患者排成稀稀落落的队伍，最前方高举着圣体，他们沿着战线一路向西，赶往40英里外科唐坦半岛蓬拉贝（Pont l'Abbé）的修道院。队伍跌跌撞撞地走入战火纷飞、界线模糊的中间地带时，美军和德军士兵认为他们遭遇到来自另一个世界的可怕入侵，震惊使他们达成了非正式停火协议，这些病人最终到达了安全处。

他们身后的仁心救世主修道院被炸成残垣断壁。但仍有些卡昂居民不肯转移——有些人不敢离开，有些人对自己财产的担心远甚于对死亡的恐惧，还有些人因为对其他人负有责任而不能离开。直到7月6日，城内仍有修女、牧师、医生和教师，许多人加入到数千名无家可归者中，他们住在圣埃蒂安修道院里，周围数英亩范围内都遭到破坏，但这座修道院奇迹般地毫发无损。6月29日，德国人预计这座城市会遭到一场最后的攻击，于是命令这些难民疏散，另外还包括待在马勒布中学（这也是卡昂市内一个重要的艺术瑰宝）里的避难者，病人和伤者再次被送入仁心救世主修道院的地窖。尽管敦促每个人趁着时间还来得及时赶紧离开，但随着时间的流逝，许多人松懈下来。有些人听从了警告。但仍有数千人躲在市内破碎的角落里，捂着耳朵，闭上眼睛，也许认为他们已生还下来，不会再遭受更多的苦难。

但他们错了。蒙哥马利将军在6月30日下令，卡昂必须夺下，越快越好。他秉承着原先的战略，即，将尽可能多的德军装甲部队拖在卡昂，从而使美国人能够冲入科唐坦南部被削弱的德军防线。但现在令他焦急的是，布莱德雷应该迅速出拳。他指出，"美国第1集团军应在科蒙（Caumont）地区向左侧转动，并转向南面和东面科蒙—维尔河—莫尔坦—富热尔一线，"以便面朝东方，而不是南方。这些行动将在7月3日以"最大的实力和动力"加以执行。布莱德雷现在有实力来准备这番机动。自6月6日以来，他辖下的部队已扩充至14个师，而在一条50英里的防线上，德国人只有6个师，其中的三个是D日当天战斗中的残部拼凑而成——第91、第77和第243师构成了一个师，第265和第275师组成了另一个师，第三个师是第352师，尽管该师只有一个团的实力。另外三个较为完整的师是第3伞兵师、第353师和党卫军第17装甲掷弹兵师，他们的实力很强大，但不具备发起反击的能力。党卫军第17装甲掷弹兵师名义上是个装甲部队，但按照装甲掷弹兵师的标准，他们只有一个装甲营。不过，这里的地形得到洪泛区的协助，有利于实施防御。美军的左侧，维尔河深深的河谷限制了他们的推进，圣洛的德国守军在通向南面和东面的各条道路上据守着交叉路口。中央，陶特河（Taute）和维尔河上游被水淹没的草地使得坦克无法通行，D日清晨，这些地段成了伞兵们的死亡陷阱。右侧，一排陡峭、林木茂密的山丘环绕着拉艾埃迪皮伊特（la Haye du Puits），战壕密布、火炮林立，布莱德雷的参谋人员认为无法从这片区域发起进攻。这样一来，只剩下中央地区一条狭窄的陆地通道可供美军发起进攻。但对这条通道进行测量时，却发现它太过狭窄（最窄处只有1.5英里），因而也无法对其加以使用。布莱德雷反复斟酌，咬紧牙关下达了命令，不管怎样也要对拉艾埃迪皮伊特发起进攻，他完全知道守军的实力以及他们所执行的"不得后退一步"的元首令。

很明显，许多美国士兵将在冲出科唐坦半岛的战斗中阵亡。随着德国军队将每一支能够抽出的部队调往西面加强拉艾埃迪皮伊特防线，美军的伤亡数字会增加。蒙哥马利已预见到这种危险，因而打算夺取卡昂，"越快越好"，他猜测希特勒"不得后退半步"的命令同样适用于卡昂，从而将大批德军装甲部队牵制在卡昂及其周边。他判断得没错。7月1日，伦德施泰德从西线总司令部发电报给国防军最高统帅部，建议将卡昂的守军撤离，西线装甲集群司令盖尔·冯·施韦彭堡将军也在电报上签了字，表示支持这个建议。希特勒做出的回复是将二人解职——他给伦德施泰德颁发了骑士铁十字勋章的橡叶饰，因为他不想让这位德高望重的老兵蒙羞，伦德施泰德所犯的错误是悲观主义，而非不忠——又发电报给隆美尔，"必须守住现有防线，以顽强的防御或局部反击阻止敌人的进一步突破。"

7月4日争夺卡尔皮屈埃的战斗中，他的命令得到了认真地执行，加拿大女王禁卫步兵团、绍迪耶尔团和加里堡骑兵团为夺取机场与德国守军激战了一整天，后来才发现，守卫机场的是党卫军第12装甲师不到50名年轻士兵。赶往卡昂的途中，英国人和加拿大人还将遇到更多这种堡垒似的村庄，弗朗屈埃维尔（Franqueville）、格吕希（Gruchy）、比龙（Buron）、加尔曼彻（Galmanche）、埃普龙（Epron）、莱比塞（Lebisey），到达卡昂被摧毁的郊区前，每个村庄都将使他们进行数小时的战斗并付出数十人的伤亡。这种前景令蒙哥马利畏惧不前。6月25日，艾森豪威尔在一封电报中鼓舞他，"只要对你有用，尽管要求空中支援，多少都可以。"现在，他看到了"以我们手上拥有的一切炸垮敌人的可能性"，便要求阿瑟·哈里斯爵士派出皇家空军轰炸机司令部的半数轰炸机，对卡昂北郊投放2000吨炸弹。

可是，轰炸敌人的同时也有可能误炸盟军步兵，蒙哥马利司令部里的陆空联合工作人员非常清楚这种风险，因而在制订轰炸计划时对目标区做了些调整。原先的轰炸范围覆盖了一连串德军设防的村庄，将其边界向南推动，从而使"轰炸线"与英军前线保持一段坚定不移的安全距离，为方便起见，他们将轰炸范围与地图上的三个方块保持一致，而这些方块是从英军部队前缘南面6000码处开始。这个长方形轰炸区实际上将那些村庄排除在外，并进入到城市北半部。另外，负责投放轰炸标识的第625中队的"探路者"已接到强调性指令，不要让瞄准点"回飘"，每个轰炸机组都急于投下机上的炸弹，以便尽快返回安全处，但在整个空袭过程中，投放目标标识应尽可能靠前。就这样，防误炸措施变得矫枉过正，轰炸线被深深地推入到城内，直奔迄今为止尚未遭受严重破坏的大学区和圣埃蒂安周围的"避难岛"。

7月7日晚飞越海岸时，一架"兰开斯特"轰炸机上的飞行员清楚地看见了这一结果。每个驾驶员都将"注意力高度集中于探路者上"，所有机组人员的耳机中传来领航轰炸机的喊声，"投放红色物（目标标识）！投放红色物！"第2国王皇家步兵团的一名士兵，看着第二天他将进入的田野写道，"对卡昂发起猛烈空袭。奇妙而又令人敬畏。看上去很可怕。尘埃遮天蔽日。"但在城内，一名避难的母亲将枕头盖在儿子的脸上，以免飞溅的玻璃伤害他的双眼，两个邻居的孩子已因此而失明，她感到"整个地面在震颤，每5分钟一次，就这样持续了50分钟"。仁心救世主修道院里的一名护士也感觉到"地面伴随着炸弹的落下而颤动……'万福玛丽亚'，地下室里能隐约听见轰炸恶魔般的咆哮。显然，卡昂被彻底摧毁，或者还能留下些什么的命运已被决定。"快到晚上8点，最后一批"兰开斯特"和"哈利法克斯"转身离去时，城市北半部确实已不剩下什么。1个小时内，卡昂落下的炸弹与一年前汉堡每次遭受的轰炸同样多，而汉堡的人口是卡昂的20倍。又经历了一天争夺废墟的激战后，7月9日进入城内的一名英军士兵发现，"遍地残砖断瓦，就像一片被犁过的玉米地。城里的幸存者不带任何感情色彩地盯着我们；没人能正视他们的目光，人人都知道这是谁干的。"一名勇敢的医生在卡昂的废墟中坚持了一个月，他写道："轰炸……绝对是徒劳无益。这里没有军事目标……所有轰炸只是让街道更加堵塞，反而妨碍了盟军穿过这座城市。"

轰炸甚至没能实现延缓德军从英军前线调至美军战线的目的。按照希特勒的命令，所有援兵必须在西线总司令部的资源范围内寻找，迄今为止，所有增援部队都已赶至英军防线前。由于希特勒禁止动用相邻的第15集团军的兵力（该集团军辖有17个步兵师），隆美尔不得不首先投入他的装甲师，这些装甲师至少拥有摆脱支离破碎的铁路线赶赴前线的能力，然后从更远的地方调来步兵师，例如，来自荷兰的第16空军野战师，来自吉伦特河河口的第708师，来自比斯开湾沿岸的第276师，来自里维埃拉的第272和第277师。这些步兵师的行程自然很慢，就在他们慢慢向西或向北行进时，各个装甲师不得不将他们训练有素的装甲掷弹兵和几乎无法获得补充的坦克消耗在小规模绿篱战中，这完全不符合他们的反击任务。但第一批步兵预备队现在已经赶到，德国人对布莱德雷在拉艾埃迪皮伊特通道施加的压力做出了应对，凶狠的党卫军第2装甲师和曾经是德国国防军中最强大的装甲部队，现在依然是一支强有力作战力量的装甲教导师，已离开英军战线悄然向西，赶去封堵防线上的缺口。他们确实堵住了漏洞。7月3日至8日间，美军只推进了5英里，有几天他们只能前进几百码，而且总是付出惨重的代价。打开圣洛这个路障的次要推进获得的进展更小，7月10日，布莱德雷决定，他必须将部队停下来休整，并替换伤亡的4万名将士。

策 划 一 次 突 破

受阻于科唐坦半岛脚下，僵持在卡昂，德国人在这里仍控制着城市南部工业郊区的"小斯大林格勒"，蒙哥马利面临着自己的战略性危机。从卢瓦尔河南部第1和第19集团军抽调的四个新锐师的出现，不仅表明德国军队具备冒着空中力量拦截的风险，跨越没有桥梁的河流，长途跋涉赶赴战场的能力，还预示着一旦希特勒决定忍痛割肉，放弃地中海沿岸任由盟军实施二次登陆的话，将会有十多个师赶至诺曼底战场。因此，蒙哥马利迫切需要保持进攻主动权，迫使德国人将他们搜罗到的预备队，在他蒙哥马利选择的地点投入到已在进行的战斗中，从而使德国人无暇考虑对盟军防线的薄弱处发动反击。很明显，英军和美军位于圣洛与科蒙之间的结合部对德国人来说深具诱惑力，事实上，早在6月20日，希特勒的目光已落在这里。但在何处点燃火焰呢？卡昂西南面，奥东河与奥恩河构成的夹角中伫立着112高地，3周前，这里经受了盟军"埃普索姆"行动大潮漫长侧翼的冲击。巴约南面，那里的桥头堡最深，乡村穿过一连串陡峭的山脊和浓密的丛林，有些地方覆盖着茂密的森林，被河沟切断，下沉的车道纵横交错，通向峡谷、峭壁以及诺曼底瑞士（la Suisse normande）岩层上伫立的城堡。德国人欢迎并等待着在狭窄的乡村展开一场战斗。巴约与圣洛之间，通向开阔地的道路被维尔河所阻。这片地区的西面就是美军战线，蒙哥马利的战略重点就是设法让激烈的战斗焦点远离那里。事实上，他也不想让自己来承受激烈的战斗。美国人已将他们部署在英国的步兵师悉数派往诺曼底，在8月份剩下来的时间里，他们将把装甲师送入布列塔尼，战事的这一阶段，这些装甲师将被派上用场。英国军队已没有更多的步兵师可派，他们遭受的损失很快会让他们将一些资历较浅的部队解散，把士兵们补充到其他部队中。蒙哥马利知道，从现在开始，随着时间一周周过去，他的部队会变得越来越小。7月份的第二周，他敏锐地意识到另一场危机：盟军最高统帅部、唐宁街和华盛顿，对他能够保持进攻势头的信心突然间衰退了；因此，他仔细研究着地图，一英里接一英里地望向战场西面，从卡昂到卡郎唐，再从那里折返，排除了一个又一个突破点，经过一番严密的筛选，他的手指落在卡昂的东面。

作为一个重大行动的出发地，卡昂东面的"空降登陆场"看上去毫无前途可言。这片登陆区只有4×3英里大小，夹在陡峭、林木茂密的特罗阿恩（Troarn）高地（自6月6日以来，第1特种勤务旅的突击队员付出了高昂的代价才将其夺下）、奥恩河和运河之间。从主桥头堡到达两条河道之间的这片地区，唯一的途径是利用三对桥梁。这些桥梁中的四座是6月6日后工兵铺设的新桥梁。另外两座则是D日凌晨的黑暗中，约翰·霍华德少校英勇的滑翔机突击部队的目标。甚至从进攻伊始，这些桥梁便受到小心翼翼地保护，因为它们是远离登陆场、孤身奋战的英军第6空降师获得补给和增援的唯一途径，为了摧毁这些桥梁，德国人的飞机不停地发起攻击，他们甚至一度动用了蛙人。由于空降师配备的是轻型装备，对燃料和弹药的要求不高，所以这些桥梁已够用。但对三个装甲师及其发起进攻所需的大批火炮、辅助设施和物资储备来说，它们能提供一条切实可行的通道吗？这是个重要的问题，因为蒙哥马利现在觉得自己不得不设法重新发动攻势，而他投入的力量绝不是小股部队。

7月12日，他写信给艾森豪威尔，安慰他这个最重要的怀疑者的焦虑："我打算在下周发起一场重大攻势……辖三个装甲师的第8军将冲向奥恩河东面地带。时间定于7月17—18日。"两天后，他又给艾伦·布鲁克写了封长长的解释信："我们正在一个极其适合防御的国度内战斗。我们发起进攻，德国佬遍地都是。我得说，我们的步兵师与敌人的伤亡比为3比1……第2集团军……将越来越虚弱，因为我们没有足够的补充兵……但（该集团军）还有三个装甲师，第7、第11和禁卫装甲师，都是新锐部队，几乎毫发无损……所以我已决定，是时候在东翼展开一场真正的'决战'了，我将把他们投入到卡昂—法莱斯公路附近的开阔地中。"

蒙哥马利将他的助手派往陆军部，解释此次攻势的目的是"打乱、消灭敌人……其用意完全是为了帮助西侧的美国军队，同时确保东侧的坚固防御。"但他又补充道："与此同时，做好一切准备……对敌人的崩溃加以利用。"这句话明显暴露出他两边下注的心态：如果德国人的防线发生崩溃，他就发起一场突破；如果没有，文件将证明他从一开始就打算打一场消耗战。他下达给各作战师的命令也流露出同样的双重目的："目标……与德军装甲部队交锋，并'将其消灭'，做到这种程度没有进一步的价值……通常说来，消灭德军装备和人员，对广泛利用成功来说，只是个初步措施。"两端的战术性开场将是从"沿奥恩河东岸的空降登陆场至布尔盖比（Bourguebus）—维蒙（Vimont）—布雷特维尔（Bretteville）地区"的一场推进。与此同时，加拿大军队将夺取卡昂南部的德军设防区。"待这一点实现后，第8军便能根据形势的需要实现'突破'了。"

　　加拿大人完全清楚等待着他们的将是一场怎样的战斗，因为他们即将夺取的地带与他们刚刚肃清的德军设防区极为相似。但"空降登陆场"前方，英军装甲师即将渗透的地区却是一片未知的领域。从几何上说，它形成了一条狭窄的通道，如果夺取布尔盖比后将其作为起点，这条通道便为3×6英里，位于奥恩河与一长排林木繁茂的高地之间，这片高地从巴旺森林（Bois de Bavent）向南延伸至维蒙。东部边缘的景色非常优美，一行行山毛榉从一个小乡村缓缓上升，村内有一些小径和被树木环绕的农田。西部边界则是丑恶、林立的烟囱和冷却塔，沿着奥恩河河堤延伸了4英里。在这两道界线之间是一片几乎不间断的平原，由于其地面坚实，蒙哥马利为他的装甲部队选中了这片区域，外乡人会对这里不见绿篱和河流的踪影而奇怪不已。寥寥无几的突出物打断了长长的地平线，似乎延伸至一辆坦克一天的行程所能到达的内陆地区。但外表具有欺骗性。这片平原带着一连串浅浅的凸起向南延伸，且具有一定的高度，就像卡昂—维蒙铁路路基那样，展露出棋盘格上的一个个小村庄，屈韦维尔（Cuverville）、代穆维尔（Démouville）、勒美斯尼乐弗芒代勒（le Mesnil-Frementel）、卡尼、勒普瓦里埃（le Poirier）、于贝尔福利耶（Hubert-Folie），每个村庄相隔不到1英里，都陷在茂密的果园中，并以一个结实的农场庄园为中心。

因此，沿通道发起的进攻不是一场轻而易举的行进，而是在各个据点间进行的复杂推进。从远处的制高点俯瞰，这些据点无论天然形成还是人为设置，都在敌人手中。蒙哥马利没有低估这种威胁：他的装甲部队从这条通道经过时，侧翼暴露给据守着通道边缘的德国人。于是他再次要求调用皇家空军轰炸机司令部和美国陆军航空队的资源。阿瑟·哈里斯爵士认为一周前对卡昂的轰炸浪费了他的重型轰炸机，因而不愿提供帮助，但他最终同意出动轰炸机司令部辖下的所有力量，1056架"兰开斯特"和"哈利法克斯"，对通道入口处的肩部、巴旺森林下方的村庄（东面）、奥恩河沿岸的科隆贝莱炼钢厂（西面）投掷5000吨炸弹。炸弹将使用延迟引信，除了在地面上造成无数的弹坑外，还会将各个瞄准点范围内的德军防御阵地摧毁。卡尼被认为是通道内防御得最为严密的一个村庄，它将被650吨炸弹击中，这个数字与空袭一座大城市的投弹量相当，但这些炸弹将安装瞬爆引信，以免在街道上造成弹坑，妨碍坦克的通行。通道的颈部和位于布尔盖比的出口同样会遭到杀伤性炸弹的轰炸，由美国第8和第9航空队的1021架重型、中型轰炸机执行。这将是有史以来最庞大的轰炸行动之一，也是"为支援地面部队所进行的最猛烈、最集中的空袭"。

等 待 中 的 装 甲 部 队

第2皇家禁卫骑兵团的罗登·奥德中尉写道，"我们被告知，并完全相信，我们正置身于一场重大行动中。"他所在的团是第8军的直属侦察队，可以预料，他们将在最前线发挥作用。但跟随在该骑兵团身后的部队也兴奋不已，因为这个行动是第11装甲师首次参与的大战役。"埃普索姆"行动中，该师只投入了部分部队。蒙哥马利为此次沿通道推进的行动所起的代号为"赛马场",这使该师获得了展示"骑兵冲刺"的机会,而这正是他们组建和训练的目的所在。第2皇家禁卫骑兵团(该团在战时由禁卫骑兵团和皇家骑兵团合并而成)更愿意将这场即将到来的战斗称为"佳林大赛",一名好赌者将这场战斗与英国马季第二流行的赛事等同起来,而军官们也以此来激励他们,仿佛阿斯科特赛马会最近已落在"佳林"身后似的。驱车穿过伦敦,登船赶往诺曼底之际,一名中尉依依不舍地写道,他们的装甲车在凌晨动身时,队伍中许多机灵的家伙刚刚离开"四百"俱乐部,换乘跨海峡渡轮后进行救生演习,一名迟到者大声要求带他到"军官救生艇"去。战前的骑兵们都知道并理解他这种年轻人,他们仍将身上的哔叽呢军装收拾得像厚硬纸板那般笔挺。一名骑兵下士(这个军衔相当于其他部队中的中士,出于某种怪癖,英国军队里资历较深的团都对他们的声誉极其珍视)写道:"尽管承受着迄今为止最恶劣的生活条件,但这些军官们仍设法让自己显得端庄得体。" 实际上,D中队兴高采烈地居住在布雷西(Brécy),法兰西喜剧院一名交际花最近刚刚腾出的城堡内。穿越海峡的途中,他们吃的是菠萝和新鲜樱桃,现在则期待着来自城堡附近农场的鸡蛋和鲜奶油,并对苹果白兰地遗憾不已,尽管它很适合点火,也比其他酒更容易弄到。

　　第2皇家禁卫骑兵团配备着装甲车,但直到第11装甲师的坦克突破德军防线后才接到向前推进的命令。该团的士兵分属四个不同的团,以不同的方式代表着不同的传统,以此构成了一支现代化装甲部队。第23轻骑兵团是战时组建的一支部队,但却是一支老部队的重生,他们曾跟随惠灵顿征战于伊比利亚半岛。该团已重新使用先辈们在战场上的荣誉标志,并按照骑兵的习惯将他们的坦克单位戏称为"马刀中队",每天还兴高采烈地举行狩猎场仪式。狩猎场是其姊妹团,第2北安普敦郡义勇骑兵团的自然栖息地,该团是师里的侦察部队。和平时期,他们骑着马,伴随着"约翰·皮尔"的乐曲列队而行,在中部地区狩猎郡各所大宅

（奥尔索普、堡顿、罗金汉）的公园内扎营，并从派奇利（Pytchley）狩猎赛的获胜者中挑选指挥官。作为一个义勇骑兵团，他们在和平时期只是一支业余部队，从各行各业的平民中吸收士兵和军官，农民的儿子、大庄园的工人、当地的律师和房产经纪人、来自凯特林和托斯特周围拥有土地的绅士，这些人觉得自己在本郡社会中的地位要求他们发挥些军事作用。战争到来后，他们组成部队，离开了北安普敦郡，1914年，他们开赴法国，随后又赶至意大利，1939年，他们先是守卫南部海岸，防备德国人的入侵，随后又在威尔特郡接受重返欧洲大陆的训练，最后，他们登船赶赴诺曼底。

第11装甲师的第三个装甲团是第2"法夫和福弗尔"义勇骑兵团，代表着苏格兰人军事生活中某些一脉相承的东西。他们不太令人信服地声称自己与法夫义勇骑兵队有某种联系，后者组建于拿破仑战争时期，负责保卫英国，并在宪章运动期间维持了既有的秩序。第2"法夫和福弗尔"义勇骑兵团有证据可查的起源是1859年的志愿参军运动，19世纪中期这场奇怪的业余当兵热潮促生了法夫轻骑兵队。与相邻的福弗尔骑兵志愿者合并后，该团得到壮大，他们派出一个骑兵连参加了布尔战争，第一次世界大战期间，他们又与沙漠骑兵军驰骋于埃及，1918年后，他们将马匹换成装甲车，隶属于曾组建拿破仑团的首领的后人的指挥下。

师里的第四个团代表着另外三个团的对立面，是唯一一个拥有师级部队装甲战经验的单位。第3皇家坦克团曾于1940年在加来战斗过，撤离海滩时，他们将坦克丢在了身后；在埃及和希腊，他们在令人绝望的后卫掩护行动中再次损失了全部的坦克；他们还在利比亚战斗过，也在阿拉姆哈勒法守卫过亚历山大港；他们在阿拉曼取得了胜利，并将隆美尔逐至突尼斯。从战争伊始便在团里服役，现在仍与该团在一起的老兵已寥寥无几，其中的一个是G.P.B.罗伯茨，他早已获得晋升，现在担任第11装甲师师长。许多老兵在他们征战过的众多战场上找到了自己的墓地，生还者成了痛苦而又坚强的士兵。但他们的观点中带有某种无忧无虑、即兴发挥、战之即胜的态度，据说这就是英国骑兵投入战斗的方式。皇家坦克团（也就是一战期间的坦克兵团）的军官们知道军队里其他单位（骑兵、炮兵和步兵）对他们的敌意，1918年后的十年间，斤斤计较的财政部多次否决了他们获得汽油的要求。他们咬紧牙关聆听着对头们的观点：坦克的发展潜力已达到极限，其作用充其量是步兵的一个附属。他们也目睹过"实验性机械化部队"这位反击者的示威手段，但这支部队实验了一段时间后便被解散，这令枪骑兵、轻骑兵和龙骑兵们深感满意。在博文顿坦克学校陈旧的食堂和煤渣砖砌成的教室里，他们反复保证时间和事件会对那些守旧派的傲慢和缺乏专业性做出惩罚，以此来鼓舞彼此的士气。他们没有虚度两次世界大战之间的那段时间，战争来临时，他们抓住机会，将他们的思想在一支由平民组成的新军队中加以传播，并将与他们观点一致的领导者推上被保守分子长期把持的位置。绝非巧合的是，蒙哥马利这位最好斗、最具创新力的新将领，贝雷帽上佩戴的第二枚徽章就是皇家坦克团的徽标。

无论是战前还是战争爆发后，他们都没有做到处事圆滑。他们明确表示，他们不打算让骑兵实现机械化，而是将其解散，代之以一支规模更大的坦克部队。他们说了许多假意要抛弃骑兵即兴发挥精神的话，因此，面对告别马匹，换上履带式战车这种不可避免的要求时，那些老骑兵团不仅毫无怨言，还积极投入到部队的重建中。这些骑兵在内心深处知道，装甲部队的时代已经到来，但他们也为自己沦为次要角色而感到一丝耻辱，第一次世界大战中，他们担负着穿越战壕和铁丝网的重要任务，许多勇敢的骑兵生还下来，参加了法国和佛兰德斯周围的"障碍赛马"。因此，他们中的军官也抓住了第二次世界大战赋予的机会，重新塑造其部队的声誉。意识到轮到他们聆听后，这些骑兵从坦克兵宣讲的学说中学到了他们所能学到的一切，并决心把这些内容与骑兵们猛冲猛打的风格相结合，他们相信没有哪个身穿灯笼裤、扎着绑腿的士兵能正确地模仿这种风格。对于他们的转变，皇家坦克团的专业人士们迅速表达了自己的敬意。但对作为一个整体的骑兵部队，他们保持着警惕的怀疑。也许他们有些过于警惕；1944年时，一些高级军官开始感觉到，坦克使他们成了他们自己所持学说的俘虏，他们更热衷于自己所珍爱的这种学说的字面意义，而不是违反该学说后有可能带来的回报。

前　进

　　但是，这里有一种老兵的谨慎感。鲁莽可能会让一个装甲团在几分钟内折损半数坦克，甚至有过某部队结束一天的战斗后，一辆坦克也不剩的例子。一个没有坦克的装甲团就像是没有了军舰的舰队。因此，在骑兵们看来，坦克需要不断加以维护是个弱点，因为在早期的坦克战中，机械故障，而不是敌人的行动，造成了更大的损失。这个问题目前已通过其他方式得到扭转，随着"谢尔曼"坦克从美国运抵并取代了战争初期英国设计拙劣的坦克，机械故障的问题已被排除。"谢尔曼"是美国人大规模工业化生产的一个杰出表现，作为一种标准设计，美国汽车制造业内的大批工厂重新改装后开始生产这种坦克。为"谢尔曼"提供动力的是一台福特引擎，拆除引擎并更换备用引擎只需要几分钟时间，炮塔和前部覆盖着2.5英寸厚的铸造装甲板，主炮是一门75毫米高速火炮，车内装载着75发炮弹。"谢尔曼"也有缺陷。它很容易起火，而且一旦起火，燃烧得非常激烈，因为它使用的燃料是汽油，而不是柴油。它的主炮不及德军黑豹坦克的75毫米火炮，当然比不上虎式坦克的88毫米主炮。另外，"谢尔曼"的车身较高，因而比英军的"克伦威尔"坦克更容易被发现，后者被配发给师属侦察团。但有些缺陷已得到改善，特别是四分之一的坦克被安装上17磅长身管主炮，从而使其可以匹敌德国人的四号坦克和黑豹。

　　"谢尔曼"坦克的内部很舒适。车组成员共五人——车长，他接受的训练是站立着，将头伸出炮塔外；炮手，坐在车长右侧，眼睛紧贴在火炮瞄准器的橡胶软垫上；装弹手兼报务员，负责与编队中另外三辆坦克以及团里的其他编队保持联络，同时将沉重的铜壳炮弹塞入炮膛，射击后再将弹壳退膛；驾驶员，坐在车头部，位置低于另外三个人，副驾驶坐在他身旁——他们将坦克视为自己的家。在存放弹药的地方，他们也摆放自己的袜子、睡袋、家书、各种罐头食品、茶叶、香烟以及通过花言巧语和顺手牵羊从后勤部门搞到的任何东西。不打仗时，他们会违反规定，在坦克底部点燃固体燃料炉，炖东西吃，或加热巧克力饮品；夏季的夜晚，地面足够干燥，坦克履带不至于下陷时，他们会裹着覆盖发动机舱的帆布睡在坦克下。这种舒适性，再加上坦克厚厚的装甲版所提供的保护，使得车组人员对它喜爱不已，他们同情地看着那些无处安身的步兵。第3皇家坦克团的一名中士回忆道："机枪子弹在我们坦克四周逮住他们时，你能听见他们发出兔子般的尖叫。但机枪火力对我们无可奈何。只有一件东西能做到这一点，但这里不是太多。"

　　这件东西就是另一辆坦克或坦克歼击车发射的高速穿甲弹。这种炮弹击中"谢尔曼"坚实的装甲板时，瞬间产生的效果极为可怕。如果炮弹命中但没能穿透，装甲板外侧遭到的打击会使其内壁分离出一些碎片，在舱内高速飞舞，给车组人员造成许多小伤口。如果炮弹穿透了装甲板，它会保持一定的速度，但由于受到装甲板的限制，它会在舱内被弹飞，粉碎一切被它撞上的东西，无论是金属还是肉体。最要命的是，它会引燃弹药和燃料（哪一种先被引燃无关紧要，因为它们会同时燃烧起来），将来不及从舱盖逃出的人烧为灰烬。

　　"坦克会以一种怪异、猛烈的方式发生燃烧。火焰激烈地爆发开来，还紧紧地包含在空心钢壳内：因此，浓烟剧烈翻滚着涌了上来……

黑色的浓烟伴随着剧烈的火焰从炮塔喷涌而出。但随后，浓烟不时被逼入舱内弹药殉爆所产生的巨大的硝烟团中。每团黑色的硝烟穿过圆形舱盖后都变成一个怪异、完美的烟圈。这种烟圈使我们联想到在美妙的和平时期，老人用烟斗在壁炉角向钦佩不已的孩子们所展示的技能。完美的黑色烟圈从一辆燃烧着的坦克上腾起，不禁使人想到某种怪诞的魔鬼游戏，就像恶魔拿垂死者开了个可笑的玩笑。正因为这一点，燃烧的坦克看上去像只怪兽，一条垂死的恶龙，在黑色的烟团中吐出最后的生命气息，幽灵般的烟圈在它身上形成、盘旋，随即升入空中。在这些伤感的信号下，垂死怪兽的眼中闪过红白色的亮光，那是供车组人员进入坦克的几个舱盖孔，再也没有人在那里出现。"

所有坦克车组人员，无论他们培养起怎样的沉着，都知道自己所待的坦克具有双重性：既是保护者，又是毁灭者。第3皇家坦克团里的许多人都曾有过坦克被击中的经历：驾驶员从被摧毁的炮塔下逃离，车长跳离燃烧的车身。有些车组心怀感激地想起他们的某位老朋友，要么是被一发飞来的炮弹炸断了履带，要么是用车身挡住呼啸而至的杀手，从而使他们安全脱身；但这种情况毕竟是少数。因此，第7装甲师、禁卫装甲师和为首的第11装甲师，赶往奥恩河上的桥梁时，三个师里的装甲团都带有一丝恐惧。每个师有3500部车辆，尽管大部分轮式车辆要到晚些时候才过河，但各摩托化营的300辆"怀特"半履带车、步兵的680辆履带式运兵车以及870辆作战坦克，还是要按照规定的时间和顺序渡河。三对桥梁中的每一对都有两条车道，一条供轮式车辆使用，另一条归履带式车辆通行，通行方向都是向前，不允许反向行驶。7月17日晚间率先渡河的是第11装甲师的第29装甲旅。禁卫装甲师和第7装甲师将在西岸等待，直到第11装甲师肃清集结区，并穿过雷区中清理出的通道。跟随着先头部队，第2皇家禁卫骑兵团的一名军官将士兵派至贝努维尔（Benouville）的桥梁附近，这座桥梁是D日的奇袭目标，它"从容地伫立在第6空降师废弃的滑翔机之间，坠毁的飞机间拉起绳索，上面晾着洗涤过的衣物，已返回的法国农民在一堆堆扭曲的铝材中翻寻着"。前方，"坦克沿着胶带标出的路径从我们身边驶过，我们顺着路边向前行进，驶下山坡，越过一座运河桥，又驶上对岸的山坡。到处都贴着通告，例如'尘埃会引来炮弹'——的确如此。另外一些则写道，'靠左行驶'、'桥梁级别40'。上山时，不祥的通告只写了简单的两个字——'地雷'。"按照计划的要求，必须在这片雷区清理出14条通道。第29装甲旅的车辆占据了一平方英里的地面，旅里的高级军官们不禁想知道，他们如何能利用分配给他们的三条通道迅速穿过这片雷区。

轰 炸

7月18日凌晨1点左右，第29装甲旅到达了他们的出发线，坦克组员们在路上奔波了两天，疲惫得只想睡觉。进攻发起时间定在清晨7点45分，此刻还有一段时间，但就连最嗜睡的人也保持着清醒。等待跨越奥恩河的一名士兵写道：

5点左右，一阵遥远的雷鸣从空中传来，将那些裹在毛毯里、睡眼惺忪的坦克兵惊醒。1000架"兰开斯特"，3～4架为一组，以3 000英尺的高度从海上飞来。最前方的探路者投射出照明弹，没多久，第一批炸弹落了下来。几分钟后，这片地区腾起尘埃和硝烟，伴随着高射炮射出的曳光弹。偶尔会有一架飞机像摇摆的树叶那样，拖着火焰坠向地面。

据事后统计，只有6架轰炸机被德军高射炮击落，但这些德国人也处在英军军属和师属炮兵总计400门大炮毁灭性的轰击下，另外，提供火力支援的还有两艘巡洋舰和浅水重炮舰"罗伯茨"号，她那可怕的15英寸口径巨炮曾参加过日德兰海战。从海上而来的炮击是自6月6日以来最令德国人感到恐惧的遭遇。但他们和其他任何士兵一样，从未有过身处轰炸中心的经历，此刻，"兰开斯特"投下的炸弹正落向"装甲通道"的肩部及其底部各个设防的村庄。

德军第21装甲师第22装甲团的一个连队驻守在目标区左肩部，结果遭到最猛烈的轰炸，连里的无线电通信员维尔纳·科腾豪斯描述了这番痛苦的磨难。至于英军，轰炸开始时，"各个轰炸机中队带着嗡嗡的轰鸣声逼近，"一名威尔士禁卫军士兵听见"一种微弱、稳定的嗡嗡声，渐渐变为持续不断的轰鸣，直到我们目力所及之处，整个北部天空布满飞机为止，一波又一波，一层叠一层，向东面和西面递延，空中似乎已没有容纳更多飞机的空间"。空中的声响和景象令所有禁卫军士兵"爬出车辆，以敬畏而又好奇的目光凝望着天空"。而在科腾豪斯的连队里，这种警告性噪音带来了截然相反的效果。"战友们钻入坦克，关上舱盖，或是爬到坦克下寻求掩护。我们看见一串串小黑点从那些飞机上投下。"（另一侧的威尔士禁卫军士兵们看见"无情的轰炸机嗡嗡作响地向目标飞去时，数百团小小的黑云出现在飞机四周"）"我们中的许多人产生了一种疯狂的念头，那是传单吗？我们很难相信那都是炸弹。然后，我们这一生中最可怕的时刻到来了。这是一场地毯式轰炸，地面被整齐地犁了一遍。爆炸的轰鸣中，我们听见伤员的惨呼和被轰炸弄得精神失常的人疯狂的嚎叫。"

"精神失常"的说法毫不夸张。第503重装甲营中，冯·罗森上尉的连队与科腾豪斯所在的连相邻，他的队伍里，一名士兵因为"轰炸造成的效果而发了疯"，另外两个人无法忍受在恐惧中等待似乎不可避免的结局，在遭受轰炸的过程中自杀身亡。连里的100名士兵，15人阵亡，不是被炸死就是死于纷飞的弹片，爆炸的威力强大到足以将该连一辆重达60吨的虎式坦克掀了个底朝天。另外三辆虎式坦克也被摧毁。科腾豪斯所在的连队里，较轻的四号坦克被翻滚的冲击波震得上下颠簸，待这场金属风暴向前延伸，吞噬位于通道底部的装甲营时，德军士兵不得不徒手将幸免于难的坦克从堆在它们四周的泥土中挖出来。车身上的每个孔洞都塞满了泥土——炮口、空滤器、发动机格栅、排气管。瞄准镜已失调，引擎启动后，由于遭受到的虐待，运转得很勉强。但最惨的是那些没有装甲车辆可供隐蔽的步兵。第16空军野战师是由戈林日渐萎缩的空军中的地勤人员组成，该师的幸存者在十天前经历过盟军对卡昂的轰炸，在科隆贝莱被反复翻犁的废墟中，面对轰炸的轰鸣、爆炸和恐怖，他们发现自己不由自主地颤抖起来。许多人的手脚不听使唤，英军士兵命令他们列队走往临时战俘营时，不得不允许他们在路边休息一会，以恢复保持直线行走的能力。

通道中部，美国第9航空队的"浩劫"和"掠夺者"发起的攻击尤为有效。他们命中了两支德军部队的阵地，这两支部队装备精良，本来能给英军第11装甲师造成有效的伤害，一个是第21装甲师的第200装甲反坦克营，他们配备着用法制坦克底盘搭载的75毫米和105毫米反坦克炮，另一个是该师第125装甲掷弹兵团第1营。德军在第一道防线上的所有大炮和第二道防线上的大多数火炮均被摧毁。这对英军即将发起的推进是个好兆头，因为据英军情报部门估计，通道附近只有两个被打得焦头烂额的德军步兵师（第16空军野战师和第346步兵师，这两个师部署在错误的地点，实力虚弱，无法实施抵抗）和一个装甲师（第21装甲师）。第21装甲师自D日以来便不断参加战斗，人员和装备已遭到严重损失，据英国人计算，该师的两个装甲掷弹兵团（第125团和第192团）只剩下大约1000名步兵，而它的装甲团（第22团），最多只有50辆坦克。另外，据估计，该师拥有的高射炮和反坦克炮，从50毫米到88毫米口径，充其量只有三四十门。距离最近的预备队是党卫军第12装甲师和党卫军第1装甲师，但他们所处的位置并未标注在英军情报人员的地图上，而是在卡昂南部。如果撞上这两个师，肯定会遭遇到激烈的抵抗（党卫军第1装甲师仍有100余辆坦克），但英国人没想过这两个师会投入战斗。因此，与英军坦克对垒的德军坦克应该寥寥无几，当然，对方还有些反坦克炮，届时将由英军骑兵部队负责打垮或对其实施包抄。德国人的坦克，就算能在轰炸中幸免，也无法逃脱英军坦克部队的打击。

进 入 通 道

轰炸的剧烈轰鸣声渐渐消散，透过猛烈的炮击，轰炸机飞离时发出的嗡嗡声时隐时现，就在这时，英军第29装甲旅的坦克发动引擎，向埃斯考维尔（Escoville）与圣奥诺里讷拉夏登内莱特之间的通道隆隆驶去。在他们左侧，师里的步兵涌出阵地，也向前冲去，以肃清德军部署在侧翼的武器，以免它们妨碍坦克部队的前进。可是，他们遇到的第一道人为障碍是德国人布设的雷区。轰炸过程中，第3皇家坦克团和"法夫和福弗尔"义勇骑兵团已商讨了雷区通道的情况。紧跟在他们身后的第23轻骑兵团不得不在原地等待。除了他们，再加上步兵的一个半履带装甲车连和炮兵的一个自行火炮连，全团形成了一条长长的队列，轮到他们通行时，第3皇家坦克团和"法夫和福弗尔"义勇骑兵团仍堵在队伍前方，这使他们彻底落在后面。部队的这种延伸在战术上毫无可取之处，因为按照计划，第3皇家坦克团和"法夫和福弗尔"义勇骑兵团应该尽快部署为并肩推进，而跟在他们身后的第23轻骑兵团则充当预备队的角色。因此，这场推进已开始变得有些散乱。但置身其中的人显然并不这样认为。待在第3皇家坦克团侦察部队一辆坦克中的莱蒙上尉，"非常享受最初的几分钟，我想我们中的大多数人都会这么认为……'出发'，这两个字在全团内回荡，坦克缓缓地向前驶去。突然，为首坦克前方100码处，整条战线的地面'沸腾'起来，25磅炮的徐进弹幕射击开始了。" 在他身后，"法夫和福弗尔"义勇骑兵团里的一辆坦克内，考克斯下士正用潜望镜查看着前方的情形。他回忆道，他看见太阳从轰炸机造成的"撒哈拉沙尘暴"后出现，"跟随着向前延伸的弹幕前进了一段距离，我们停了下来。我记得自己打开一罐果酱，厚厚地涂抹在好多饼干上，分发给其他组员。我们相互开着玩笑，我觉得这些幽默有种强迫意味，还有点歇斯底里，因为我们都很清楚，即将到来的事情相当严峻。"这场停顿是由于卡昂—特罗阿恩铁路线所致，这是一条工业用窄轨铁路，但足以构成一道障碍，第3皇家坦克团和"法夫和福弗尔"义勇骑兵团穿越这条铁路线时，令第29装甲旅耗费了20分钟时间，每辆坦克蜿蜒而行，以免暴露其腹部，然后并排挤入队列中。第一波次的坦克有64辆，第二和第三波次的坦克数量与之相同，但这场延误并未能让后方的第23轻骑兵团缩短距离。

紧随其后的是该师步兵旅所辖的蒙茅斯郡团第3营、赫里福郡团第1营以及国王什罗普郡轻步兵团第4营，这些民兵都来自威尔士边界地区，此前的四年一直在英国接受训练，大多数时间距离他们的家乡并不太远。6月29日，国王什罗普郡轻步兵团第4营第一次在近距离内听见敌人的炮火，第二天首次遭受到严重伤亡，这在过去的战斗中从未有过（该营的两个姊妹营也从未经历过这种情况），此刻，他们正赶去执行一项重要任务——消灭屈韦维尔和代穆维尔村内幸存的敌人。和他们一同赶来的是师属侦察团，第2北安普敦郡义勇骑兵团，穿越雷区时，未被肃清的地雷使该团损失了4辆"克伦威尔"坦克。越过雷区后，步兵部队的先头波次开始遭到德军炮火的打击，这些大炮隐蔽在奥恩河沿岸以及河流南部卡昂以外的废墟中。国王什罗普郡轻步兵团第4营一名自豪的目击者写道："各个班散开队形，顽强地向前推进，每轮炮弹落下时，他们匍匐在地，随即又站起身，继续向前冲去，没有什么比这一幕更能鼓舞人心。"他们的运气很好。但第二天，一发炮弹落在拉文德下士所率的班里，他的8名部下非死即伤。

上午8点30分前，蒙茅斯郡团第3营设法进入到屈韦维尔，并开始搜寻那些打算投降的德国人。稍晚些时候，赫里福郡团第1营进入村子东南面的果园，在那里，他们迅速抓获了50名俘虏。但在他们前方，敌人的火力从代穆维尔的废墟、堵塞的街道和支离破碎的教堂内不断射出，表明这个村子不会被轻而易举地夺下。英军第159步兵旅将其辖内的部队聚集起来，准备发起一场从容不迫的进攻，这需要时间进行准备和部署。但随着时间的流逝，与他们相配合的装甲旅沿着通道越来越深地进入到一连串村庄内，离他们越来越远，而装甲旅所辖的摩托化营（"步兵"旅第8营）并没有足够的兵力穿过这些村落。

装甲旅的坦克尚未完全进入危险区域，但他们正在逼近英军炮火支援的极限，由于大多数火炮被部署在奥恩河错误的一端，很快就无法再为他们提供炮火掩护。但到目前为止，第3皇家坦克团的莱蒙上尉

对眼前的情况非常满意，我觉得其他人也有同感。敌人的抵抗很轻微，许多德国兵被先前的轰炸和炮击炸得晕头转向后举手投降，一种奇妙的优越感油然而起。但随着时间的流逝，他们克服了轰炸和炮击的影响，抵抗变得积极起来……目标不断出现在绿篱和屈韦维尔、代穆维尔村外，两道路堤构成了棘手的障碍。

第一道路堤横穿英军第29装甲旅的前进路线，承载着卡昂与维蒙之间的铁路线，伫立在十英尺高的陡坡上。为翻越这道路堤，英军坦克不得不散开，放慢速度，各自挑选道路驶上坡顶。对各车组而言，这是个危险的时刻，因为在天际线的映衬下，坦克暴露在对面等待发起打击的反坦克炮的高速穿甲弹下。可就在各中队驶向具有决定性的坡顶时，更激烈、更直接的危险突然出现在前方。

"冯·卢克"战斗群

　　盟军的轰炸炸死、炸伤了大批身处"装甲通道"内的德国人，并使他们的士气严重受挫，同时，德军的许多装备不是被摧毁就是遭到损坏。第16空军野战师的大部分步兵已无法作战，而第125装甲掷弹兵团第1营也被炸得支离破碎。但轰炸并未将所有的一切和所有人消灭殆尽。指挥第21装甲师一个战斗群的汉斯·冯·卢克上校就毫发无损。卢克之所以毫发无损，是因为炸弹雨点般落向他设在福莱诺维尔（Frenouville）的指挥部时，他刚刚结束在巴黎的3天休假，正在返回的途中。英军坦克驶过屈韦维尔和代穆维尔时，他还在卡昂—维蒙的铁路线上。他的副官简单地向他汇报了最近几个小时所发生的情况，并告诉他，战斗群似乎已没剩下什么可用于战斗的东西了。冯·卢克曾经历过波兰、法国、俄国和西部沙漠的战事，这位33岁的上校不是个无所作为的人，听取报告后，他赶去寻找他能找到的东西。

　　他先赶往卡尼，这个重要的村庄位于卡昂—维蒙铁路线北面，英军坦克行进路线的左侧。进入村庄时，他从村子外围的果园看见大批"谢尔曼"裹着尘埃从卡尼与西北方的邻村勒美斯尼乐弗芒代勒之间驶过。但这些坦克似乎没有步兵伴随（尽管每个装甲团配备了一个搭乘半履带装甲车的步兵连，但他们没有跟上冲在前方的坦克部队），他们似乎也不在乎侧翼安全。这是个机会，由于冯·卢克刚刚休假归来，对整体战术态势并不太了解，并认为他的战斗群正位于第11装甲师与周边桥头堡前方的开阔地之间，因而更加坚定了抓住这个机会的决心。经过村庄的途中，他见到一辆他的四号坦克，在卡尼遭受到650吨炸弹的轰炸中奇迹般地毫发无损，另外还有师属反坦克营一门88毫米反坦克炮，以及一个88毫米高射炮连。德军的88毫米炮早已被用于双重用途，既能对付飞机，也能打坦克，但这些火炮属于一个空军防空单位，炮口仍指向天空，它们曾徒劳地试图打下那些现在已离去的重型轰炸机。坦克和反坦克炮指挥官迅速执行了冯·卢克的命令，将他们的武器移至果园边，对准英军坦克开火。但空军单位的负责人提出异议。他解释说，他的任务是对付敌人的飞机，而不是坦克，无论他的武器是否具备这种能力。冯·卢克拔出手枪告诉这名空军军官，"要么死在我枪下，要么为自己赢得一枚勋章。"也许是手枪，也许是卢克脖子上佩戴的骑士铁十字勋章，当场解决了对方僵硬的官僚作风。

行驶在最前方的英军谢尔曼坦克隶属于"法夫和福弗尔"义勇骑兵团，这支装甲部队靠近卡尼果园时，薄弱的侧面装甲暴露给德国人已部署就位的5门88毫米火炮。各自选定目标后，德军炮手展开第一轮齐射。"法夫和福弗尔"义勇骑兵团的战史专家沮丧地写道："第一辆被击中的是尼克尔少校的坦克，过了片刻，米勒上尉的坦克也被击毁。接下来遭殃的是B中队的后方部队，他们负责侧翼掩护。敌人的打击来得迅猛而又出人意料。被轰炸机翻搅过的地面就像一片荒芜之地，几乎无法隐蔽任何活物。树木被连根拔起，土地上布满弹坑，散落着死牛，从理论上说，没有任何生物能在这片月球景观般的地面上生存下来。可突然间，有证据表明敌人就在这里，而且非常活跃。"

12辆坦克被摧毁，大多属于C中队，在一名目击者看来，这一切似乎是"几秒钟的事"。在他们身后，第23轻骑兵团看见这么多坦克同时起火燃烧，立即停了下来。很快，幸存的坦克组员穿过玉米地朝他们跑来，这些侥幸生还者被硝烟和火焰熏得漆黑，以逃离火山口的速度朝后飞奔。

但冯·卢克逮住的只是"法夫和福弗尔"义勇骑兵团的后队，而不是皇家坦克团。5个完好无损的装甲中队，总计100辆谢尔曼坦克，将卡尼抛在身后，朝他们的目标布尔盖比而去。卢克无法阻止他们，于是将注意力集中在他的战斗群本应据守的防线的其他地段。卡尼东面，"装甲通道"迅速让位于长满绿篱的乡村，其间点缀着一些小树林，构成了沿特罗阿恩山脊生长的森林的外层。这里有一条道路可供禁卫装甲师穿越，该师从"空降登陆场"出现并进入到第11装甲师的行进道路后，将利用这条道路发起攻势。但在各个果园内和这片地区的外围有一些分散的德军坦克和步兵班，冯·卢克希望用这些在轰炸中幸免于难的力量设置一道有效的反坦克屏障。第21装甲师的第22装甲团只剩下9辆可用的坦克，位于福莱诺维尔附近，稍远处，艾米埃维尔（Emiéville）附近还有第503重装甲营的一个虎式坦克连。生还下来的车组人员疯狂地忙碌着，在堆积起的泥土中启动引擎、清理武器。四号坦克率先投入战斗，隆隆地赶去迎战跟随"法夫和福弗尔"义勇骑兵团赶往卡尼的第23轻骑兵团，但由于寡不敌众，再加上这些四号坦克状态不佳，因而未能形成一股集中打击力量，除一辆外，其他的四号坦克均被击毁。

虎式坦克是个更为可怕的威胁。指挥第503重装甲营第3连的冯·罗森上尉在中午前成功地让连里8辆坦克中的6辆恢复了行动，并从艾米埃维尔的果园搜索前进，想看看他能发现些什么。他发现了禁卫装甲师。肃清"空降登陆场"并穿越雷区后，英军禁卫装甲师艰难地到达了艾米埃维尔南面，在那里，他们打算向左转，驶向维蒙和开阔地。队伍最前方的是禁卫掷弹兵团第2营，在距离卡尼不到2000码处，该营被敌人的反坦克火力所阻，英国人认为这些火力是从村内射出。因此，该营营长决定缓缓移动至距离艾米埃维尔更近处，留下一个中队担任侧翼掩护，并派另一个中队从一个意料不到的方向消灭敌人布设在卡尼的反坦克炮。可是，就在禁卫装甲师的谢尔曼坦克从"装甲通道"沿着边缘驶入更为破碎的乡村时，遭到从另一个方向而来的火力打击。英国人迅速判明这些炮火"来自虎式坦克"，但这并未能挽救禁卫掷弹兵团的9个车组，他们的坦克很快便燃起大火。跟在他们身后的是爱尔兰禁卫军团第2营，他们也在卡尼前方被阻挡了很长一段时间，最终由于来自前方的阻力而改道向左离开。戈尔曼中尉是一名颇具进取精神的连长，他小心翼翼地穿过高耸的绿篱，想看看是否能确定敌军火力的来向。他惊讶地发现一座小土坡的坡顶处有两辆虎式坦克，另外两辆德军坦克停在另一侧，距离不到200码。他的炮手朝为首的德军坦克开了一炮，但令戈尔曼沮丧的是，他看见"炮弹被弹飞，嘶嘶作响地窜入空中。我命令炮手再次开炮，但车内传出一个空洞的声音，'长官，主炮卡壳了。'"戈尔曼看见虎式坦克致命的88毫米主炮朝他这个方向瞄来，想起自己曾接受过的训练——情况拿不准时就向前推进，于是命令他的驾驶员加速冲向敌人。幸运的是，虎式坦克的炮塔经常动力不足，因此，就在它的主炮瞄准目标前，"谢尔曼"一头撞上"老虎"的车身中部。两辆坦克的车组人员迅速爬出坦克寻找隐蔽。戈尔曼的无线电操作员发现自己跟德国人同处一条壕沟内，正遭受到猛烈的炮击，于是，双方宣布暂时停战。戈尔曼朝着连里的其他坦克跑去，找到另一辆谢尔曼，这是一辆配备着17磅主炮的"萤火虫"，用它将那辆遭到撞击的虎式坦克打成一团火焰。

就在这场小规模战斗持续之际，另一侧，"冯·卢克"战斗群里的另一支部队也对英军装甲部队的推进构成了威胁。派驻法国的德国军队是一支拼凑而成的力量，他们从国内军工厂获得武器装备的补充极不稳定，因而不得不自己想办法解决。他们的一个临时举措就是将德制105毫米火炮安装到法制"哈奇开斯"坦克的底盘上，组装成一辆自行反坦克炮。第200装甲反坦克营有5个配备着这种自行反坦克炮的连队，每个连配有6辆火炮，由这种自行反坦克炮的设计者贝克尔少校指挥。其中的一个连队已在盟军对代穆维尔的轰炸中被消灭，另一个完好无损，但此刻位于卡昂郊外，远离战场。剩下的3个连都在英军装甲部队向前推进的道路上，第3连位于第二道铁路线后方的格朗特维尔（Grentheville），第4和第5连驻守在勒美斯尼乐弗芒代勒。

第3皇家坦克团接到的命令是绕过一切抵抗点，不停地向布尔盖比的山脊顶前进，并未受到冯·卢克部署在卡尼的88炮的伤害，实际上，他们在卡尼得到了"法夫和福弗尔"义勇骑兵团的掩护。在勒美斯尼乐弗芒代勒，他们动用全团炮火对这个村子展开齐射，德军反坦克连只给他们造成一辆坦克的损失。但越过铁路线后，该团为自己所承担的坦克突击任务付出了代价。他们的前进路线伸向东南方，需要跨过卡昂—特罗阿恩这条铁路岔道以及卡昂—维蒙铁路线极为陡峭的路堤。这条铁路岔道被贝克尔少校的第3连所控制，英军坦克刚刚越过第一道铁路线，正设法寻找翻越第二道铁路线（它穿过一条隧道）的路径时，突然间遭到德军火力的打击。距离非常近，德军炮火几乎弹无虚发。指挥A中队的克洛斯少校回忆，他看见："树林间有数门反坦克炮……炮手们疯狂地转动着炮管瞄向我们。在我们四周的玉米地里有不少多管火箭炮发射阵地，已对着我们上方开火射击。它们被迅速消灭，在某些情况下，我们直接用坦克碾压过去。但反坦克炮的问题比较棘手。它们几乎是在直瞄距离内开炮，命中了我的三辆坦克，这些坦克燃起大火。我看见位于左侧的中队也有几辆坦克起火燃烧。我接到的命令是绕过村庄继续向前推进。"

克洛斯的坦克迅速驶向隧道，进入隧道后转身提供火力掩护，他们随后穿过隧道来到另一侧，高高的路堤为他们挡住了敌人的视线和火力。他们在那里"与团里的其他单位会合。我们的目标，布拉（Bras）村和于贝尔福利耶村就在前方，越过3000码开阔地，位于一片非常突出的山脊上。看上去那里比较安静，我们没有发现敌人的迹象。但由于那里几乎没有隐蔽处，因而不可能像我们原先设想的那样，首尾相连地朝那里赶去。"

反　击

罗伯茨少将在先头团身后的"克伦威尔"指挥坦克中指挥着第11装甲师，对目前的战斗进展感到满意。禁卫装甲师正赶去承担起"装甲通道"

东部边缘的职责。现在，他的西翼已离开卡昂郊区，因此，仍坚守在工厂和工业区废墟中的德国守军已无法对他的部队产生影响。战场后方，第7装甲师正跨过奥恩河上的桥梁，很快就将以250辆崭新的"谢尔曼"和"克伦威尔"坦克向前奔涌。至于他自己的装甲团，第23轻骑兵团和北安普敦郡义勇骑兵团依然完好，尽管第3皇家坦克团和"法夫和福弗尔"义勇骑兵团各损失了一个中队的战车，但每个团仍有40辆可用于战斗的谢尔曼。他们现在并肩推进，已越过卡昂—维蒙铁路线，目前，他们与他们的目标（位于最后一道山脊线顶峰的布尔盖比）之间只剩下四个小村落：布拉、于贝尔福利耶、索利艾尔（Soliers）和福尔（Four）。

通过设在山脊上的观察点，德国人对这个情况也很清楚。尽管当天上午冯·卢克一直在平原上苦战，并深信拯救德国于崩溃的只有他那几个反坦克连和装甲连残部，但实际上，德军高层已对态势做出评估，并采取措施以遏制战况进一步恶化。德国军队对自己的能力深感自豪，且擅长从事积极的战斗，但他们也能从潜在的灾难中努力获得稳定性。自1941年冬季以来，东线战场上一次次被苏联人撕开的大洞，不断被德国人用后方人员拼凑起来的临时部队填补上。1944年1月，盟军突然在罗马南部的意大利海岸登陆，但未能动摇德军横跨意大利"脚踝"的整体防线，这完全是因为还没等盟军指挥官带着他们的部队离开滩头，凯塞林便投入了行之有效的"应急营"——这些临时部队主要是以在各火车站召集的休假归来的士兵组成。德军正规部队不会以职能划分为遁词。冯·卢克遇到的那位空军军官是灵活应变机制的一个例外，这种机制能让文员和厨师在紧急情况下充当步兵，也能让工兵部队放下工具守卫防线。这正是德军第21装甲师师长所采取的措施。目前据守在布尔盖比山脊顶部的是他的师属工兵营，并获得师属侦察营摩托车和装甲侦察车小组的加强（德语"侦察营"Aufklärungsbataillon这个词奇怪地再现了启蒙运动，这让第21集团军群情报机构那些学究式的参谋人员回想起他们的大学时代）。在他们身后排列着他的三个炮兵营，远远地处在奥恩河另一端英军火炮的射程外，他们已部署完毕，只待英军第11装甲师的坦克到达，便对山脊下方展开炮击。

但更为重要的是，为确保防线的完整性，负责防御登陆场东端的西线装甲集群已开始发起一场反击。德国空军在7月16—17日夜间利用照明弹拍摄的照片表明，盟军的交通重点是跨越奥恩河上的桥梁，因此，德国人下达命令采取一些预防措施：党卫军第12装甲师已将一个战斗群部署在利雪（这恰恰是"赛马场"行动所要夺取的地方），卡昂附近所有的部队都已被惊动。结束了做出这些决定的会议，返回司令部的途中，负责登陆场战役整体指挥任务的隆美尔遭到英军战斗机的袭击，身负重伤。尽管受到这一惊人的打击，但德军的指挥体系仍在运作，7月18日早晨，西线装甲集群司令埃贝巴赫愈发确定了自己的观点：盟军突入"装甲通道"是一场真正的攻势，而不是将德军调离卡昂西侧的佯攻。于是，他命令党卫军第1装甲师离开卡昂南部的阵地，准备投入战斗。党卫军第1装甲师，也就是"阿道夫·希特勒"警卫旗队，是德国军队中作战经验最丰富的装甲部队之一。1939年，他们投入到波兰战役中，1940年参加了法国战役，1941年跟随B集团军群[1]进入俄国[2]，1942年，他们参加了曼施泰因解救斯大林格勒的行动[3]，1943年8月，该师被派至意大利应对盟军的入侵，当然，最近该师还在卡尔皮屈埃的另一侧帮助挫败了第15苏格兰人步兵师的攻势。这是希特勒最为青睐的一支部队，因此，他们通常都是齐装满员。最近数周的激战已令该师的实力有所削减，但依然拥有46辆黑豹和四号坦克，另外还有些突击炮。

---

① 应为"南方"集团军群。

② 此处应为苏联的俄罗斯联邦的管辖区域。

③ 警卫旗队并未参加斯大林格勒的解围行动，而是投入到紧随其后的哈尔科夫反击战中。

当天上午，这些坦克利用一片片灌木丛为掩护，悄悄地从卡昂南郊赶至"装甲通道"的西部边缘。下午2点30分前，师属装甲团的黑豹进入到布拉与布尔盖比之间，而他们的突击炮也已赶至山脊线。从海拔150英尺的山坡上，德军车组人员俯瞰着英军坦克即将驶来的道路。不过，尽管进攻方暴露在开阔地，德国人还是要对下陷的道路网加以利用，这些道路沿着山顶和布满树林、村庄的山坡由东向西延伸。树木、建筑和峭壁使得皇家空军第2战术航空队无法看清他们的打击目标。在这种情况下，他们本该由跟随装甲先头部队一同行动的皇家空军地面对空联络员引导，但这位联络员乘坐的坦克在当天早上被击毁，对空联络已中断。在随后的战斗中，第23轻骑兵团的C中队急需空中支援，以击退德军坦克的突击，这位对空联络员无法呼叫空中力量，不得不以BBC广播电台的频率联系上第11装甲师的自行火炮单位，让他们将这一要求转发给皇家空军。因此，将1944年7月18日下午在布尔盖比山脊上的情形与129年零一个月前同一天发生在滑铁卢的情况相对比并非全然荒诞不经。进攻方在机动力量上拥有巨大的优势，防御方遭到痛击，缺乏攻击力，但他们仍控制着主阵地前方一些重要的防御据点——这里的布拉、索利艾尔和卡尼与惠灵顿防线上的普朗斯纳（Plancenoit）、拉海圣（la Haye Sainte）和乌古蒙（Hougoumont）发挥着同样的作用——和一道为预备队提供掩护的"预备队山坡"。冲上山坡的行动将是一场血腥的战斗。

　　朝山坡而来的是第3皇家坦克团和"法夫和福弗尔"义勇骑兵团，前者从卡昂—维蒙铁路线西面向布拉和于贝尔福利耶冲去，后者从另一侧直扑布尔盖比。第3皇家坦克团的一名军官描述道："战斗开始时，为首的坦克刚刚到达于贝尔福利耶。我看见一辆辆谢尔曼起火燃烧，这种情形使我认为，再过几分钟全团就剩不下什么了。我看见德国人的坦克就在于贝尔福利耶后面绕来绕去并转向左侧。"这些坦克是党卫军第1装甲师的黑豹。"一场坦克大战激烈地进行着，不幸的是，德国人占据着制高点。"首先被击中的英军坦克属于A中队的一名连长，兰登少校，从布拉与于贝尔福利耶之间驶过时，他的坦克被击中，停在500码外。在坦克起火燃烧前，他和车组人员带着身负重伤的炮手从坦克中逃出。接着，克洛斯少校指挥的A中队又有两辆坦克被击中。作为一名经验丰富的老兵，他下定决心要身先士卒，于是朝着一名中士的坦克跑去，命令对方下车。这位中士也决心要跟敌人血战到底，因而拒绝接受命令，直到克洛斯像冯·卢克那样拔出手枪，他才很不情愿地交出了自己的坦克。接下来便是一场灾难。克洛斯看见"团里的其他坦克卷入到激战中，至少有7辆坦克起火燃烧，失去战车的车组人员设法逃回到路堤处。"兰登少校的车组带着受伤的炮手隐蔽在一条壕沟里，他看见"一群坦克被打得起火燃烧"，这些坦克属于B中队，他们遭到射程超过他们的黑豹坦克的准确打击，而"我们中队里的另一些坦克也被击毁，剩下的正撤离山脊"。火势蔓延至弹药舱时，兰登少校的坦克发生了爆炸，他和他的车组不得不离开位于附近的壕沟，"迅速离开，不能迟延。最靠近的隐蔽处是一片未收割的玉米地，位于200码外，但这200码距离是一片开阔地，被来自布拉和于贝尔福利耶的敌军炮火所覆盖，我们扶起负伤的炮手，带着他穿过了这片开阔地（没多久后，他死在急救站里）。"

他们没有遭到射击，这是个颇具骑士风度的举动，因为，不对失去装甲保护的组员发起打击，这是海战的传统，却不是坦克战的惯例。就在兰登少校的车组返回的途中，他们看见卡昂—维蒙铁路线前方的"法夫和福弗尔"义勇骑兵团也遇上了大麻烦。该团的B中队已前伸至索利艾尔和福尔这两个被布尔盖比山脊俯瞰的设防村落，就在这时："他们发现自己遭遇到大规模抵抗。两个村庄已被素质优秀的德军步兵占据，透过密集的弹雨，'法夫和福弗尔'义勇骑兵团的士兵们可以看见布尔盖比村附近的黑豹坦克，哈钦森上尉带着A中队的两个装甲连赶至东侧，抗击着从福尔村射来的火力。在这里，他遇到几辆黑豹，尽管他击毁了其中的两辆，但来自其他坦克的火力却阻止了他进一步的行动。从卡尼到福尔、福莱诺维尔和索利艾尔，双方展开了混乱的坦克战。"

赶来救援他们的是第23轻骑兵团，这个团在前进途中受到各种延误，现在终于赶到了。看见黑色烟柱中夹杂着弹药殉爆产生的圆形烟雾开始从山脊下腾起时，他们正停在卡昂—维蒙铁路线的另一侧。指挥第11装甲师装甲部队的哈维准将①命令第23轻骑兵团向前推进，他们冲至索利艾尔村，这才发现已没有什么可以营救的了。"法夫和福弗尔"义勇骑兵团已全军覆没。该团的一名军官从A中队一辆燃烧着的坦克中逃了出来，大声喊叫着：全团的坦克，除了四辆幸免于难外，其他的都已被摧毁。与激战中的大多数报告一样，这种说法很夸张。但眼前的情形充分证实了这名军官的说法，数辆黑豹突然出现在他们上方的山脊上，一轮齐射导致B中队一个装甲连的四辆坦克起火燃烧，这使他们相信必须撤出战斗。随着高强度装甲板发出叮当作响的金属撞击声传入耳中，第23轻骑兵团的坦克手们调转谢尔曼坦克的车身，从山脊下驶离。就在他们撤离之际，德国人从福尔村展开的最后一轮齐射命中了C中队，赶来为先头部队提供支援的这个中队，根本没来得及弄清楚侧翼的状况。

---

① 英军的"准将"军衔是最高级别的校级军官，介于上校与少将之间，但又与美军的准将不同，不属于将级军官。严格地说，将这个军衔称为"大校"最贴切。但考虑到传统的译法，本书仍将其译为"准将"。

该团团史中写道："没时间发起还击，也没时间做其他事情，只是匆匆地查看了一下状况，一分钟内，几乎所有的坦克都被击中，随即发生燃烧和爆炸。"

"到处都是伤员或身上起火的人，他们奔跑着，或是痛苦地挣扎着，寻找着隐蔽处，与此同时，一阵无情的穿甲弹雨将那些束手无策的'谢尔曼'打得千疮百孔。一切都太清楚了，我们已无法在当天取得'突破'。现在的问题不是我们能推进得多远，而是我们能否守住已取得的战果。当天早上投入战场的庞大装甲队列中，106辆被击毁的坦克散落在玉米地里。"

但这并不是英军装甲部队突击的彻底结束。下午5点左右，北安普敦郡义勇骑兵团的"克伦威尔"坦克奉命从西面对山脊发起最后的尝试，他们越过卡昂—维蒙铁路线，进入到距离布拉村1000码处。在这里，他们遭到高速穿甲弹的打击，丢下16辆被摧毁的坦克，跌跌跄跄地向后退去。战场另一侧，担任师属侦察营的威尔士禁卫军团第2营在同一时刻进入到艾米埃维尔。他们遭到敌军炮火的拦截，一名连长离开自己的坦克，以便与中队长进行紧急磋商。就在他穿过开阔地时，被一发迫击炮弹的弹片击中，没多久就阵亡了。这位牺牲的连长是雷克斯·惠斯勒，他曾将18世纪的风格成功地移植到现代艺术中，这使他成为当代最受欢迎的画家之一。他的最后一幅作品悬挂在摄政王位于布赖顿（Brighton）行宫中的一个房间里，那里是威尔士禁卫军团的驻地，这幅作品充分展现出乔治四世作为一名快乐王子的任性。这幅作品在盟军发起入侵的前夕完成，其无忧无虑的风格并未暴露出作者对海峡另一端等待着自己的命运的担忧。

影　响

雷克斯·惠斯勒阵亡的消息在他的朋友圈里掀起一股悲痛的小浪潮，与私下里悄然传播的其他消息相重叠、汇合。英军的阵亡人数，与散落在布尔盖比山坡上的坦克残骸相比，少得离奇。"法夫和福弗尔"义勇骑兵团阵亡了36人，第3皇家坦克团牺牲了18人，第23轻骑兵团有22人丧生，北安普敦郡义勇骑兵团则为5人。步兵单位遭受的损失甚至更少些。三个步兵营总共阵亡了16个人，第8步兵旅的半履带车跟随在装甲部队身后，只损失了4个人。但坦克的损失太引人瞩目，这是一种战略性损失。该师被摧毁的坦克多达126辆，超过其半数实力，两个先头团，第3皇家坦克团和"法夫和福弗尔"义勇骑兵团，各自损失了40辆以上的坦克。当天晚上，新的坦克将赶来弥补该师的损失，从而使他们恢复至三分之二的实力，并做好第二天早上再次投入战斗的准备。

但到那时，一场风暴将降临在指挥这场战役的将领的头上，其强度堪比他的部下们在进攻中所面对的弹雨。蒙哥马利对其目标（"消灭敌人"或"取得突破"）的含糊性已使他在7月18日下午发布了一份判断错误的公报，当时，前线传回的过时消息使他的参谋人员得出结论，德国人的抵抗正在减弱，而不是增强。这份公报中宣传，"今日清晨，第2集团军辖下的英国和加拿大军队发起进攻，一举突破至奥恩河东部和卡昂东南部地区。激烈的战斗仍在持续。蒙哥马利将军对这场战役首日的战斗进展深感满意。"即便到这时，加拿大军队也未能达成突破。这一整天他们都在卡昂工业郊区的废墟中苦战。"首日的战斗"这个说法是准确的，因为各个装甲团多少恢复了一些实力（尽管他们的士气严重受挫），并将在7月19日再次向前推进，从已成为第21集团军群情感地理的"第二道铁路线"出发，重新对山脊发起进攻。但如此迅速地将这场战役表述为"已达成突破"，这与事实严重不符，盟军远征军最高统帅部里那些看不起或不喜欢蒙哥马利的人（人数很多，既有英国人也有美国人）将此视为他们的一个机会，就此挫败狂妄自大的蒙哥马利。报纸为他们提供了"炮弹"。7月19日，英国《泰晤士报》的头版头条上写道，"第2集团军取得突破——装甲部队已到达开阔地——蒙哥马利将军深感满意。"过了几天，该报诺曼底专栏的头条上又写道，"突破的势头已然丧失，"而社论作者也做出声明，"先前报道中使用的'突破'一词只能说是具有一种特定含义。卡昂附近的德军包围圈已被突破，但德国人的装甲部队尚未被打垮……可能是因为战役初期的发展太过迅速造成了这种夸大。一般说来，确保彻底取得胜利后再进行吹嘘会更好些。"

这段时间里，各大报纸开始采用蒙哥马利的对头们透露给他们的消息以及这些人表明对蒙哥马利不满的暗示。在他们当中，第一个这样做的人是盟军最高统帅的副手，空军中将特德。他告诉艾森豪威尔，蒙哥马利并不是真的想取得突破，并故意误导他。特德在7月20日写道，"一场压倒性的空中轰炸打开了房门，但没人在房门依然敞开的时候立即发起渗透，我们目前的进展甚至没能越过那些弹坑。很明显，你清楚地表明你无意让行动成为一场决定性战役。"艾森豪威尔本人于当日来到蒙哥马利的指挥部——他的副官布彻说他准备按照一些英军高级将领的建议解除蒙哥马利的职务，因为他"严重缺乏作战指挥能力"——并在次日写信抱怨道，"第2集团军的各装甲师获得了一场庞大空中攻势的协助，我对他们突破敌军的防线抱以极大的希望和乐观。我想我们终于要做到这一点了，敌人会被打得屁滚尿流。但这一切并未能实现。"英国的战时内阁也被惊动，他们向蒙哥马利的指挥部派遣了联络员，奉命将作战进展向上汇报。蒙哥马利命令他的工作人员看住这名外来者，但直到7月24日，他与首相会谈了2个小时后，才使自己在"赛马场"行动中丧失的威信得到部分恢复。

不过，要是艾森豪威尔、特德和丘吉尔能够窃听到德军最高统帅部在这场攻势后的机密通信，那么，他们就会倍受鼓舞，而不是沮丧万分。从理论上说，德国人打得很好。经历了4年的战术实验后，他们对付坦克攻势的办法得到了出色的验证。在西部沙漠地区，他们完善了一种体系：用己方坦克将英军装甲部队诱至自己的反坦克炮阵地前。待敌军超出其炮火掩护的最大射程时，他们的88炮出现了，以高速炮火击毁英军坦克，伴随着坦克的步兵，如果他们敢于跟上装甲部队，隐蔽着的德军坦克便对他们发起反击。但在7月18日的战斗中，事情并未以这种方式顺利进行。反坦克炮据守在前线，坦克给敌人造成了致命一击。但效果是一样的。土地已经丧失——7月18日和次日的激战使加拿大军队肃清了奥恩河东岸，从而扩大了第11装甲师夺取的"空降登陆场"——但登陆场的周边地带仍在德国人的控制下。

但是，理论上的胜利和目标的实现之间存在着一道令人神经紧张的鸿沟。德国方面的战略理论家也许能以约米尼过时但仍具有重要意义的理念来解释英军攻势的失败，一场进攻总是应该就近发起，"与作战基地呈直角。"蒙哥马利公然违背了这个合理的规则。"赛马场"行动的轴线与其出发基地构成了最小的角度，维持初始动力的困难在很大程度上可能要归因于计划中这个不可避免的根本性缺陷。但尽管三个装甲师先后，而非并排发起进攻（第7装甲师最后一个驶过桥梁，根本没有投入进攻），守军的实力（且不谈他们的意志）还是遭到了可怕的打击，他们的长远战略前景也受到严重损害。德军装甲部队同样遭受到巨大的损失。第21装甲师和党卫军第1装甲师在7月18日损失了109辆坦克，削弱英军攻势的反坦克炮，近一半已化为乌有。一整个步兵师，第16空军野战师，被盟军的轰炸和炮击彻底消灭，这种损失无从弥补。预备队的合理配置被打乱。被派去防御美军战线（盟军战略预备队显然正在那里集结，以发起一场攻势）的两个德军装甲师被调至英军战线，他们将留在这里，直到仍具威胁的"赛马场"行动再度恢复。德军西线总司令部的信心已发生动摇。

西线总司令克鲁格元帅于7月22日写信给希特勒，提醒道："面对完全掌握着制空权的敌人，我们无法找到一种抵消其毁灭性影响的办法，除非我们放弃战场。分配给反击行动的装甲部队，遭受到最大强度的地毯式轰炸……其结果是，他们到达得太晚了。这种大规模空袭的心理影响带着大自然元素中的一切力量降临在作战部队头上，特别是步兵，这是个必须予以认真考虑的因素。这种地毯式轰炸会命中一支出色的部队还是糟糕的部队，这无关紧要，反正他们都会被消灭……这一刻正迅速来临，届时，负担过重的防线必然会被突破。敌人一旦到达开阔地，我们的协调指挥将不复可能，因为我们的部队缺乏机动性。我认为，作为这条战线上的指挥官，将目前的态势发展及时告诉您是我的职责所在，我的元首。"

但在这封信撰写和发出前，希特勒本人也遭到炸弹袭击，这使德国军官团成了他个人仇恨的目标，并灾难性地加强了他的邪念，迫使德国人民沿着他的毁灭之路走下去。

第六章

德国军队的荣誉

垂死喘息的"赛马场"行动在希特勒听来异常甜美。但在7月20日，他的耳朵里却回荡着不同的声响。当天中午12点30分，他走入东普鲁士腊斯登堡（又名"狼穴"，此时的元首大本营就设在这里）的会议室。战情简报提前半个小时举行，因为下午他要去迎接墨索里尼。会议地点也发生了改变。通常他会在一间地下混凝土掩体内会见他那些将领，但由于担心英国人可能会使用新型巨型炸弹，因而托德组织来到腊斯登堡加厚地下掩体的屋顶，施工期间，希特勒将会议地点转移到附近的一所小木屋里。12点30分前几分钟，他来到会议室时，看见21名部下已到场，其中大多数是他每天都能见到的人：约德尔，德国国防军最高统帅部作战局局长；约德尔的副手，瓦利蒙特；约德尔的副官，再加上希特勒的6名副官，分别来自陆军、海军、空军和党卫队；陆军、海军、党卫队和外交部派驻元首大本营的常驻代表；另外还有几名速记员。其他的都是些访客：陆军总司令部作战处处长豪辛格、空军参谋长科尔滕、戈林的私人参谋博登沙茨和豪辛格的参谋勃兰特上校。

会议立即开始，尽管国防军最高统帅部参谋长凯特尔元帅尚未到场。几分钟后，凯特尔和他的副官赶到了，同来的一名上校显然是导致他们迟到的原因，这名残疾上校戴着一只眼罩，只剩下3根手指的手里拎着个沉重的公文包。希特勒最近见过他两次，但凯特尔还是正式介绍了这名军官：补充军司令部的代表，上校克劳斯·冯·施陶芬贝格伯爵，他是来汇报新师的组建情况。希特勒用他那著名的淡蓝色眼睛看了施陶芬贝格一眼，随即将目光转到自己的地图上。施陶芬贝格的汇报被安排在下一个，他来到长长的地图桌的顶端，将公文包放在桌下，对旁边的一个人解释说自己必须去打个电话，趁机溜出会议室。过了片刻，凯特尔开始为施陶芬贝格的缺席感到焦急。当天上午，这名上校已离开过一次，而现在，马上就要轮到他做汇报了。豪辛格对东线令人沮丧的事件所作的描述已近尾声："苏联人正以强大的兵力在多瑙河西面向北推

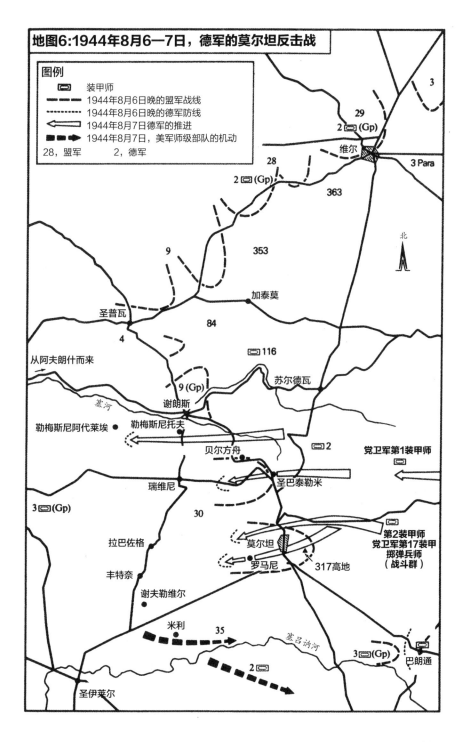

地图6:1944年8月6—7日，德军的莫尔坦反击战

图例

装甲师

1944年8月6日晚的盟军战线

1944年8月6日晚的德军防线

1944年8月7日德军的推进

1944年8月7日，美军师级部队的机动

28，盟军　　2，德军

3

29

2 (Gp)

维尔

3 Para

28

2 (Gp)

363

9

353

北

加泰莫

圣普瓦

84

4

116

从阿夫朗什而来

9 (Gp)

苏尔德瓦

塞河

勒梅斯尼阿代莱埃

勒梅斯尼托夫

谢朗斯

2

党卫军第1装甲师

贝尔方舟

瑞维尼

圣巴泰勒米

3 (Gp)

30

第2装甲师
党卫军第17装甲
掷弹兵师
（战斗群）

拉巴佐格

莫尔坦

丰特奈

罗马尼

317高地

谢夫勒维尔

米利

35

塞吕讷河

3 (Gp)

巴朗通

2

圣伊莱尔

进。他们的先头部队已到达多瑙堡西南方。如果我们的集团军群不立即撤离楚德湖，那么一场灾难……"就在这时，约德尔觉得一盏大吊灯落在了头上。"一股刺眼的黄色火焰"充斥在房间里，距离爆炸点6英尺远的希特勒听见"一种奇特的双重爆裂声——可能前一声是爆炸，接着便是他耳膜受到冲击后发出的噪音"。会议室外，目睹这场爆炸的人看见这座小木屋被笼罩在硝烟和尘埃中，过了片刻，纷飞的纸张才开始穿过烟雾落向地面。

几个人出现了。爆炸的冲击波使凯特尔的副官从一扇窗户飞了出去，他从窗户下站了起来。瓦利蒙特跟在他身后爬出会议室。勃兰特（施陶芬贝格曾向他低声解释自己要去接电话）也在旁人的帮助下爬了出来，但他的一只脚留在了会议室内。然后，凯特尔扶着元首出现在房门处，希特勒的脸被划破，流着血，他的裤子被撕成碎片，仍在冒着烟。被送回自己的住处时，他对自己的保镖说："肯定是有人扔了颗手榴弹。"他随即认为这可能是一次空袭，随后他又觉得是一场伞兵突袭。医生们脱掉他的衣服为他清理伤口（他们从他的大腿上找到一百多块地图桌的碎片）时，他又开始了其他的联想。四年前，隐藏在慕尼黑贝格勃劳凯勒啤酒馆一堵墙壁中的炸弹差点要了他的命。他认为这次是那起事件的重演："可能是一名托德组织的工人埋设了一颗炸弹。"于是，他派出一组人搜索触发引信的电线，但他们检查后发现，爆炸发生在桌子下，而不是房屋结构内部。希特勒命令继续调查，并要求他们严守秘密。

他们努力恢复了元首大本营普通而又平凡得离奇的生活。希特勒对自己的沉着镇定深感自豪，尽管凯特尔和约德尔还记得战争初期产生的急性中枢神经危象，但他丝毫没有表露出这种迹象。爆炸发生后，他立即测了测自己的脉搏；包扎完伤口，他换了身新制服，并请他的女秘书们像往常那样安排蔬菜午餐，随从们在爆炸中受伤的消息令他感到难过：一大块桌子的碎片刺穿了科尔滕将军，而他最喜欢的副官长施蒙特，两条腿被炸断；这两人都已奄奄一息。但悲伤是短暂的。幸免于难使他兴高采烈，并产生了一种命运即将发生转变的自信，自斯大林格勒战役以来，他就再也没有感受过这种信心。墨索里尼这位曾被他钦佩得五体投地的领袖于下午2点30分到达火车站时，希特勒喋喋不休地向他讲述着自己的好运气，并站在小木屋废墟的门前，说他更加确信"我所从事的伟大事业必将渡过目前的危机……迎来一个胜利的结局"。

现在，希特勒等着戈林、希姆莱和帝国保安总局首脑卡尔滕布伦纳的到来，将这些人召来后，他才下令切断对外联络的电话线，以便保守秘密。希特勒希望后者能查出该为这起事件负责的"猪猡们"。怀疑已集中到施陶芬贝格身上，因为调查人员发现了他那只公文包（这是一只独特的黄色皮包）的碎片在整个会议室中撒得到处都是。另外，许多人还记得他是个贵族，也是个天主教徒，还是魏玛国防军的正规军官，对狂热的纳粹分子来说，这些模糊的怀疑综合到一起，几乎就是一种有罪指控。他已消失不见，据说他说服了岗哨放行，并已到达当地的机场，很可能已逃往国外。自1941年赫斯事件发生后，希特勒的脑海中便神经质地将叛逃和飞机联系在一起。

而且，这种行为很容易被联想为一场失败的弑君行动。"领袖原则"主导着他自己的观点，他甚至认为这一原则也主导着他的敌人，他相信他们会觉得杀掉他就能实现他们的目的，无论这些目的的可能是什么。但在下午4点左右，一些消息传至元首大本营，一个更为复杂的阴谋暴露出来。补充军司令部的一台自动电传打字机嘀嗒作响地将一道道命令下达给各军区，宣布全国进入紧急状态。他们非常熟悉这道附有"瓦尔基里"代号的命令，这是一项预防性指令，旨在应对国内数百万外国劳工发动起义的可能性。但这显然不是此刻下达这道命令的目的。下午5点左右，这个目的终于被明确透露出来。柏林本德勒大街补充军司令部的线路发出一份电报，宣布"一小群寡廉鲜耻的党内领导人"攫夺政权，"帝国政府"已将绝对行政权授予武装部队总司令。签名的是维茨勒本，这位陆军元帅在1942年被希特勒勒令退役，一直被怀疑对现政权持敌视态度。共同签署这份电报的是施陶芬贝格。这就是一份军事政变的通告。

脱离国内环境和日常事务，这是对苏战争开始以来希特勒煞费苦心地建立和维持的，这些不利条件现在开始迅速增加。腊斯登堡到柏林的飞行时间需要两个小时，柏林的机场也许已落入叛乱分子手中，施陶芬贝格在那里着陆。希特勒信赖的部下所指挥的部队位于波兰、巴尔干地区、意大利和法国，与敌人非常接近。留在德国国内的军队很少，而指挥这些军队的军官，他们的忠诚度无法确定。就算大多数人仍置身于阴谋集团外，他们也很容易接受维茨勒本和施陶芬贝格的指挥，就像接受凯特尔和约德尔的指挥那样，因为没有任何办法确认命令或消息的真实性，最重要的是，希特勒还活着、已死里逃生、正大发雷霆的消息无法通过电传的方式送抵他们的指挥部。凯特尔通过已恢复连接的电话线路竭力说服这些将领，但他的声音不是希特勒的声音，密谋分子指示各军区司令官，不要理会元首大本营下达的命令，而希特勒任命希姆莱代理补充军总司令一职的做法给凯特尔帮了倒忙，就连最忠于元首的士兵也不太愿意接受希姆莱的命令。希特勒本人也许已亲自打了电话。但直到当晚7点，他坚持履行着自己的职责，要作为主人接待墨索里尼，并用茶水和奶油蛋糕招待对方，茶会上，戈林跟里宾特洛甫争吵起来，陆海军将领们则争相表明他们的忠诚。柏林广播电台并未被密谋分子们控制，6点30分，电台里播出了元首大本营受到袭击，但阴谋已遭到失败的消息。不过，半个小时后，墨索里尼向希特勒道别时（此后，他们两人再也没有见过面），密谋分子们仍控制着本德勒大街的司令部以及柏林市内另外一些重要地点，这场政变并未被镇压下去。

几分钟后，希特勒真心相信的好运气再次降临到他身上。戈培尔（希特勒此前已打电话给他，将自己还活着的消息告诉了他）再次打来电话汇报，"大德意志"警卫营是首都唯一一支作战部队，营长雷默少校此刻就在他身边。这名少校被相互矛盾的命令弄糊涂了（本德勒大街的人命令他限制所有政府部长们的活动，而戈培尔则命令他逮捕维茨勒本和施陶芬贝格），元首是否愿意跟他谈谈？这番交谈很片面，因为到目前为止，希特勒对柏林发生的事情知之甚少。但他的声音听得很清楚，这一点具有决定性："我认命您为最高指挥官，必须恢复柏林的秩序……枪毙任何一个胆敢违抗我命令的人。"4个小时后，政变结束了。

阴谋集团的规模仍有待评估，但其核心人物已被查明：施陶芬贝格、他的上司乌布里希、同事默茨·冯·奎恩海姆和副官冯·黑夫特，于7月20日晚间被补充军司令弗洛姆枪毙（弗洛姆这个见风倒的密谋分子的所作所为并没有得到好结果，希特勒听到这一消息后解除了弗洛姆的职务，并评论道："他这是为了掩盖自己的马脚。"）这几人都是现役军官，另外三名阴谋集团负责人是退役将领：维茨勒本、霍普纳和贝克；后者在7月20日两次试图自杀，第二次成功了[1]。另外一些密谋分子也随着前者被迅速逮捕，有些是军人，有些是平民。审讯中，他们交代出更多的名字，还有些人则是密谋分子发给各军区的电报中任命的联络员和代表。这场阴谋的整体框架开始显现出来。

陆军的一些机构已被广泛渗透，特别是通信部门、陆军总司令部的某些部门以及德军驻巴黎的总司令部；各军区的参谋人员参与得不是太积极，因此，他们的将军没有按照维茨勒本的命令果断行事。阿布维尔（军事情报局）也遭到一些渗透，而海军和空军没有人参与密谋。一些

---

① 贝克第二次的自杀也没有成功，旁人帮了他一把，对着他的头部开了一枪。

高级公务员也被暴露出来，后来发现，许多魏玛时期的老资格政客被列入到暂定的部长名单中，尽管这种提名并未征得他们的同意，但这并不能让他们幸免于难。8月份，前国会议员和官员遭到大规模逮捕，这使被捕的密谋分子人数达到五千人左右。

不过，这种抓捕行为是盖世太保早已策划好的，时机的选择基本上是在警方为他们无法确定谁是密谋集团成员而深感挫败之际。但在这个问题上，希特勒已有了他自己的定论：冯·施陶芬贝格、冯·黑夫特、默茨·冯·奎恩海姆，已在7月20日被枪毙；冯·特雷斯科、冯·弗赖塔格—洛林霍温，政变失败后旋即自杀；约克·冯·瓦滕堡、冯·什未林、冯·克莱斯特、冯·德·舒伦贝格，这些属下已在本德勒大街被逮捕；冯·特罗特·楚·佐尔茨、冯·沙克、冯·厄尔岑，这些同伙已在第一周被逮捕。不必提及这些人的职务，光是这些名字就足以说明问题。希特勒一直受到宿敌的攻击，他们是德国北部的军事贵族及其施瓦本和波罗的海走狗、勃兰登堡古老宅院以及更令他感到厌恶的南部小君主国的仆人。他们的祖先位列日耳曼民族主义的先贤祠，施陶芬贝格是格奈泽瑙的后裔。他们的父辈是那些缺乏想象力的将领和政府人员，正是这些人输掉了第一次世界大战。这帮密谋者组成了一个徒劳、无知、势利的小集团，植根于他们封建领土的价值观，并对已消失的禁卫骠骑兵和近卫胸甲骑兵丰富多彩的俱乐部生活怀念不已。

这只是希特勒愤怒的蔑视背后的一点儿实情。密谋集团的参与者就像是出自本拉特的小说《科博尔诺宫殿的舞会》，书中的佐尔顿—舍尔毛舍伯爵、弗里德里希·舍恩菲尔德—韦伦多夫、布兰切·冯·贝里和毛德·扎图琳公主，一想到他们会受到圈内自封的女领袖的审查便瑟瑟发抖，可怕的女侯爵卡岑施泰因和冯·埃尔森贝格男爵，"以1900年近卫军的嗓门"对一名邻居的等级背叛大发雷霆，这位邻居得到了新波兰的国籍，他的房子现在就位于波兰境内。许多密谋分子是在克赖绍首次做出了肯定的承诺，这座西里西亚的"科博尔诺"属于密谋分子赫尔穆特·冯·毛奇，参与其中的许多军人都是秘密的君主主义者和社会反对派。但这其中并不包括施陶芬贝格，但正是因为他，到最后，一切事情都变了样。他和他那些军官同僚对大多数纳粹分子厌恶至极。但他的目的并不是消灭这些纳粹，而是要停止西线的战事，或是让德国免遭另一个凡尔赛条约，或是恢复一个"正派的"国内社会，或是重塑她在各个国家中的声誉，这些目的旨在激励其他同谋者，他下定决心要从事的不亚于一场革命。这场革命发生后，将成为20世纪诸多革命中的一个怪胎，经济上实施分配，外交上成为国际主义者，意识形态上则为中立主义者，其基础是基督教，其精神是兄弟般的友爱，刺杀反基督者的突然行动具有深刻的宗教意义和浪漫色彩，施陶芬贝格说服自己，希特勒就是一个反基督者。但不管怎样，这仍是一场革命。

接受他这一观点的主要是一些年轻的军官，他们被他的个人魅力深深地吸引。吸收这些军人加入非常重要，因为在施陶芬贝格看来，军队是一个重要的机构，这支力量既能维护社会正义，也是保卫国家的手段。他对大批自私自利的将领感到厌恶，他们在政治上非常胆怯，他们忽视甚至纵容暴行发生在自己的指挥范围内，因此，他认为德国军队的荣誉需要由军队中的一名军官采用对其实施猛烈打击的方式来唤醒。在这一点上，也许只有这一点，他的观点与希特勒的看法发生了接触，尽管他们的做法完全背道而驰。他们俩都能接受针对国家元首采取独特而又重要的军事行动。但施陶芬贝格认为这是一种荣誉的责任，而希特勒则视之为最终的背叛。通过1923年慕尼黑失败的政变，希特勒明白了军队力量在国内的绝对权威，在获得政权前的那些岁月里，他小心翼翼地避免与军队发生任何冲突，上台后，希特勒没有让军队执行纳粹化政策。德国国家和社会的其他一切机构——行政部门、警察局、地方政府、工会、雇主联合会、中学、大学、青年运动组织，甚至包括国立教会——都已"同步",这就意味着他们被纳入某种与之相类似的党组织,或是由纳粹党提名的人替代了他们的领导者,最起码,这些领导者登记加入纳粹党。但这些措施没有在军队中采用。

希特勒曾消灭过一个有可能、实际上已经开始寻求取代军队的党组织,这就是冲锋队;尽管他有时候会动用最高权力去改变最高统帅部的人员构成,但他总是以军官团所能接受的人选填补这些空缺。另外,希特勒经过仔细盘算,重整军备,以大规模职业化进步和胜利为一种建立在遵守宪法基础上的关系锦上添花。在与军队的公开往来中——无论他私下里对军队的态度,也无论他打击军队内部之敌的性质——他做到了问心无愧。因此,对于军队中的叛徒、骗子和忘恩负义者,他怒不可遏。对普通士兵,他从政治生涯开始时便认为自己是跟他们一样的前线士兵,现在仍继续表达着对他们的钦佩。对那些支持他的将领,莫德尔、舍尔纳、温克,他们曾有过和他一样的堑壕战经历,并准备抛头颅洒热血,他对他们保持着完全的信任。传统的军官阶层,不仅受到过时的政治见解的污染,还受到世界主义者和自以为是的知识分子的影响——赫尔穆特·冯·毛奇是半个英国人,施陶芬贝格的母亲一直是里尔克的朋友,而他本人则是斯特凡·乔治圈子里的成员——他对此发泄着一种激烈的愤恨之情。"我们会被捕,并得到体面的对待,特别是我们这些出身贵族家庭的人,"针对那些密谋者对于失败的态度,希特勒做出这样的讥讽,并断言他们取得成功后会这样做。因此,对那些落入他手中的密谋者,他命令执行最严厉的监禁和野蛮残酷的死刑。对他们的亲属,他下令实施逮捕,31名为首者的家庭里,每位成员都遭到关押,这使希姆莱发出威胁:"施陶芬贝格的家族会被斩尽杀绝。"

但正在进行的战争要求对这种个人复仇情绪加以适当的缓和。7月24日,希特勒的得力助手鲍曼下达了一道指令,禁止党的官员"攻击军官团、诸位将领、贵族阶层或武装部队"。由军方自行召集一个荣誉军事法庭，将那些罪犯逐出军队，然后再把他们交给盖世太保。高级将领们夸张地重申了他们的忠诚，希特勒对此信以为真，随后，他们又尊严扫地地接受了纳粹党所用的举手礼，以此来取代武装部队惯用的军礼。但关系一向不睦的双方都知道，他们之间的均衡已发生永久性改变。军队的爱国主义此前从未遭受过质疑，因为在一个极权国家里，爱国主义的核心问题是"支持还是反对国家领导人"，这个问题从未经受过考验。因此，尽管需要承担独裁者专制的风险，但那些拥有足够的能力和勇气的将领（曼施泰因、古德里安等人）总是会在不得已时对元首的军事判断力提出质疑，并为了不同的观点与他发生争执。现在，这种自由已消失不见。从这以后，将领们被紧紧地绑缚在战争的车轮上，顺从、毫无怨言的士兵们承担着元首大本营空调房间内中午和午夜做出的决定所导致的后果。

突　破

政变的冲击波尚未消失，德军最高统帅部便面对着一个对希特勒、对诸位将领、对前线饱受战火蹂躏的各个师而言最为重要的决定。7月24日清晨，圣洛西面，美军阵地对面的装甲教导师前沿步兵报告说，敌人正离开他们的阵地，向后穿过圣洛－佩里耶尔（Périers）公路，没有明显的理由。不久后，他们又报告重型轰炸机编队正在逼近，但由于天色阴沉，他们无法看见这些飞机，随后，一阵密集的炸弹落在他们的阵地内，也落在他们阵地的前方。当天晚些时候，美军步兵重新返回，与渗透进来并占据这些被他们放弃的阵地的德军部队展开激战。

这起事件令德国第84军的参谋人员迷惑不解，因为这似乎与美国人的作战方式完全不同。第二天一大早，谜团被解开了。德军防线上再次听到轰炸机编队逼近时发出的轰鸣，但今天的天气很晴朗，空中的飞机很快显现出来。它们是空中堡垒，足有数千架，在12000英尺的高度上沿直线飞行。这些飞机刚一到达圣洛-佩里耶尔公路，便再次对德军阵地前后投下机上搭载的大批炸弹。轰炸造成了灾难性影响。装甲教导师师长拜尔莱因将军描述道："炸弹构成的'地毯'前后铺开，炮兵阵地被摧毁，坦克被掀翻，被埋入土中，步兵阵地被夷为平地，所有公路和铁路都被破坏。到中午时，整片地区呈现出类似于月球表面的景象，弹坑一个连着一个……所有通信线路都已被炸断，根本无法下达命令。这场轰炸对部队的震撼难以言述。我的一些部下发了疯，冲入开阔地，很快便被纷飞的弹片所击毙。就在这场风暴从天而降之际，无数门美军大炮将猛烈的火力倾泻到我们的阵地上。"

实际上，美军大炮的数量是522门，他们调集了4个步兵师和2个装甲师的火炮，这些部队隶属于第7军。该军的任务是发起进攻，在维尔河与洛宗河（Lozon）之间突破德军防线，以圣洛为轴心转动，分别向西、向南冲向进入布列塔尼的通道。这场进攻原本计划在昨天发起，但恶劣的气候迫使盟军将飞往目标的轰炸机召回。没有收到任务取消令的机组继续向前，将炸弹投向德军阵地。7月25日的晴朗天气让机组人员清楚地看见了他们的目标，尽管一些误炸造成己方百余名士兵身亡（前一天的轰炸造成己方25名士兵身亡，由于是透过云层实施轰炸，这似乎可以原谅），但他们在德军防线上造成的混乱远远超过对己方阵地的影响。两支美军部队（第9师的一个团和第30师的一个营）无法按照规定时间发起进攻，因为他们仍忙着疏散伤员（大多是心理创伤）。但上午11点整，第7军辖下6个师中的3个先头师跨过出发线，进入到第八航空队1500架"空中堡垒"刚刚创造出的"月球景观"中。

这场攻势的代号为"眼镜蛇"，是布莱德雷第3次突出科唐坦半岛狭窄的颈部地区的尝试。他的第一次尝试开始于7月3日，但被沿杜沃河高潮水位线奋战的敌军步兵所阻。第二次尝试开始于7月13日，经过5天的激战，付出伤亡11000人的代价后，他们夺取了圣洛这个重要的交通中心。"眼镜蛇"行动承诺会干得更好些。前期行动已将美军防线推进至更容易通行的乡村的边缘，尽管前进路线的内侧面仍伸向绿篱丛，外侧面通向沿海平原，但只要越过这片地区，装甲部队就能迅速取得进展。另外，布莱德雷目前掌握的装甲部队也比先前要多，这些装甲部队早已登陆，有足够的时间进行步坦协同训练，这对一场干净利落的突破来说至关重要。战术空中力量，由于早先的一些事故导致地面部队对他们敬而远之，现在也极大地改善了他们的近距离支援技术，步兵们很快会急切地召唤他们去清除前进路线上的敌军抵抗点。但最重要的是，布莱德雷现在拥有兵力优势。瑟堡的陷落使他改变了两面应敌的态势，并腾出三个师加入到"绿篱"战线上。增援部队源源不断，除了一个集团军留在美国充当预备队外，其他都在距离前线更近的英国，这使布莱德雷手上拥有15个师，他们要对付的是9个德军师（大多是残兵败将），他还有750辆坦克，德国人只有110辆。面对这种力量对比无情的转变，隆美尔在10天前写信给希特勒，提醒道，"我们捉襟见肘的防线发生崩溃的时刻正迅速来临。"7月25日，这个时刻到来了。

起初，这场突破悄然无声。布莱德雷派三个美军步兵师（第9、第4和第30师）担任先头突击部队，他们将马里尼（Marigny）和圣吉尔（St Gilles）两个小镇作为自己的目标。这两个镇子都位于德军控制区内3英里处，恰好处在一片6平方英里的地带外，这片地带在当天早上已被盟国空军彻底摧毁。夺取这两座镇子，就如同一个月前的"埃普索姆"行动中打开一条进入德军阵地的通道，布莱德雷的计划是，一旦突破德军抵抗（他们的机枪阵地、反坦克炮、步兵加强据点和坦克巢）的坚硬外壳，他便投入自己的装甲部队。起初的进展很缓慢。尽管美军进攻前的轰炸异常猛烈，但拜尔莱因显然对自己的部队做出了悲观的评估，许多德军步兵在这场浩劫中生还下来，他们刚一发现自己还活着，而令他们饱受折磨的敌人又出现在面前，立即端起武器射击起来。美军士兵被他们自己创造的"陨石坑"所阻，发现在这片地区很难取得进展，中型轰炸机再次赶来投掷炸弹，但并未能提供太大的帮助。进攻第一天入夜前，美军最深的推进也只有2英里，他们的目标仍伫立在先头部队宿营地的前方。实际上，当日的情况很像"埃普索姆"行动第一天的状况，向前推进的步兵无法判断不时扫向他们的敌军火力的来向，他们也无法动用坦克来消除遭遇到的抵抗，因为他们向前推进的战线太过狭窄。

但"眼镜蛇"与"埃普索姆"有着本质的不同。不仅因为布莱德雷投入的力量比四周前蒙哥马利所能调集的部队多得多，他所面对的敌人也虚弱得多。布莱德雷意识到，尽管他的步兵未能在首日达成突破，但他们在很大程度上摧毁了轰炸没能触及的敌军抵抗点。在德军坚硬外壳的后方，几个本应用于加强防线，及时填补被撕开的缺口的新锐装甲师离得很远，防线上几乎没有预备队。德军的两个装甲师已被投入防御，这两个师是党卫军第2装甲师和党卫军第17装甲掷弹兵师，后者只有一个装甲营。装甲教导师，尽管仍在原处，但实际上已被美军的轰炸和随后展开的战斗所歼灭。尚算完整的步兵师（第243、第353、第91师和第5伞兵师）都缺乏机动性，兵力配备也不满员。只要美军保持首日的压力和进展，他们很快就会发现他们能够肃清障碍区，进入到开阔地带。

另外，美军的装甲师此刻正投入战斗。7月26日清晨，跟随在中型轰炸机投下的弹幕后，第1装甲师向南疾驶了一整天，赶往马里尼；通道另一侧，在北非战役中学会作战硬道理的第2装甲师，超越第1装甲师后径直赶往圣吉尔，穿过这个镇子，随即冲向下一个目标，卡尼西（Canisy）。指挥师里前进作战指挥部的罗斯将军觉得，向前推进不会遭遇到太多的抵抗，他决定大胆采取夜间行动，于是命令他的坦克穿过暮色和越来越深的夜色，夺取前方的高地。第二天拂晓，他已在通道东侧建立起阵地，这将为其他部队的推进提供掩护。

7月27日，美军以更猛的势头向前推进。第2装甲师继续拉长他们在卡尼西南面建立起的防御侧翼。在其西面，第3装甲师与第1步兵师密切配合，匆匆赶往位于圣洛与瑟堡公路交界处的库唐斯，他们的目的是切断仍试图守住沿海防线的德军师的退路。德军第2装甲师和党卫军第17装甲掷弹兵师被匆匆调至受到威胁的侧翼，当晚，他们经过一番苦战，阻止了美军进入库唐斯。但第二天（7月28日），又有两个美军装甲师赶到（第4和第6装甲师），将德国人驱离，库唐斯就此落入美军手中。胜利大军的谢尔曼坦克和"怀特"半履带车队列全力压上，追逐着德军的散兵游勇，夜幕降临时，一条长达15英里的新阶段线已然出现，四天前，"眼镜蛇"行动就是从其南面发起的。

巴　　顿

三天后，德国第7集团军司令豪塞尔向西线总司令部汇报了部队的状况，他在报告中写道："由于敌装甲部队在我集团军左翼达成突破，自敌人发起入侵以来便持续作战的许多（德国）师开始解体为一个个小群体，他们设法穿过敌军战线返回己方阵地。无论他们是按照正确的命令还是未经证实的口头指示行事，这些小群体中的大多数都没有军官或军士率领，他们只是向东或向东南方随意穿过乡村……这些散兵游勇的状况非常糟糕。"

7月28日时，布莱德雷尚不知道他给德国第7集团军造成了多么大的破坏，他也无法预见到可以从自己的成功中取得怎样的优势。这场攻势开始前，他的想法一直是到这个阶段便暂停一下，从而对获得的战果加以巩固。但无论目前的态势多么晦涩，布莱德雷已牢牢地把握住他所赢得的巨大胜利，他没有满足于安全谨慎的传统做法，而是决定保持对敌人的压力，并将新锐部队投入到已被打开的缺口中。提供给他的新锐部队非常充裕。更重要的是，他手上有了一名能将一场突破变成一场追击的得力干将，这个人就是乔治·史密斯·巴顿将军。

迄今为止，巴顿在这场入侵战役中一直担任着不起眼的角色。45个虚构出来的师所组成的"巴顿集团军群"，据说就驻扎在加来对面，但这是盟军欺骗组织的手段，意图让德军情报机构相信盟军将发起"二次入侵"，沿一条最短的路径进入莱茵兰地区。7月底传来消息，德国第15集团军的步兵师已跨过塞纳河（第326和第363师在7月30日完成了这番行军），这表明盟军放松了他们对维持伪装的需求。尽管如此，艾森豪威尔仍急于掩饰巴顿已介入地面作战的实情。

巴顿这个名字在德国人那里与在美国军队中同样响亮，就像一年前艾森豪威尔向马歇尔介绍巴顿的特点时所说的那样，他代表着"在关键时刻……一种非凡而又无情的推动力"，能够在"进攻中让士兵们得到最大程度的发挥"。在一支高度重视后勤工作、以哈佛商学院的技术指导战争，参谋学院致力于研究工业动员的军队中，巴顿是一名代表着拿破仑传统的军人。他很富有，婚姻使他更加富有，这些财富让他获得了贵族的教育，并在美国的社交和政治圈内占据了良好的地位，他无视常规，以低级军官不敢尝试的冒险追求自己真正的军事利益——智略和胆量、飞机和坦克新战法的技巧。与同时代的军人们一样，他了解第一次世界大战中令人头晕目眩的晋升所带来的激动心情，33岁成为一名上校时，他幸福不已，但和平带来的必然性军衔下降并未给他造成烦恼。他也没有学会职业性的小心谨慎，1943年3月，在突尼斯的加贝斯（Gabes）再度与德国军队相遇时，他表明了为获取胜利宁可违抗上级命令的意愿，许多真正有才华的军人经常展现出这一特点。在西西里战役中指挥第7集团军期间，他将他极具戏剧性的个人指导法过深地投入到战争中，两名在勇气方面没能达到他严格标准的士兵受到体罚，巴顿随后被解除了指挥权。但即便在马歇尔将军以清教徒般的不容异说所掌管

238．

的这支军队中，巴顿的天赋也太过显著而无法被长期忽视。艾森豪威尔决定在入侵部队中给他留个位置。曾是巴顿下属的布莱德雷也毫无怨言地接受了将巴顿置于自己指挥范畴内的打算。他们花了点时间寻找适当的位置。现在，7月份调至诺曼底的援兵组成了新的第3集团军，巴顿从阴影中现身，亲自指挥这支部队。部队里的许多新兵并不熟悉巴顿的名字，但他军装上的铜纽扣、珍珠柄左轮枪、擦得锃亮的钢盔和一尘不染的马靴使他们牢牢地记住了他。他的部下们经常能看见他，因为他总是在前线指挥战斗。

他的任务已由蒙哥马利在7月27日口头转告给他，8月1日，布莱德雷的书面命令给予了证实，这是个双重任务，他将率领第3集团军冲出诺曼底，进入布列塔尼半岛，直至半岛中央的雷恩（Rennes）和半岛西端的布雷斯特（Brest）。每个目标分配给一个装甲师和一个步兵师——进攻雷恩的是第4装甲师和第8步兵师，负责攻克布雷斯特的是第6装甲师和第79步兵师——与此同时，他将第5装甲师、第83和第90步兵师留作预备队，以便对他们的成功加以利用。就在第3集团军展开行动之际，第4装甲师在36小时内推进25英里，夺取了诺曼底地区重要的出口阿夫朗什镇，并在第二天夜晚前（7月31日）进入到布列塔尼半岛。该师的重要成绩是完好地夺取了蓬托波（Pontaubault）的桥梁，这座桥梁连接着从阿夫朗什向南跨过塞吕纳河（Selune）的道路，这是布莱德雷提供给巴顿赶赴目标的唯一路径。此刻，巴顿确保他那些参谋人员将注意力集中到对这座桥梁的利用上，并派出一批批高级军官赶往与这座桥梁相连接的各条道路，携带着让车辆不顾严格的部队序列而继续保持前进的命令；在桥梁另一端，这些车队按照各条道路上的标志重新列队，这些道路呈扇形散开，每条道路供一个师使用。这种做法违背了参谋学院后勤方面的任何一条规则，但通过这个办法，巴顿的7个师在72小时内进入到一片新战区。

第3集团军的尾部仍在跨越这座桥梁时，其先头部队已在80英里外。

布列塔尼半岛内部没有太多德军部队，他们不是已赶往诺曼底前线，就是集中在大西洋海岸对港口实施防御。因此，第4和第6装甲师的前进路线上并未遭遇到阻力，一连数日，他们唯一遇到的武装人员是地下抵抗组织成员，这些人沿着各条道路出现，为美军指明前进方向。8月4日，雷恩镇被夺取，第4装甲师已跨越布列塔尼半岛，在瓦讷（Vannes）到达了南部海岸，那里伫立着重要的海军港口洛里昂（Lorient）。而在同一天，赶往布雷斯特的第6装甲师已完成了一半的路程，在他们身后，美国第1集团军的部队实施机动，巩固了阿夫朗什通道，并将通道内侧的德国人向东赶去。第1步兵师于8月3日夺取了莫尔坦（Mortain），从而将集团军的防线固定在高地上，这道防线控制着德国人一旦对美军的突破发起反击就必须要用到的道路。但布莱德雷并未指望这种可能性，他在当天给巴顿下达命令，不再深入布列塔尼（这是对“霸王”计划的一个重大修改），而是调集所有可用的部队转身向东。8月4日，蒙哥马利进一步阐述了这些指令。在这十一天里，蒙哥马利的桥头堡的形状发生了翻天覆地的变化。沿海地带和科唐坦所构成的L形，沿着其角度迅速膨胀，其轮廓线将德军防区西部和南部的大片开阔地带囊括其中。因此，美国第1、第3集团军可以从侧面和后方对德国第7集团军以及西线装甲集群实施包抄，从而给这场战役的结局造成不可估量的后果。于是，他下达了命令：“现在每个人必须夜以继日、全力以赴。盟军的大战略是直奔巴黎，迫使敌人退至塞纳河后方。”看上去，诺曼底战役在几周内，也许只需要几天就将结束。

元 首 的 意 志

面对盟军大举发起的“眼镜蛇”行动，德军最高统帅部突然认为他们决不能就此放弃。六周前，东线德军在苏联人那里遭遇到一场灾难。

苏军将他们的夏季攻势定于"巴巴罗莎"行动三周年之际发起，苏联红军调集起118个步兵师和43个坦克旅，对中央集团军群沿第聂伯河设置的防线发起进攻。没用几天，德国人的防线便被打得满是窟窿，防线上的支撑点遭到包围，德军的机动部队混乱不堪地向西逃窜至1920年波兰人设置的临时防线上。十天后，苏军的追击停顿下来，"元首的消防队员"莫德尔元帅被派去阻止溃逃的部队，并对状况加以评估，他发现德军防线被撕开一个宽达250英里的缺口，28个师已被歼灭，无法弥补。这场灾难比斯大林格勒、库尔斯克或克里木战役更为严重，而且发生在一个糟糕的时刻。现在，德国的兵员已耗尽。7·20事件前，后备军每个月只能为前线提供60000名新兵（中央集团军群在10天内便损失了350000人），尽管接替弗洛姆的希姆莱将这个数字翻了4倍，但将这些新兵纳入到新锐作战师的工作要到10月份才能完成。届时，德国将无力追求任何战略目标——他们的战略一直将对土地的控制置于保存有生作战力量之上。因此，诺曼底防线左翼的崩溃给希特勒发出了一个明确的警告，在西线另一片地区实施防御的时刻已经到来。

　　甚至在这场崩溃发生前，西线总司令部就已提醒过他。前六周的战斗中，驻法国的各个司令部一直设法维持着一种奇怪的正常生活方式。第7集团军和西线装甲集群已被危机所笼罩，工作人员不可避免地与敌人保持着近距离接触。但伦德施泰德这位年迈、厌世的西线总司令仍居住在巴黎郊外的圣日耳曼城堡里，很少视察前线，每天都花点时间阅读侦探小说，以此来逃避他在很早前便已决定将之升华的现实。隆美尔的指挥部也一直设在塞纳河畔的拉罗舍居伊翁城堡，尽管他奔波于路上，在第7集团军、西线装甲集群和下属的各个军之间来回穿梭，有时候早餐与午餐之间要行驶400英里，但他将晚餐变为一种固定的"约会"，他和他的参谋人员会在吃晚餐时回想起往日的美好时光，再到城堡的城垛上游历一番，圆满地结束当晚的放松。隆美尔的首席海军顾问鲁格不得不对这里的灌木丛加以清理，以便让隆美尔坐在他最喜爱的石凳上欣赏塞纳河"珍珠色"的美景，这两人会在暮色中沉思将来的情形，鲁格用最近阅读的《飘》一书中的情节来安抚隆美尔的焦虑，它"与我们这个时代有许多相似之处"，并保证"一场彻底失败后的重建是有可能的"。隆美尔负伤后，克鲁格的出现使这种令人愉快的晚餐模式发生了几分改变。由于伦德施泰德不谨慎地表达了自己的悲观情绪而在7月5日被解职，新上任的B集团军群司令克鲁格也担任着西线总司令一职，他不再跟隆美尔的亲信们一同用餐，而是和自己的作战参谋们待在一起。不过，他也总是在司令部里吃晚饭，尽管他对前景的焦虑很快便比隆美尔更甚，但他有时候也会放松规矩以款待来宾。

他在夜晚排解白日烦恼的能力可能源自一种信念：希特勒最终会注意到他在这里采取正确战略的建议。他对希特勒始终抱有一种特殊的好感，是他选中自己来承担西线总司令这一重要的职务。他带着临别时希特勒灌输给他的信心，精神抖擞地赶到隆美尔的司令部，只过了一个星期，7月12日，他致电元首大本营，强调尽管"并不悲观"，但在他看来，"情况已无法更严峻了。"B集团军群被纳入他的指挥范畴后，他发现了隆美尔写给希特勒的最后一份态势报告；在这份报告中，"沙漠之狐"预测道，经历了5周的激战后，"这场不对等的战斗已趋于尾声，"他的部队损失了97000人，只获得6000名补充兵。克鲁格没有像更为胆怯的将领们也许会做的那样扣留这份报告，而是命令将它发出，并附上自己的一封信提醒道，尽管"我带着完成您不惜一切代价坚守到底的命令的坚定决心来到这里"，但不得不面对的事实是"这条防线发生崩溃的时刻已日益临近"。7月31日，美军席卷阿夫朗什，他暗示他很怀疑"是否还能阻挡住敌人"，随后又向最高统帅部作战局局长约德尔提出撤离诺曼底地区、在更靠近德国边境处设立一条新防线的建议。

奇怪的是，希特勒在中午的会议上没有对这个建议提出教条式的反对，但到了晚上，他以大家更为熟悉的语调表明了态度。克鲁格没有掌握事态的全貌，自然就无法解决一场突破所造成的问题。因此，他应该被告知，"首先，无论发生怎样的情况，他必须在这里战斗；其次，这是一场决定性战斗；第三，在开阔地带实施作战的想法极为荒谬。"约德尔的副手瓦利蒙特立即赶往法国，亲自向克鲁格传达这些指示。

瓦利蒙特赶到法国没多久便发现自己的任务已被取消。8月2日，他跟克鲁格元帅进行了简短的会谈。第二天早上，他被找去聆听最新的消息，元首已下令"从阿夫朗什以东地区发起一场反击，从而在沿海地带重新建立阵地，再次封闭诺曼底南部的包围圈"。他大吃一惊，克鲁格也不知所措。"据我所知……他对贝希特斯加登的拜访使他知道，发起一场攻势防御的可能性自6月底以来（当时，希特勒与隆美尔和伦德施泰德进行了最后一次会晤）便不复存在，"瓦利蒙特证实道，"我没有接到新的指示……毫无疑问，希特勒再次做出了一个临时决定，看上去似乎是昨天晚上刚刚做出的。"

的确如此。但这个决定的核心在几天前便已萌生。盟军新锐部队和战斗机中队抵达诺曼底的报告，尽管错误地认为他们隶属于用作二次入侵的"巴顿集团军群"，但却缓解了希特勒对盟军在塞纳河北部登陆的担心。态势图强调了美军穿过阿夫朗什交通线的薄弱，明确呈现出一场反击的前景。"我们必须发起闪电般的打击，"希特勒突然宣布道，"待我们到达海边，美国人的先头部队将被切断……我们甚至能将他们的整个滩头阵地切断。我们绝不能陷入扫荡已达成突破的美军的泥沼中"——盲目的乐观；他需要7·20事件后曾扬言要用于对付军官团"这个藏污纳垢处"的"铁扫帚"——"他们已来不及转身。我们必须快如闪电般地转身向北，从后方对敌人的前线发起打击。"英军攻势的失败，再加上美军发起"眼镜蛇"行动以便从他们那一端突围而出，这使希特勒相信前线的其他地段是稳定的。他因此得出结论，他可以从这些防线上抽调一些部队，再次上演一场机动战，他相信德国军队是这种打法的唯一精通者。

列 日 行 动

无论在西线还是东线，与德国人交锋的军队中，没有哪位士兵能否定德国军队的作战能力。其品质部分依赖于他们的装备，其中的一些，即便以1944年的标准来看，依然称得上设计出色、制造精良。他们的黑豹坦克比苏军和美军配备的中型坦克更优秀，他们的虎式坦克无人能敌，就连陈旧的四号坦克也能自信地站立在作战队列中。某些特殊的武器会令那些遇到它们的人产生恐惧的嫉妒，尤其是致命而又高度通用的88炮，它可以充当坦克炮、反坦克炮、突击炮或高射炮的角色，另外还有多管火箭炮和MP-40冲锋枪。武器的数量同样关系重大。尽管德军装甲师中的坦克数量有所下降，但1943—1944年，德军步兵师里其他武器的数量一直在增加，这使他们在自动武器和迫击炮火力方面比美国军队占有更大的优势。但这种优势中的一部分被德国军队较低的机动性所抵消，他们在乡村的行进仍依靠马匹和步行，不过，在静态防御战中，机动性较低无关紧要，随着战略潮流发生转变，大多数德军师被投入到这种防御战中。同样的潮流也使作战行动缺乏空中掩护这个不利条件被最小化，德国空军的战斗机数量已发生灾难性下降，他们在法国只有300架战斗机，要对付的是盟军的1200架战斗机。

不过，最终确定德国军队优秀与否的并非武器的质量或数量。在传统上，他们一向对"技术是获得胜利的手段"这种观点极为鄙视。尽管他们对技术进步相当敏感，通常都会将新式武器和装备纳入到作战序列中（德国人没能在第一次世界大战中认识到坦克的重要性是个不具代表性的失误），但他们正确地接受了这样一种观点：武器固然重要，使用这些武器的人更加重要。因此，德国军队的注意力始终集中在武器使用者的训练和发挥上。自1871年以来，服兵役自然而又光荣的理念被不遗余力地灌输给德国人。这一点获得了惊人的成功。1850年至1880年的三十年战争期间，微小、七拼八凑的德国军队已被合而为一，旧有的忠诚只体现在新帝国军队番号附属的括号内，例如第115威廉皇帝步兵团（第1黑森大公步兵团），个人忠诚紧紧地围绕于普鲁士国王和德皇。服兵役实际上已受到那些参与者的广泛欢迎，这个史无前例的过程令人惊讶。因为三百年来，在整个欧洲，对一个地区的年轻人来说，每次招募军士便是他们逃入森林和群山的信号。德意志统一后的军队，作为一个国家的象征和胜利的载具，远远超过了诸旧国的骄傲，征兵几乎不采用任何胁迫手段，新兵的注册报到就像是去上学（从某种意义上说的确如此），退役离开时，他们带着伤感的服役小饰物回去装点家里的客厅。1918年的溃败，挫伤但并未消灭这个国家对军事的热情。"没有军队，没有国防，没有荣誉"是执行凡尔赛条约的那些岁月里的一句警句，希特勒废除条约中的军事限制条款，如同经济措施般广受欢迎，他借此解决了失业大军的问题。希特勒掌权的前五年里，数十万年轻人不仅再次穿上了原野灰制服，还证明他们本能地愿意将自己与战友们结合在一起，听从命令，并聪明地了解到这正是德国军队在过去的三场战争中成为全球军事效能典范的原因所在。

不过，即便德国军队中的价值尺度高于对其应征兵武士精神的培育，这支军队仍要经受对其领导者作战天赋的培养。"Operativ兵法"这个形容词无法用英语军事词汇加以准确翻译，其含义介乎"战略"与"战术"之间，描述的是将纸上计划变为战场实践的方法，针对的是战术上的时间压力，而这一点与战略无关，自19世纪60年代伟大的冯·毛奇提出这个问题以来，一直被德国军队视为最困难的指挥艺术。在德国著名的总参学院中，这种技能被加以传授，并急切地在学员的表现中寻找着这种特性，而在战时实践中，这种特性的展示会得到快速晋升的奖励。曼施泰因具有足够的技能，古德里安同样如此。在上一场世界大战中，鲁登道夫的参谋长霍夫曼将军被认为是一个最重要的典范。当然，他的上司也是如此，1914年，鲁登道夫以迅速而又勇敢的决定夺取了列日，重塑了一个名誉受损的职业。

成为德国军队首领的这些年里，希特勒并未接受过与指挥作战技能相匹配的严格标准的测试。不过，他的专业判断能力偶尔会胜过陆军总司令部的专业人士（1940年他采用阿登进军路线就是第一个例子），受到这一明显证据的鼓励，再加上电台和电传打字机弥补了远离前线的缺陷，从1941年起，他以越来越拙劣的水平越来越多地掌控每一场战役。事情出了问题，他便指责将领们不遵守命令，并愈发怀疑他们涉嫌背叛。一切顺利时（例如1943年的哈尔科夫反击战，以及1944年1月19日封闭盟军在安齐奥的登陆），他就越来越信赖自己的作战判断力。由于坚持采用刚性防御，他在实践中很少遇到要求运用自己快速决策能力的情况，他拒绝对此做出调整，从而导致态势急剧变化到他无从掌握的地步，前线必然崩溃。但他仍认为自己具有指挥作战的能力，出现问题时，他便会果断插手干预。盟军在阿夫朗什的突破就是这种情况。

但克鲁格同样精于兵法，他是德国国防军中最出色的战地指挥官之一，一名在东线驰骋过的骑士。他赶来与特使瓦利蒙特商讨元首的新命令时，宣称自己当然也发现了元首所看见的存在于阿夫朗什的机会，不过，他认为发起这种反击的收益不会超过将B集团军群调离防线撤入内陆所获得的时间和战术优势，但他打消了这种念头，因为他知道，后撤是不会被允许的。但如果希特勒准备批准将登陆场东端，英军对面的装甲部队调至西面，以便对美国人发起打击的话，他当然会下达必要的命令。不过，在克鲁格看来，既然这场反击的目标是恢复前线，那么完全可以在更靠近德国边境处设置一道新的防线。

这个想法没办法跟希特勒探讨——基于两个原因。第一个原因是将领们：自7·20事件以来，没有哪位战地指挥官敢于冒险建议后撤：在希特勒看来这是种不光彩的做法，他的将领们现在只能通过坚决服从命令来证实他们对政权的忠诚。第二个是私人原因：克鲁格本人事先对阴谋活动有所了解，并在一定程度上牵涉其中，他知道他的同谋者肯定会将此事泄露出去；事实上，核心集团的一名成员已在8月1日透露了一些情况。因此，为求自保，他不得不扮演超级忠心者的角色。克鲁格含糊的立场导致了奇怪的结果。此刻的他全力以赴组织进攻行动，这场进攻将四个装甲师集中在阿夫朗什附近，第116装甲师、第2装甲师、党卫军第2装甲师和党卫军第1装甲师，党卫军第1装甲师不得不从卡昂英军对面的阵地跨越战线赶来。8月6日前，他们在莫尔坦东面进入阵地，准备在夜色的掩护下发起突击。但白天时，克鲁格几次被叫去接听希特勒打来的电话，元首现在不是要加速发起反击，而是推延行动。他解释说，另外几个装甲师正从法国南部赶来，其中包括他在7月27日答应交给克鲁格的第9装甲师，而第11装甲师尚未动身。除了这些部队，他还想投入党卫军第9和第10装甲师，以8个装甲师的实力并肩发起进攻，给盟军造成难以恢复的失败。毕竟这场行动的代号为"列日"，30年前的1914年8月，鲁登道夫曾在那里为赶去包抄法军后方的德国军队打开一条通道。这场行动的巧合太过惊人，因而不能错失，其征兆预示着他这个"反击—包围计划"会取得良好的结果。

4天前，克鲁格会对援兵和推迟行动的消息深感欢迎。但现在，他不得不带着希特勒最初给他下达命令时同样的紧迫感提出争辩。目前的战术态势已发生变化，比4天前糟糕得多。美军先头部队正冲向远在他南面的勒芒（Le Mans），对他的整个军队构成了一个大包围圈的威胁；而英军在卡昂西面的科蒙施加了沉重的压力，无法想象抽调党卫军第9和第10装甲师会造成怎样的后果。进攻的准备工作已相当完善，无法轻易取消行动。另外，他有充分的理由怀疑，盟军已觉察到他的意图。如果真是这样，任何推延都会导致盟军空中力量（对此，德国空军承诺提供300架战斗机，为装甲先头部队提供掩护）在集结区逮住他那些坦克，并将他们消灭。

他的怀疑与事实稍有偏差。盟军不仅察觉到他的意图，还将之记录下来。8月5—6日夜间，布莱切利公园破译工作的产物——"超级机密"已提醒蒙哥马利和布莱德雷，德军装甲师正向西调动。8月6—7日午夜，德军展开进攻时，"超级机密"已将德国人的时间安排和目标〔莫尔坦与阿夫朗什之间的布雷塞（Brécé）和蒙蒂尼（Montigny）〕转发到法国；但这个消息并不比前一天的情报更加重要，布莱德雷已获得足够的时间来调整他的部队，以确保德军的"莫尔坦反击"（这是盟军对"列日"行动的称谓）刚一离开出发线便撞上一堵坚实的防御墙。8月份的第一周，美国第1集团军的三个师（第3装甲师、第4和第30步兵师）一直在向南推进。8月6日晚，他们被部署在塞河（Sée）河谷两侧，德国人打算沿这条河谷赶往阿夫朗什，美军第3装甲师和第4步兵师位于北岸，第30步兵师据守南岸和莫尔坦镇。而另一个装甲师，第2装甲师，正迅速赶来。

因此，无论德军采用希特勒还是克鲁格的时间安排，"列日"行动从一开始就注定无法获得成功。但在这种情况下，后者急于发起行动要比前者希望推延行动来得更好些。希特勒最终批准克鲁格展开行动。但部队集结的困难令他大伤脑筋，党卫军第1装甲师的一支部队自8月3日离开卡昂后，其实力在途中损失了30%，第116装甲师没有按照事先的约定将一个装甲营交给第2装甲师……克鲁格批准属下们将进攻发起时间推延至8月6日午夜，但他强调指出，这是最后期限。与此同时，他发报给最高统帅部的希特勒，"我的时间紧迫，无法确保步兵能长时间挡住英军和美军的坦克，守住（集结区北面的）阵地。我必须尽快发起进攻。"

就这样，在夏夜的黑暗中，"列日"行动按照计划，但却是以比原计划少得多的力量离开了出发线。三支装甲队列沿着狭窄的通道赶往20英里外的阿夫朗什，其中两支位于塞河南岸，隶属党卫军第2装甲师，另一支位于河北岸，隶属于第2装甲师；第四支装甲队列应由第2装甲师提供，他们留下来等候着党卫军第1装甲师坦克的到来。进攻发起前德军没有实施弹幕射击，克鲁格仍希望能达到出其不意的效果。

南岸的队伍确实做到了出其不意。美军第30步兵师没有获得增援，他们布设在莫尔坦接近地的许多路障被迅速冲破。但师里的作战官并未因敌人的进攻而惊慌失措，他将敌人的这场突袭描述为"各个不协调的部队试图逃避，而不是采取积极的行动"——"帝国"师暴风突击队令人恐惧的名头也不过如此——而美军下级士兵的表现甚至更加冷静。发现自己遭到包围后，美军先头营的步兵们撤至俯瞰莫尔坦的317高地，挖掘了全方位防御阵地，并呼叫炮火对自己的阵地边缘展开轰击。美军猛烈的炮火齐射立即让党卫军第2装甲师的推进停顿下来，一些坦克组员和师里的坦克歼击营试图解决这场战斗——14辆坦克被美军炮火击毁——其他坦克驶离公路，将伪装布覆盖在战车上，他们知道，一旦停顿下来，他们很快会被盟军的空中力量逮住。

北路德军没有遭到美军如此顽强的抵抗，应该取得更好的进展。起初的确如此，尽管第116装甲师为他们提供加强的一个装甲营没有出现。但天亮后不久，距离当天的目标不到3英里处，德军第2装甲师遭遇到美军第9步兵师的阻击，随即停顿下来。不久后，第2装甲师的余部（为等待党卫军第1装甲师答应提供的一个支队，他们的出发被耽误了）也停顿下来，党卫军第1装甲师提供了更多的支援，但还是没能恢复向前的推进。克鲁格的直接下属，第7集团军司令豪塞尔试图将第116装甲师投入战斗来解决问题，因为该师手上的任务应该已经完成。但第116装甲师师长什未林将军坚称他此刻焦头烂额，根本无法抽调部队；这种口头推诿隐瞒了他不愿采取行动的实情，因为他是个坚定的密谋分子，丧失胜利信心的他早已加入到密谋圈中。豪塞尔，这位身处诺曼底的党卫军高级军官，立即以玩忽职守的罪名解除了什未林的职务，但第116装甲师可以扭转战斗态势的时机已然丧失。

现在的作战态势主要是受到空中力量的影响，他们已被惊动，并投入到对地面目标发起打击的行动中。在远离战场的空中，盟军空中力量在巴黎附近德国第3航空队的各个机场附近设置一道空中屏障，阻止德国空军承诺的300架战斗机飞赴莫尔坦地区。而在莫尔坦地区上空，美军中型轰炸机沿着德军赶赴前线的道路猛轰了一整天，与此同时，皇家空军第2战术航空队的"台风"战斗机用60磅火箭弹的齐射准确消灭着地面上的目标。从中午到黄昏，他们飞行了294个架次，大多是针对莫尔坦北面德军第2装甲师密集的车队。该师师长冯·吕特维茨将军指出："我们对它们无能为力，无法取得进一步的进展。"他剩下的60辆坦克，约有30辆在8月7日的空袭中被摧毁。但他还有些车辆被美军第2装甲师的炮火击毁，多亏了"超级机密"，美军第2装甲师犹如"凭空出现"，就像美国官方战史作家遮遮掩掩地描述的那样（撰写该战史时，政府内部的政策依然对战时情报的来源加以隐瞒），从维尔河火速赶来，重新部署到塞河河岸处。完成了对吕特维茨的致命打击后，美军第2装甲师在夜间抽身离开，8月8日早上再次出现在战场的另一端，投入到对党卫军第2装甲师的攻击中。

但在8月8日，美国人没有呼叫更多的增援。"列日"行动已然失败。克鲁格接到了元首大本营发来的指示："我命令发起英勇、不顾一切地进攻。最大程度的勇猛、坚定和想象力定能使各级指挥官如虎添翼。每个人必须抱有必胜的信心。"但胜利显然已属于防御方。他们没有被驱离自己的防线，甚至还夺回了一些在德军最初的猛攻中丢失的地盘。希特勒无视这些事实，甚至还说服克鲁格和他的属下埃贝巴赫重新制订计划，以后者麾下额外的部队再次发起进攻。新的进攻被推迟到8月9日，最后在8月11日被取消。届时，克鲁格面临的危机甚至比出现在阿夫朗什他左翼的崩溃更大。如果他发起"列日"行动是为了证明一名德国将领符合希特勒狭隘、自私的军事荣誉标准（这一点他也没做好，希特勒告诉瓦利蒙特："进攻之所以失败，是因为克鲁格想让它失败"），那么他现在不得不为挽救诺曼底的整个德军部队而战。

第七章

波兰人的战场

到7月底，希特勒一直掌管着他的军队，尽管这支军队每天都在遭受损失，但还是给他留下了一支预备力量。准确地说，是两支预备队：塞纳河西面是他的装甲师，集中起来对抗英军；塞纳河东面是第15集团军警戒着海峡的步兵师，到7月中旬，该集团军仍辖有15个步兵师。另外，这两支预备队如此部署，是为了掩护对他来说至关重要的所在：塞纳河的渡口和法国北部的平原，连接着通往德国边境最短路途的道路。

可是，随着英军和加拿大军队在卡昂四周施加的压力越来越大，他已将第15集团军麾下的步兵师调过塞纳河，由于盟军空中力量摧毁了河上的桥梁，这种调动必然很缓慢，但却足够稳定，截至8月7日，只剩下3个师留在原地，而一个月前，驻守在那里的部队五倍于此。就在这些步兵师赶去守卫英军和加拿大军前方的防线时，德军装甲师已西移，准备发起"列日"行动。因此，"列日"行动的灾难性结果使德军态势图发生了根本而又危险的变化。塞纳河与须德海（Zuider Zee）之间的海岸线上，只剩下5个师仍在准备击退盟军的"二次入侵"，希特勒终于不再相信发生这种入侵的可能性，但为时已晚。在诺曼底内部，7个师驻守在与英军和加拿大军相距很近的地方。勒芒与巴黎之间，美军前进路线上，德国人部署着另外5个师。但德军的主力，总计19个师，此刻正位于维尔河与奥恩河之间，沿着原登陆场的边缘集结。他们的相对位置已彻底改变。距离卡昂最近的10个师都是步兵师。最西面的9个师都是装甲师，这些装甲师在希特勒的一再坚持下发起了"决定性打击"，结果损失惨重，他们龟缩在西面，几乎不再具有任何机动能力。

因此，就在德国人的重心转向错误的方向之际，盟军已赶往德军一直阻止他们前往的地方（这是德军的战略重点）。德国人的"流动准备金"被日常开支一点点消耗殆尽，而盟军的"存款余额"却在稳步增长。的确，英国人已无法提供新锐部队，事实上，他们很快就要解散一

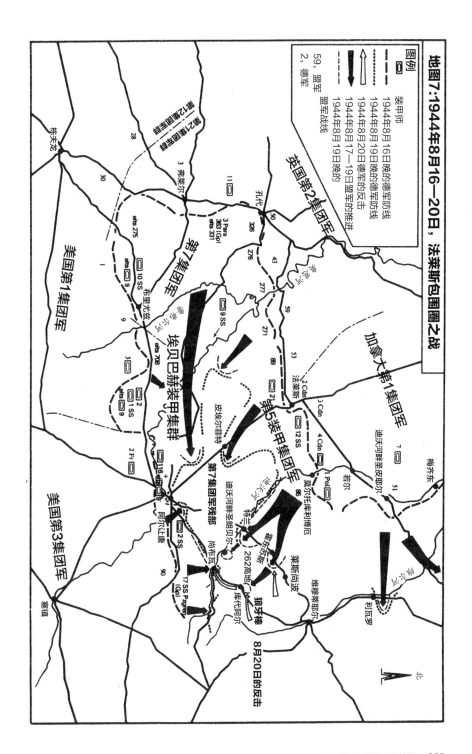

地图7:1944年8月16—20日，法莱斯包围圈之战

图例

装甲师

—·— 1944年8月16日晚的德军防线
---- 1944年8月19日晚的德军防线
━━━ 1944年8月20日晚的德军防线
⬆ 1944年8月17—19日盟军的推进
⬇ 1944年8月19日晚的

盟军战线
59，盟军
2，德军

英国第2集团军

加拿大第1集团军

第7集团军

美国第1集团军

埃贝巴赫装甲集群

第5装甲集团军

第7集团军残部

美国第3集团军

8月20日的反击

北

些部队，并将人员填补到其他受损严重的部队中，五年的战争使他们付出了怎样的代价，这就是令人心寒的证据。但加拿大人最近调来一个装甲师，第4装甲师，他们与加拿大第2、第3步兵师合兵一处，被编入加拿大第1集团军。两支流亡者组成的军队也赶到了，分别是"自由法国"第2装甲师和波兰第1装甲师。而美军的实力在两个月里增加了十倍，目前拥有14个步兵师和6个装甲师，这些部队分别隶属于两个集团军，巴顿的第3集团军和接替布莱德雷担任司令官的霍奇斯所指挥的第1集团军，布莱德雷则出任第12集团军群司令，负责指挥这两个集团军。美国军队的实力已占据压倒性优势，因此，必须将地面作战的这个趋势立即转告给艾森豪威尔，他已在诺曼底设立起一个小型指挥部，以便频繁往来于盟军最高统帅部与登陆场之间的他用作前进指挥部。

尽管如此，作战指挥工作仍由蒙哥马利负责。自布莱德雷发起"眼镜蛇"行动以来，三周的时间里，他的作战态势图上到处都是可资利用的机会。现在的这幅地图，要比他在6月和7月初大伤脑筋的那几周里细心钻研的那一幅大了许多，当时，在卡昂与圣洛之间的任何一处获得半英里的进展都是件不得了的事情。卡昂和圣洛目前已在他的战线内，这条战线越过卡尔瓦多斯省（Calvados）与芒什省（Manche）的结合部，将另外十个省囊括其中，伊勒-维莱讷省（Ille-et-Vilaine）、莫尔比昂省（Morbihan）、北部滨海省（Côtes-du-Nord）、菲尼斯泰尔省（Finistère）、大西洋卢瓦尔省（Loire-Atlantique）、曼恩-卢瓦尔省（Maine-et-Loire）、萨尔特省（Sarthe）、厄尔-卢瓦尔省（Eure-et-Loir）、奥恩省（Orne）和马耶讷省（Mayenne）——这大约是法国领土的十分之一——并向前延伸至与塞纳河接壤的省份：厄尔省（Eure）、塞纳-瓦兹省（Seine-et-Oise）和约讷省（Yonne）。在这些省份中，所有主干道都通向巴黎，每条道路都被一个英国、加拿大或美国师所占据。距离巴黎最近、以最大自由度实施机动的是巴顿集团军麾下的部队。但这些匆匆向前的部队并不安全，也无法轻而易举地获得补给，哪怕是通过空投（尽管空军承诺每天为他们提供2000吨补给物资），除非将德军装甲师和步兵师构成的"死结"更远地逐离莫尔坦，才能扩大阿夫朗什通道，而巴顿所需的补给物资正从这条通道运来。但另一方面，态势图也呈现出另一种更为壮观的解决办法，在巴顿集团军的先头部队与海滩之间建立起联系，通过这条路线使他们获得补给。这就需要加拿大军队打破德国人在卡昂南部和东部依然完好的防御外壳，与巴顿的部队直接取得会合。这将造成一个额外、无价的附带后果：德国B集团军群的主力会被包围在盟军第21和第12集团军群之间，并遭到歼灭。

加拿大第1集团军司令部的一名日记作者写道："如果这个行动取得成功，战争就将结束。剩下的只是驱车进入德国而已。"蒙哥马利已将"霸王"行动的概念加以扩大，特别是他在8月4日做出了赞同布莱德雷所下命令的决定。布莱德雷在前一天给巴顿下达命令，要求他以"最少的兵力"肃清布列塔尼，并以剩下的部队转身包抄德国第5装甲集团军①的侧翼。让加拿大人冲出登陆场赶往法莱斯，他们也许能在那里与巴顿的部队会合，但对于这个决定，蒙哥马利犹豫了一会儿，也许是受到7月30日至8月2日期间，英军向南赶往科蒙时（"蓝衣"行动）遭遇到德军顽强抵抗的影响。另外，7月25日和随后几天里，加拿大军队穿过"赛马场"通道，对布尔盖比山脊上的德军阵地发起进攻，结果遭受到惨重的伤亡，这也令蒙哥马利心生踌躇。8月7日，加拿大人重新发起一场强有力的向南推进（"总计"行动）时，他仍在盘算，待加拿大军队到达法莱斯便让他们转身向东，直奔塞纳河，他打算以此来挡住最终被驱散的德军的退路。但在8月8日，"列日"行动折戟沉沙之际，他接到布莱德雷打来的电

---

① 就是前"西线装甲集群"。

话。布莱德雷正跟艾森豪威尔在一起，他们俩已商谈了一番，布莱德雷向盟军最高统帅指出，让巴顿来一记"短勾拳"，从勒芒扑向法莱斯，能实现从勒芒赶往塞纳河这记"长勾拳"同样的目的，但更节省时间，德国人将其人员和装备撤出诺曼底的可能性也更小。蒙哥马利对德军装甲部队仍留在莫尔坦的意图感到担忧，但他同意"一旦获得成功，战果会很大"，他让布莱德雷给巴顿下达必要的命令。8月9日，巴顿将他麾下最重要的两个装甲师（第5装甲师和"自由法国"第2装甲师）从勒芒调往北面。拦在他们前进路线上的是德军新组建的一个指挥部的核心，"埃贝巴赫"装甲集群，另外还有两片巨大的树林区：埃库维森林（Forêt d'Écouves）和珀尔塞涅森林（Forêt de Perseigne）。但"埃贝巴赫"装甲集群麾下各装甲师的实力已严重受损，无法对这些天然屏障加以利用。8月13日，一支法军巡逻队进入位于法莱斯东南方13英里处的阿尔让唐（Argentan），加拿大人正从北面赶往法莱斯。很快，被称作"法莱斯包围圈"的轮廓开始出现在地图和诺曼底南部的乡村上。

这个包围圈约为30英里长、15英里宽，其南部边缘由美国第3集团军控制，尾部被美国第1集团军掌握，北部边缘由英国第2集团军封闭，包围圈的嘴部伸向阿尔让唐下方，其上颚部分由英军左侧的加拿大第1集团军负责封闭。加拿大军队这次投入了很大的力量。在"总计"行动中，他们于8月7日突破"赛马场"行动的旧通道，展开一场新型的坦克战。发起进攻的步兵乘坐着防护严密的装甲车，装甲车队紧跟在打头阵的坦克身后，一同朝他们的目标赶去，这种打法是战争史上的第一次。这些装甲车都是临时改装的，他们将美制自行火炮上配备的大炮去除，这样一来，车辆所提供的空间能容纳10名士兵。这些装甲车完成了期望它们完成的任务，将士兵们平安地送到他们的目标处：尽管发起进攻的4个步兵营阵亡了68名士兵，但搭乘装甲车的3个营却只损失了7个人。不过，"总计"行动并未真正实现其目标。尽管投入了强有力的地面部队，并获得500架

"空中堡垒"的支援，但他们的攻击正面太过狭窄，再次被熟练的德国守军阻挡住，实施防御的是他们的老对手，党卫军第12装甲师，该师还获得一个虎式坦克营的加强。加拿大人获得的最大成绩（尽管当时无人知晓）是结束了一级突击队中队长魏特曼的职业生涯，魏特曼驾驶着他的虎式坦克，单人匹马地对5辆"谢尔曼"发起攻击，结果被对方协调一致的齐射击毁。对这位二战中最优秀的坦克王牌来说，这是个合适的结局。但这个战果与一支鲁莽的加拿大队伍被"希特勒青年团"师切断和包围后遭受的损失相比，根本算不上什么。8月9日，这场悲剧性的小规模战斗结束后，"不列颠哥伦比亚"团损失了47辆坦克，这几乎是该团的全部实力，一同被消灭的还有跟随该团的步兵单位——"阿尔贡金"团的两个连。这是个可怕的警告：陷入困境的一流德国军队，无论他们的损失多么严重，也无论他们是否还有胜算，依然极度危险。

尽管如此，蒙哥马利还是在8月11日决定再试一次，所有战车都被集结起来，以便对法莱斯发起最后的突击，"总计"行动目前所处的战线与法莱斯只有7英里之遥。新攻势代号为"温顺"，将于8月14日发起，加拿大第3步兵师和第4装甲师会沿着与前一场行动同样狭窄的战线并肩发起进攻。这场攻势发起前也将实施大规模轰炸，自"赛马场"行动以来，这一直是地面部队向前推进的标准序幕。800架英军轰炸机参与其中，投下近4000吨炸弹，这足以让一些炸弹落入友军防线（这也成了可怕的司空见惯），结果导致150名盟军士兵身亡。可当装甲队列进入到轰炸卷起的巨大尘埃中时，"透过阴霾望去，太阳就像个红色的圆盘"，他们发现德国人这次并未做好抵抗的准备。党卫军第12装甲师已撤至防线后方充当预备队，据守防线的是德军实力虚弱的第85和第89步兵师，后者刚刚从平静的挪威赶至这里。在轰炸中生还下来的德军士兵急不可待地举手投降，尽管第501虎式坦克营（魏特曼所在的单位）再次出现，挡住了盟军轰炸机炸开的通道，但该营的几个连队实力极为虚弱，一些待修的坦克不得不从距离前线一英里处的营维修站驶出，为那些尚能作战的坦克提供加强。另一个不祥之兆是，由于缺乏燃料，一些虎式坦克不得不退出战斗，德国人的补给线已无法跟上。因此，不管加拿大人在何处施加压力，他们都能夺取他们想要夺取的地面。8月14日，这场推进就这样开始了，"数百辆集结起来的战车在奥恩河谷翻滚的玉米地里向前而去，这是一幅令人难忘的景象"，第二天晚上，这场推进接近尾声，法莱斯的城堡出现在视线中，征服者威廉当年就出生在那里。包围圈即将被封闭。

"我这一生中最倒霉的一天"

包围感伴随着克鲁格已超过一个星期，也许更长些，但可以肯定的是这种感觉自"列日"行动失败后便产生了。向德军最高统帅部表述局势日益严重，这很难证明并非出于自己的无能，而他也无法指望希特勒会做出任何让守军逃出包围圈的决定。"列日"行动发起的数天后，在与希特勒的商讨中，克鲁格默许了重新发起进攻的计划，可能他仍抱有一丝侥幸：他的装甲部队也许能给涌过他左翼防线、缺乏经验的美国人造成一场逆转。因此，在8月9日，他开始思索真正采纳希特勒的建议，"列日"行动应该在两天后重新发起。计划中的日期过去后，他又商讨其他日期，甚至考虑过推延至8月20日再发起行动，届时的残月将使"埃贝巴赫"装甲集群获得集结一支打击力量所需要的更长的黑夜。

但巴顿向勒芒的推进速度迅速使他打消了念头，"难以置信……一支多达20个师的大军正兴高采烈地策划着一场进攻，可在其后方，敌人却忙着构成一个勒死他的绞索。"此刻的状况令他和他的下属们（埃贝巴赫、接替埃贝巴赫担任第5装甲集团军司令的泽普·迪特里希、第7集团军司令豪塞尔）深感震惊，他设法在8月11日说服了希特勒，让他在重启"列日"行动前，先动用装甲师对美军先头部队发起打击，克鲁格朝正确的方向迈出了一步，因为这至少让他的军队朝安全处靠近了些。但希特勒却被这种与东线相类似的情况弄糊涂了，过去在东线，苏军极其死板的打法经常使德军在苏联人的一场突破中赢得意想不到的优势，他随即下令，断绝了克鲁格他们后撤的希望。希特勒指出，这样一场进攻不应对准巴顿的先头部队，而应该是他的交通线，换句话说，其目标与流产的"列日"行动大致相同。就像第7集团军幻想破灭的参谋长所指出的那样，目前的情况是"一个对前线状况一无所知的指挥部，却承担着从东普鲁士判断战场态势的责任"，并希望通过一番套话来制订命令，企图从一场不可避免的防御性后撤中转而发起一场成功的进攻。

尽管如此，军事逻辑还是迫使希特勒承认，最为暴露的装甲师应该撤离包围圈最西端，从而为他的"魔术"实施重组，他称之为"在苏尔德瓦（Sourdeval）与莫尔坦之间的防线上实施一场小规模后撤"，克鲁格立即对此加以利用，将他的部队从迫在眉睫的危机中拯救出来。但是，这场后撤根本谈不上是为了发动一场反击，他发现，巴顿第15军在阿朗松（Alencon）周围施加的压力越来越大，迫使这些部队零零碎碎地投入到战斗中，只是为了守住防线。先是第116装甲师，随后，党卫军第1和第2装甲师也被卷入到一场防御战中，充其量还能沿着包围圈内依然畅通的三条道路赶去增援受到威胁的地段。尽管德军试图将他们的行动限制在夜间，但空袭还是给这三个装甲师造成了严重损失，他们有时候还会遭到盟军坦克队列的伏击，因此，这些部队最终于8月13日集结在阿朗松西北部时，他们的实力已远远低于发起一场进攻所需要的水平：党卫军第1装甲师还有30辆坦克，第2装甲师还有25辆，第116装甲师只剩下15辆。试图跟在他们身后的第9装甲师已在埃库维森林中全军覆没：该师的报告指出，当天他们只剩下12辆坦克和260名士兵。

为了更好地发起进攻，希特勒批准部队实施重组，埃贝巴赫、迪特里希和豪塞尔也对这道命令加以利用，他们带着麾下的其他部队向东而去。8月14日，加拿大军队发起"温顺"行动，再次逼近法莱斯包围圈的嘴部时，德国人加快了他们的行军速度。在此之前的"总计"行动已把克鲁格吓得不轻（他曾在8月8日对豪塞尔说，"这是一场……我们前所未见的突破"），加拿大军队的第二次攻势使他更加惊恐不安，但现在令他深感苦恼的是希特勒发来的电报，这些电报甚至比一周前那些更不现实。"埃贝巴赫装甲集群距离北面太遥远，存在再次卷入一场徒劳无益的正面作战的危险"（该集群正竭力守住防线）；第21装甲师和党卫军第9、第10装甲师"能够而且必须"投入到对美军的进攻中（他们正在法莱斯与加拿大军队展开殊死搏斗）；克鲁格当前的任务是"歼灭阿朗松附近的敌军"（他正为如何确保自己的军队获得每日所需要的补给而一筹莫展）。

8月14日晚，沿着"挤满车辆和士气低下的士兵"的道路，克鲁格对日益萎缩的战场的周边进行了一番视察。在第5装甲集团军司令部里，迪特里希提醒他，法莱斯地区的防卫很快会崩溃。迪特里希，这位元首的前司机并不是一个容易惊慌失措的人；克鲁格在自己的最后一封信中将他描述为"一个勇敢、正直的人，在这艰难的几周里，我开始对他产生了解和欣赏"，出自一位陆军元帅的温暖话语是对迪特里希这个昔日啤酒馆暴徒的最佳赞誉。就在他对危险作出提醒之际，真正的危险已迫在眉睫。第二天一大早，克鲁格动身去找豪塞尔和埃贝巴赫，想从他们那里了解包围圈南部边缘的状况。他们约好上午10点在法莱斯与阿尔让唐之间，158国道中途的内西村（Nécy）广场会面，这个位置恰恰是一场正在聚集的风暴的中心。这里距离迪特里希设在贝尔奈（Bernay）的指挥部40英里，这位陆军元帅的车队相当显眼：一辆摩托车、一辆指挥车和一辆无线电通信车。沿着拥堵的道路，他们的行程非常缓慢。距离目的地还有一半路程，但离会晤时间仅剩30分钟时，盟军的一架战斗轰炸机从阳光中飞出，击毁了车队里的无线电通信车，车上的四名乘员丧生。克鲁格躲入附近的一条壕沟中。恢复冷静后，他再次驱车上路，但盟军飞机不断让他实施隐蔽。中午时，他带着痛苦的无奈派自己的副官骑上自行车赶往内西村，这名副官最终赶到内西村广场时，埃贝巴赫和豪塞尔早已返回各自的指挥部。因此，克鲁格动身追赶豪塞尔，整个下午不停地躲避战斗机的袭击。直到午夜过后，第7集团军才通知设在拉罗舍居伊翁城堡内的西线总司令部，克鲁格已到达。

克鲁格的参谋长布鲁门特里特立即将这个消息转告元首大本营。希特勒在白天已多次打电话来追问克鲁格的下落，他后来将这两周描述为"我这一生中……最倒霉的一天"。他被盟军在法国南部实施登陆的消息惊醒，他早就意识到这场登陆需要他立即将那里的守军撤离。但更令他感到震惊的是克鲁格的失联。前一天，希姆莱给他带去更多的证据，表明这位陆军元帅与7·20事件有关联（我们今天知道，这纯属毫无根据的指控，但1943年，他的中央集团军群司令部内确实存在着一些真正的密谋分子，这似乎证明了希姆莱的指控），中午的会议上，他还通过一份截获的盟军电报获知对方也在打听克鲁格的下落。这份电报的来源到今天仍是个谜；盟军档案中没有任何记录，这可能是登陆场内盟军情报官员间随意的询问，却被德国人信以为真。但这在瞬间激起了希特勒对部下们不忠和背叛的一切怀疑。他后来描述了自己当时的担心："克鲁格元帅打算率领全体西线部队投降，他自己也将跑到敌人那里……看来这个计划由于敌战斗轰炸机的袭击而流产了。他派出了他的参谋，英美巡逻队也迎上前来，但显然没有取得联系……尽管如此，英国人还是报告说，他们正与一名德军将领进行联系。"当时他控制住内心的焦虑，命令西线总司令部每隔一小时汇报一次，直到克鲁格重新出现。

当天下午6点前，他还没有这样做时，布鲁门特里特在电话中告诉约德尔"阿尔让唐西面的局势每个小时都在恶化"，而迪特里希、埃贝巴赫和豪塞尔认为"必须做出一个总体决策"。约德尔非常清楚，这是委婉地要求实施后撤。他对此表示反对，因为他知道希特勒决心以再次发起进攻来"解决"目前的危机。布鲁门特里特尖锐地反驳道："我有责任指出各个装甲师目前的状况。"这些装甲师急需燃料。如果拟议中的进攻是为了赢得空间，以便让包围圈内的部队疏散，那当然好；如果是为了一场雄心勃勃的反击，那就根本无从谈起。必须有人立即做出决定。"鉴于克鲁格元帅不在……决定只能由豪塞尔、迪特里希或埃贝巴赫作出，"他建议道，"他必须下达一道不带任何附加条件的明确指令……就我个人而言，"他继续说道，"我非常冷静，但是，"他警告道，"我必须指出，考虑到目前的状况，身处前线的指挥官们极为紧张。"

这番毛奇式的陈述显然打动了约德尔，他立即建议希特勒，由豪塞尔接掌B集团军群。希特勒从来就不喜欢豪塞尔这位长着双"狡猾的小眼睛"的将领，但他知道这位党卫军将领是可以信任的，因而同意了约德尔的建议。但他也打电话给负责意大利战事的凯塞林和自己的"救火队员"莫德尔，要求他们提出替代克鲁格的正式人选，克鲁格此刻已被他一笔勾销。他的决定很有可能已经做出。希特勒打算任命莫德尔，面对破裂的防线，他是个奇迹创造者。与此同时，他指示约德尔去再次强调对阿尔让唐发起一场坦克突击的必要性，并为两支部队（不是严重受损就是已不复存在）的协同勾勒出更加宏伟的计划，这将使局势变得对他有利。

希特勒最担心的事情并未发生，"最倒霉的一天"就此结束。西线德军没有在克鲁格的率领下投降，他们甚至没有丢失太多的阵地，尽管第5装甲集团军在加拿大军队的进攻下有些立足不稳。但希特勒认为，无论怎样，自己已被带至深渊的边缘，不管能否找到对克鲁格有利或不利的证据，他都决定不再信任这位陆军元帅。克鲁格重新出现后不久，莫德尔接到了希特勒让他赶赴法国的命令，他于8月17日到达，不仅全权取代了克鲁格，还带来让克鲁格离开包围圈，去元首大本营报到的指令。

奇怪的是，在决定摆脱克鲁格这个噩梦制造者的同时，希特勒却接受了他的建议，让B集团军群脱离所面临的危险，而在一周前，他一直拒绝采纳这个建议。8月16日清晨，包围圈内的克鲁格给约德尔发去最后一封电报："无论下达多少道命令，部队已没有足够的实力击败敌人。屈从于一个根本无法实现的希望，这是个致命的错误……情况就是这样。"然后，他拟定了实施撤退的命令，并期待能获得希特勒的批准，希特勒的批准令在当天下午晚些时候到达。腊斯登堡终于觉察到包围圈的现实状况，B集团军群的一名参谋想到当年在莫斯科的后撤，并将他见到的情形描述为一场拿破仑式的溃败："道路几乎已无法通行，缺乏燃料的坦克接二连三地停顿下来，弹药补给极不稳定，士兵们饥饿而又疲惫，通信几乎已不复存在。"B集团军群的残部在最后一刻从无谓的战斗中解脱出来，转而寻找迪沃河和奥恩河上的渡口，他们确实面临着一场不亚于1812年的灾难，因为，就在希特勒签署突围令的同时，蒙哥马利和布莱德雷决定投入他们手上的一切力量，封闭阿尔让唐–法莱斯缺口，彻底消灭这个包围圈。

优 柔 寡 断 的 命 令

他们之前没有这样做，完全是因为盟军内部不和造成争执的结果。离开西线的克鲁格知道，等待自己的将是盖世太保，他在服毒自尽前给希特勒写了最后一封信为自己辩解。"我的元首，我认为我可以声称自己已尽了最大的努力恪尽职守。隆美尔和我……都曾预见到目前这种态势发展，但我们的观点未被接受。"蒙哥马利、艾森豪威尔和布莱德雷这些盟军指挥官都没有预见到这一点。他们的战略目光受限于1943年的COSSAC（盟军最高统帅部参谋部）计划，该计划预料诺曼底战役将以一连串直线进攻的方式进行，从一排天然障碍到另一排天然障碍，直到塞纳河与卢瓦尔河之间的整片"立足地"被彻底占领为止。COSSAC计划设想了一个稳定的推进速度，从D日"阶段线"到达卡昂和阿夫朗什需要20天时间，从那里到达两条大河又需要70天。这个时间安排在实战中并未得到遵循，因为希特勒要求B集团军群为每一片绿篱而战，结果令盟军耗费的时间远远超过预期：他们没能在20天内到达卡昂和阿夫朗什，而是用了55天。但由于希特勒为守卫前线而抽调了内陆兵力，美军达成突破后的进展又比预期得更快，这就使某些地段的进展与计划时间相吻合，特别是沿着卢瓦尔河一线。传统军事思想（COSSAC计划的主旨非常传统）认为，到了这一阶段，受威胁地段的德国军队会明智地投降。但令人费解的是，除了希特勒错误地将西方国家与苏联的弱点等同起来以发挥他的军事才华外，德国军队并未后撤；事实上，他们不仅守住了自己的阵地，甚至还对三周前的"阶段线"发起反击。

鉴于时间安排极不稳定，盟军做出了一些战略调整，特别是在8月3日将巴顿从大举进入布列塔尼半岛的行动中抽调出来。这是布莱德雷的决定，一个出色的决定，尽管这种丢下无关紧要的敌守军于不顾的做法受到"导致计划中途夭折"的质疑，但这与麦克阿瑟目前在太平洋战区执行得极为出色的战略完全一致。可随后，布莱德雷的想象力拖累了他；另外，本该促使他让蒙哥马利清楚自己意图的部分良知同样起到了反作用。他显然很担心，如果让部队从阿尔让唐向北面的法莱斯推进，他的部下可能会跟向前推进的加拿大部队发生友军误击事件，因此，他在8月14日命令巴顿，不要对希特勒犯下的荒唐的错误加以利用，停留在原地，待"列日"行动结束后，以一个"长勾拳"赶往塞纳河上的90天阶段线，切断B集团军群最后的逃生路线。他尽量将他的部队留在阿尔让唐也是为了让那里成为抵御敌军反击的"硬路肩"。这种纳尔逊式的自行其是，如果正确，是可以得到原谅的；即便是错的，如果坦率地向蒙哥马利做出解释和说明，也能得到原谅。但布莱德雷没有做出任何解释。作为自己疏忽的借口，他声称阿尔让唐北面是一条盟军内部确定的分界线，美军不宜跨越；但他的内心想法是，"要是蒙哥马利想让我们帮着封闭包围圈……那就让他开口。鉴于他开口央求的可能性很小，所以我们将继续向西前进。"

他后来声称，他很怀疑4个师的力量能否堵住19个德军师蜂拥而出的缺口，这些德军师的兵力和装备都很虚弱，但有着强烈的绝望感，正在拼死突围。随后发生的事情证明他的怀疑很有道理。但他提出这个怀疑时，德国人尚未实施突围，而是一动不动地待在包围圈里，等待着批准他们从痛苦中突围出去的命令。突围令直到48小时后才到达，而此刻，布莱德雷已将巴顿的半个集团军派往沙特尔（Chartres）和奥尔良（Orleans）。其后果使得消灭包围圈的决定做出时，计划周详的军事行动成了一场与时间的赛跑。蒙哥马利在8月17日下午的电话中做出了决定。这个时机受到"超级机密"拦截到克鲁格最后一次呼吁希特勒批准部队突围的电报的启发，因此不得不推测，盟军开始调动时，德国人也开始了向东的突围。因此，美军与英军之间计划好的会合点设在阿尔让唐—法莱斯一线以外数英里处，以确保一个牢固的包围圈；用蒙哥马利的话来说，就是"不惜一切代价，尽快"使之形成，尽管可用于封堵漏洞的兵力比三天前少了三分之一。被选中的会合点是尚布瓦（Chambois），坐落在两条仍被德军使用的道路的南面。被指定为布莱德雷见风使舵买单的部队最近刚刚抵达战场，在蒙哥马利麾下的时间较短，这就是波兰第1装甲师。

西科尔斯基将军的旅游者

但波兰人早已在路上。他们的故事是第二次世界大战中最悲惨、最浪漫的传奇之一。1939年9月的惨败使波兰军队分崩离析，大多数士兵在强大的布楚拉河（Bzura）包围圈中被德国人俘虏，少数得以逃脱的人后来和一起逃亡的领导者组成了波兰流亡政府。1942年，流亡政府安排那些在饥饿和虐待中生还下来的波兰战俘设法进入波斯，他们在那里组建了波兰第2军，随后赶往西部沙漠和意大利，参加了阿拉曼战役，并赢得了第四次，也是最后一次争夺战略要塞卡西诺山的战斗。

随着时间的推移，波兰第2军将成为战争中一支出色的作战部队，他们斗志昂扬。哈罗德·麦克米伦记得，他从未见过像他们这样对危险抱以轻松的蔑视的军队。但确实还有第二支军队同样如此，尽管规模更小些，也不太引人注目。这支流亡的军队在经历了几乎与第2军同样的痛苦后，才得以重新投入战斗中，他们那种骑士般的热情变得极为显著。这支军队由1939年冬季从波罗的海和巴尔干诸国逃至法国的100000名难民中的人员组成，截至次年春季，这些难民已为法国空军提供了一支相当规模的飞行员队伍，外加一个专用于纳尔维克战役的山地旅，另外还包括法国陆军中的三个步兵师和一个骑兵师。波兰人和法国人是老战友，部分原因是哈勒将军的移民军团为1918年的胜利做出的贡献，这促使克莱蒙梭在和平会议上支持波兰的复兴事业。法国投降后，西线流亡军队中，只有17000名波兰人逃至英国。

波兰飞行员立即再次投入战斗，皇家空军战斗机司令部的56个中队中，有4个波兰中队，不列颠战役期间被击落的德军战机，15%归功于波兰飞行员。普通步兵的再次服役不太容易。他们经地中海和比斯开湾的港口到达英国时，所携带的武器装备甚至比从敦刻尔克撤出的英军部队还要少，英国人以极为有限的库存为他们提供了装备，但这只是为了宣传的目的，以此来表明英国有充足的武器将他们立即武装为作战士兵，随后，他们被打发到苏格兰一个偏远的角落，执行海岸防御任务。这种措施自然是暂时性的。英国人预计，待武器更加充裕后，波兰军队会获得正常标准的武器装备，可能会被编为传统的步兵，这就是英国人在

1940年的想法。

波兰人却有不同的想法。考虑到自己有限的兵力，再加上部队几乎不可能得到扩大，他们决定组建一支能最大程度发挥人员效能的部队。他们也知道，对于他们是否有能力成为真正的士兵存在着一种不言而喻的怀疑（"骑兵向坦克发起冲锋"获得了良好的新闻效应，但得到的专业评价却很糟糕），他们和英国骑兵一样，急于摆脱一切挥之不去的"爱马癖"名声，并在与德国军队展开第三次交锋的一开始便获得最先进的作战方式。他们的总司令（也是他们的总理）西科尔斯基将军，下定决心要将他在英国的部队（德国电台将他们嘲笑为"西科尔斯基将军的旅游者"）改编为一个装甲师，以便在同等条件下迎战那些曾于1939年，在他们的故土击溃波兰军队的德国装甲师。他说服英军同意了这个原则；又通过流亡政府的租借条件搞到了从美国购买装备的钱；他还从军官队伍中找出一个有能力和经验，能将这一愿望变为现实的指挥官。

在波兰军队的等级制度中，斯坦尼斯拉夫·毛采克是个不太合群的人。与许多同龄人一样，他出生于奥匈帝国，并未跟随毕苏斯基的军团（未来的高级指挥官都出自该军团，几乎无一例外），而是作为正统的哈布斯堡军队中的一名皇家猎兵参加了第一次世界大战。通过出色的自身能力，他克服了职业生涯开端的这个错误，并在1938年10月担任摩托化骑兵旅旅长——波兰军队中只有两个摩托化旅。但作为一名机动战的信徒，他沮丧地发现自己的新职务不过是驱使一支"乡村消防队"而已。在留给他的一年时间里，他不断将这支部队改造成一支符合现代战争的军队，其效果在1939年9月得以体现。他们实际上通过反击将未来的德军元帅舍尔纳所在的山地师逐出利沃夫，并重新夺回了阵地，但这种孤立的胜利无法改变喀尔巴阡山战事的进程，更别说整个波兰战役了。9月19日，毛采克发现自己在匈牙利成了一名难民。与一些部下在法国归队后，他重建了他的第10骑兵旅，但这支部队却在德国军队对西欧的入侵中被再次击溃。

随后，他转道阿尔及利亚和摩洛哥，设法来到苏格兰。

第10骑兵旅的残部被拼凑到一起，1942年4月，另外一些部队加入其中，就此组成了西科尔斯基所期望的装甲师。接下来的两年，就在波兰第2军跨越地中海，波兰救国军在国内支离破碎的领土上组织起地下抵抗网之际，波兰装甲师接受了参加诺曼底登陆所有部队都必须接受的训练。该师依照英军模式组建，但各个团引以为豪的波兰名称得以保留：第10波兰骑兵团是师里的装甲侦察团，第24波兰枪骑兵团、第1和第2波兰装甲团是师里的坦克营，第10波兰龙骑兵团是师里的摩托化营，"波多利亚"营、第8和第9波兰轻步兵营是师里的步兵营。该师不是"国王的德意志军团"那种以英国军队中的移民士兵所组成的部队，构成该师的人员来自波兰共和国的军队，毛采克期待着率领这支队伍从诺曼底海滩胜利返回自己的国土。

波兰的西部省份作为"瓦尔特兰大区"和"但泽—西普鲁士大区"被纳入到大德意志帝国，东面的边境被关闭，居住在那里的波兰中产阶级遭到驱逐，或被送入集中营。因此，波兰救国军只能在"波兰总督府"的范围内，以某种程度的凝聚力组织自己。在维斯瓦河东部和西部的旧波兰共和国核心地区，已被德国人作为一个殖民地加以管理。波兰救国军并不缺少志愿者；据救国军司令波尔–卡莫罗夫斯基估计，截至1944年，他们拥有40万名登记在册的成员，在一个流亡人口达1000万、大批年轻男性被迫去德国充当苦力的国家，这是个了不起的数字。但他们严重缺乏武器和军用物资。波兰军队在1939年崩溃得极为彻底，很少有武器装备流入地下，抵抗组织手中的武器大多破旧不堪，或是些自行制造的破烂货。华沙有40000名波兰救国军成员，但他们只有1000支步枪和25000枚自制手榴弹。

7月31日（当天，波兰第1装甲师已从蒂尔伯里港渡过海峡赶往阿罗芒什），波尔–卡莫罗夫斯基下令发起代号为"暴风雨"的行动，夺取华沙。第二天晚上，起义开始了。

对波兰救国军来说，截至8月16日，起义行动已趋于恶化。苏联人停在维斯瓦河东岸，华沙郊区的布拉格区，他们后来声称部队缺乏补给。可以肯定的是，经过最初装模作样的撤离后，德国人不仅停止了后撤，还调来包括"赫尔曼·戈林"装甲师在内的援兵，对苏军的渡河构成了威胁，同时还提供了消灭波兰人据守的据点所需要的兵力。起初，波兰救国军的起义控制了华沙城内一大片区域，但他们的实力太过虚弱，无法将监狱、警察局和兵营的守军从阵地中驱离，为防备波兰人起义，这些阵地早已得到加强，起义者发现，很难保持各个地区间的交通，唯一的办法是钻下水道。被包围的德国人仍控制着194条街区，他们在老城区和周边地带与起义者展开激战，与此同时，外围的德国援兵开始有条不紊地消除障碍，赶往波兰救国军控制的区域。从8月4日起，德国空军便对城市的主轴线展开持续轰炸，地面部队沿这条轴线向前推进，这迫使波兰救国军在8月15日让出了市内的主干道。

事态的这一变化使德军统帅部得以对维斯瓦河上的桥梁加以利用，从而为据守在苏军前哨部队前方的部队提供增援。面对这种状况，波尔–卡莫罗夫斯基用电台联系伦敦，恳请提供帮助，但没有得到回应。英、美空军试图为四面楚歌的起义军空投武器装备，但华沙距离英国太远，满载武器装备的飞机无法执行往返飞行，因此，他们请求斯大林批准他们在苏军的前哨机场着陆。9月11日，苏联才同意提供方便。与此同时，隶属于皇家空军的一个波兰轰炸机中队执行了多次任务，但他们的作用只是象征性的，损失却相当惨重；英国和南非中队也执行了飞行任务，付出的代价甚至更加高昂。英国发起了低优先级的救援飞行行动；美国人最终也执行了两次飞行任务，但只有10%的机载物资落入到波兰人控制的区域。

这些区域内的生存条件（起义爆发后，正常的生活便已中断）日益恶化。与外部的联系，除了通过电台，其他一切手段均已中断。食物，由于德国人实施严格的配给制，不大可能预先囤积，积攒下来的一些食物也在起义爆发后的几天里消耗殆尽；"口水汤"（之所以得名是因为喝汤时必须不停地将未碾磨的谷物的外壳吐出）成了标准食物，它最初出现时令人大倒胃口，但现在却被人们饥不择食地吞下。受伤者无法被疏散，也无法在临时搭建的地下医院内得到妥善救治；外科手术从一开始便处在极其恶劣的条件下，很快，即便没有麻药也得实施。并不令人感到意外的是，就像复活节期间的都柏林起义那样，许多被困在交火区域内的平民对波兰救国军成员产生了一种强烈的敌意，埋怨他们的顽强抵抗使婴儿和老人遭受到长时间的饥饿。

但是，一旦展开斗争，这些起义者就没有了退路。德国人将他们抓获的人悉数枪杀，许多普普通通的波兰人只因为是男性就被枪毙，党卫军甚至连女人都杀。因此，起义者急切地寻找着一切手段来延续战斗。投入市内的数千发炮弹和炸弹，所有哑弹都被波兰救国军里的技师视为宝贵的炸药来源，他们用这些炸药制造手榴弹，尽管拆除哑弹引信的过程非常危险。他们还带着砖块和棍棒对德军阵地发起自杀式攻击，希望能夺得一些可用的武器。一架盟军轰炸机在实施空投的过程中被击落，坠毁的飞机燃起熊熊大火，起义者冲入其中，试图在飞机发生爆炸前将机上的机枪拆下来。他们还通过电台发出紧急呼吁，恳请所有听到呼吁的人为他们提供补给，尤为重要的是武器弹药。其中一则以诗的形式从波兰救国军的电台发送给波兰流亡政府，后来在流亡社区中变得家喻户晓："你们好……这里是波兰的中心！听听华沙的枪炮声！将哀乐抛离你们的广播；我们的斗志是如此昂扬，甚至连你们也会被深深地感染！我们不需要你们的掌声，我们需要的是弹药！！！"

这段特别广播直到8月24日才播出，但流落他乡的所有波兰人早已为华沙起义的消息牵肠挂肚。"日复一日，驻扎在英国基地的各个波兰轰炸机机组，执行完在法国和德国上空的轰炸任务返回后，一个个又脏又累，但他们的第一个问题必定是'华沙有什么消息？'"其中的一个机组，机长回忆道："聆听着扬声器中传出的消息，唯一重要的问题是：华沙在战斗，我们何时才能飞过去救他们？"从空中飞赴华沙只需要8个小时，但他们被禁止飞去那里轰炸德国人，也不能为波兰救国军空投武器弹药，这种沮丧感强烈而又痛苦。波兰第1装甲师的士兵们也时刻留意着广播中传来的起义消息，他们当中的许多人，家就在华沙，他们甚至无法以"要是获得批准，我们就可以提供救援"的想法来安慰自己。他们在沿着师补给路线竖起的路标上写下"卡昂—华沙"，但他们知道，他们与他们的战友间隔着德国的两个集团军。另外，也没有希望打破东线德军在华沙四周布设下的包围圈。但他们至少在诺曼底得到了扭转局势的机会，完成对西线德军的包围，以此来支援他们奋战、牺牲在维斯瓦河河岸上的战友，尽管这只具有某种苦涩的象征意义。冲向尚布瓦的命令在波兰军队中引发了欢呼，进攻令很少能产生这样的效果。

会师尚布瓦

时至今日，波兰第1装甲师的老兵们已垂垂老矣。一年一次，枪骑兵、龙骑兵和骑兵团这些单位齐聚于伦敦的西科尔斯基学院，在硕大的土耳其帐篷下欢度他们的团日。这是西格蒙德三世在1621年击败苏丹军队后缴获的战利品，它装点着通向团圣地的楼梯。红白相间的旗帜，配有金色的流苏，上面绣有"上帝、荣誉、国家"的文字，满载着他们在战场上获得的荣誉（1940年在法国、纳尔维克，1944年在法国），并配以圣斯坦尼斯拉夫或琴斯托霍瓦的圣母像。现在，这面旗帜被虔诚地启封，在专人的护送下走出王子门，伫立在布朗普顿圣堂的祭坛前，这时，弥撒声响起。稍晚些时候，"波兰之家"俱乐部的伏特加和熏火腿使得气氛为之一变。多年的流亡生活让这些老战友们一个个发鬓斑白，曾经的坦克炮手或排长现在成了进出口商，或是退休的英国低级公务员。孩子们在这个国家创家立业的消息令这些老兵们容光焕发，眉目间的神情清楚地表明，这些年来的日子过得并不算糟糕。

可在1944年，他们燃起的火焰是那么炽热。波兰第1装甲师的每个士兵，衣袖上都佩戴着这样一个徽标：一根高耸的羽毛插在波兰王国昔日的伟大征战中所使用的骑士头盔上。1920年，没有哪个波兰人怀疑过自己国家的军事实力，1939年的惨败是一个意外。现在，他们在技术上已能与德国人抗衡，他们将坦克投入到法莱斯北面，带着德军装甲部队五年前在波兰领土上展现出的锐气，对德军步兵发起打击。他们付出了代价。在圣艾尼昂德克拉梅斯尼（Saint-Aignan-de-Cramesnil），第2波兰装甲团在与党卫军第12装甲师的激战中损失了26辆坦克，其中的9辆被一门88毫米火炮击毁。但盟军储备丰富的装备弥补了他们损失的坦克，至于人员的伤亡，他们可以通过居住在"瓦尔特兰大区"和"但泽—西普鲁士大区"的波兰人来补充，这些波兰人被征召进德国国防军，在法国成了俘虏。这番插曲教会了波兰军队谨慎行事。毛采克提醒部下们，尽管损失必须承担，但不能仅仅为了出风头而遭受损失。

可是，他的部下们急于获得封闭包围圈的荣誉，蒙哥马利的出发令于8月17日晚间送达，命令他们在次日凌晨2点出发时，该师的各个单位已行动起来（第2波兰装甲团用坦克搭载着第8轻步兵营担任先锋），并决定不等获得燃料和弹药的再补给，立即动身。他们的前进路线就位于出发线的正南方，与法莱斯相平行，倾斜着穿过从包围圈内伸出、仍控制在德国人手中的两条道路，这两条道路在特兰（Trun）和尚布瓦跨过迪沃河上的桥梁，通向维穆蒂耶尔（Vimoutiers）。波兰人的进军路线横跨这片地区，与诺曼底其他地方一样，这里遍布着茂密的树林。奥日地区（Pays d'Auge）是卡蒙伯尔干酪的产地，发明这种杰出奶酪的阿雷尔夫人所在的村庄就位于波兰装甲师前进路线的左侧，这片地区显然是诺曼底风光最为秀丽的所在，沿着迪沃河河谷伸向卡布尔（Cabourg）——普鲁斯特的"巴尔贝克"，对那些准备为法国乡村美景欢呼的人来说，这是最受欢迎、最被喜爱的村庄之一。但那些撰写指南手册的军方人员却对此视而不见，为什么？这是因为军事上的缘故。奥日是一片可怕的地区，狭窄、陡峭、深邃、蜿蜒、杂草丛生、树篱林立、布满水道，穿越这里的行动，不是撤退就是进军。德国人至少知道他们要逃向何处，穿过日益萎缩的包围圈（现在只剩下6英里宽、7英里长），沿着两条道路进行的突围，速度在这里变得慢如蜗牛，这使许多德军士兵逃入到开阔地中。波兰人在夜间进入这片未知的领域，很快便迷失了方向。第2波兰装甲团的斯坦尼斯拉夫·冈瑟少尉写道："出发半个小时后，一直带领我们队伍前进的法国向导不见了。队伍已实施无线电静默，坦克在这片地形上的行进极为困难。我们知道这一点是因为在一个岔路口，我们不得不选择了两条更宽的小径，但在黑暗中很容易走错；我们选择的道路看上去更宽些，但很快就变得越来越狭窄，甚至到了必须让可能会出麻烦的60辆坦克和20部其他车辆掉头的程度。我们不得不继续向前。"

他们选择的这条路不是通向尚布瓦，而是莱斯尚波（les Champeaux），可能从一开始，波兰语发音就让法国向导搞混淆了，莱斯尚波穿过德国人的必经之地，但却位于对方逃出包围圈后的地方。不过，这个失误造成了一个奇怪、并未完全不利的结果。该团行进到一个十字路口处，一支德国车队正在他们前方横穿过去，德军交通管理员让队伍停下，示意波兰人通行。团长科舒茨基认为德国人已认出他们，但假装没认出，以避免近距离内的激战引发一场灾难。他很高兴以此为伪装，趁机率队向前而去，拂晓时，他发现自己来到错误的地点，但也发现了一个对他来说至关重要的目标，如果他当时坚持了正确的路线，这个目标就将被错过。出现在他眼前的是德军第2装甲师的一组车队，1939年，他曾率领着第10机械化骑兵旅在喀尔巴阡山与该师交过手。随之而来的便是一场激战，战斗结束后，波兰老兵们从被俘德军士兵的军饷册上读到了那些小规模战斗的名称——维索卡（Wysoka）、纳普拉瓦（Naprawa）、梅希莱尼采（Myslenice）——五年前，那些战斗曾让他们的车辆千疮百孔，在夏日的天空下熊熊燃烧。

解决了这场小规模战斗后，科舒茨基带领着他的坦克向西南方6英里外的尚布瓦赶去。在他们右侧，第10骑兵团沿一条更加直接的路线赶往同一目标，而第24波兰枪骑兵团沿迪沃河河谷中一条相平行的道路赶往特兰。特兰离尚布瓦并不远，实际上在加拿大第4装甲师的作战区域内，此刻，该镇仍在德国人手中，但他们控制得并不太好。

特兰的狭窄道路在镇中心的大广场会合，农用大车、装甲运兵车、坦克、卡车以及步行的队伍从各条拥挤的辅路涌入广场。多亏党卫军下级军官们的不懈努力，他们的车辆（莫德尔命令他们守住包围圈的肩部，或是发起反击，肃清包围圈的口部）才得以离开镇子，向左驶上通往维穆蒂耶尔的道路。比拥堵更为糟糕的是……英国皇家空军的"喷火"式战机随时会出现，朝车队猛扑过来，用机炮完成"台风"战机先前用火箭弹和炸弹未能彻底完成的摧毁任务。德军队伍排成四列，间杂着人员、大炮、马匹和车辆，缓慢地赶往蒙奥尔梅（Mount Ormel）的高地，不断受到皇家空军和炮火的袭扰，但他们不知道的是，他们很快会遭到波兰人的攻击。

此刻的天气与登陆场战役期间大多数时候截然不同，对盟军极为有利，整个白天，皇家空军第2战术航空队的各个中队对包围圈内各条拥挤的道路展开了无情、可怕的攻击。一位陷入火海的当地农民说："就像是踏上了《女武神》最后一幕演出的舞台，我们被火焰所包围。"两天后，一名飞行员在特兰附近的一条次要道路上检查了当日1200架次飞机的空袭效果，他发现："遮天蔽日的树木，半黑的阴影下……达成的破坏完整而又可怕……发生了什么，一目了然。'台风'发现了车队……并将头尾的两辆装甲车击毁。然后，他们沿着车道，用火箭弹和机炮来回扫射。敌人的车辆接二连三地卡住，每辆车上都留下了第2战术航空队的标志——车身侧面或炮塔上的一个大洞。根本无法从车队旁边走过，也无法攀过这些车辆。穿着灰色军装、满身尘土的尸体到处都是，有的靠在树旁，有的歪倒在驾驶座上，还有的倒在车身踏板旁，他们的军装上，深红色的血渍已变成铁锈色。我放弃了沿这条已被彻底毁灭的道路继续前行的打算，我们绕了个大圈才来到另一条车道，但这里同样无法通行。四名德军士兵蹲在一道高耸的岸堤旁，坚定地守卫着这条车道，他们的手放在头上，摆出徒劳无益的隐蔽姿态……一条磨坊引水槽在他们翻覆的车辆旁泛着涟漪。"

自8月14—15日夜间，B集团军群命令所有高射炮单位撤出包围圈，而德国空军又无法找到飞机与盟军争夺包围圈上方的制空权以来，破碎、混乱的地面部队丧失了一切对空防御手段，也不抱任何幸免的希望，只是更为急切地赶往特兰和尚布瓦。此时，灾难已消除了军衔间的一切差别，就像在华沙，它给平民和波兰救国军士兵造成的那种状态。查看部队状况的高级军官们，钻过污秽的排水沟，从一个地段赶至另一个地段。特兰和尚布瓦西面，第7集团军和"埃贝巴赫"装甲集群的参谋人员跟在士兵队列中，拖着沉重的步伐行走在乡村小径上，盟军飞机出现在上空时，他们便扑入路旁的水沟中隐蔽，危险过去后，他们爬起身，匆匆向前而去。8月18日晚，盟军的空袭暂时停顿下来，这使得被困的20个德军师中，仍保持着相对完整的12个师得以继续向东转移：第3伞兵师、第84、第276、第277、第326、第353、第363步兵师、第2、第116装甲师、党卫军第1、第10和第12装甲师。但8月19日拂晓，盟军飞机再度出现在上空。迪沃河对岸，从南面而来的美国军队与从北面而来的波兰人取得了会合。

毛采克已将他的部队一分为二。他派第1、第2波兰装甲团、"波多利亚"营、第8和第9波兰轻步兵营和一个反坦克大队赶往尚布瓦东面的高地，切断并控制通往维穆蒂耶尔的道路。他又命令第24波兰枪骑兵团和第10波兰龙骑兵团搭乘半履带车，带上师里剩下的反坦克炮赶往尚布瓦镇。两个战斗群接到的命令都是夺取和控制。第二个战斗群由第10装甲骑兵旅旅部指挥，当天下午早些时候从特兰附近的出发线动身，第10骑兵团担当该旅的预备队。

波兰人刚刚出发便遇到几辆黑豹坦克，但措手不及的德国人被迅速打垮。炎热的下午，一场小规模激战接踵而至，第10波兰龙骑兵团的步兵们一次次离开他们的半履带车，与敌人的小规模抵抗展开战斗，而枪骑兵团的坦克则绕过侧翼，从后方对敌人实施包抄。为波兰人提供炮火支援的一个炮兵团里的一名法裔加拿大军官描述道："从我们所在的高地上望去，整片战场的全景尽收眼底。在我们脚下，争夺圣朗贝尔（St Lambert）和尚布瓦的战斗肆虐开来。我们看见谢尔曼坦克用主炮和机枪连续射击着，一路向前推进。进攻中的坦克和步兵利用地面上的褶皱作为掩护。"下午4点30分，他看见为首的步兵到达了果园和环绕在尚布瓦郊外的绿篱。

卡奇少尉是龙骑兵团第4中队的一名连长，下午5点前，他接到进入镇子的命令；美军巡逻队已从另一端逼近该镇，由于担心发生误击事件，炮火支援停顿下来。他"决定离开道路，穿过尚布瓦上方的菜园向东而行，再从那里进入镇中心……就这样，我们毫发无损地向前推进，并伏击了大批德国人，我的60名部下很快便被200名俘虏堵住了"。在他右侧，指挥第2中队的金齐中尉也发现了同样的累赘："镇内腾起火焰……我们从各个地方搜出俘虏。光是在俯瞰平原的旧城堡中就抓获了40名德国兵。我惊讶地看见他们在塔楼上高举着双手，本来，在我们靠近时，居高临下对我们开火射击是很容易的。一名俘虏后来对我解释了他们投降的原因——他们知道他们的对手是谁，生怕遭到报复。"

卡奇少尉将他的俘虏送往后方，率领队伍继续向前。穿过果园，他们来到从维穆蒂耶尔通往镇内的道路，与一名德军机枪手展开了短暂的交火，战斗中，卡奇负了轻伤。镇子东端的接近地获得确保后，他派出一名传令兵联络镇子西端的金齐中队，然后向镇中心推进。"镇内燃起大火，"他后来回忆道，"通向镇中心的道路和小径挤满了德国人起火燃烧或冒着烟的装甲车辆、死尸和大批伤兵。我们没有看见平民。" 突然，他的副连长传来消息，敌人的一个步兵营跨过开阔地，散开队形发起进攻，就在800码外。卡奇立即用电台呼叫援兵，并安排部下们守卫镇子，以防被敌人再次夺回，并对着敌军队列猛烈开火。

对方立即停顿并实施隐蔽。过了片刻，对面挥舞起几面白旗。卡奇不禁怀疑起来，自己的俘虏群是不是又要增添些人。随后，对方发出信号要求谈判。他们打着一面白旗走近他的防线时，卡奇越来越感到尴尬。从远处看，对方的钢盔很像德国人，但距离拉近后，却发现不是。终于能看清了，来的是美国人。

"感觉相当沮丧，我挥舞着双手跳上道路。一名美军上尉朝着我跑来，一把抓住我，把我抛向空中，仿佛我还是个孩子……这就是法莱斯包围圈被封闭的确切时刻，时间大约为下午6点，这个美国人的名字是L.E.沃特斯。"

狼 牙 棒

美军第90步兵师和自由法国第2装甲师的推进也遭遇到德军绝望的抵抗。尽管得到45个炮兵连的支援，但每前进一步都要经过激烈的战斗，他们最终到达尚布瓦完全是因为他们利用装甲部队的优势，跨过开阔地，绕开了敌人的路障。位于波兰人西面稍后处的加拿大军队，经历的战斗可能最为艰难。在特兰与尚布瓦之间的迪沃河畔圣朗贝尔，一支坦克和步兵混编的部队，在唯一一名活着的高级军官D.V.柯里少校的指挥下，在8月19日努力了一整天，先是夺取该村，然后又死死地守住它；虽然这个村子并不在通往维穆蒂耶尔的两条道路上，但这里的桥梁提供了一个过河渡口，德国人竭尽全力想控制住这座桥梁，桥梁落入加拿大人手中后，他们多次发起反击，试图将其夺回，但始终未能获得成功。

这些反击是局部性行动。但是，接替克鲁格的莫德尔首先采取的行动之一就是下令从两个方向对特兰—尚布瓦地区发起一场规模更大、配合更周密的进攻：将从东面发起进攻的党卫军第2和第9装甲师已设法突出包围圈，而从西面展开攻势的部队仍被困在口袋里。这场进攻名义上由豪塞尔负责，但实际指挥权已交给伞兵将军迈因德尔，他那些出色的部下仍希望为其他战友找出一条逃生通道。

8月18日，莫德尔的命令下达时，包围圈的口部尚未被封闭。而他的部下们准备在8月20日执行命令时，特兰和尚布瓦已双双丢失。因此，这场行动已不再是守卫战，而是一场突围，只有趁通往维穆蒂耶尔的两条道路上的盟军阻击部队获得增援前将其驱散，行动才能获得成功。此刻，第10波兰龙骑兵团和第10骑兵团已开始跟美军第359团欢庆他们的会师（卡奇在一辆被丢弃的德军指挥车中找到些波兰伏特加，并以此向沃特斯上尉敬酒），随后，镇内的波兰人和美国人进入防御状态。来自包围圈内的进攻几乎立即打响，德国人绝望地向前涌来。但德军从另一个方向发起的进攻准备得更加稳妥，因此也更具威胁。不过，他们的进攻失败了，不是因为第10波兰龙骑兵团和第10骑兵团，而是因为毛采克师里的另一半部队，此刻就据守在东面稍远处。

该战斗群由第1、第2波兰装甲团和3个步兵营组成（"波多利亚"

营、第8和第9波兰轻步兵营），已在8月19日清晨到达他们的阵地。他们同样遭遇到一些困难：波兰轻步兵们不得不对高地（那是他们的目标）上的德国守军发起一场正式进攻，以便将他们驱散，跟随在身后的坦克发现陡峭的山坡对引擎是个巨大的挑战。可是，等他们到达山顶后，所有人立即明白了毛采克命令他们攻上这里的原因。他们占据了一道"长鲸般的山脊"，它控制着四周长达数英里的低地和山谷。毛采克看了看地图，将这片山脊称为"狼牙棒"，它那圆圆的头部靠在尚布瓦—维穆蒂耶尔公路的北面，而它狭窄的尾部穿过这条公路伸向南面，其外形确实很像一根狼牙棒。山脊很陡峭，因此，驻守在这里的波兰人不仅可以阻挡住德军沿下方道路的行进，还能确保自己不被敌人发起的进攻所驱散。他们唯一需要的是弹药补给，以便将设法在特兰和尚布瓦之间渡过迪沃河的德国人击退，或是让对方停在道路上。他们有理由抱有这种信心，尽管在努力封闭包围圈的盟军部队中，他们的位置最为暴露，而且完全孤立于其他友军部队（虽然这一点在开始时并不明显）。

他们孤立无援的危险渐渐显露出来。第2波兰装甲团和第8波兰轻步兵营（科舒茨基上校在8月18日凌晨的黑暗中带着这个战斗群踏上了通往莱斯尚波的错误道路）的士兵们已有3个晚上没有合眼，8月19日（他们后来回忆道，这是个周六）上午的大多数时间里，他们在车内和车辆四周打着盹。但到中午时，物资状况让一些军官对自己所处的境况警觉起来。他们缺乏食物、饮水和弹药，汽油极为短缺；另外，他们还受到数百名俘虏的拖累。补给车队本应该为他们送来所需的物资，并把派不上用场的人带走。但无论是他们所隶属的加拿大军队还是美军，都没有派来补给车队。另外，下午1点时，位于他们观察点下方，从尚布瓦通向维穆蒂耶尔的公路上，德军部队和装备开始出现，他们从迪沃河河谷全速赶往安全处。很快，更多的德国人出现在山脊四周，他们向北而去。科舒茨基和斯特凡内维奇这两位装甲团团长匆匆商议了一番。他们知道，很明显，他们的1500名步兵和80辆坦克已被切断，并被包围在德军战线后方，而且缺乏实施突围的燃料。但另一方面，只要留在原地，他们就有可能守住自己的阵地，用自己的武器，再加上呼叫本师以及加拿大炮兵提供火力支援，阻挡住德国人的突围。他们现在成了包围圈颈部的软木塞。加拿大皇家炮兵第4中型火炮团配属给他们的前进观测员塞维尼上尉立即指引一个团集中炮火轰击敌人拥堵的交通，几分钟后，他们看见5.5英寸炮弹的齐射落入到"移动的人群中，这可真是一场大屠杀。我看见数辆汽车起火燃烧，"塞维尼上尉回忆道，"惊恐的马匹试图摆脱缰绳，人员四散奔逃。但这毫无作用，炮弹很快就逮住了他们，我看见一些躯体飞入空中……10分钟后，整条道路已是一片火海。"山脊上，波兰坦克上的机枪也加入其中，"这是一场复仇之战，五年前，也是在这样的状况下，被困于布楚拉河河曲部的大批波兰军队遭到歼灭。"这场屠杀继续着，直到下方燃烧的大批装备腾起浓烟（突如其来的一场雨使得烟雾更加浓厚），遮蔽了目标为止。"坦克停止了射击，希望投降的德国兵被收容起来，受伤者获得了包扎，而那些试图拼死杀出钢铁包围圈的人再次朝尚布瓦退去。"

尽管如此，但科舒茨基上校知道，喘息只是暂时性的。山谷下方的敌人实在太多，而他的兵力太少，无法以直射火力击退对方再度发起的突围。要不了多久，德国人势必对"狼牙棒"发起一场从容不迫的进攻（在波兰语中，"狼牙棒"这个词具有特殊的意义，因为这种武器是主权的象征，国家元首会在就职仪式上接受它）。他下达了几道必要的命令。"262高地（狼牙棒）的北峰很快会成为一座堡垒，"塞维尼上尉描述道，"我们唯一的希望是从南面而来的美国人，他们将在晚间与我们会合。但美国人已停在尚布瓦。获得救助的希望没了——波兰人只能依靠他们自己。"

科舒茨基将他的军官们召集起来开了个会。"先生们，形势很严峻。我们旅已被彻底切断。敌人仍在进攻。他们唯一的后撤路线就是你们看见的左侧和右侧的那些道路。除了我们，没人能阻挡他们。这正是我们努力在做的事情。我们决不投降，我是作为一个波兰人说这番话的。"

当天晚上，华沙老城区里的波兰救国军司令也做出了一个重大决定。他知道他的战斗已到了危急关头。皇宫和圣约翰大教堂是波兰主权的两个象征，但已双双沦为废墟。老城区内，1000座建筑中的900座已被夷为平地，它们是欧洲建筑中巴洛克风格最具东方化的表现，深受波兰人的珍惜。德国人的向心攻击已令20万名市民躲入废墟下的地窖里，而守卫城市的波兰救国军，起初约有一万多人，已遭受到50%～80%的伤亡。因此，波尔－卡莫罗夫斯基决定，他必须在救国军部队从老城区外发起的救援性进攻的协助下，率领自己的部下突围到更加安全的地方，在那里继续战斗。

对波兰救国军和流亡军队来说，8月20日就这样成了一个重要的战斗日。二者的目的都是为了生存，但波尔所抱的希望是戴着一顶荣耀的王冠生存下来，而波兰第1装甲师是要通过生存来完成对西线德军的歼灭。整个晚上，"狼牙棒"上的波兰士兵聆听着山脚下德军车队越过乡村发出的轰鸣声。第二天一大早，科舒茨基派出一支坦克和步兵的混编队伍，去夺取"狼牙棒"的尾部，通向维穆蒂耶尔的道路从那里穿过，他打算在那里设置一个拦截点，可还没等这个据点构成，他便被迫将这支队伍召回。获得坦克支援的德国人，突然对"狼牙棒"的北部边缘发起猛烈进攻，科舒茨基需要援兵将他们击退。从上午9点到10点30分，经过一个半小时的激战，阵地被重新夺回；迈因德尔的一个伞兵营在这场战斗中被彻底打残。但科舒茨基没有意识到的是，被他的部下击退的德军坦克并非来自包围圈内，而是从包围圈外而来；它们属于党卫军第2装甲师，在维穆蒂耶尔附近的野外过了一夜后，发起了莫德尔和豪塞尔在两天前商定的反击。

对"狼牙棒"北部边缘的这场进攻开始后没多久，在一座毗邻的山丘（239高地）上发现了敌人更多的动向，从这里，敌人可以将"狼牙棒"的顶峰置于火力打击下。因此，科舒茨基派出另一支坦克和步兵战斗群赶去驱散239高地上的敌军。但他们发现对方的实力相当强大，不得不退了回来，在这个过程中遭到敌军炮火和迫击炮齐射火力的追击，5辆谢尔曼被击毁。盟军空中力量本不应该让科舒茨基发起这场毫无必要的危险出击，但前一天下午的大暴雨导致天气突变，遮蔽了目标，并将持续一整天。德军炮兵得以放开手脚，对着"狼牙棒"的顶峰展开持续炮击，在炮火的掩护下，从当天中午开始，德军士兵沿着山坡发起了一连串正面进攻。

各种战术组合都被加以使用：传统的步兵进攻，坦克和掷弹兵的协同，未获得步兵支援的"黑豹"坦克突击，猛烈的炮击或不实施炮击等。面对每一种战术和每一次进攻，波兰士兵死死地守住阵地。"狼牙棒"上的一些山坡极为陡峭，以至于党卫军士兵们深深地弯着腰，拽着灌木枝向上攀爬；在另一些地方，地面形成了天然的凹陷，德军掷弹兵涌入这些杀戮场，朝着山顶冲去，波兰人全靠坦克上的机枪和火炮才将他们逐一射杀。

晚上7点左右，德国人的进攻达到了高潮，德军步兵在坦克的支援下，终于突入到"狼牙棒"的东北部地区。他们最终被击退完全是因为一个波兰迫击炮排打光了炮弹后，端起步枪增援第9轻步兵营，该营的防线在敌人的重压下已发生弯曲。

通过这一整天的激战，迈因德尔成功地实现了他的部分目的。波兰人的防线被迫从维穆蒂耶尔道路上方的制高点后退了一些，随着盟军飞机消失于空中，包围圈内的数千名德军士兵设法泗渡迪沃河，逃至开阔地中；他们当中包括党卫军第12装甲师长迈尔将军和第7集团军司令豪塞尔，这两人都受了伤，豪塞尔的伤势还很严重。科舒茨基也负了伤，他被一块弹片击中胸部。深夜时，他将幸存的军官召集到他的担架旁。他们的人数已寥寥无几，全营伤亡已近30%，山上的狩猎屋和农舍中挤满了伤员。"先生们，"他说道，"一切都结束了……我觉得加拿大人不会来营救我们了。我们……没有食物，弹药已所剩无几……战斗仍将继续。但我们决不投降。今晚我们就将战死。"

但这个夜晚平安无事地过去了。不过，第二天（8月21日）早上，德国人再次展开进攻，中午时，他们离开维穆蒂耶尔公路，向"狼牙棒"南部边缘的波兰人防线发起一场"自杀式"突袭。敌人的攻势极为猛烈，面对密集的步兵波次，波兰人不得不将最后的预备队（一个防空坦克连）投入战斗，坦克上的双联装机枪猛烈扫射，最终将敌人击退。但这似乎是守军所能付出的最后的努力。一群本该为他们提供弹药补给的"达科塔"运输机，却将补给物资误投在5英里外，斯特凡内维奇发报给位于师部的毛采克，汇报了整体态势后表示，"筋疲力尽，已无法坚持下去。"然而，中午过后没多久，德军的又一次进攻被击退，就在这时，北面传来了坦克的轰鸣，独特的引擎声表明那是谢尔曼坦克。睡在地上的塞维尼被他的通信员唤醒，"上尉，我听见我们的坦克来了！"可会不会只是一支巡逻队呢？他们是否会被德军驱散？第2波兰装甲团匆匆召集起一个连队，在涅韦诺夫斯基少尉的带领下，驶下"狼牙棒"的山坡，赶去与对方建立联系。在1.5英里外，他们遇到了加拿大禁卫掷弹兵团的前哨部队，该团在当天早上被派来实施救援。一个小时后，加拿大坦克进入波兰人的防御圈内。禁卫掷弹兵团的战时日志中写道："这是我们团遇到过的最为惨烈的战场。波兰人已有三天没有获得过补给；他们的数百名伤员无法疏散；他们手上还有800名俘虏，被粗心大意地安置在一片空地处。道路上塞满了燃烧的车辆，既有他们的，也有敌人的。到处都是未被埋葬的尸体和残肢断臂。"在这片惨状中，"赶来迎接的波兰指挥官与我们热情握手，他的部下们用波兰语向加拿大士兵们诉说着，我们一个字也听不懂，但每个人的脸上都洋溢着欢笑。"

华沙却没有欢笑声。波兰第1装甲师守住了包围圈，包围华沙老城区的德国人同样如此。西线德军的生还者中，约有70%的人被"狼牙棒"上的波兰士兵堵住了逃生通道，无法回到齐格菲防线继续进行战斗。而波尔的波兰救国军已被赶回到废墟中的掩体和散兵坑，他们离开这里的唯一机会出现在十月初，德国人厌倦了逐一肃清对方抵抗的尝试，提出如果波兰人投降的话，将被视为作战人员对待。因此，波兰救国军在8月21日晚就知道，失败的命运已被注定。但现在，毛采克可以欢庆他的胜利了。第二天在尚布瓦的广场上举行了庆祝仪式，英军和美军也派来代表，毛采克接受了一枚从德军俘虏那里缴获的铁十字勋章，这枚勋章是这名俘虏在5年前的喀尔巴阡山战役中获得的，当初就是在那里，波兰第10机械化骑兵旅首次被德军歼灭。第10龙骑兵团的号手们吹响了波兰军队的检阅进行曲。波兰军官和士兵们整装列队，聆听了总司令从伦敦发来的电报。这封电报带着希望渺茫的乐观宣布道："你们的牺牲将确保波兰在一个坚不可摧的基础上获得重建的权利。"

接下来的几天里找到了325具阵亡于法莱斯缺口部战斗的波兰士兵的尸体，他们被安葬在距离阵亡地不远处的临时墓地中。在"狼牙棒"的山顶上，加拿大皇家工兵立起一块临时性纪念碑，悼念他们阵亡的战友。纪念碑上用英文简单地篆刻着几个字："波兰人的战场。"

第八章

自由法国

希特勒将盟军消灭在滩头的计划不仅遭到失败，还以一场灾难而告终。1943年，他对战争的指导使他损失了数个集团军，而在1944年，他开始将一个个集团军群送上穷途末路。当年6月，中央集团军群在白俄罗斯的大规模合围中损失殆尽，8月，G集团军群被在法国南部登陆的法美联军击溃。法莱斯缺口部的战斗完成了对B集团军群的歼灭，这是德军作战序列中规模最为庞大的一支部队。诺曼底战役期间，该集团军群辖有56个步兵师。这些部队中，15个师被正式解散，或被困在盟军战线后方的沿海堡垒内，剩下的40个师大多残缺不全，目前正从战场向东逃窜，设法在巴黎与大海之间渡过塞纳河。该集团军群辖下的11个装甲师是德军实施防御的中坚力量，也遭受到相应比例的损失。两个师（装甲教导师和第9装甲师）所有的坦克和步兵单位均已损失殆尽。另外9个师残存的实力不等，有的只剩下4个步兵营（应该有6个营）和15辆坦克（应该有150辆），例如第116装甲师；有的只剩下1个步兵营，坦克一辆都没有，例如第2装甲师。党卫军第2装甲师，为了冲入包围圈，与波兰人展开激战，8月23日，该师上报的实力是450名士兵、15辆坦克和6门大炮。他们损失的坦克多达1300辆，散落在狭窄的车道、绿篱的角落以及奥日地区。损失的人员不是被俘（20万人已被送出诺曼底滩头，或是在临时监狱中等待被运走）就是阵亡（自D日以来的十周内，至少有5万名德军士兵被击毙或伤重不治）。成千上万具未被埋葬的尸体散落在包围圈内，这些尸体和一同被打死的数千匹马匹在8月的骄阳下腐烂，散发出阵阵恶臭，使得驾驶轻型飞机查看战场破坏状况的盟军飞行员在1500英尺的空中皱起了鼻子。

但在这场希望和努力遭受到的彻底破坏中，德国军队固有的即兴发挥才能并未被抛弃。希特勒的策略使德军高级将领遭到的损失与他们所率领的部队同样惨重。3名军长和20名师长阵亡、负伤或被俘，添加到这份记录中的还包括自杀或被解职的集团军和集团军群司令。但德军下

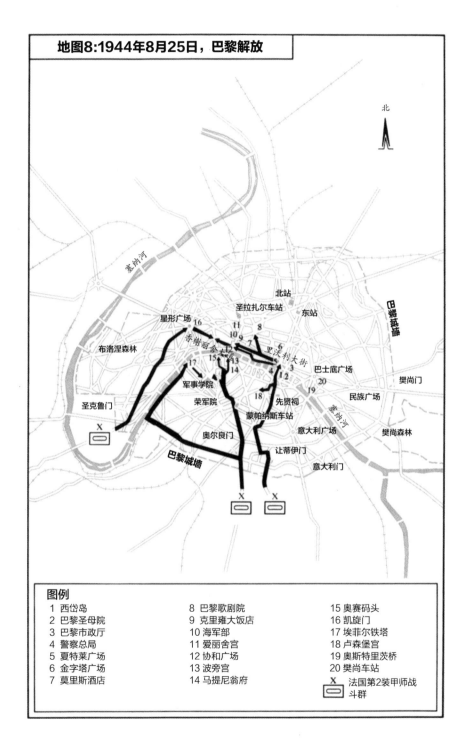

地图8:1944年8月25日，巴黎解放

北

赛纳河

北站
圣拉扎尔车站
东站

巴黎城墙

星形广场 16
11
10 9
8
布洛涅森林
香榭丽舍大道
里沃利大街
6
15 13
7
5
巴士底广场
17
14
4 1 2
3
樊尚门
军事学院
18
19
20
荣军院
先贤祠
民族广场
圣克鲁门
蒙帕纳斯车站
X
意大利广场
樊尚森林
奥尔良门
让蒂伊门
巴黎城墙
赛纳河
意大利门
X   X

图例

1 西岱岛	8 巴黎歌剧院	15 奥赛码头
2 巴黎圣母院	9 克里雍大饭店	16 凯旋门
3 巴黎市政厅	10 海军部	17 埃菲尔铁塔
4 警察总局	11 爱丽舍宫	18 卢森堡宫
5 夏特莱广场	12 协和广场	19 奥斯特里茨桥
6 金字塔广场	13 波旁宫	20 樊尚车站
7 莫里斯酒店	14 马提尼翁府	X 法国第2装甲师战斗群

级军官仍在发挥作用，他们带着坚定不移的决心一直坚持到战争的最后几个月（1945年3月，在匈牙利的巴拉顿湖战役中，一名军医出色地指挥着一个坦克回收连，这个任命由师长做出，因为这名军医是他手下最后一个在二战爆发前就是正规军的人）。他们目前的任务是将第7集团军和第5装甲集团军的残部送过塞纳河，这个行动不仅没有永久性桥梁可用，还要在盟军飞机（就是他们摧毁了河上的桥梁）的眼皮下实施。他们利用在非洲、意大利和俄国上百次后撤中学到的技能克服了这一切。8月20—24日间，他们展开了行动，据英国人事后统计，德国人在鲁昂南面的莱桑德利（les Andelys）与塞纳河河口处的屈伊勒伯（Quillebeuf）之间部署了23艘渡轮，并在蓬德拉尔克（pont de l'arche）搭设起一座浮桥。白天，渡轮和浮桥隐蔽在河岸边；天黑后（接连三天的坏天气中断了盟国空军的夜间飞行），一艘艘船只出现在河面上，将人员和装备运往对岸。白天到来后，大批集结在错误地点等待渡河的车辆暴露出来，结果被盟军飞机摧毁了上千辆。但是，德国人连续5个晚上的摆渡将30万士兵送至塞纳河北岸，更令人惊叹的是，还包括25000部车辆。

他们一路赶往索姆河，希特勒曾希望沿这条河流设置第二道防线。但塞纳河南岸仍有德军部队，他们接到的命令是留在那里。其中的三个师，第331步兵师、第344步兵师和第17空军野战师，已逃出包围圈，目前的任务是守卫卢瓦尔河与塞纳河之间的"巴黎–奥尔良缺口"。但他们的实力太过虚弱，根本无法构成一道阻挡巴顿集团军的防线，很快就被巴顿的装甲部队突破、打垮。截至8月21日，美军装甲师已冲向巴黎南面，塞纳河上的默伦（Melun），而在城市北面的芒特（Mantes），一个美军步兵师已在对岸设置桥头堡。因此，巴黎已陷入被半包围状态，一旦城内的守军（他们奉命坚守城市，以此作为一个桥头堡）被打垮，这座城市就将陷落。守军的实力并不强，由一个保安师（第325师）和20个88毫米高射炮连（炮组成员都是些17岁的孩子）组成，后者在关键时刻可以担当反坦克任务；巴黎城防司令部的迈泽上校曾指出，这些高射炮连的防空任务纯属多余，因为"盟军绝不会轰炸巴黎"。

但盟军也不打算夺取这座城市。希特勒与盟军指挥官在这个问题上的观点完全背道而驰。带着无可救药的盲目乐观，希特勒将巴黎视为塞纳河上的桥头堡，穿过这座桥头堡，他在诺曼底的军队可以迅速撤至沿索姆河和马恩河设置的新防线；而蒙哥马利和艾森豪威尔则将巴黎看作一块海绵，不仅会把盟军部队吸纳到夺取城市的战斗中，随后还会吸收冲向德国边境所需的大批食物和燃料。这两位盟军将领都没有使用"吃闲饭者"这个词，但攻城战既有概念中的严酷逻辑促使盟军最高统帅部勾勒出下一阶段作战行动的计划："如果过早夺取巴黎，会对我们保持部队作战效能的努力造成严重限制"；养活巴黎市民所承担的"民政责任相当于维持8个作战师"——这等于艾森豪威尔麾下五分之一的部队（自9月1日起，艾森豪威尔开始直接指挥地面作战，重大战略决策现在越来越多地落在他身上）。如果8个师因为补给问题停顿不前，就会使盟军手中两个最具前景的行动中的一个或另一个被打断：从芒特–加西库尔（Mantes–Gassicourt）到河口处，横扫塞纳河南岸，从而尽可能多地切断德国第7集团军和第5装甲集团军的溃兵；另一个次要、但更具机会的计划是让巴顿集团军从位于默伦和特鲁瓦（Troyes）的桥头堡向东推进，赶往洛林和齐格菲防线。因此，8月20日，蒙哥马利在发给盟军部队的指令中提醒道，艾森豪威尔将军并不打算夺取巴黎，"除非有一个合理的军事理由。"

起 义

盟军将领并不重视抵抗组织的意图。和华沙一样，巴黎城内隐藏着一支秘密军队，他们有意志和手段改变占领军以及位于郊外很远处的征服者的策略。他们的行动现在将决定巴黎之战何时和如何进行。

巴黎的抵抗组织，其实力远远小于波尔-卡莫罗夫斯基率领的华沙起义军。另外，与波兰救国军不同的是，这里的抵抗力量分属多个，而不是一个组织。反抗德国占领的地下活动，在法国发展得一直很缓慢，但随后便犹如雨后春笋般出现。1941年6月德国入侵苏联前，法国共产党（就其本质而言最适合秘密活动）一直与占领者的"正确"政策保持着一致。截至1942年11月，卢瓦尔河南部未被占领区的居民已忠实地接受了贝当元帅维希政府的权威。唯一公开宣布"拒绝接受1940年停战协议"的反对者在法国北部活动，他们从战前左翼政党和戴高乐设在伦敦的组织接受指导。戴高乐所追求的目标自然是将各种抵抗组织统一到"自由法国"的旗帜下，但直到1943年5月（此时的共产党已出现在反抗德国占领的最前沿），他才成功说服了无论党派、无论教派、无论军事或工会组织、也无论在何处的所有派别接受一个"全国抵抗运动委员会（CNR）"的合法性。

即便如此，CNR仍是个私党，手上并没有掌握太多的实力。法国的乡村，适合游击活动的地方很少；极为高效而又重叠的政府权力网（警察、宪兵、普通情报局、领土监护局以及各省、各县和各镇的机构）都在德国或贝当分子的控制下，这使单独的破坏活动极具风险。直到1942年中期严格实施强制劳动法后，面对挺身反抗或被递解到德国的选择，大批法国年轻人选择了前者。但就是这样，他们的选择对德国战时所做努力造成的破坏还是微乎其微。武器的数量非常少，愿意冒着遭到报复的风险掩护游击队（马基）的居民区就更少了。"马基"这个词毫不夸张，规模较大的游击队不得不选择在中央高原灌木覆盖的山坡或萨瓦省高原裸露的山地这些远离居民区和工业中心的地方活动，在这些地区，他们不太会遭到德军反游击部队的打击，但付出的屈辱代价是：他们始终孤家寡人。一旦犯错，他们遭到的惩罚迅速而又可怕。1944年3

月，上萨瓦省（Haute Savoie）格利耶尔高原上的游击队（他们曾对该地区的德军交通线发起过袭击）在一场残酷的行动中被德国人消灭；1944年7月，德国人又让多菲内省（Dauphine）韦科尔山（Vercors）上的一支游击队遭遇到同样的命运。

值得注意的是，每支游击队都由正规军军官指挥，德国人于1942年11月占领了法国南部的"自由区"后，这些军官转入地下活动。对游击队员们来说，这些军官不仅带来了军事技能，也使他们获得了法国军队在1940—1941年藏匿起来的武器装备。这些武器的数量并不少于英国特别行动委员会空投给他们的武器，这使他们可以靠这些武器与德国人展开战斗。但1944年8月初，巴黎的抵抗组织却没有享受到这种资源。巴黎城内游击队的大人物罗尔上校估计，可用的武器只有400支，大约是同一时刻发动起义的波尔–卡莫罗夫斯基所掌握的武器数量的四分之一。

武器如此稀少的部分原因是1940年战役的模式，这场战役远离首都，因而没有留下大批武器供爱国者们藏匿。还有部分原因是法国当局与德国裁军委员会的合作，该委员会由希特勒提议成立，以报复1919年凡尔赛条约对德国的制裁。大多数武器被小心翼翼地空投至旷野中。1944年2—5月，有76000支"斯登"式冲锋枪和28000支手枪被投入法国，但运至巴黎的只有118支冲锋枪和14支手枪。

到目前为止，戴高乐的非凡成就使他在盟国领导者中保持着一种独特、特立独行的形象，操纵国内外一切抵抗组织（有些是他亲自创建的，有些是盟军委派给他的，还有的是自发组建的）的能力使他获得了明显的优势。他的办法是用自己提名的人选来指挥那些抵抗组织（1943年在阿尔及尔，他曾用这个办法对付吉罗和民族解放委员会），对脱离他控制的重要组织，他就换上另一个他的人。1944年2月，他就用为他所称的"法国内地军"（FFI）设立一个总参谋部的方法干掉了CNR，当然，这么做还有另一个目的——他需要不断夸大"自由法国"所掌握的武装力量的规模。法国内地军由戴高乐的秘密军、军队抵抗组织（德国占领法国南部的"自由区"后，这些法国军人投身到抵抗运动中）和FTP组成，由柯尼希将军直接指挥，他是"自由法国"军在比尔哈凯姆战役中的英雄，也是戴高乐的参谋长。不久后，艾森豪威尔被说服，承认柯尼希将军与盟军最高统帅部里其他国家的指挥官（英国、加拿大和美国）拥有平等的地位。

戴高乐尤为关心的问题是，巴黎的游击队决不能展开战斗。他不仅希望巴黎这座城市免遭破坏，还认为法国的首都应该从外部，而不是内部得到解放。因此，8月16日，他派军事代表团首脑雅克·沙邦-戴尔马将具体指令带给巴黎的内地军，要求他们等待盟军到达，任何情况下都不要在德国守军身后发动"过早的起义"。

巴黎的内地军极为勉强地接受了这些指示。他们的领导罗尔是一名共产党员，他和他的同志们一样，急于独占解放巴黎的光荣和果实。他的副手是一名正规军军官，马尔盖里泰上校，化名"利泽"，他的政治观点和那些传统军人一样，但他是个勇敢的战士，面对虚弱的敌人却不能发起进攻，这令他深感恼火。另外，这两人都敏锐地意识到，在其他地方，法国内地军已公开跟德军残部展开战斗（这些斗争后来被定性为全国起义），而首都的抵抗力量却按兵不动，这不能不令人感到羞愧。因此，8月17日下午，利泽和他的参谋长拟定了第二天在德国人所称的"大巴黎"占领所有公共设施和市政及政府办公室的计划。

这是个令人眼花缭乱的数字。除了巴黎20个行政区的区公所外，市政厅的部门长官办公室显然也是个重要目标，另外还有西岱岛的警察总局、共和国总统和总理的居住地（分别位于爱丽舍宫和马提尼翁府）、下议院（波庞宫）、参议院（卢森堡宫）也都具有重要的象征意义。政府各部门的所在地自然也是起义军要夺取的目标，尽管这些地方戒备森严，发起直接进攻很难将其占领，另外还有德军驻巴黎的各总部，其中最重要的是位于里沃利大街莫里斯酒店的德军驻大巴黎军事总督办公室。

这些建筑中，有一些是空的，或只有看门人待在里面。但其他建筑仍在市政府或维希政府委任的合法官员的掌握中。可是，无论其状态如何，这些建筑对想要将其全部占领的内地军来说实在太多了，尤其是因为FTP的力量主要在城东各行政区（第18、第19和第20区），位于城市另一端，与这些政府驻地相距甚远。因此，尽管罗尔下达了命令，却无法加以执行，8月18日就这样过去了，并未出现他和利泽所期望的大起义。但他们能感觉到巴黎民众采取行动的要求越来越强烈。铁路工人已于8月12日发起罢工，警察（德国人试图解除他们的武装）也在8月15日罢工了。他们决定让戴高乐的代表在次日接受考验。全国抵抗委员会将在上午11点召开讨论会，听取他们发布起义公告的要求。讨论会上代表共产党人的是巴黎解放委员会，该委员会将自己视为未来的市议会，而戴高乐的全权代表是帕罗迪。帕罗迪强烈反对共产党人的提议。他指出，盟军打算绕过巴黎，起义只会让巴黎沦为一片废墟——就像希特勒3天后命令驻大巴黎军事总督采取的行动那样。但在争辩之际，帕罗迪也意识到服从戴高乐的命令可能会带来的危险：他会成为一场战斗中软弱无力的旁观者，不管怎样，巴黎人都会展开抵抗，无论成败，都会给戴高乐主义者的事业造成无可挽回的破坏。因此，他最终决定将戴高乐将军的权威添加到起义檄文中。

可就在政客们争论不休时，巴黎人——更准确地说，是警察——已开始行动起来。一句老生常谈是，警察总是各种政治变化的幸存者。巴黎警察的确在整个占领期间冷漠地坚守着岗位，并在必要时与德国当局合作。但这种合作已激怒了他们中的许多人，到1944年8月，他们当中的抵抗势力已非常强大，与其他地方一样，这里也存在着三方政治形势。但3个警察抵抗团体在8月18日一致同意共同采取行动，第二天早上，

3000名警察闯入巴黎警察总局，在屋顶上升起自1940年便不再飘扬于巴黎上空的三色国旗。赶去参加一个秘密会议的罗尔刚巧从这里经过，和城内其他人一样，他被自己所见到的情形惊呆了，更令他震惊的是，他要求进入警察总局时却被拒之门外。罗尔换上一身他在西班牙内战期间作为一名共和政府军士兵曾穿过的军装再度返回时，却发现戴高乐任命的巴黎警察总局局长夏尔·吕泽已就职，并接手指挥警察总局的防卫。

遭受挫败的罗尔骑着自行车赶到蒙巴纳斯街区，他的指挥部就设在巴黎污水管理处的地下室里。从这里，他可以与许多服从他命令的抵抗团体保持联系，而8月19日上午，他们已经开始这样做了。到下午时，他和利泽两天前指定要占领的地方，大多已落入到法国内地军手中，街上的交通停顿下来，市民们躲在家里，整个内城不时传出轻武器火力的射击声。除了警察总局和位于讷伊的市政厅（德国人往那里派去几辆旧坦克），市内的战斗并不太激烈。但是，就像夏季的蒙蒙细雨，它显然已经到来，并开始持续造成人员伤亡。当天有125名法国人被打死，其中大多数是抵抗组织成员。但他们也打死了大约50名德国人。

停　战

战斗的爆发让大巴黎军事总督，步兵上将迪特里希·冯·肖尔蒂茨措手不及。两周前他刚刚获得这一任命，因为肖尔蒂茨拥有坚决执行命令的名声和实施防御战的丰富经验，希特勒选中了他；不久前他还在科唐坦指挥着一个军。据说，在腊斯登堡接受任命时，希特勒指示他将巴黎彻底夷为平地，"什么都不必留下，所有的教堂，所有的艺术纪念碑。"尽管有这番话，但却没有书面命令，因此，肖尔蒂茨到达巴黎时显然没有带着特别指令。但他接到的命令是要全力守卫巴黎，就任4天后的8月11日，他被赋予要塞司令的特权。几个世纪来，在欧洲各地，围城期间这个职务的含义非常清楚：对包围圈内的一切拥有绝对的权力，民政、军政以及为实施防御而占用或拆毁私人和公共财产的法律权力。

起初他曾设想过，围绕巴黎的西郊和南郊，沿着他的前任划下的一条假想线，在外围对这座城市实施防御。尽管他采取了一定的预防措施，准备在必要时炸毁巴黎的桥梁，但他从未想过要在城内开战，当然也没打算针对市民们采取行动。他不希望这样做。尽管他看上去是个普鲁士将军，有点像埃利希·冯·施托洛海姆，头发短至耳朵上方，粗壮的身躯，短短的双腿，但他既不残忍，也不市侩。他信奉的是一个正直的军人所持的准则，作为萨克森女王的一名前侍者，他在欣赏巴黎这座城市的美学意义时毫无困难，符腾堡人曾据此仿造了德累斯顿。但与希特勒最近任命的其他要塞司令一样，他有高于这一切的理由来履行自己接受的命令，从而将巴黎控制在德国手中。他的妻子和孩子都在德国，他知道，他们的福祉依赖于他的忠诚。

随着小规模战斗在整个政府区蔓延开来，军车遭到伏击，在街道上起火燃烧，只穿着衬衫的年轻抵抗者越聚越多，其速度完全取决于FFI臂章的分发速度，肖尔蒂茨不得不维持着他这一方的战斗。另外，尽管所有人都知道，在一座300万人口的城市中破坏公共设施会导致市民们陷入一场灾难，但莫德尔从圣日耳曼昂莱，约德尔从腊斯登堡不断发来质询，迫使肖尔蒂茨加紧进行炸毁发电站、电话局和火车站的准备工作，其他目标还包括市内的45座桥梁和十余座最著名的建筑：荣军院、卢森堡宫、波庞宫、奥赛码头、海军部（这里居住着一些德军占领人员）。

起义持续进行的前景吓坏了那些没有参加战斗的人。奥托·阿贝茨就是其中的一个，他是德国派驻维希政府的大使，此刻，维希政府的幽灵仍在法国的首都游荡（实际上，赖伐尔在8月13日真的回来了，他打算重新召集第三共和国的下议院，从中获得权力，并以政府合法首脑的身份迎接盟军的到来；但就连盖世太保也不打算支持他这种把戏）。另一个人是瑞典总领事拉乌尔·诺德林。稍晚些时候，他的同胞贝纳多特和瓦伦贝里在欧洲另一端行事时，诺德林在巴黎准备以中立外交的优良传统采取行动。他已见过肖尔蒂茨，并试图阻止将法国的政治犯遣送到德国。8月20日早上，他打电话给肖尔蒂茨，提出由他来安排一场停战。肖尔蒂茨原则上表示同意。多亏了阿贝茨的介入，他已发电报给里宾特洛甫，投诉军方"残酷"对待巴黎市民，这使肖尔蒂茨觉得自己在腊斯登堡的地位暂时会是稳固的。另外，在他看来，一场停火可能会挑起存在于抵抗组织内部的政治分歧，使他们反目为仇，这样就无瑕对抗他的部下。因此，他在当天下午做出保证，法国内地军成员将被视为合法作战人员，只要不对德国士兵开火，他们在自己的阵地中就不会遭受到攻击。很快，法国内地军阵地上射出的火力陆陆续续停顿下来。通过一个奇怪的巧合，肖尔蒂茨实际上在当晚跟帕罗迪当面确定了停战条款，参加完"全国抵抗委员会"召开的会议（他们接受了诺德林的调解），返回的途中，帕罗迪意外地遭到逮捕。

但委员会的这场会议法定人数不足。罗尔听说双方达成停战协议后，立即对此表示谴责，第二天（8月21日），周一，零星的战斗再次爆发开来。利泽上校和罗尔保持一致，也拒绝接受停战，当天下午他发出了设置街垒的呼吁——某些地区已经构建了街垒，这很可能让戴高乐警惕起来，他敏锐地意识到出现第二个巴黎公社的危险，这将影响他平安继承遗产。因此，全国抵抗委员会于当晚再次召开会议，会议做出决定：24小时后正式结束停火协议。

但在第二天（8月22日），起义者再次展开战斗。肖尔蒂茨在市中心的部队一直很少，他们的行动自由受到街垒的限制，也无法获得增援。罗尔上校据此做出了一个不寻常的举动。他认为待戴高乐和盟军进入巴黎时，会接受这座城市已在FTP控制下这个既成事实，于是他找到戴高乐的全权代表帕罗迪，提出遵守他结束或延长停火协议的决定。帕罗迪已花了一天时间来实现自己的目的，在各个被遗弃的部委安排上自己的秘书长，他权衡了军事风险和FTP服从他权威的政治吸引力，选择了后者。

这两人都在钩心斗角，仿佛起义已获得了胜利，但是，尽管肖尔蒂茨的力量已因街垒的增加而有所削弱，德军士兵的伤亡也在不断增加，但他并未打算退出这场争夺城市的战斗。8月22日，他收到希特勒发来的另一封关于巴黎防御的电报，这是迄今为止语气最为强烈的一次。"巴黎的丢失必将导致整个法国的丢失，历史上一贯如此。因此，元首重申他守住城市接近地防御区的命令……城内，对于暴动初期出现的每一个迹象，必须采取最严厉的手段予以粉碎……（诸如）处决其元凶……炸毁塞纳河上桥梁的准备工作应立即准备就绪。巴黎决不能落入敌人手中，除非是作为一片废墟。"收到这份电报后不久，肖尔蒂茨请瑞典人诺德林再来一趟。他先是抱怨停火协议的破裂，埋怨他曾接触过的起义领导人无力控制自己的部下。很快，他强调指出，对方会逼迫他不得不实施所有文明人都希望避免的破坏。诺德林像以往那样解释道，起义军是一个联合体，其中的左派和右派势力都试图捷足先登，唯有一支更强的力量才能迫使他们就范。令诺德林惊讶的是，肖尔蒂茨认同这种分析，现在他准备让诺德林穿过他的防线，与盟军取得联系，安排他们迅速赶至巴黎，震慑那些暴乱分子。

戴 高 乐

肖尔蒂茨后来为他这个决定提供了种种理由。其中最好的一个是，他已对镇压暴乱的援兵感到绝望（希特勒曾信口开河地答应，从丹麦调2个实力锐减的装甲师给他），甚至对最后阶段实施系统性爆破的行动也丧失了信心，他现在只是急于让他统辖的正规军达成体面的投降。这个决定还有个附加条件，但他没有告诉旁人，他对体面投降的看法是，在举起白旗前应该来一场激烈的抵抗表演。肖尔蒂茨与诺德林的简短会面就这样打乱了许多人的如意算盘：帕罗迪的想法是，通过协商为戴高乐获得巴黎；罗尔的打算是，赢得巴黎之战，从而使共产党人获得合法的权力；而艾森豪威尔的打算，彻底避免在巴黎发生战斗。但由盟军部队夺取巴黎，对此最感到不安的是戴高乐主义者，因为长期以来，他们的领导人一心想的是由他来解放巴黎。他认为这是"正确的"解决方案，"值得法国"这样做；但另一方面，促使他采取这一行动的是他地位的模糊性。

今天，戴高乐已成为历史，人们可能已不记得二战中有一段时期，盟军领导层曾拒绝给予他平等的地位。"自由法国的传奇"一直被包含在他似乎注定要走向胜利的职业生涯的故事中，就像回顾往事时需要将其理顺那般必然。但直到1944年8月底，就连与他来往最频繁、接触最密切的盟军领导人也没有打算承认他是法国流亡政府的一个合法首领。当然，他曾经是法兰西第三共和国最后一届政府中的一名部长。当然，他是法国军队中的一名将军（尽管资历极浅、军衔很低）。当然，他也是从一开始就反对1940年6月停战协议的最高级别的法国军官。但他一直没能证明法兰西共和国的权力已由他继承，或是跟随他从法国迁移到了英国。他也没能证明民意已将精神上的统治权从它目前所在处（也许仍在贝当的行政院中）转移到他的临时政府。这当然无助于他的事业，于是他夸大其词、自视甚高、暴跳如雷、大生闷气、言行无礼、故作姿态、沉默以对、超然淡漠、在政治上自以为是、在道德上自命清高；而对他有利时，法兰西第三共和国口是心非和鬼祟密谋的特点就成了最为阴险的伎俩。这一切可能已被忽略，没有谁真正怀疑过他的组织的合法性以及法国人对他个人的接受程度。甚至到1944年3月，贝当元帅从维希到巴黎进行国事访问还受到了热烈的迎接。目前，不仅在巴黎，还包括法国的所有省份，出现了数万名活跃的抵抗分子，这个数字很快会增加至数十万，他们当中不仅有左派，也有右派和中间派，"戴高乐主义者"的标签对他们并不适合。获得解放的巴黎，拥挤的人群并不会保证齐声高歌"将军，我们在这里！"

因此，德国人和维希分子刚刚离开各部委，帕罗迪便忙着将戴高乐组织提名的人选部署到空出的建筑里。因此，各部门刚一获得解放，焦急的戴高乐便派他的全权代表去占据那些政府办公室。因此，他一直想方设法阻止英军或美军解放法国首都巴黎。盟军起初打算绕过巴黎，这符合他的计划，因为诺曼底战场上有一支自由法国的军队，这就是法国第2装甲师，艾森豪威尔早就承诺过，该师最终会获得进入巴黎的荣誉。巴黎起义的消息激起了他旧有的焦虑：他的战利品会不会被他人攫夺？肖尔蒂茨传递给盟军的消息（这个消息经帕罗迪的电台转送）更令他心急不已。他已在8月21日给艾森豪威尔去信，提出了"礼貌的威胁"，如果盟军最高统帅部不放法国第2装甲师，他就亲自承担命令该师开赴巴黎的责任。他的使者朱安给他带回艾森豪威尔不为所动的消息后，他同意了法国第2装甲师师长勒克莱尔独自做出的决定，未经美国人批准，侦察部队率先动身赶赴巴黎。

戴高乐对自己无法确定事情的进展深感沮丧，而这种沮丧又因他缺乏一个固定指挥基地而加剧。直到8月20日他才对法国进行了一次短暂的访问，当天，他赶到巴约，对那里的居民发表演讲，令他没想到的是，他在巴约遇到的第一个官方代表是两名骑着自行车的警察，他们都没有认出他，因而不得不询问他的姓名。他随后返回阿尔及尔，那里是"全国抵抗运动委员会"的所在地，盟军中，只有同为流亡者的捷克人、波兰人、挪威人、南斯拉夫人和比利时人接受该委员会为法国临时政府，然后，他又从阿尔及尔飞赴华盛顿。此次出访是受到罗斯福的邀请，这是对官方差异和他们之间个人敌意的含蓄调和（罗斯福总统一向对戴高乐将军的"利己主义"不抱好感，只是将戴高乐的组织视为可在战后政府中分享一份权力的数个组织之一），尽管此次会晤取得了部分成功，但戴高乐返回阿尔及尔时并没有获得美国政府在法律上对他的承认。尽管如此，他还是下定决心要在法国立足，但是，他去法国需要得到盟军统帅部的批准，这使他不得不找了个屈辱的借口：他想去法国获得解放的地区查看一番。因此，这只是一次"出差"，他最终于8月20日抵达瑟堡，随后，经过雷恩和拉瓦勒，他于8月22日到达法国历届总统乡间邸宅的所在地，朗布依埃（Rambouillet），这是第一个有可能让他设立起正式政府的地点。尽管在途中他仍未得到可以从那里赶往巴黎的保证，但美国人没有将勒克莱尔的先头部队召回，盟军没有抢先赶往巴黎，FTP没有赢得夺取巴黎的战斗，肖尔蒂茨也没有按照元首的意愿将城市"夷为平地"。

但现在，一个错误的消息突然使事情发生了变化，变得对他更加有利。除了诺德林的任务外，另一些任务也让任务执行者们在8月22日设法穿越德国人设在巴黎附近的防线。其中的一个由巴黎"法国内地军"的参谋长罗杰·加洛瓦执行，他成功地赶到巴顿的司令部，在那里，加洛瓦设法说服布莱德雷的情报处长，巴黎的停火协议依然有效（已失效），要到第二天才到期（它已被打破），肖尔蒂茨接下来很可能粉碎巴黎的起义（不太可能），但盟军正规部队到达时他会率部撤离（这不是他的意图）。"为避免流血，盟军士兵在8月23日中午迅速进入巴黎至关重要。"这番失实的陈述被迅速告知艾森豪威尔，戴高乐要直接指挥法国第2装甲师的威胁已令艾森豪威尔对自己绕过巴黎的决定发生动摇。艾森豪威尔是盟军将领中少数几个对戴高乐抱有高度敬意的人之一。1943年在阿尔及尔，他曾亲自向戴高乐做出保证，巴黎将由一支法国部队解放，并为此在诺曼底进攻发起前将勒克莱尔的装甲师从北非调至英国。盟军所到之处，法国内地军组织犹如雨后春笋般出现，他们的高昂斗志给艾森豪威尔留下了深刻的印象，并感谢他们在肃清残敌的战斗中所作出的贡献。他还发现，这些战士中的大多数人对戴高乐推崇备至，并做好了接受他为国家领导人的准备。法国内地军派加洛瓦送来的恳求使他获得了一个巧妙的借口，从而对他们曾为盟军提供过的帮助做出回报，并对一个他所钦佩者的事业做出推动。这个借口基于军事，而非政治理由，而且，从理论上说，法国内地军也属于他麾下部队的组成部分，他可能会告诉华盛顿和伦敦，改变想法纯属军事决定。改变想法后的艾森豪威尔做出相应的安排，因此，8月22日傍晚，结束了布莱德雷突然召集的会晤并返回师部后，勒克莱尔朝着他的作战参谋喊道："格里比乌斯……立即进军巴黎！"对他来说，这是从屈辱到辉煌，四年朝圣之旅的高潮。

勒 克 莱 尔 师

戴高乐在流亡领导人中的异常地位主要是由这样一个事实（这个事实被小心翼翼地加以伪装，但从未被成功地遮掩起来）所造成：从一开始就愿意效忠"自由法国"的法国人寥寥无几。戴高乐不是国家元首或政府首脑，这其实不是个问题：比利时、挪威和丹麦的流亡内阁得到了盟国的充分承认，尽管他们的国王仍待在被占领的国土内。他没有带来一片可供他行使权力的国土或殖民地领土，这也不是问题：波兰和捷克斯洛伐克被彻底占领，实际上已遭到肢解，但西科尔斯基和贝奈斯仍被视为主权国家的领导人。贝当是勒布伦总统毫无疑问的宪法继承人，甚至这也不是个问题：鉴于他已下令废除法兰西第三共和国，英国（包括后来的美国）有很好的理由指责法国行政院做出这一选择的合法性。但舰船的数量、士兵的数量以及民心的数量（尽管承认这一点令人痛苦）

都以贝当元帅为多，除非戴高乐拥有的实力能与之抗衡，否则盟军仍会保持与维希政权的秘密接触。

这种数量是戴高乐无法匹敌的。当年6月停战后，大多数困于英国的法国士兵选择回家，并获得了准许；1940年底，只有7000名士兵和水手戴上了标有洛林十字的臂章，他们当中最大的队伍是外籍军团的一个"半旅"，顾名思义，他们在国籍上并不是法国人。抱有强烈反德情绪、准备离开法国赶赴英国投奔戴高乐的法国人就更少了。法兰西帝国的某些角落——新赫布里底群岛、法属刚果、法属赤道非洲——已由当地一些头脑发热者宣布效忠自由法国。派驻拉丁美洲几个国家首都的武馆也宣布效忠戴高乐，就像一些资深殖民地官员所做的那样，他们认为贝当新政权中的宿敌会对自己秋后算账。但戴高乐派（这个词当时尚未出现）的支持者少得可怜，大多是年轻、默默无闻者，他们在1940年6月18日后翻越比利牛斯山来到英国。戴高乐在这些人中徒劳地寻找着能力出众者，直到勒克莱尔到来。

勒克莱尔的真实姓名是菲利普·佛朗索瓦·玛利·德·奥特克洛克子爵，使用化名是为了保护自己的妻子和6个孩子免遭报复。他来自北方一个保守的天主教贵族家庭，在他所属的阶层里，戴高乐的家庭只是个附属物。英文读者会发现，奥特克洛克家族就像莫特拉姆的小说《西班牙农场》里的德阿奇维尔家族。准确表明他们之间社会距离的是，勒克莱尔的父亲是一名正规军军官，也是个地主，他将菲利普送入巴黎一所耶稣会学校，而戴高乐的父亲是学校的校长。但勒克莱尔远非一个城堡主的孩子，他是对德国人极度藐视、急于成为一名优秀骑兵的乔治·德阿奇维尔。他成为骑兵，但首先进入圣西尔军校，就在他即将迎来辉煌的职业生涯时，法国军队在1940年遭遇到惨败。希特勒报复性地允许贝当在"自由区"保留一支10万人的军队残部，勒克莱尔也许仍能在这支停战军中获得晋升；聪明人和贵族阶层在这里如鱼得水，他们解释说，真正的爱国就是效忠维希政府，并对声称"法国的精神在伦敦"的戴高乐准将报以不屑的冷笑。勒克莱尔从未想过加入停战军。意识到法国军队战败后，他获得师长的批准离开战场，离开法国的途中两次从德国人手中逃脱，停战协议达成一周后，他到达了伦敦。戴高乐的军队起初并未接纳他，但戴高乐手上还有一项任务，需要一个能干的下属去执行。反对维希政权的法属西非和中非答应给他提供一块立足地，当年8月，他将勒克莱尔派往尼日利亚，巩固当地的军事态势。9月份，戴高乐远征达喀尔遭到失败时，勒克莱尔却将加蓬拿下，并从那里转移到乍得的拉密堡（Fort Lamy），那里的守军已投靠戴高乐。

这支守军并不庞大，甚至不是法国人。大多数士兵是黑人，是"乍得土著士兵"团的塞内加尔人，他们的军官（多尔纳诺、戴奥、马苏）是一群颇具吉卜林风格的人，这些人选择以此为生，他们远离大都市，职业生涯极为潦倒。但塞内加尔人都是传奇性勇士，多尔纳诺的部下个个神气活现。尽管基地与最近的敌军阵地间隔着撒哈拉千里大沙漠，但率领着这些勇士，勒克莱尔觉得自己找到了打击敌人的手段。1941年2月，经历了跨越荒漠的一场艰难跋涉后，他率领着部队到达利比亚南部，意大利守军据守的库夫拉（Kufra）绿洲，为自由法国夺取了这座要塞。站在三色旗下，他带着跟随他一同奋战的军官们庄严宣誓："绝不停止战斗，直到法国国旗再次飘扬在梅斯和斯特拉斯堡。"这个仪式的意义具有双重含义：首先，1922年4月，他在圣西尔军校获得晋升时以"梅斯和斯特拉斯堡"这个名字来庆祝洛林省和阿尔萨斯省（这两个省的省会分别是梅斯和斯特拉斯堡）回归法国；其次，这两个省被划给德国，是1940年停战协议的条件之一。勒克莱尔为之奋斗的，不仅仅是战胜德国，还要洗刷维希政权怯懦的妥协所造成的一切耻辱。

1942年，他再次深入敌占区突袭。在利比亚的费赞省（Fezzan）夺取了几个地方，这次跟随他一同行动的是英军远程沙漠战斗群的巡逻队，他们在穿越荒漠时与勒克莱尔取得了联系。当年年底，他彻底放弃了设在乍得的基地，将部队带至突尼斯，加入到赢得阿拉曼和阿尔及尔两场胜利后会合于此的英美军队中。勒克莱尔的部队与柯尼希指挥的旅（该旅在比尔哈凯姆战役中极为顽强，虽败犹荣）合兵一处，一支获得加强的自由法国军队就此诞生。但柯尼希的旅与勒克莱尔的部队同样杂乱：一些外籍军团士兵、一个摩洛哥义勇骑兵团、顿兹将军"黎凡特军"的残部。但这股力量并不太强大。如果要按照戴高乐的想法，以他们当中的骨干为基础组建两个师的话，就必须从"非洲军"这个唯一的法国人力来源征召兵力。柯尼希的师注定要在地中海地区作战，在征兵方面不会有什么困难，因为该师可以用阿尔及利亚和摩洛哥山地人团加以补充，先前雇佣他们的是维希政府，这一点可以原谅，因为他们就是雇佣军。但勒克莱尔的师在1943年3月被选中调回英国，参加入侵大军的集结，如果希望该师代表法国的解放，就必须尽可能以土生土长的法国人组建。对"非洲军"那些人（首先是军官，但也包括士兵）来说，库夫拉誓言已被他们抛弃，不是作为一种挑战，而是作为一种耻辱。

对那些留在"停战军"中为维希政权服务的士兵抱以蔑视态度是容易的，嘲笑继续留在"非洲军"中服役的士兵更加容易。与那些大城市里的士兵不同，他们与德国人相距甚远，位于维希政府的势力范围外。但是，就算他们的家人和他们在一起，他们也有其他理由支持贝当，而不是戴高乐。除了贝当元帅体现出的合法性和凡尔登传奇外，维希政府代表着多数派，这也是战败的法国的官员们必须重视的。它使历史悠久的法国军队得以部分保存，也许有一天，这支军队会得到重建。它承诺消除法兰西第三共和国的腐败和失败主义情绪，军官团里的传统主义者认为，腐败和失败主义情绪才是1940年法国军队发生崩溃的真正原因。维希政府尊重社会公共机构，尤其是教会，并对其他团体加以鼓励，例如民族主义青年运动、青少年研讨会、社会服务团体和法国伙伴，通过这些，一种更为健康的纪律精神、服务精神和户外生活方式被灌输给下一代。这些运动对灯笼裤和凯尔特音乐的喜爱使得拍摄他们的狂欢耗资甚巨，但当时的高级官员们认为值得为此提供巨额赞助。但最重要的是，维希政府是法兰西主权的保证。在远东，它与日本达成协议，使中南半岛免遭马来亚、缅甸、菲律宾和荷属东印度群岛所遭受的命运。在地中海沿岸，它保留了法国在突尼斯、摩洛哥和阿尔及利亚的存在。在风平浪静的和平年代，大都市军队里的贵族老爷们是不会选择去那里服役的。但法国实力在国内的衰减，极大地提高了法属非洲真实和象征性的重要性。另外，维希政府的外交活动巧妙利用了德国在欧洲南部和大西洋遭遇的战略性危机（英国人从埃及赶来，自由法国军队从赤道杀至），实际上已经把"非洲军"中的大多数兵力排除在停战协议的裁军条款外。因此，"非洲军"里的军官，面对那些在1940年选择另一条道路的少数人时，有理由争辩自己所走的也是爱国主义道路，并为此而忍辱负重。

曾将部队视为"一支闪亮的矛头"的勒克莱尔，和所有激进派人士一样，已做好对这些狡辩者发起回击的准备。在他看来，贝当"钩住了那些怯懦的家伙"。但他的理想主义是实实在在的。美国人已答应为他装备一个完整的装甲师，这将是自由法国拥有的最强大的一支部队。至于操纵坦克的人员，他需要招募能恪尽职守的法国人。因此，他从"非洲军"里挑选了两个炮兵团；从已经"反正"的达喀尔守军中挑了一个装甲团，第12非洲猎兵团，1941年，该团在德国裁军委员会的眼皮下将一批装甲车偷运至非洲。北非驻军为他的另一个装甲团提供了兵员，第12胸甲骑兵团。海军是三军中最忠于维希政府的军种，但他们也提供了一些海军燧发枪手，以组成反坦克团；勒克莱尔严厉告诫该营的军官："你们在这3年里碌碌无为，但现在你们得到了一个机会，你们必须重新获得法国人民的尊重。"师里的侦察团是第1摩洛哥义勇骑兵团，由戴高乐主义者组成。1940年，他们逃离叙利亚，在厄立特里亚战役中加入英军。至于步兵单位，戴高乐主义者从一开始就不太愿意参与重建。塞内加尔人不能担任解放者，另外，他们还会违背自己和长官的意志（1917年尼维尔将军的"胜利"攻势中，他们在前线的表现还不够好吗？），因此，这些士兵被遣送回家，由法国人接替。乍得远征团将作为一个白人步兵团重返法国。师里的第三个装甲团是第501坦克团，该团是以1940年最初一批在伦敦宣布效忠戴高乐的拥护者为核心组建的。

这些五花八门的单位不仅代表着贝当与戴高乐这两个对立的阵营，也代表着组成旧军队的三条互不相汇的溪流：大都市、殖民地和非洲。勒克莱尔开始在接下来的12个月里将这些单位打造成一支作战部队。一个重要的黏合剂是部队中补充的那些从"停战军"逃至非洲的军官，1942年盟军登陆前，这些军官对维希政府并不反感；他们也许是想脚踩两只船。同为圣西尔军校毕业生的兄弟们也改变了想法；他们很难与自己的同学保持距离，更难与一位纪念"马恩河与凡尔登战役"或"法英友谊"时头戴圣西尔军校插有羽毛的军帽的同学保持距离。这些精心选择的活动难道不是对往日希望的一种提醒吗？这种希望难道不值得加以恢复吗？但愈合该师的伤口，最强大的药剂是勒克莱尔本人的个性。他是个勇敢、对危险全然漠视的骑士，骄傲但不自大，激昂但不偏执，无私、无情，给那些相互憎恶者留下了深刻的印象，就这样驱使所有人投身工作中。人员必须接受挑选和训练，必须学会新式装备的使用技巧，必须对配备各种武器的编队的复杂战术加以反复演练。法国第2装甲师先是在摩洛哥，随后又在英国进行训练，从而使自己的技战术能与1940年大败法国军队的德军师相抗衡。D日前夕，该师被盟军最高统帅部评定为"战斗力出众"，8月1日，他们跨过海峡来到法国，被纳入巴顿麾下。

解　放

在阿朗松和阿尔让唐历时两周的战斗中，在法莱斯包围圈的南翼，法国第2装甲师已证明他们是一支娴熟、灵活的作战部队。当时，他们从南面全速赶去封闭包围圈的颈部，但布莱德雷改了主意，从而使波兰人与加拿大军队在尚布瓦取得会合，封闭了包围圈。8月22日晚，勒克莱尔带着令人振奋的消息返回到设在阿尔让唐南面开阔地的师部：全师即将转身向东。他们已安顿下来，准备度过一个平静的夜晚，这也是自阿朗松战役结束后的第七个夜晚。但新命令让所有人都行动起来。师部的帐篷突然间透出亮光，下发给各单位的命令被打字机打出，一道道指令通过电话下达。全师将兵分三路，分别由戴奥、朗格拉德和比约特率领。每支编队由乍得远征团一个搭乘半履带车的步兵营、侦察团的一个义勇骑兵中队、反坦克团的一个海军燧发枪手中队、一个炮兵团和一个装甲团组成：第12胸甲骑兵团由戴奥指挥，第12非洲猎兵团由朗格拉德指挥、第501坦克团由比约特率领。整个晚上，车组人员搬运着弹药，拖来一罐罐燃料，预热引擎，一些神色匆忙的传令兵来回奔跑着。第二天清晨，伴随着第一道曙光，3000部车辆喷吐着淡蓝色烟雾，搭载着12000名士兵，伫立在出发线前。

他们中的许多人从未去过巴黎。有些法国移民居住在阿尔及尔和奥兰，还有些人自小便移居美洲和南洋，三周前，他们第一次踏上法国本土。但他们的坦克和侦察车涂写着法国风格的文字，带有一种衣锦还乡的骄傲。第12胸甲骑兵团采用了入侵行动中率先获得解放的城镇名：卡昂、埃夫勒、利雪、瑟堡、雷恩、洛里昂；第12非洲猎兵团使用了昔日皇家省份名称，例如贝阿恩和吉耶纳，或是帝国元帅的名字，例如拉纳和缪拉；第501坦克团更喜欢使用战役名称，例如1814年拿破仑在巴黎前方进行的那些战斗，罗米伊、蒙米赖、尚波贝尔，或是上一场大战期间在默兹省和孚日省所发生的可怕战事，例如杜奥蒙、屈米埃莱–莫尔翁、拉福、维耶阿芒。海军燧发枪手团选择的是他们的来源，而不是目的地。他们的坦克歼击车上涂写着将水手们送入避风港或让疏忽大意者奔逃躲藏的各种风名：Bourrasque、Cyclone、Ouragon、Orage、Tempête、Astral、Simoun和Sirocco。接下来的几天里，这几种风力都将掠过巴黎上空。

法国第2装甲师距离巴黎还有120英里，8月23日这一整天，他们沿着狭窄的乡间道路，经过塞镇（Sées）、莫尔塔涅（Mortagne）、拉卢普（La Loup）和曼特农（Maintenon），迅速赶往巴黎郊区。勒克莱尔走在队伍最前方，中午过后到达了朗布依埃城堡（Rambouillet）。他发现戴高乐将军已来到这里的总统行宫，正以英国烟和一本从图书室里找来的莫里哀著作痛苦地消磨着时间。一场战术会议旋即召开，勒克莱尔解释说，布莱德雷已派出一个美军步兵师（第4师），从右侧协助他夺取巴黎。计划是第4步兵师从东面，法国军队从西面逼近巴黎。但勒克莱尔判断，分配给他的进军路线经过圣西尔和凡尔赛，会遭遇到敌人更加顽强的抵抗，因此他提议，将前进路线转向美国人一方，抢在他们前面进入巴黎。戴高乐高深莫测地指出，勒克莱尔是个解放巴黎的幸运儿，他批准了这个建议，说道："快去吧，我们不能让巴黎再出现另一个公社。"

勒克莱尔立即给他的3位指挥官分配了精确的进军目标。朗格拉德将在塞弗尔桥（Pont de Sevres）跨过塞纳河，在圣克鲁门（Porte de St Cloud）进入城市，目标是凯旋门。戴奥将在奥尔良门（Porte d'Orléans）跨过外围林荫大道线，占领巴黎军事学院、荣军院和埃菲尔铁塔。比约特从同一轴线上的意大利门（Porte d'Italie）进入巴黎，目标是先贤祠和西岱岛。每个目标都代表着一片具有重大象征意义的地区，德国人不仅在这些地区设有防御，还可能实施爆破。

勒克莱尔的目标都经过精心选择，但不在他的进军路线上。朗格拉德沿着正式路线穿过凡尔赛和圣西尔（已在几天前被"空中堡垒"的轰炸夷为平地），遭遇到顽强但却杂乱无章的抵抗。德国人以小股坦克和机动反坦克炮为中心，守卫着各个村庄和十字路口，直到法军实施侧翼包抄后才撤走。下午早些时候，马苏的队伍在若塞斯镇（Jouy-en-Josas）推进至186国道。20年后，在道路稍下方的小克拉马镇（Petit Clamart），戴高乐从秘密军（OAS）最严重的一次暗杀行动中死里逃生。马苏在阿尔及尔战役赢得的胜利使那个阴谋集团有了存在的理由，现在，他在这个简陋郊区的后花园中第一次获得了巷战经验。他的部下们从半履带车上跳下，一连4个小时，穿过灌木丛和果园，搜寻着敌人的反坦克炮和20毫米自行火炮。3辆谢尔曼在这场坦克对战中被击毁；潮湿、阴云密布的下午使盟军无法提供空中支援。最后，在付出阵亡十余人（其中的一些士兵是拉密堡的老兵）的代价后，若塞斯镇被夺下，马苏的部下驾驶着"斯图尔特"坦克驶上前方的高地，看见了山脚下的塞纳河河谷，他们立即将胜利的消息发给朗格拉德：距离凯旋门只剩下3小时行程。

但朗格拉德只能和戴奥、比约特一同进入这座城市。8月24日中午，他们遭遇到一场真正的战斗。塞纳河的两条小支流，伊维特河（Yvette）和毕耶河（Bièvre），横跨在他们的前进道路上，只能利用现有的桥梁通过，但巴黎郊区的建筑控制着这些桥梁。伊维特河位于隆瑞莫（Longjumeau）的桥梁被第501坦克团和乍得远征团的两个连队夺取，位于马西（Massy）一座附属岛屿上的抵抗也被戴奥的第12胸甲骑兵团打垮。但在毕耶河上，比约特发现自己面对的是一片精心准备的三角形防御带，这片防御带控制着20国道，这条宽阔的道路一直通入巴黎，形成了他的推进主轴线。在他左侧是郊区的安东尼工业区，前方是贝尼十字路村（Croix de Berny），右侧是弗雷斯内监狱的堡垒。整个下午，比约特的先头部队忙着将德军反坦克炮手们驱离贝尼十字路村，直到晚上7点，这个村子才落入他们手中。但弗雷斯内监狱仍未能夺下，监狱内射出的火力席卷着通往巴黎的道路。守卫这座监狱的是此前被关在里面的德军违纪士兵，他们得到数门反坦克炮的支援；一门88炮隐蔽在监狱阴森森的大门内。沿着共和国大道（Avenue de la République），在300码的距离上，3辆法军坦克与德军反坦克炮手展开一场对决。一方是一名弗雷斯内的居民，当初他穿过"自由区"和西班牙，投靠了戴高乐；另一方是一名一直被关押在监狱中的德军违纪士兵。

德国人的第一发炮弹击毁了为首的一辆"谢尔曼"，坦克上的车长刚刚看见当年他结婚的教堂便阵亡了。第二辆坦克开炮还击，摧毁了那门88炮。驾驶第三辆坦克的人过去曾在这座监狱中被关押过，他冲过监狱大门，撞开被摧毁的88炮残骸，占据了监狱的中央庭院。但战斗持续了一个小时，又有4辆谢尔曼坦克被德国人部署在监狱周边的火炮击毁。比约特认为现在必须实施重组，因为几名坦克车长向他汇报，缺乏燃料和弹药；在这个阴沉沉的下午，他只剩下2个小时的白昼。勒克莱尔不愿停止前进，因为他能感觉到戴高乐的迫不及待，也知道巴黎城内的情况越来越危急，但他还是决定停在弗雷斯内前方过夜，第二天早上发起最后的突击。

但在当天晚上，他受到来自军长杰罗越来越大的压力，法国第2装甲师隶属于杰罗麾下，勒克莱尔要么继续前进，要么就将率先进入巴黎的权利交给美军。杰罗向布莱德雷汇报时挖苦说，法国人"跳着舞赶往巴黎"——这种情况确实有，趁着战斗的间隔，他们在沿途的一些小镇举行了临时性庆祝活动——而且"排成一列坦克纵队"，以避免发生损坏法国城镇的战斗。这种讥讽不太公平。法国人遭遇的德军反坦克炮远比美国人遇到的多，后者实际上是沿一个防御比较薄弱的地区向前推进。但不能抢先进入巴黎的威胁令勒克莱尔深感担心，就像三天前试图做的那样，他决定派一支侦察部队进入巴黎，以此作为率先进入这座城市的象征。于是，他找来乍得远征团的雷蒙·德罗纳上尉，命令他带上一个步兵排和第501坦克团的三辆坦克，设法找到一条通道进入巴黎。

在苍茫的暮色下，德罗纳的队伍沿着乡间小径向前推进，巴黎已近在咫尺，穿过几条街巷，拐过几个路口，德罗纳发现蒂伊门（Porte de Gentilly）无人据守，跨过意大利广场（Place d'Itaiie），穿过人群（这些法国人对德罗纳这些车辆的轮廓不太熟悉，没能认出他们是什么人），冲过奥斯特里茨车站（Gare d'Austerlitz）德军巡逻队射来的交叉火力，在奥斯特里茨桥跨过塞纳河，沿着塞莱斯坦码头（Quai des Celestins）驶上塞纳河右岸。晚上9点30分，他的三辆坦克，"罗米伊"号、"蒙米赖"号和"尚波贝尔"号，已停在市政厅外。此刻，他距离冯·肖尔蒂茨位于里沃利大街另一端的司令部只剩下几百码。

法国军队进城的消息令巴黎的大街小巷响起了钟声，也给肖尔蒂茨将军和他的下属们在莫里斯酒店举行的忧郁的晚餐造成一丝不安。肖尔蒂茨竖起耳朵听了一会，然后打电话给圣日耳曼昂莱的B集团军群司令部。24小时前，他曾打电话给B集团军群的参谋长施派德尔，带着讽刺的口气向他保证，自己已接到希特勒将巴黎"夷为平地"的命令，已将三吨炸药埋在巴黎圣母院的地下墓室，并做好了炸毁埃菲尔铁塔，让它堵住塞纳河的准备。现在，施派德尔出现在电话另一端时，肖尔蒂茨举起话筒，让他聆听巴黎各个钟楼发出的喜悦的钟声。然后，他问对方是否还有进一步的命令。这两人（其中的一个是7·20密谋分子，到目前为止一直伪装得很好，另一个已对元首不再抱有幻想）完全心照不宣。施派德尔说，他没什么要说的。肖尔蒂茨向他道别，并请他关照自己的妻子和家人。

钟声、通过民用电话网和口头传达的法军先头部队已进城的消息，令整个巴黎焦虑不安了一整晚。但在南郊和通入市中心的长长的林荫道上，聚集的人群尚无把握认出赶来解放他们的军队。他们听说法国士兵已出现在城内，但他们认为赶来的会是一支美国军队。清晨的薄雾预示着八月骄阳还将持续最后四天，驶近的队伍发出的履带和引擎声被笼罩在这片雾气中。偶尔会有一阵枪声传向北面。7点过后没多久，车辆突然出现在巴黎市民的视线中。林荫大道外的人群较为稀疏，但在旧城区，奥尔良门和意大利门外，沿着曼恩大道和圣雅克街，人行道上的人群站了12～20排，一个个翘首以盼。随后，他们听说过的卡其色坦克和半履带车出现了，车头喷涂着代表盟军的白星。但伫立在炮塔上的士兵戴着他们过去曾见过的帽子：义勇骑兵的红色船帽，胸甲骑兵的蓝色帽子，非洲猎兵的土耳其帽，海军燧发枪手明确无误的红色绒球帽。他们的解放者是法国人。

第12非洲猎兵团的德·拉·霍里描述道："15分钟内，我们便陷入7月14日令人热血激昂的气氛中。"人群将食物和饮料递入、塞进、抛至法国第2装甲师的车辆里，人群冲上道路，车队被一次次拦下，很快，人潮又退去，将最年轻、最漂亮的姑娘们留在车辆上。欢呼和问候声爆发开来，"法国万岁！勒克莱尔师万岁！（勒克莱尔这个名字突然间传遍了巴黎的大街小巷），伴随着车队一路向前，坦克组员们也跟着高呼起来，他们当中的许多巴黎人拼命寻找着离别多年的父母、妻子或爱人，但他们通常无法在道路两侧找到自己的亲人，不停地呼叫使他们的嗓音越来越嘶哑，于是，他们在纸上草草写下亲人的姓名和电话号码，将纸条塞给人群，希望接受者能在狂欢中抽时间打电话通知自己的亲人。

接下来，一些最令人揪心的悲剧发生了。队伍靠近市中心时，开始对各部委和公共纪念碑周围的敌据点发起进攻。至少有3名已给家人送去消息的解放者，尚未获得团聚便死在负隅顽抗的敌人的火力下：比罗中尉已通知他的父亲，莱格尔中士告诉了他的未婚妻，费拉西通知了他的妹妹。戴奥的目标是巴黎军事学院和荣军院，那里的战斗异常激烈，树木和开阔的空间使守军获得了隐蔽和良好的射界。位于奥赛码头的外交部大楼被纷飞的弹雨引燃，历时5个小时的激战中，一辆谢尔曼坦克被击毁，但德国守军也付出了阵亡50人的代价。朗格拉德的进军轴线上同样爆发了激烈的战斗。当天早上，他的部下开始将德国人逐出庞大的雷诺汽车厂，然后穿过圣克鲁门进入"资产阶级上层"的巴黎，沿着米歇尔-昂热大街（rue Michel-Ange）、莫扎特大道（avenue Mozart）和水泵路（rue de la Pompe）来到维克多雨果大道（avenue Victor Hugo）。凯旋门就伫立在他们面前。马苏下定决心要第一个向凯旋门拱顶下方的无名战士墓致敬，他的吉普车驶上长长的斜坡，坦克跟随在他身后。在"永恒之火"前低头之际，一辆停在协和广场上的德军坦克射出一发75毫米炮弹，从香榭丽舍大道的另一端呼啸着穿过拱门，吹皱了一面巨大的三色旗，这面旗帜是巴黎的消防队员们从拱顶石上悬吊下来的。就在这一瞬间，马苏身旁的一辆坦克上，炮手回想起在学校里学过的巴黎地理，便将火炮标尺设定在1800米，随即开炮击毁了德国人的坦克。随后，马苏将部下们召集起来，沿着炮弹的轨迹，顺着长长的街景开始了凯旋之旅。他也朝莫里斯酒店赶去。

肖尔蒂茨在他的办公室里度过了当天上午，偶尔离开酒店去跟据守在里沃利大街和对面杜乐丽花园中的士兵们交谈几句，但直到中午过后，这片"豪华"战场上的守军也没有遭到进攻。不过，上午11点30分左右，肖尔蒂茨发现自己通过瑞典总领事的办公室与敌人取得了直接联系。他手下的一名军官来到领事馆时，德·拉·霍里上尉也赶到了，还带着勒克莱尔的命令，要求德军立即停止抵抗，"以免造成更多无谓的流血。"这份最后通牒很快被送到肖尔蒂茨手中，诺德林又将肖尔蒂茨的回复带了回来，肖尔蒂茨解释说，德国军官的荣誉使他无法不战而降。因此，下午2点左右，读起来像游客指南般的命令被下达，"向前穿过杜乐丽花园直至协和大桥"，"经歌剧院和圣奥诺雷街赶至莫里斯酒店"，"沿里沃利大街进入莫里斯酒店"，乍得远征团和第501坦克团的三个排从市政厅出发，按照肖尔蒂茨"打一仗"的要求展开一场示威。

但是，出于谨慎，肖尔蒂茨没有将自己"迅速投降"的真实意图通知给他的前哨部队，一场货真价实的战斗沿着拱廊爆发开来，在这道拱廊下，排列着世界上价格最昂贵的店铺。3名德国兵在金字塔广场（Place des Pyramides）上奔跑着变换阵地时，被打死在圣女贞德像脚下。乍得远征团的一名士兵阵亡在卢浮宫的墙壁下。协和广场上，手榴弹从楼上的窗户里投出，落入敞开的炮塔内，3辆谢尔曼起火燃烧。为争夺广场北端加布里埃尔设计的宁静的宫殿、海军部和克里翁酒店，也爆发了一连串小规模战斗。但是，从一处阵地到另一处阵地，从拱廊的一根门柱到下一根门柱，乍得远征团的步兵们渐渐逼近莫里斯酒店的前门，下午2点30分左右，第一名法军士兵冲了进去。紧随其后的是亨利·卡尔谢中尉，他穿过一颗白磷手榴弹释放出的烟雾，冲上楼梯，命令一些投降的德国人向他指明肖尔蒂茨的办公室。进入办公室举手敬礼后，他问肖尔蒂茨是否会说德语。肖尔蒂茨回答道："会说，说得大概比你要好些。"卡尔谢按捺住内心的激动，自我介绍说他是"戴高乐将军手下的一名军官"，要求大巴黎司令官立刻投降。

相关形式迅速完成。一辆吉普车将肖尔蒂茨送至警察总署，警察总署的宴会厅内，勒克莱尔刚刚开始他被延误的午餐。在旁边一间台球室里，两人商讨了投降条款，然后在一份打印出的文件上签下各自的名字。这份文件安排立即停火，所有德军士兵立即投降并交出一切武器装备，确认所有准备实施爆破的地点，并派德国军官将投降的命令告知驻守在外围各据点的德军士兵。最后一条规定非常必要，因为，就在他们商讨投降条款之际，激烈的战斗仍在卢森堡宫周围肆虐，直到当晚7点才渐渐平息。两位将军在文件上签名时，来了位不速之客。罗尔上校像勒德吕—洛兰那样出现了，也要在投降书上写下自己的批准签名。勒克莱尔以他自己和法兰西共和国临时政府的名义，郑重地接受了肖尔蒂茨的投降，从而违反了盟军最高统帅部"只有权与敌人商讨投降条款"的指令。罗尔坚持要在降书上共同签名，他的争论令勒克莱尔疲惫至极，只得同意了。在进一步的压力下，勒克莱尔将文件修改为"向法兰西岛FFI指挥官"投降。

一方或另一方试图用文字游戏来攫夺胜利是徒劳的。抵抗组织展示出的英勇，使法国内地军在6天的起义中牺牲了近一千名成员，巴黎人意识到，他们的解放者是勒克莱尔师。这是一座革命的城市，也是一座合法的城市，1944年，他们渴望的不是一个"巴黎公社"，而是法国军装、法语命令和法国将领的保证。8月26日，他们得到了这三个保证。勒克莱尔和柯尼希走在大群抵抗战士队列前，在这个炎热的下午，从凯旋门一直走到巴黎圣母院，为巴黎的解放进行一场庄严的赞美颂。戴高乐走在他们前方不远处，他已经让人群学会了那些僵硬的僧侣式姿势，这将成为战后欧洲最独特的个人政治立场的标志。为了神化自己，作为无冕之王的他选择了与下属同样的卡其军装。比尔哈凯姆、费赞、库夫拉，这些胜利源自他恢复法国尊严的庄严决心。

从大西洋壁垒到"铁幕"

就在勒克莱尔师与巴黎人欢庆他们成功夺回这座未被破坏的城市之际，盟军其他部队正跨过塞纳河，追击着B集团军群的残部。这些敌军已所剩无几。西线总司令部在诺曼底战役中指挥的50个步兵师和12个装甲师，目前只剩下24个步兵师和11个装甲师。这些部队已残破不全，每个装甲师只有10辆坦克，步兵师只剩下原先实力的四分之一。保持得最完整的是位于卢瓦尔河南部，G集团军群的部队。盟军8月15日的"二次登陆"令这些位于里维埃拉（Riviera）的德国军队猝不及防，但其中大多数还是赶在盟军第6集团军群的美国人和法国人到来前逃入隆河河谷（Rhone）。不过，他们的兵力太少，无法为他们经历了诺曼底战役的战友们提供真正的支援，除了逃向齐格菲防线，他们实际上做不了什么。希特勒曾在他的态势图上指出过一道防线，这就是索姆河和马恩河，他希望这条防线能为诺曼底战役的生还者提供庇护，届时，他们也许能守住这条防线，从而让帝国有时间来搜罗预备力量和武器装备。但与此同时，他又禁止在这道防线上设置防御工事，以免这种消息令那些据守诺曼底的士兵们心灰意冷。现在，他需要这道防线，莫德尔提醒他，守住这道防线需要30个新锐师，这是他无法搞到的。结果，盟军在9月3日夜间冲过这条防线，冲在最前面的坦克组员们完全没有意识到他们跨过的这道障碍有什么重要意义。次日（9月4日），这些先头部队进入布鲁塞尔，他们在两天内前进了110英里，这是战争中一场无与伦比的壮举，他们受到前所未有的接待。布鲁塞尔毫无节制地庆祝了三天三夜，两周后，欢迎的热潮依然未退。

布鲁塞尔的解放证明诺曼底战役的结果无可指摘。这场战役与德国军队迄今为止在战争中遭受的另外三场大灾难并驾齐驱：斯大林格勒、突尼斯以及最近在白俄罗斯进行的战役（这场战役被称为"中央集团军群的覆灭"）。该怎样比较它们呢？

斯大林格勒战役仍是德国人心中最不寒而栗的灾难；身居后方的每

个德国人都不会忘记在那段时间里，国家广播电台只播放庄严的军乐、"英雄"交响曲和布鲁克纳第七交响曲，一连三天，不断重复。希特勒本人也不会忘记那场灾难，1944年春季，他对一名军医抱怨说，夜里"脑中充满了作战态势图，我不停地琢磨着……我能准确地勾勒出每个师在斯大林格勒的位置，一小时接一小时，就这样继续着……"不过，尽管从人类的角度而言，斯大林格勒的灾难非常可怕，但它最终只消灭了20个德军师，其中只有2个装甲师；这股力量只占德军在苏联总兵力的十分之一，而以德军总兵力来算，它只占十五分之一。德军仍有足够的实力在当年夏季发起库尔斯克战役，那是整个战争期间德军发动的最大规模的坦克攻势。尽管战役的失败使德国人丢失了大片土地（德军再也无法看见伏尔加河），但他们仍在苏联境内500英里处，在许多地段依然十分强大。相比之下，突尼斯战役消除了德国人在整个战区的存在，希特勒将战争保持在欧洲以外地区的希望就此破灭。它还摧毁了意大利的帝国统治，加快了该国退出轴心联盟的速度。但是，尽管盟军在突尼斯俘虏了125000名德军士兵，但德军只损失了8个师。因此，这场灾难的规模并不比英军1942年春季在马来亚和缅甸遭遇到的失败更大，相比之下，其战略意义更大些。

中央集团军群的覆灭完全不同。苏联人特地选择"巴巴罗萨"行动三周年的1944年6月22日发起这场攻势，针对德军第4和第9集团军，他们投入了140个步兵师和装甲师。进攻沿一条长达350英里的战线发起，3周内，他们从第聂伯河到涅曼河，前进了250英里，再次跨过1939年的波兰边境，在东普鲁士境内15英里处停顿下来。在这个过程中，30万名德军士兵阵亡或被俘，28个德军师从德军作战序列中被抹去，就像从未存在过那样消失了。一连数周，掩护着德国东部接近地的防线上存在着一个大缺口，完全因为苏军进展过快，过度延伸的补给线已无法跟上先头部队的步伐，这才使希特勒免遭东北战线彻底崩溃的厄运。

中央集团军群的覆灭，尽管这场战役在西方鲜为人知，但必须被列为德军在这场战争中遭受的最大的失败之一。不过，如果将这场战役所导致的后果与诺曼底战役相比较，也许会得出这样一个结论，西线盟军的胜利更大些。盟军投入诺曼底的部队远远少于苏军用于打击德国中央集团军群的兵力，总共只有34个师；即便考虑到苏军师的规模较小，而西线盟军"军"和"集团军"在师一级编制上所辖兵力更多这一因素，诺曼底战役还是获得了更大的投入产出比。歼灭德军师的数量也能统计出西线盟军的结余。这种计算非常复杂。9月中旬，德军最高统帅部开始在西线整理他们的部队，几乎每一个曾在塞纳河以西地带战斗过的师都以某种形式出现在设置在荷兰沿"西墙"排列的新防线上。但这些师中的大多数只剩下空架子。他们的12个装甲师，应该拥有1800辆坦克，但只剩下120辆；2200辆坦克已被摧毁在诺曼底战场上。6月6日时，伦德施泰德麾下有48个步兵师，到9月中旬，作战序列上只剩下21个师。3个师被彻底歼灭，9个师正在补充军内重建，7个师被困于法国的港口，8个师被解散，已无法重建。21个名义上尚存的步兵师中，8个师被列为"残缺不全"。因此，27个德军步兵师被英军和美军消灭，12个装甲师中的11个被打得七零八落。在这场战役中，50万德军士兵被消灭，其中的25万人被击毙。

但西线盟军获得的胜利不止这些。整个"OKW战区"被一场战役彻底摧毁。"西线总司令"与德军派驻意大利和斯堪的纳维亚半岛的总司令一样，仍是OKW指挥链上一个重要的职务。尽管6月份的第一周该司令部的防区从里维埃拉和比利牛斯山延伸至比利时海岸，但仅仅过了十周，其防区已被压缩到德国本土的西部边境。法国和比利时的丢失，其严重性绝非象征性的。法国一直是德国占领政策下一只下金蛋的鹅。《我的奋斗》和1918年的经历使德国人习惯于这样一种观点：在未来的战争中，他们的饭碗在东方。不过1941—1944年德国占领东方大片土地之际，法国一如既往地为德国人的餐桌提供了尽可能多的食物，另外，德国国防军为战术运输和牵引火炮所征用的270万匹马中，50万匹来自法国。更重要的是，法国的工业和自然资源也被德国人无情地利用，国家税收收入不仅要为占领这个国家的德国人支付费用，还要承担德国人在这个国家以外地区的军费开支。法国四分之三的铁矿石、50%的铝土矿、15%的煤产量被强行运往德国，1944年，法国85%的铁路交通流量为德国人所用。1943年是法国被占领的最后一个完整年度，德国人榨取的货物和服务总价值，相当于1938年（二战爆发前的最后一年）德国国民总收入的四分之一。法国丢失，其影响相当严重。尽管100万名法国战俘自1940年来便被拘押在德国，50万名法国工人被招募到德国国内（自愿或被强制）充当劳动力，但法国国内仍有大批符合征兵年龄的男子。截至1944年，他们中的一些人已主动或被动地投入到抵抗运动中，法国临时政府刚一成立，他们便自愿投身其中。临时政府开始为国家军队征召士兵时，这些人迅速加入。其结果很快便显现出来。1944年7月，法国国土上只有一个师，但到8月中旬，随着执行"铁砧"行动的部队到达里维埃拉，已经有5个法国师。1945年初，法国部队的数量已达到7个师，组成这些部队的几乎都是法国人，这是游击队人员替代了部队里阿尔及利亚团和摩洛哥团的结果。因此，就在德军实力日益衰减，越来越难找到合适的本国人来弥补部队的伤亡之际，法国军队却日益壮大，为实力不断扩张的盟军增添了可观的兵力，目前，这些盟军部队正压向德国人的西部防线。

因此，尽管第二战线开辟得较晚，但它的出现却使希特勒遭受迄今为止最惨重的军事灾难。它还进一步给德国造成了性质最为严重的军事挫折。希特勒丢失了法国的大西洋港口，这使他几乎无法从事一场针对盟军航运的U艇战。恢复U艇战的一切希望寄托于新式潜艇的开发，这种潜艇仍在波罗的海接受测试，试验场需要加以保护，这使他在当年10月做出了除此之外毫无意义的决定，将北方集团军群留在库尔兰半岛，该集团军群在那里一直坚守到战争结束。与此同时，法国和比利时海岸的丢失也令德国空军丧失了外层雷达预警，而法国战役的结束，使皇家空军轰炸机司令部和美国第8航空队从"赛马场"和"眼镜蛇"行动中担当的对地支援任务里解脱出来，现在，德国的城市将再次暴露在盟军重新发起的轰炸行动下，德国空军的战斗机中队对此的应对甚至比过去更加无能为力。

1944年秋季，希特勒遭遇的一系列灾难如此迅速、如此猛烈地堆积在一起，以至于盟军在诺曼底的胜利和随之而来的德军战略劣势都无法在这一连串的灾难中得到长时间的关注。中央集团军群覆灭后，苏联红军（目前已扩大到500个师、15000辆坦克）发起一连串攻势，即将杀入帝国摇摇欲坠的东翼。7月中旬，这场攻势突破了德国人在普里皮亚季沼泽南面的防御，8月初，其先头部队与歼灭德军中央集团军群的苏军部队取得会合。他们并肩站立在华沙正东面的维斯瓦河上。与此同时，苏联红军的乌克兰方面军向保加利亚推进，并进入到罗马尼亚。罗马尼亚的丢失对德国的影响非常大，因为普洛耶什蒂的油井是当时德国天然石油的主要来源。就像一场毫无变化的重复，又有16个德军师被苏军吞噬，这些部队中的大多数隶属于第6集团军，希特勒重建该集团军是为了牢记在斯大林格勒被歼灭的那支部队。

但在当年年底，纳粹德国并未比夏季更趋近于崩溃边缘。通过重整军备和征召兵员等一系列疯狂的措施，他们集结起一支新的战略预备力量，这使希特勒再次获得了发起反击的实力，至少在局部地段能实施一项计划。他选中了西线的阿登山区。这场反击的初期获得了梦幻般的成功，但很快便草草结束，与此同时，苏联红军发起一场新的、深具威胁的进攻，穿过波兰直扑柏林，不过，苏军没有借着这场攻势直接杀入德国首都。2月间，一种奇怪的平静降临在各条战线上，一直维持到4月份。某些战场并非如此，尤其是东普鲁士，苏联人在那里无情地冲向波罗的海；在匈牙利，德国人向巴拉顿湖附近的油田发起最后一场引人注目的反击。不过，大体而论，冬季令各处的战斗平息下来。

不光是冬季。无论对杰出或是拙劣的将领，后勤都是个大问题，现在，这个问题降临到盟军头上。无论东线还是西线，他们在各条战线上都采用了相同的推进手段，这就是GMC六轮卡车。战争期间，美国支援了苏联375000辆这种型号的卡车，主要是在1945年前。在法国，美军的各个运输连也有近20000辆，各作战单位还有数千辆。由于发生在各处的激战摧毁了当地的铁路运输系统，卡车已成为实实在在的军用车辆。但是，与"沙漠之舟"骆驼一样，它既是供应者，也是消耗者。随着从物资供应点到补给交付地这段距离的增加，运送燃料的卡车在路上消耗的燃料也就成比例增加。1944年末，苏军和英美军队的燃料供应点都设在距离前线数百英里的后方；在西线，这些供应仓库位于诺曼底滩头和西面的海峡港口，在东线则位于维斯瓦河后方。铁路线和港口重新开放、地下输油管道铺设前，这些燃油仓库无法前移，依赖于它们的军队只能受到这根无形、几乎固定不动的缰绳的牵制。

相反，尽管德国人也受到类似战略规律的限制，但他们通过后撤缓解了后勤压力。德国人获得的喘息非常短暂，因为1945年第一季度，英美战略轰炸机部队集中力量对莱茵河东西部的铁路系统发起打击，对煤炭运输造成了灾难性影响，钢铁生产及其产品制造迅速被波及。但在一段短暂的时间里，一种虚假的平静降临在各条战线，西线是从1月中旬至2月中旬，东线是从2月中旬至4月中旬。希特勒的乐观情绪得以恢复。对来到总理府（他再次将大本营设在这里）的访客们，他像往日那样谈起神奇武器、苏联与美国不可避免而又即将发生的争执。他和他的参谋人员讨论着即将在东线发起的行动，这将使苏军失去平衡，并能让他腾出几个装甲师用于守卫莱茵河——盟军尚未跨过这条河流。现在的希特勒，满脑子想的是最后时刻、黎明前的黑暗这些观点，就像七年战争最危急时刻的腓特烈大帝那样，他以这种信念让自己振作起来，相信所有的一切最终都会变得对他有利，以此来保持镇定。

相信奇迹是不切实际的。但从诺曼底战役结束、中央集团军群覆灭，到东西大军出现在莱茵河和奥得河，回顾这6个月的战事，在德国人看来，对方赢得这一切显然拥有某些神奇的东西。盟军没能对他们的巨大胜利加以利用，不能将原因完全归咎于后勤补给困难，这也跟德国工业生产的持续能力有关，尽管盟军轰炸机对铁路、工厂和燃料来源造成了各种破坏；另外，这也跟德国军队非同寻常的恢复力有关。

德国军队的战斗力是一种颇具传奇性的东西。第一次世界大战期间，只有德军将士气和凝聚力几乎一直保持到最后，并在这个过程中导致俄国军队瓦解，令法国和意大利军队几近崩溃，也给英国军队造成一场严重的士气危机。在1945年，它将被证明是一种更有力、更出色的解决办法。在东普鲁士，在西里西亚，在维斯瓦河和巴拉顿湖，德军损失了成千上万人，许多人被他们已无法匹敌的大规模杀伤性武器击毙，或被迫使用短射程的手持式火箭筒，不顾生命危险地抗击敌坦克的攻击。但他们不停地战斗着，直到战场上再也没有可供抵抗的空间。德国人为何要拼死抵抗苏军的推进，这依然是个谜。担心自己沦为敌人的俘虏，这是部分原因。每当难民们被迫背井离乡，排着长长的队伍从德军作战部队身旁离开时，对德军士兵都是个令人不寒而栗的提醒，他们，也只有他们能阻止敌人分解自己的国家。

但外部刺激并不是完整的解释。德国军队的战斗意志来源于其自身的特点。与美国军队不同，甚至跟英军也不一样，他们对部队地域名称的标榜与组成该部队的士兵们的来源地结合得相当松散，但德国军队一直很重视用来自同一省份或城市的士兵组成部队，替换伤亡者的补充兵也来自相同地区，而伤愈的归队者则返回原先所在的部队。因此，即便德军的规模在1945年的前几个月里迅速减小，但其基本特点并未发生改变。西里西亚人、弗兰克尼亚人、巴伐利亚人、勃兰登堡人被无情地赶往德国腹地时，离自己的家乡越近，他们实施抵抗的决心就越强。他们知道，只有靠他们的坚韧不拔，才能阻止东线战事引发的难民大潮。就像古日耳曼部落的勇士们那样，他们决心在必要时战死疆场。

当然，人的意志和勇气所能实现的东西是有极限的。1945年4月，德国人已到达这种极限。他们的B集团军群、G集团军群、中央集团军群和南方集团军群，这些曾在被征服的欧洲大陆上相隔2000英里的部队，现在被挤压得沿着祖国的经线背靠背。获悉西方盟国与苏联以易北河为分界线后，德军士兵展开了最后的殊死抵抗，就连希特勒在4月30日的自杀也没能令他们放弃这种努力。但希特勒的继任者邓尼茨认为，尽快安排停火是他首要、唯一的责任。5月8日，停火在各个地区正式生效。到此刻，盟军已跟防线上的德军残部激战了近两周，因为4月25日时，美国第5军的士兵已在易北河上的托尔高与乌克兰第1方面军的苏联人取得会师。

反思起来，德国两场致命的失败（B集团军群在诺曼底、中央集团军群在白俄罗斯）与其最终崩溃之间相隔的10个月，意味着盟军战略上的一个根本性失误。两个具体错误可以确定：艾森豪威尔在1944年9月倾向于沿一个"宽大的正面"向德国边境推进；斯大林在1945年2月放弃了沿波罗的海的挺进。有人认为，沿一个"狭窄的正面"推进能让盟军在冬季到来前跨过莱茵河，从而孤立鲁尔区的工业中心。而继续沿波罗的海这条路线挺进，能让苏联人在3月初进入柏林，而不是拖至4月底。

毫无疑问，这两个论点都很有分量。东西方大军的统帅们做出他们的决定，似乎更多的是出于政治而非严格的战略考虑。艾森豪威尔拒绝沿一个"狭窄的正面"推进，似乎是因为他希望麾下的英军和美军同时投入作战行动，而不是冒上让某个盟国的军队停步不前，令其国民深感失望的风险（在当时的情况下，失望的肯定会是美国人）。

但采取不同的战略能否有效地缩短这场战争，这一点无法确定。在7月份赢得各自的巨大胜利后，两支赶往同一目标的大军的前进速度给他们的补给和运输体系造成了巨大的压力，维持该体系正常运作的努力已使其不堪重负。另外，诺曼底和白俄罗斯的两场攻势，已在战役发生地取得重大成果。这两个战场都位于德军作战区域最外端。通入这两个战场的铁路系统都遭到系统性切断，从而与相邻的战区相隔绝。相对而言，这两个战场都无险可据，正如我们看见的那样，"大西洋壁垒"不过是一层脆弱的外壳，盟军发起两栖进攻的第一天便将其轻松突破。而后来给英军和美军造成巨大困难的抵抗，都是德军在战斗过程中临时组织的。

由于希特勒能找到新的部队来弥补诺曼底和白俄罗斯遭受的损失，因此，第二次巨大的努力无外乎是保卫自己国家边境的战斗，在东线苏军和西线盟军最终打垮德国军队并占领其国土前，他们也许认为这种战斗必要的。德国人找到了一些部队。25个规模相应缩小的"人民掷弹兵"师、10个装甲旅和空军人员组成的3个伞兵师于当年秋季在西线组建起来，这些部队在阿登攻势中折损大半后，德国人又把托德组织的工人、警察、训练学校的员工和示范单位召集起来，并将他们投入到战场。希姆莱的党卫队，其作战序列一直被那些主要具有象征性价值的单位所夸大，现在，他们忙着组建一个个被冠以"师"名义的部队。德国人的最后一招是用平民百姓组织起由党控制的"人民冲锋队"，给他们配备上从敌人那里缴获来的武器，然后投入到保卫东部城市的战斗中。在西里西亚的布雷斯劳，35000名士兵和15000名"人民冲锋队"从2月中旬起便坚守着这座被包围的城市，直到战争结束后一个星期才放下武器，当时，他们当中活着、未负伤的只剩下20000人。

换作另一个民族，在另一位领袖的领导下，可能早已被1944年夏季的惨败吓得投降了。但希特勒领导下的德国人却展现出对前线灾难、家园遭到昼夜不停轰炸的一种承受力，这二者使他们受到可怕的心理和肉体伤害，他们的表现显然有违常理，也完全出乎盟军的预料，难道不是如此吗？1945年2月在雅尔塔又进行了修改，给法国留了块占领地，一条沿易北河和威拉河延伸的界线将他们分开。最后的战线极为准确地与这道"德国国内边界"（日后的岁月里，这条分界线会获得这种称谓）相重合。

美国人必须对邓尼茨已预见到的分区占领协议做出让步。这份协议坚定了德军士兵死守易北河，直到美军先头部队赶到的决心。但德国军队的困兽犹斗并未给他们带去更好的军事和外交态势。盟军在战后打算如何处置德国，德国人直到4月初才得到相关文件，而此刻，他们的东线和西线军队几乎已呈背靠背的态势。

更确切地说，盟军似乎已接受希特勒脑中的想法，这种想法，就像他经常从德国人民那里感受到的那样，也代表了他们的内心意愿：在最终接受失败前，他们必须为德国的每一寸土地而战。因此，即便迟至3月28日，盟军已跨过莱茵河，鲁尔区也即将被包围，但艾森豪威尔还是写信给蒙哥马利，仿佛前方还有一场激烈的战斗。"我的计划很简单，就是要分割和歼灭敌军，并与苏军取得会合。我的目的是要摧毁敌人的部队和他们的抵抗实力。"因此，就像受到共生关系影响那样，3月底和4月间，最后战斗的激烈痉挛震颤着德国。3月份时，英军和美军每天能抓获1万名德军俘虏，而到4月份，这个数字上升至每天3万人。但德国人仍继续战斗，在莱茵河与易北河之间的每一条河流上奋战、阵亡，不时发起反击，迫使敌人不得不将他们逼近的每一座省会城市夷为平地。英军作战区域内的伊本比伦（Ibbenbüren）、韦尔登（Verden）和林根（Lingen），守卫这些地方的既有德国水兵也有一所士官学校的学员，他们在这里坚守了数天，直到盟军战术空军力量赶来将他们据守的房屋悉数炸毁为止。在鲁尔区南面的美军作战区域，哈尔茨山区的德军士兵在4月中旬抵抗了10天，而在符腾堡州的克赖尔斯海姆（Crailsheim）和海尔布隆（Heilbronn），德军发起的反击甚至强大到将一个美军装甲师切断，该师只能通过空投获得再补给，最后被迫突围后撤。柏林，希特勒曾发誓要让苏联人在这里遭受他们最大的失败，德国守军几乎让苏军为胜利付出了与斯大林格勒同样惨重的代价。苏军为攻克这座城市激战了12天，伤亡人数高达20万。

因此，到5月份第一周正式停战时，各国军队都已筋疲力尽。美军作战师的数量仍在不断增加，许多部队直接从国内训练营地被运至战场，充分吸收了战争最后几个月所施加的惩罚。但英军的规模不断缩小，一些部队被解散，以便将人员补充给其他部队。加拿大人已没有更多的海外服役志愿者。法国军队，尽管不缺兵员，但既没有钱也没有办法装备他们。苏军已将500个师投入战场，显然已到达其实力的顶峰；但他们的部队里充斥着大量老人、少年和不适合服役者，这种不得已的征兵办法完全是为了弥补自1941年来损失的700万士兵。

尽管脚下的这片土地已被一年的激战和三年的轰炸折磨得满目疮痍、绝望至极，但这些军队还是满意地享受着他们赢得的和平。调至太平洋战区，接受另一场战火考验的预期很快便消散了。尽管80个苏军师在盛夏时搭乘火车向东穿越苏联国土，准备投入对中国东北发起的秋季攻势，但在西北欧参战的英军和美军师中，没有一个被投入到对日作战中。大批盟军士兵从德国直接复员回家。复员工作进行得非常迅速。1945年8月至1946年6月，美国军队从800万人减少到150万，到1947年6月，英军也从300万锐减至40万。苏联军队的兵力在战争结束时多达1200万，到1947年底已减少到300万。1945年的228000名海外波兰人中，55000人选择返回波兰。只有法国仍在战斗，他们徒劳地试图保持战前的帝国，因此选择了扩充而不是削减其部队。留下"莱茵河集团军"和"多瑙河集团军"的三个师在巴登和符腾堡执行占领任务，其他法国部队乘船向东，开始了在中南半岛的漫长战斗。与法军相邻的英国"莱茵河"集团军，1946年后只辖有2个师，而美军有一段时间只派驻了一个师，第1步兵师。就连苏军驻德集群这个盟国占领军中的巨无霸，其实力也只固定在20个师。因此，占领德国的第一年，盟国占领军的人数远远少于他们的俘虏——800万前德国国防军士兵，这些战俘每天列队走出临时战俘营，去清理他们家园里遗留下的废墟。

诺曼底是盟军在希特勒的防御要塞上打开的第一个突破口，战争给那些村镇留下的残垣断壁正被加以清理。该省的20万座建筑物被摧毁，有些地方遭受的破坏与1914—1918年的交战地域同样严重。在韦斯利村（Vesly，1944年8月，巴顿的集团军从这里隆隆驶过），700名居民中的655人失去了他们的家，在圣特奈（Saintenay），245座房屋中的151座被摧毁，利雪、库唐斯、圣洛、法莱斯、阿尔让唐都已沦为废墟。卡昂成了座碎石山，城内的15000座建筑，被炸弹和炮弹炸平了9000座。这并不是说诺曼底是法国唯一遭到破坏的地区，实际上，法国在二战中受到的破坏比第一次世界大战更厉害。1914—1918年，法国有90万座建筑受到破坏或被夷平，而1939—1944年的数字两倍于此。尽管法国的经济在第一次世界大战中得到蓬勃发展，但在德国占领期间却遭到系统性掠夺。

法国政治的悲喜剧在战后郑重承诺进行重建工作。尽管各方在资金问题上讨价还价，争论不休，但强大的法国官僚机构利用美国的援助和本土资源实现了未获得赞美但却惊人的成就。第一次世界大战造成的破坏直到1928年才获得修缮，但到1951年，诺曼底的废墟大多已获得重建。1950年，勒阿弗尔再度成为大西洋彼岸一个壮观、运作正常的港口。到1954年，卡昂获得重生，这种重生的顶点是1944年7月7日大空袭中坍塌的圣皮埃尔教堂的尖塔得到重建。在一项新城市规划中，征服者威廉的城堡所在的山丘上，几个世纪里一直遮掩着城堡轮廓的杂乱建筑群被清理一空，这使得这座城堡伫立在宽阔的林荫道上方，也使来自世界各地的城市规划专家得以欣赏它的特点和人文。

另一项补偿工作也必须加以进行，这就是将阵亡在诺曼底田地和果园中的士兵的尸体收集起来。发生战斗的十周里，他们被埋葬于阵亡地，或是被抛入堆放法莱斯包围圈阵亡者的万人坑内，军队离开后的数年时间里，这些尸体被重新挖出，一同葬入到更合适的地方。没有遣送回国的9000具美军阵亡将士的遗体被安葬于奥马哈海滩上方，圣洛朗（St Laurent）林立的白色十字墓碑下。在奥尔格朗代（Orglandes），10000具德军士兵的尸体被葬入集体墓地，墓地处伫立着铁十字徽章巨大的花岗岩复制品。英国人在葬礼方面很有天赋，过去的纪念性工作也使他们对此经验颇丰，因而采用了与众不同、更加亲密的方法。法国北部和佛兰德斯已被帝国战争墓地委员会形形色色小型、花园式的公墓所覆盖，这些地方安葬着第一次世界大战中的大批阵亡者。其景观建筑师，遵循勒琴斯和吉卜林30年前确立的规则，开始在诺曼底重建纪念碑、牺牲十字架、绿廊、草坪、玫瑰花坛以及点缀其间的花丛，这已成为一项传统，英军阵亡将士就该长眠于此。

靠近奥恩河与奥东河激战中心的朗维尔（Ranville）和巴约，伫立着2000座坟墓。而在另一些地方，杜夫雷拉代利夫朗德（Douvres-la-Delivrande）、普兰地区康贝（Combes-en-Plaine）、丰特奈莱佩斯内（Fontenay-le-Pesnel），这里的墓地可能更小些，小得足以被重生的灌木丛遮蔽，只有最具决心的探访者才能找到。但是，正如来自英国乡村的花卉植根于这些墓碑旁，年年夏季开放得愈加鲜艳那样，越来越多的访客跨过海峡，赶来寻找这些墓地。他们中的许多人赶到这里是出于丧亲之痛，或是为了缅怀失去的朋友，另外还有组团而来的老兵，诺曼底战役期间他们曾在这里战斗过。官方性访问也及时展开。当年盟军士兵踏上解放之旅时离开的那些英国城镇，与被他们解放的法国城镇展开正式交往，市长和议员们组成的代表团开始参加一年一度的献花仪式，并接受了献给贵宾的敬酒和大量当地美食。各个团也将诺曼底朝圣之旅纳入到他们的纪念活动中，他们筹措资金来纪念当年在海岸地带登陆的壮举，并派出乐队和仪仗队在周年纪念中向老兵们表达敬意。20世纪60年代期间，戴着白色手套的手中握着的红罂粟和飘过沙丘飘过海滨大道的葬礼号声，成了诺曼底旅游业中一个常见的组成部分，对此，一些露营者会聚集起来，活动拖车旅行者也会停下手里的活儿，带着伤感和一知半解沉思片刻。

另一些军人也赶到这里，这些大规模两栖登陆战、空降战和坦克战的认真研究者们发现，曾在这片地区进行过的战斗很值得他们加以研究和分析。战后的数年时间里，这些分析研究与获得胜利的洋洋自得相比，只能屈居次位，因为将解放大军投入到英吉利海峡和大西洋壁垒未知的危险中，所冒的风险依然是到访者脑海里最大的回忆。后来，注意力集中到指挥的问题上，特别是在小股部队这一级别，就像老兵们向战后那些毫无实战经验的军官们介绍当时的战斗情况那样：在什么距离上遭遇到敌人；看见、听见、闻到了什么；士兵们相互间说了些什么，对他们的中士和排长说了些什么；他们如何克服自我保护意识，冲向必须要夺取的敌阵地。隔了数年后，在梅尔维尔的炮台，在珀加索斯桥周围，在乌伊斯特勒昂的海堤下，在加夫吕附近深邃的街巷里，在长长的玉米地中（参加"赛马场"行动的坦克驶过这里，朝一场灾难冲去），同样聚集起一群群若有所思的观光客，他们穿着斜纹软呢夹克，戴着鸭舌帽，无疑都是些军人，这已成了诺曼底夏季的一个常见景象，在田地里忙碌的拖拉机驾驶员和苹果采摘工没有理会他们，丰收再次给他们带来了收益。

不知不觉中，随着和平年代沦为令人心焦的现状，这些探访活动呈现出一种更为严肃的特点。从诺曼底一路杀至德国苏占区边界处的军队，在整个战后时期依然驻守在1945年他们停下的地方，服役期满的士兵被替换，但部队的番号和驻地显然没有发生变化。随着时间的流逝，驻守威斯特法利亚的英军第2师和驻扎在巴伐利亚的美军第1师已成了当地景观的一个固定元素。在东面，近卫坦克第1集团军、近卫坦克第2集团军、近卫第8集团军和突击第3集团军，又何尝不是如此呢。

盟军的注意力依然停留在"霸王"行动获得的胜利上，停留在跨越海峡并在大西洋壁垒的炮口下赢得立足点的成功上。但时间溶解了胜利情绪，而且，交战并未在作战人员之间造成根深蒂固的敌意，这使一代后人得以对这些战斗加以冷静的分析。除了拿大人对党卫军第12装甲师的指责外，盟军承认，就战场的道德而言，德国人打得很出色。他们对此的态度，可以在诺曼底公墓找到证明，英军阵亡士兵的坟墓间，伫立着在卡昂和巴约的战斗中身亡的西里西亚人和萨克森人的墓碑，这种安葬方式是那些1918年后已将纪念方式的特点予以固定的人无法想象的。

因此，在政治和军事改变这个充斥着石油危机和洲际导弹的世界时，诺曼底再度成为新闻：不是报纸上的新闻，而是专业军事杂志编辑们（他们的工作是预测未来战争的性质）的新闻，也是那些试图描绘"未来历史"的著作的作者们的新闻，不夸张地说，这确实是这十年来最成功的出版成就之一。他们指出诺曼底与"中央战线"在地貌上的相似性，并对此加以比较。旧日的战场被重走，但这批军事游客现在的目的是考察，而非缅怀往事。瞄准线、死角地的包围圈、接近地路径和遮蔽角度被逐一加以绘制和计算。各个早已被解散的部队的战时日志从档案中翻了出来。退役很久的老兵们发现他们的战时经历又有了新的听众。今天的专家们试图重现四十年前，1944年6月和7月所发生战斗的形式、节奏和进度，希望以此勾勒出战术体系中的元素，从而使那些在诺曼底奋战过的老兵的后代们有信心守住盟军当年赢得的停火线。

也许这就是他们的工作重点。当然，没有哪个欧洲人能够或应该志得意满地认为，欧洲大陆中部的战火正式结束这么久后，继续占领这片地区的军事力量的集结已然足够；也没有哪个西欧人能对守卫半个欧洲的军队与从另一端对其构成威胁的力量之间存在的不均衡高枕无忧。但是否有人想过，在德军守卫诺曼底的实例中寻求安慰不是对恐惧的一种探讨，也不是对那种"最坏情况"理论的纵容，而是战略分析中的意志坚强者以此对同伴们发出警告，并激励起他们更加乐观的态度？40年后，我们这些"事后诸葛亮"，对第二战线的争论及其结论所导致的战斗的看法，完全不同于当年的赞同者和反对者对冒险的观点。

英国人和美国人都承认，行动的风险在于入侵部队在实施两栖登陆阶段遭遇失败。但也可能平安登上陆地，并像蒙哥马利所说的那样，获得一片出色的立足地，英国和美国一致认为，他们在空中力量、机动性和资源上的优势能使登陆盟军在一场突围战中取得进展。美国人对此深具信心，而第一次世界大战的经历则令英国人顾虑重重；但这场严峻的考验并未令英军或美军畏惧不前。结果，他们过高地估计了滩头战斗的困难，但也没能取得进展。没能取得进展是因为德军防线遭到无法挽回的突破后，B集团军群没有跨过法国北部的广阔区域，从一道河流防线退至另一道防线，而是将全部兵力投入到对盟军立足地的防御中。"过高估计"是因为盟军没有想到，在他们选择的登陆点上发生的战斗会如此激烈、如此顺利、如此长久。

盟军阵营中的悲观主义者曾预见到这一点，并劝说计划制订者，海滩后方的战斗会持续很长时间，入侵行动有可能遭到进一步延误；就连第二战线的积极倡导者也有些气馁，并同意将盟军力量更多地投入到扩大意大利和巴尔干地区的战役中。但这将是最严重的战略失误。盟军认为第二战线策略最脆弱的地方，恰恰是他们最大的优势所在：部队的调动依赖于海运。

加里波利战役的回忆和迪耶普的灾难强调了用船只将登陆部队送至

海滩的技术难度，表明海运是一种前景堪忧的手段。但是，正如西西里和萨莱诺登陆行动获得成功所证明的那样，这种困难已在D日发起的一年前得到解决：建造专用登陆艇、创建大规模空降部队、改进舰炮和战斗机的直接火力支援、利用空中力量将登陆区与敌军其他地段的防御区隔离开。由于采用了这些新措施，两栖作战策略中的一切因素都对盟军有利。就算守军的兵力与进攻方大致相当，盟军也可以通过一场出其不意的进攻来获得优势。希特勒曾两次实现了惊人的出其不意，但完全是因为对手顽固的自欺欺人：1940年，法国和英国认为他肯定会对比利时平原发动进攻；1941年，斯大林拒不相信他会对苏联发动入侵。直到1943年秋季，希特勒仍固执地拒绝将西线遭受到威胁的级别提升到与东线战事相同的水平上。此后，他继续着自我欺骗，既不确定盟军意图发起入侵，也不认为对方会在毫无征兆的情况下发起突然袭击。盟军已估计到他的焦虑，接下来，他们会满怀信心地理解自己所拥有的巨大优势。英吉利海峡在当时许多人看来，是一道障碍，是一片气候难料、暗藏障碍物的区域，也是一个守军直射火力的杀戮场；其实并非如此，它是德军情报部门无法突破的一道屏障，也是通向大西洋壁垒薄弱处最为畅通的宽阔公路。事实上，由于德国空军自1944年春季以来就丧失了飞越英国领空的能力，再加上德国军事情报局在英国的间谍网遭到彻底破坏，大西洋壁垒上的每个地方都是薄弱点。希特勒的精神导师腓特烈大帝曾警告过："想守住一切的人什么也守不住。"B集团军群完全不知道盟军会对何处发起袭击，他们缺乏一切，却想在1944年6月6日守住一切。结果可以预见：盟军集结起8个第一流的师对付德军3个虚弱不堪的师，随即又由另外4个师发起增援性进攻。因此，在D日发起的第一天，盟军在地面上获得了4:1的优势，德军投入一个装甲师对这种兵力对比的改变几乎毫无作用。

无论是过去还是将来，这样的机会就这样从战场上消失了。惠灵顿所说的"山的另一边"早已不存在，它已被他和希特勒做梦也想不到的，新发明的情报收集设备所取代。今天，没有哪支军队能秘密准备一场大规模海上入侵行动。部队的集结刚刚开始便会被间谍卫星所发现。没有哪支军队能指望在中欧实施集结，以1914年或1940年的方式发起进攻，跨过一条国界线而不被发现。大海为部队、坦克和大炮提供了一夜之间前进100英里的空间，但今天已没有这种机会。陆地交通也无法做到。一支下定决心发起进攻的军队必须提前数天垄断公路和铁路，其政治领导人需要找到令人信服的解释，从而让被进攻国家的政府不采取防备措施。令人高兴的是，欧洲政府现在一致同意，军事部署的固定模式发生任何重大变更，都应向国际社会的关注提交一个合法的理由，必须事先予以公布，并在进行过程中接受监督。尽管如此，对那些生活在东西方分界线两侧军队阴影下的平民来说，他们仍担心自己会在这些军队发生的冲突中遭殃，这一点可以理解。同样可以理解的是，发生危机的可能性促使这些军队的指挥官们策划着如何防御其防区的计划。但如果他们希望诺曼底战役能告诉他们该如何进行这场战斗，他们就会明白第二战线的故事所讲述的一小部分内容。但这个故事中更大的一部分是关于盟军如何在最终轻松赢得了他们不敢奢望的出其不意，以及令他们赢得这场胜利的条件是如何彻底消失的。我们敢于猜测D日行动是欧洲最后一次大规模入侵吗？

APPENDIX

附 录

1944年6月6日—8月25日
诺曼底地区的英军、美军和德军师（及到达日期）

英国第21集团军群
英国第2集团军

第 59（斯塔福德郡）师 ·· 6 月 27 日

加拿大第1集团军

加拿大第 4 装甲师 ·· 7 月 31 日

波兰第 1 装甲师 ·· 7 月 31 日

加拿大第 2 师 ··· 7 月 7 日

加拿大第 3 师 ·· D 日

美国第12集团军群
美国第1、第3集团军

第 2 装甲师 ·· 7 月 2 日

第 3 装甲师 ·· 7 月 9 日

第 4 装甲师 ·· 7 月 28 日

第 5 装甲师 ·· 8 月 2 日

第 6 装甲师 ·· 7 月 28 日

第 7 装甲师 ·· 8 月 14 日

法国第 2 装甲师 ·· 8 月 1 日

第 82 空降师 ·· D 日

第 101 空降师 ··· D 日

第 1 步兵师 ··· D 日

第 2 步兵师 ·· 6 月 8 日

第 4 步兵师 ··· D 日

第 5 步兵师 ·· 7 月 16 日

第 8 步兵师 ·· 7 月 8 日

第 9 步兵师 ·· 6 月 14 日

第 28 步兵师 ··· 7 月 27 日

第 29 步兵师 ┈┈┈┈┈┈┈┈┈┈┈┈┈┈┈┈┈┈┈┈┈┈┈ 6 月 7 日

第 30 步兵师 ┈┈┈┈┈┈┈┈┈┈┈┈┈┈┈┈┈┈┈┈┈ 6 月 15 日

第 35 步兵师 ┈┈┈┈┈┈┈┈┈┈┈┈┈┈┈┈┈┈┈┈┈ 7 月 11 日

第 79 步兵师 ┈┈┈┈┈┈┈┈┈┈┈┈┈┈┈┈┈┈┈┈┈ 6 月 19 日

第 80 步兵师 ┈┈┈┈┈┈┈┈┈┈┈┈┈┈┈┈┈┈┈┈┈┈┈ 8 月 8 日

第 83 步兵师 ┈┈┈┈┈┈┈┈┈┈┈┈┈┈┈┈┈┈┈┈┈ 6 月 27 日

第 90 步兵师 ┈┈┈┈┈┈┈┈┈┈┈┈┈┈┈┈┈┈┈┈┈ 6 月 10 日

德国B、G集团军群
第7集团军

第 77 步兵师 ┈┈┈┈┈┈┈┈┈┈┈┈┈┈┈┈┈┈┈┈ 第 352 步兵师

第 91 步兵师 ┈┈┈┈┈┈┈┈┈┈┈┈┈┈┈┈┈┈┈┈ 第 353 步兵师

第 243 步兵师 ┈┈┈┈┈┈┈┈┈┈┈┈┈┈┈┈┈┈┈ 第 709 步兵师

第 265 步兵师 ┈┈┈┈┈┈┈┈┈┈┈┈┈┈┈┈┈┈┈ 第 716 步兵师

第 266 步兵师 ┈┈┈┈┈┈┈┈┈┈┈┈┈┈┈┈┈┈┈┈ 第 2 伞兵师

第 275 步兵师 ┈┈┈┈┈┈┈┈┈┈┈┈┈┈┈┈┈┈┈┈ 第 3 伞兵师

第 343 步兵师 ┈┈┈┈┈┈┈┈┈┈┈┈┈┈┈┈┈┈┈┈ 第 5 伞兵师

第15集团军

第 48 步兵师 ┈┈┈┈┈┈┈┈┈┈┈┈┈┈┈┈┈┈┈┈┈ 8 月中旬

第 84 步兵师 ┈┈┈┈┈┈┈┈┈┈┈┈┈┈┈┈┈┈┈ 7 月 30 日前

第 85 步兵师 ┈┈┈┈┈┈┈┈┈┈┈┈┈┈┈┈┈┈┈┈┈ 8 月 5 日

第 326 步兵师 ┈┈┈┈┈┈┈┈┈┈┈┈┈┈┈┈┈┈ 7 月 30 日前

第 331 步兵师 ┈┈┈┈┈┈┈┈┈┈┈┈┈┈┈┈┈┈ 7 月 30 日前

第 344 步兵师 ┈┈┈┈┈┈┈┈┈┈┈┈┈┈┈┈┈┈┈┈ 8 月中旬

第 346 步兵师 ┈┈┈┈┈┈┈┈┈┈┈┈┈┈┈┈┈┈ 6 月 29 日前

第 711 步兵师 ·· 6 月 29 日前

第 17 空军野战师 ·· 8 月中旬

第19集团军

第 271 步兵师 ·· 7 月 24 日

第 272 步兵师 ·· 7 月 24 日

第 277 步兵师 ·· 6 月 29 日

第 338 步兵师 ·· 8 月中旬

第1集团军

第 276 步兵师 ·· 6 月 29 日

第 708 步兵师 ·· 7 月 30 日前

从法国和比利时境外调来

第 89 步兵师（挪威）··· 8 月初

第 363 步兵师（丹麦）··· 7 月 30 日前

第 16 空军野战师（荷兰）···································· 8 月中旬

装甲师

党卫军第 1 装甲师··· 6 月末

第 2 装甲师·· 在诺曼底

党卫军第 2 装甲师··· 6 月末

第 9 装甲师·· 8 月初

党卫军第 9 装甲师（从俄国调来）······················ 6 月 25 日

党卫军第 10 装甲师（从俄国调来）···················· 6 月 25 日

党卫军第 12 装甲师 ··· 在诺曼底

党卫军第 17 装甲掷弹兵师	……………………………………	6 月 12 日
第 21 装甲师	…………………………………………	在诺曼底
第 116 装甲师	…………………………………………	7 月 20 日
装甲教导师	………………………………………………	6 月 8 日

本书中提及的各个师的作战序列

美军第82空降师
第 505 伞兵团
第 507 伞兵团
第 508 伞兵团
第 325 机降步兵团
第 376 伞降炮兵营
第 319 机降炮兵营
第 307 伞降工兵营

美军第101空降师
第 501 伞兵团
第 502 伞兵团
第 506 伞兵团
第 327 机降步兵团
第 377 伞降炮兵营
第 321 机降炮兵营
第 907 机降炮兵营
第 326 伞降工兵营

加拿大第3师
皇家温尼伯步兵团

里贾纳步兵团
加拿大苏格兰人团第 1 营
加拿大女王禁卫步兵团
绍迪耶尔团
北岸（新不伦瑞克）步兵团
加拿大高地轻步兵团
斯托蒙特、邓达斯和格兰加里高地人团
北新斯科舍高地人团
第 17 "约克公爵的加拿大轻骑兵"团（侦察团）
第 12、第 13、第 14 皇家加拿大炮兵团
皇家加拿大炮兵第 3 反坦克团
渥太华卡梅伦高地人团（机枪团）

第15（苏格兰人）师
第 8 皇家苏格兰人营
第 6 皇家苏格兰燧发枪手营
第 6 国王直属苏格兰边境人营
第 9 坎麦纶人营

第 2 格拉斯哥高地人营

第 7 锡福斯高地人营

第 10 高地轻步兵营

第 2 戈登高地人营

第 2 阿盖尔和萨瑟兰高地人营

第 15 侦察团

第 131、第 181、第 190 皇家炮兵团

第 97 皇家炮兵反坦克团

米德尔塞克斯团第 1 营（机枪团）

英军第11装甲师

第 23 轻骑兵团

第 2 "法夫和福弗尔" 义勇骑兵团

第 3 皇家坦克团

"步兵" 旅第 8 营（摩托化）

蒙茅斯郡团第 3 营

国王什罗普郡轻步兵团第 4 营

赫里福郡团第 1 营

第 2 北安普敦郡义勇骑兵团（侦察）

皇家骡马炮兵第 13 团

第 151 皇家炮兵团

第 75 皇家炮兵反坦克团

德军第21装甲师

第 22 装甲团

第 125 装甲掷弹兵团

第 192 装甲掷弹兵团

第 155 装甲炮兵团

第 21 装甲侦察营

第 200 装甲反坦克营

第 220 装甲工兵营

波兰第1装甲师

第 1 波兰装甲团

第 2 波兰装甲团

第 24 波兰枪骑兵团

第 10 波兰龙骑兵团（摩托化）

"波多利亚" 轻步兵营

第 8 波兰轻步兵营

第 9 波兰轻步兵营

第 10 波兰骑兵团（侦察）

第 1、第 2 炮兵团

第 1 反坦克团

法国第2装甲师

第 501 坦克团

第 12 非洲猎兵团

第 12 胸甲骑兵团

乍得远征团（摩托化）

第 1 摩洛哥义勇骑兵团（侦察）

海军燧发枪手团（反坦克）

第 3 殖民地炮兵团

第 64 炮兵团

第 40 北非炮兵团

第 13 工兵营

图1 艾森豪威尔探望第502伞兵团E连的士兵们，他们即将登机赶赴诺曼底。

图2 D日前，艾森豪威尔和蒙哥马利在英国。
图3 1944年7月，巴顿（左）与布莱德雷在诺曼底上空。

图4 D日前，隆美尔视察诺曼底的防御。

图5 1944年6月，某党卫军师的一个防空哨。

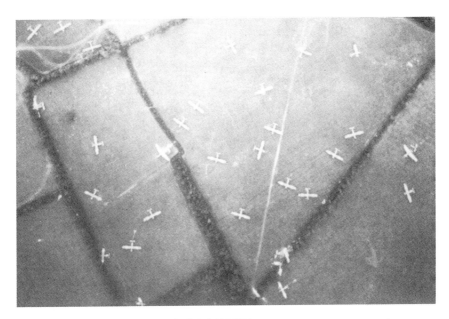

图6 D日后的清晨，美国空降军在诺曼底的滑翔机。

图7 1944年6月7日，圣梅尔埃格利斯镇，第505伞兵团阵亡的士兵等待着身份识别。

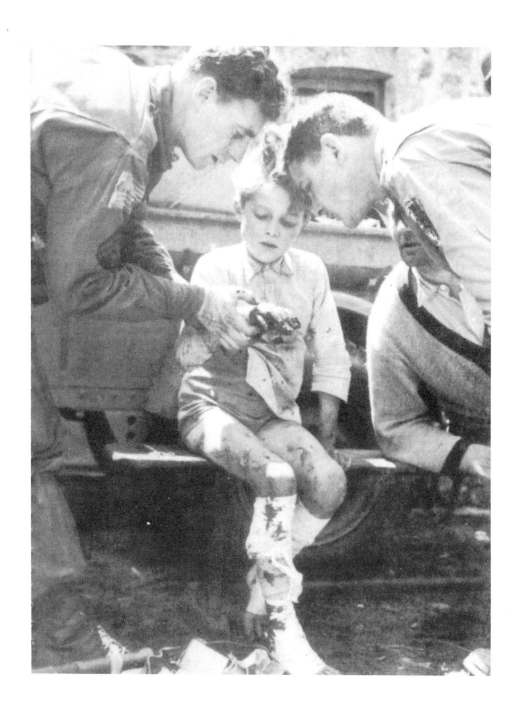

图8 伞兵空降后的清晨，医护兵为一名受伤的孩子提供救治。

图9 1944年6月8日，第502伞兵团的一支巡逻队在犹他海滩的圣马尔库。

图10 1944年6月7日，第501伞兵团的士兵与圣玛丽-迪蒙的村民们在一起。

图11 1942年8月19日，迪耶普突袭后被击毁的登陆艇和阵亡的加拿大士兵。

图12 "隆美尔竹笋"：D日前，盟军侦察机飞来时，德军工兵四散隐蔽。

图13 D日前，德军步兵演练海滩防御。

图14 1944年6月6日，加拿大第3师的伤员们在朱诺海滩等待后送。

图15 加拿大第1集团军的后续部队准备向内陆推进。

图16 大风暴：1944年6月21日，一艘汽油驳船和三艘"犀牛"被卷上滩头。

图17 诺曼底场景1：1944年6月，英军士兵据守着防线。

图18 惯例：1944年6月23日，"埃普索姆"行动前，第9坎麦纶人营举行祷告仪式。

图19 "埃普索姆"行动：1944年6月24日，第7锡福斯高地人营的士兵们在出发线等待着。

图20 1944年6月25日，第2阿盖尔和萨瑟兰高地人营D连的士兵们，吹着风笛投入"埃普索姆"行动中。

图21 "埃普索姆"战役期间,第6皇家苏格兰燧发枪手营冲入清晨的薄雾。

图22 "埃普索姆"战役期间,被俘的一名党卫军坦克指挥官和组员被押往后方。

图23 第15苏格兰人师的士兵抓获了一名俘虏。

图24 诺曼底场景2：一个英军迫击炮组在苹果园里开炮射击。

图25 诺曼底场景3：被打死的牛散落在丰特奈莱佩斯内附近的田野中。

图26 1944年7月，德军步兵发起反击。

图27 战后的卡昂：1944年7月10日，一名英军士兵护送着一名幸存的市民。

图28 "赛马场"行动前，坦克和步兵指挥官商讨着作战计划。

图29 "赛马场"行动中，第4多塞特郡营的士兵们等待着向前推进。

图30 荒凉的战场："赛马场"行动中，步兵们跟随坦克向前冲去。

图31 "赛马场"行动：第11装甲师的一辆"克伦威尔"坦克驶过卡昂运河，赶往出发线。

图32 暴露出的战场："赛马场"行动中，步兵们跨过天际线向前而去。

图33 德军发起的莫尔坦反击中，美军步兵躲避着德国人的炮火。

图34 1944年7月25日，美军在大突破中抓获的德军俘虏。

图35 波兰第1装甲师师长毛采克将军与蒙哥马利将军在诺曼底。

图36 1944年8月19日，波兰第1装甲师的坦克车长们准备封闭法莱斯包围圈的缺口。

图37 1944年8月，加拿大坦克赶往法莱斯包围圈的战场。

图38 诺曼底场景4：法莱斯包围圈被封闭后，包围圈内的情景。

图39 1944年8月25日，巴黎："圣昂多赖"号坦克带领着自由法国第2装甲师沿香榭丽舍大道而行。

图40 被抵抗组织抓获的一名德军俘虏。

图41 贝尔福狮像旁的解放者，它是法国在1871年的战争中抗击普鲁士人的象征。

图42 1944年8月25日，自由法国第2装甲师的装甲车来到巴黎市政厅。

图43 被俘的德国军官在美琪大酒店里等待着被送往战俘营。

大卫·霍布斯
（David Hobbes）著

The British Pacific Fleet: The Royal Navy's Most Powerful Strike Force

英国太平洋舰队

- 在英国皇家海军服役 33 年、舰队空军博物馆馆长笔下真实、细腻的英国太平洋舰队。
- 作者大卫·霍布斯在英国皇家海军服役了 33 年，并担任舰队空军博物馆馆长，后来成为一名海军航空记者和作家。

　　1944 年 8 月，英国太平洋舰队尚不存在，而 6 个月后，它已强大到能对日本发动空袭。二战结束前，它成为皇家海军历史上不容忽视的力量，并作为专业化的队伍与美国海军一同作战。一个在反法西斯战争后接近枯竭的国家，竟能够实现这般的壮举，其创造力、外交手腕和坚持精神都发挥了重要作用。本书描述了英国太平洋舰队的诞生、扩张以及对战后世界的影响。

布鲁斯·泰勒
（Bruce Taylor）著

The Battlecruiser HMS Hood: An Illustrated Biography, 1916–1941

英国皇家海军战列巡洋舰"胡德"号图传：1916—1941

- 250 幅历史照片，20 幅 3D 结构绘图，另附巨幅双面海报。
- 详实操作及结构资料，从外到内剖析"胡德"全貌。它是舰船历史的丰碑，但既有辉煌，亦有不堪。深度揭示舰上生活和舰员状况，还原真实历史。

　　这本大开本图册讲述了所有关于"胡德"号的故事——从搭建龙骨到被"俾斯麦"号摧毁，为读者提供进一步探索和欣赏她的机会，并以数据形式勾勒出船舶外部和内部的形象。推荐给海战爱好者、模型爱好者和历史学研究者。

保罗·S. 达尔
（Paul S. Dull）著

A Battle History of the Imperial Japanese Navy, 1941-1945

日本帝国海军战争史：1941—1945 年

- 一部由真军人——美退役海军军官保罗·达尔写就的太平洋战争史。
- 资料来源日本官修战史和微缩胶卷档案，更加客观准确地还原战争经过。

　　本书从 1941 年 12 月日本联合舰队偷袭珍珠港开始，以时间顺序详细记叙了太平洋战争中的历次重大海战，如珊瑚海海战、中途岛海战、瓜岛战役等。本书的写作基于美日双方的一手资料，如日本官修战史《战史丛书》，以及美国海军历史部收集的日本海军档案缩微胶卷，辅以各参战海军编制表图、海战示意图进行深入解读，既有完整的战事进程脉络和重大战役再现，也反映出各参战海军的胜败兴衰、战术变化，以及不同将领各自的战争思想和指挥艺术。

H.P. 威尔莫特
（H.P.Willmott）著

The Battle of Leyte Gulf: The Last Fleet Action

莱特湾海战：史上最大规模海战，最后的巨舰对决

- 原英国桑赫斯特军事学院主任讲师 H.P. 威尔莫特扛鼎之作。
- 荣获美国军事历史学会 2006 年度"杰出图书"奖。
- 复盘巨舰大炮的绝唱、航母对决的终曲、日本帝国海军的垂死一搏。

　　为了叙事方便，以往关于莱特湾海战的著作，通常将萨马岛海战和恩加诺角海战这两场发生在同一个白天的战斗，作为两个相对独立的事件分开叙述，这不利于总览莱特湾海战的全局。本书摒弃了这种"取巧"的叙事线索，以时间顺序来回顾发生在 1944 年 10 月 25 日的战斗，揭示了莱特湾海战各个分战场之间牵一发而动全身的紧密联系，提供了一种前所未见的全局视角。

　　除了具有宏大的格局之外，本书还不遗余力地从个人视角出发挖掘对战争的新知。作者对美日双方主要参战将领的性格特点、行为动机和心理活动进行了细致的分析和刻画。刚愎自用、骄傲自大的哈尔西，言过其实、热衷炒作的麦克阿瑟，生无可恋、从容赴死的西村祥治，谨小慎微、畏首畏尾的栗田健男，一个个生动鲜活的形象跃然纸上、呼之欲出，为这段已经定格成档案资料的历史平添了不少烟火气。

约翰·B. 伦德斯特罗姆
（John B.Lundstrom）著

Black Shoe Carrier Admiral:Frank Jack Fletcher At Coral Sea, Midway & Guadalcanal

航母舰队司令：弗兰克·杰克·弗莱彻、美国海军与太平洋战争

- 战争史三十年潜心力作，争议人物弗莱彻的平反书。
- 还原太平洋战场"珊瑚海"、"中途岛"、"瓜达尔卡纳尔岛"三次大规模海战全过程，梳理太平洋战争前期美国海军领导层的内幕。
- 作者约翰·B. 伦德斯特罗姆自 1967 年起在密尔沃基公共博物馆担任历史名誉馆长。

本书是美国太平洋战争史研究专家约翰·B. 伦德斯特罗姆经三十年潜心研究后的力作，为读者细致而生动地展现出太平洋战争前期战场的腥风血雨，且以大量翔实的资料和精到的分析为弗莱彻这个在美国饱受争议的历史人物平了反。同时细致梳理了太平洋战争前期美国海军高层的内幕，三次大规模海战的全过程，一些知名将帅的功过得失，以及美国海军在二战中的航母运用。

马丁·米德尔布鲁克
（Martin Middlebrook）著

Argentine Fight for the Falklands

马岛战争：阿根廷为福克兰群岛而战

- 从阿根廷军队的视角，生动记录了被誉为"现代各国海军发展启示录"的马岛战争全程。
- 作者马丁·米德尔布鲁克是少数几位获准采访曾参与马岛行动的阿根廷人员的英国历史学家。
- 对阿根廷军队的作战组织方式、指挥层所制订的作战规划和反击行动提出了全新的见解。

本书从阿根廷视角出发，介绍了阿根廷从作出占领马岛的决策到战败的一系列有趣又惊险的事件。其内容集中在福克兰地区的重要军事活动，比如"贝尔格拉诺将军"号巡洋舰被英国核潜艇"征服者"号击沉、阿根廷"超军旗"攻击机击沉英舰"谢菲尔德"号。一方是满怀热情希望"收复"马岛的阿根廷军，另一方是军事实力和作战经验处于碾压优势的英国军队，运气对双方都起了作用，但这场博弈毫无悬念地以阿根廷的惨败落下了帷幕。

尼克拉斯·泽特林
（Niklas Zetterling）著

Bismarck: The Final Days of Germany's Greatest Battleship

德国战列舰"俾斯麦"号覆灭记

- 以新鲜的视角审视二战德国强大战列舰的诞生与毁灭……非常好的读物。——《战略学刊》
- 战列舰"俾斯麦"号的沉没是二战中富有戏剧性的事件之一……这是一份详细的记述。——战争博物馆

本书从二战期间德国海军的巡洋作战入手，讲述了德国海军战略，"俾斯麦"号的建造、服役、训练、出征过程，并详细描述了"俾斯麦"号躲避英国海军搜索，在丹麦海峡击沉"胡德"号，多次遭受英国海军追击和袭击，在外海被击沉的经过。

朱利安·S. 科贝
（Julian S.Corbett）著

Maritime Operations in the Russo - Japanese War, 1904-1905

日俄海战 1904—1905（共两卷）

- 战略学家科贝特参考多方提供的丰富资料，对参战舰队进行了全新的审视，并着重研究了海上作战涉及的联合作战问题。
- 以时间为主轴，深刻分析了战争各环节的相互作用，内容翔实。
- 译者根据本书参考的主要原始资料《极密·明治三十七八年海战史》以及现代的俄方资料，补齐了本书再版时未能纳入的地图和态势图。

朱利安·S. 科贝特爵士，20 世纪初伟大的海军历史学家之一，他的作品被海军历史学界奉为经典。然而，在他的著作中，有一本却从来没有面世的机会，这就是《日俄海战 1904—1905》，因为其中包含了来自日本官方报告的机密信息。学习科贝特海权理论，不仅能让我们了解强大海权国家的战略思维，还能辨清海权理论的基本主题，使中国的海权理论研究有可借鉴的学术基础。虽然英国的海上霸权已经被美国取而代之，但美国海军从很多方面继承和发展了科贝特的海权思想。如果我们检视一下今天的美国海权和海军战略，就可以看到科贝特的理论依然具有生命力，仍是分析美国海权的有用工具和方法。

米凯莱·科森蒂诺
（Michele Cosentino）、
鲁杰洛·斯坦格里尼
（Ruggero Stanglini）著

British and German Battlecruisers: Their Development and Operations

英国和德国战列巡洋舰：技术发展与作战运用

○ 全景展示战列巡洋舰技术发展黄金时期的两面旗帜——英国战列巡洋舰和德国战列巡洋舰，
在发展、设计、建造、维护、实战等方面的细节。
○ 对战列巡洋舰这种独特类型的舰种进行整体的分析、评估与描述。

　　本书是一本关于英国和德国战列巡洋舰的"全景式"著作，它囊括了历史、政治、战略、经济、
工业生产以及技术与实战使用等多个角度和层面，并将之整合，对战列巡洋舰这种独特类型的
舰种进行整体的分析、评估与描述，明晰其发展脉络、技术特点与作战使用情况，既面面俱到
又详略有度。同时附以俄国、日本、美国、法国和奥匈帝国等国的战列巡洋舰的发展情况，展
示了战列巡洋舰这一舰种的发展情况与其重要性。
　　除了翔实的文字内容以外，书中还有附有大量相关资料照片，以及英德两国海军所有级别
战列巡洋舰的大比例侧视与俯视图与为数不少的海战示意图等。

诺曼·弗里德曼 著
（Norman Friedman）
A. D. 贝克三世 绘图
（A. D.BAKER III）

British Destroyers: From Earliest Days to the Second World War

英国驱逐舰：从起步到第二次世界大战

○ 海军战略家诺曼·弗里德曼与海军插画家 A.D. 贝克三世联合打造。
○ 解读早期驱逐舰的开山之作，追寻英国驱逐舰的壮丽航程。
○ 200 余张高清历史照片、近百幅舰艇线图，动人细节纤毫毕现。

　　诺曼·弗里德曼的《英国驱逐舰：从起步到第二次世界大战》把早期水面作战舰艇的发展
讲解清晰透彻，尽管头绪繁多、事件纷繁复杂，作者还是能深入浅出、言简意赅，不仅深得专
业人士的青睐，就是普通的爱好者也能比较轻松地领会。本书不仅可读性强，而且深具启发性，
它有助于了解水面舰艇是如何演进成现在这个样子的，也让我们更深刻地理解了为战而生的舰
艇应该如何设计。总之，这本书值得认真研读。

大卫·K. 布朗
（David K.Brown）著

Warship Design and Development

英国皇家海军战舰设计发展史（共五卷）

○ 英国皇家海军建造兵团的副总建造师大卫·K. 布朗所著，囊括了大量原始资料及矢量设计图。
○ 大卫·K. 布朗是一位杰出的海军舰船建造师，发表了大量军舰设计方面的文章，为英国皇
家海军舰艇的设计、发展倾注了毕生心血。

　　这套《英国皇家海军战舰设计发展史》有五卷，分别是《铁甲舰之前，战舰设计与演变，
1815—1860 年》《从"勇士"级到"无畏"级，战舰设计与演变，1860—1905 年》《大舰队，
战舰设计与演变，1906—1922 年》《从"纳尔逊"级到"前卫"级，战舰设计与演变，1923—
1945 年》《重建皇家海军，战舰设计，1945 年后》。该系列从 1815 年的风帆战舰说起，囊括
了皇家海军历史上有代表性的舰船设计，并附有大量数据图表和设计图纸，是研究舰船发展史
不可错过的经典。

亚瑟·雅各布·马德尔
（Arthur J. Marder）、
巴里·高夫
（Barry Gough）著

From the Dreadnought to Scapa Flow

英国皇家海军：从无畏舰到斯卡帕湾（共五卷）

○ 现在已没有人如此优雅地书写历史，这非常令人遗憾，因为是马德尔在记录人类文明方面
的天赋使他有能力完成如此宏大的主题。——巴里·高夫
○ 他书写的海军史具有独特的魅力。他具有把握资源的能力，又兼以简洁地运用文字的天
赋……他已无需赞美，也无需苛求。——A. J. P. 泰勒

　　这套《英国皇家海军：从无畏舰到斯卡帕湾》有五卷，分别是《通往战争之路，1904—
1914》《战争年代，战争爆发到日德兰海战，1914—1916》《日德兰及其之后，1916.5—12》
《1917，危机的一年》《胜利与胜利之后：1918—1919》。它们从费希尔及其主导的海军改入
手，介绍了 1904 年至 1919 年费舍尔时代英国海军建设、改革、作战的历史，及其相关的政治、
经济和国际背景。